イギリス土地所有権法研究

JN158900

イギリス土地所有権法研究

戒 能 通 厚 著

岩 波 書 店

はしがき

本書の主題は、すこしく研究史にそくしていえば、戦後のわが国における法社会学の主要かつ理論的課題のひとつとされた、「近代的土地所有権」に関する理論を、より近代イギリスの歴史的現実像にそくして再構成しようとするところに求められている。すなわち私は、イギリス(本書においては、主としてイングランドが対象とされる)における「近代的土地所有権」の確立に至るまでの歴史的過程を、一定の個性を有する独自の内容を含むものと考え、この認識に基づいて、これを貴族的大土地所有という、近代イギリスにおける現実の土地所有の存在形態にそくして把握しようとする。本書はなお、賃借権の「物権的構成」に、「近代的土地所有権」の原理的な法形態を見出そうとする理論を批判することを通じて、「近代的土地所有権」の比較史的・総合的研究のありかたを検討しようとしているが、このような構想も、私の「近代的土地所有権」の理解から直接に導かれてくるものである。「序論」においてこれらの点を含めてあらためてのべることにしたい。

本書における私の問題意識ないしは方法がどのようにして形成されたかということ、また私の現時点での関心にそくしての、本書の限界ということについても、次にふれる必要があろう。本書は元々、私が東京大学社会科学研究所において与えられた最良の研究環境、すなわち、社会科学の広汎な分野をカヴァーするこの研究所のすぐれた研究者との共同研究や日常的な触れ合いを通じて、しだいに形成されてきた私の社会科学に関する認識に、直接にその沿革を有するものである。社会科学の学問状況全体のなかで、自らの研究を位置づけ、テーマならびに方法の選択を行なうという研究態度を、この研究所を通じて私なりに学びとることができたことを、私は何よりも幸運に思う。本書を公刊するにあたり、私はこの研究所の方々に心から感謝の気持を申しのべたい。

私が研究生活を開始した一九六六年当時、法律学を専攻する若い研究者の間で、わが国における現代法現象をいかにしたら総合的に把握できるかといったことが、大いに論じられ始めていた。法現象を講学的意味あいで部分的に観察することに対して、そこには端的な「アンチ・テーゼ」が示されていたように思う。私はその共同研究グループに参加し、法現象の解明にさいし、これを究極において規定する経済的基礎構造だけではなく、国家権力と法との相互関係、すなわち総じて経済・国家・法の総合的解明を不可欠とするという、一定の仮設が提出される過程を、自ら体験することになった。この提言がその後より内容豊かなものとして整理され、今日の法律学の発展のために寄与することになったか否か、その問題をここでのべるべきではあるまい。しかし研究生活を開始した当時、研究所内部での最良の研究環境を与えられるとともに、この法律学の新たな発展を模索する共同研究に加わることができたことが、私の研究の出発点となり、そして今日なお私の問題意識を規定していさえすることを、私は率直に喜びたいと思っている。

私の関心はこのようにして、「法の歴史」を考察するさいの方法と、その具体的対象の設定にしだいに凝縮していくことになった。しかしながら私にとってのいまひとつの幸運は、私の関心を強くひきつけることになったこうした問題意識・接近視角をふまえた先学のすぐれた研究が、すでに公表されていたことであった。稲本洋之助氏の『近代相続法の研究——フランスにおけるその歴史的展開』(岩波書店、一九六八年)がそれである。

実際私は、フランス相続法のみならず、フランス革命史研究としてもひとつの地平を切り開いたと思われるこの研究に触発され、そして各国における資本主義の固有の発展過程の解明と同時に、この近代的進化の過程にあって法の果たした役割を実証的に解明しようとする同氏の問題意識から、私自身のテーマならびに方法上の選択における最大の啓発を受けたのである。対象をイギリスにおいたことにも迷いは存在しなかった。

すでに若干ふれたように、私のイギリス土地所有権法研究は、結局のところわが国においてア・プリオリに前提とされた資本主義的進化の過程におけるイギリス「典型論」への批判に収斂する側面が多い。しかしながら私にとってこの問題意識は、これを深めていけばいくほど、わが国における戦後史の過程について、すなわち戦後社会の発展の諸過程を、総じて「近代化」と描く理念的主張との、理論的葛藤を繰り返さざるをえないということを意味した。私の課題にそくしてさらに展開すれば、土地「利用権」と「所有権」の関係における一定の法的規範構造を、イギリスにおける法的進化の諸過程から理論的に抽出する作業が有した固有の理論的寄与、そして総じて資本と土地所有の関係についてのいわば「近代法的構成」についての提言を、実証研究の意味・射程を重要視する私自身の立場からいかに位置づけるかということ、こうしたことも、右の問題意識の延長として本書における私の研究の当然に前提とすべき課題とならざるをえなかったのである。

ごく割りきったいいかたをすれば、資本制地代の成立と「近代的土地所有権」の確立期とを当然に照応し合うものと考え、この前提から「近代的土地所有」と「近代的土地所有権」との直接的な照応関係を問うにとどまる限りでは、元々資本に先行し、したがって資本の論理によって完全に説明することができない性格の、土地所有の総体的解明という問題意識は生じてこないであろう。すなわち資本制地代の理論的措定によって与えられる「近代的土地所有」は、ただ資本主義的土地所有の理論的成立を前提とし、かつ、それの経済的自己実現過程のみを表象しているのにすぎないと思われるのであって、逆にその成立が、土地所有をも、また、土地所有権の現実の存在をも、排除する性格のものでは決してないといえるのである。私は、資本制地代の成立という地代論的抽象をその立論の根拠とする「近代的土地所有権」論を、資本と土地所有の矛盾・対立の諸契機の一定の発展段階に対応した「近代法的構成」とよんだ。端的にいえば、資本と土地所有の対抗的ないしは敵対的な関係が、資本の運動法則を通じて編成される社会的関係を通じて資本主義的に、いいかえれば「近代法的」に、その矛盾を捨象されるに至る特定の歴史段階を前提とした、すぐれて「近代法的構成」に、この所論は立脚しているといおうとするのである。

実際、「近代的土地所有権」をいかに理解するかは、現代におけるいわゆる「土地問題」、すなわち欧米諸国やわが国において基本的に共通する様相を呈しながら展開している現下の深刻な課題と直接にかかわることがらであるといえよう。今日、賃借権の「物権的構成」「債権的構成」のいずれが実定国家法の選択するところとなっているかにかかわりなく、土地上の賃借権が一定の権原価値を有するものとして現象し、この結果それはそれ自体として、土地の私的独占の支配的でさえある形態、ないしはそれのひとつの分岐した形態となっているように思われる。このような問題を含めて現下の「土地問題」の重要性を実感するほど、さきにのべたような意味での賃借権と土地所有権との「近代法的構成」の理論化にとどまってはならず、さしあたりいえば土地「利用」形態の私的な、あるいは私的契約関係を通じた個別的な、「決定」過程にかえ、真に「公共的」な土地利用形態の「決定」が、いかにしたら現実化するかという課題を扱う必要を、ますます強く自覚せざるをえないのである。このような「公共的」な土地利用形態の決定を、法のレヴェルでいかに実現させるかを問うにとどまる限りでは、いかなる所論も、ア・プリオリに限界を含むものとならざるをえないのかもしれない。けれどもその究極の原因は、「近代的土地所有権」、あるいは、土地利用権と所有権の矛盾・対立を、その「近代法的構成」によって捨象する土地利用権の法的保護の形式に、基本的に求められるべきものであろう。「近代的土地所有権」は、土地利用権との関係においてもそれへの一定の保護の形式を付与し、そしてこの自己完結的な枠組みを通じて、不断に増大する土地利用への社会的需要を逆に疎外し、このようにして現実との乖離をますます深めているといわなければならない。私は、以上のような関心に基づいて、本書におさめた論文の執筆後、主として一九世紀末葉以降のイギリス土地所有権法の研究に従事しているが、いろいろの関係でそれらの論文を、この書物におさめることができなかった。私のこの現代的関心に基づく研究は、「近代的土地所有権」論レヴェルにおける理論的抽象に当然にとどまってはならず、むしろそれの克服ということに向けられなければならないということになると考えているが、いずれにせよ本書にそくしていえば、これらの点は、本書の限界ということに属する。

社会科学研究所に所属していた当時から、土地所有、広く「土地問題」への私の関心を、不断にかきたてて下さったのは、渡辺洋三先生であった。先生は、現代法についての広い認識と鋭い現実認識を私たちに示され、そしていつか先生の周囲に、共同研究の輪が広がっていくことになった。私は、現在もなおこの共同研究への参加を許され、そしてとりわけ先生の現在の強い関心をとらえていると思われる、土地法研究のための共同研究会において、甲斐道太郎・利谷信義両先生や、さきの稲本氏、そして田山輝明・原田純孝・広渡清吾・吉田克己の各氏などとの間で、外国法研究の新たなありかたを含めて真剣な議論を続けている。本書がこうした共同研究に何ほどかの寄与をなし、またこうした共同研究の過程において、さらに深められた内容のものとなることを、私は心から希望する。

つぎに私が、広くイギリス法研究を志すにあたって、内田力蔵先生の懇切な御指導がその引き金となったことについてのべておくことにしたい。先生のイギリス法研究の方法は、イギリス法の内面にまで、より具体的にいえば、コモン・ロウという比類のない壮大な体系がいかにして歴史的に形成されてきたかを、その担い手の問題にまで還元して解明しようとされること、しかも彼らと同等以上のコモン・ロウの理解を前提としてこの問題を考察しようとされることを、その特色とするように思われる。したがって先生の御指導を真の意味で受けることができるためには、相当の学力を必要とする。それにもかかわらず先生は、非才の私に対してつねに寛容に対応して下さり、イギリス法の難解さよりもむしろ、その魅力を繰り返して話して下さった。私が、プロパティの領域という、私たちにとっては難攻不落の「要塞」と「対決」していることへの先生の「同情」があったためなのかもしれない。先生はまた本書の主題のひとつとされている「継承財産設定」が、イギリスのプロパティ法領域を歴史的に扱うさいのキー・ポイントであると強調されて、私の研究への直接のきっかけを与えて下さった。本書はいずれにせよ、先生が理想とされる方法からみれば、個々の法制度の外面をなでているだけのものにすぎないであろう。私はそれにもかかわらず、先生からイギリス法研究の手ほどきを受け、そしてしだいにそのなかで、先生のイギリス法研究の高い水準を感得することになった自らの幸運を喜びとしたい。

内田先生を介して私は、下山瑛二先生や堀部政男氏を知り、そしてこの二人のすぐれた先輩から今なお不断に御教示をいただいている。私は両氏とともに、この内田先生の築かれた高い地平をのりこえるための努力を続けたい。

東大法学部に在学していた当時から、私は伊藤正己・田中英夫の両先生には、格別の御指導をいただいている。田中先生は、私の拙い論文が発表される毎に、懇切な御批判を下さる労を惜しまれなかった。伊藤先生が、ホームズ著『コモン・ロウ』の講読を通じて私を英米法研究に導いて下さったことも、私にとっては貴重な経験となっている。本書は、両先生のそのときどきの私への御批判に基づいて再構成されているが、しかしながら今はただ、この書物において私がどれだけそれに対応できているか否かについて、あらためての御批判を率直に御願いしなければならない。

本書に若干の特色が存するとすれば、それは、私が社会科学研究所において与えられた最良の研究環境に便乗して、経済史研究者、ことに岡田与好・毛利健三の両先生や、戸塚秀夫先生など、この研究所において、イギリス史研究や、イギリスを対象とする理論的課題の設定に、卓越した認識を有しておられる諸先生から、初歩的な社会・経済史学への導きをいただいたということ、そして私が、そのときどきにえた問題意識を、なまの形でこの書物に投入していることに、これを認めていただけるかもしれないと思っている。ことに岡田先生は、私が経済史学と法制史学および法社会学の総合を企図しているという希望を表明する機会をとらえて、私への御批判・御教示を惜しまれなかった。読者諸氏も御存知のとおりの先生の法律学、ことに法社会学への御批判に至るそれぞれの機会は、私もまた先生との対話を通じて体験させていただくことになった。しかし私は、岡田先生を通じて、歴史研究とはたんに過去を語ることではなく、現代についての鋭い問題意識を過去に投影させ、しかもその過去との決定的な対決を通じて現代を克服することだといったような、きわめてアグレッシヴな研究態度を学ばせていただけたように思う。

岡田先生との不断の交流を通じて、私にとっても、またこの書物にとっても、全く不可欠の存在である椎名重明先生とその御研究を知ることができたことを、私は最も喜びとしたい。椎名先生の御研究に、この書物がいかに多くを依拠しているかということは、これを読んで下さればただちに気づかれることであろう。私は機会をとらえて先生の御宅を「急襲」し、そしてときに深夜に至るまで先生と議論しあうことになったのである。先生の御研究を私がどれほど消化しえているかは、はなはだおぼつかないところがある。けれども先生は、私に対しての専門領域のちがいからするこだわりを捨てて、先生との「共同研究」の機会を現在に至るまで私に与えて下さっている。

椎名先生とのこのような交流を通じて私は、あらためて法律学、とくに法社会学の研究方法と経済史学のそれとの共通性に気づくことになった。当時から、東北大学にあって小山貞夫氏が、経済史学と法制史学の総合という野心的な問題提起を続けておられたが、私は小山氏が現在なお精力的に追求しておられるこの課題を若干なりとも「共有」したいと考え、同氏との交流をこの書物を通じて「確認」したいと思う。しかし残念ながら私には、法制史学の基礎的素養がほとんどない。本書の前半部が、かつて小山氏から熱っぽく説かれた私への御要望にほとんど応えていないことをおそれるが、それにもかかわらず私は、この部分に相当する過去の論文を大幅に書きかえることによって、小山氏の私への御期待に若干なりとも応えたいと思ったのである。

学問的総合は、互いの学問領域ないしは専門の障壁をたんにとり払うことではないと、私は思っている。単純にいえば、方法論レヴェルの課題が個々の研究者によって自覚されることを要するだけではなく、領域間の不断の交流を可能にさせるだけの、研究者が存在しなければならない。前者の課題にとりわけ熱意を燃やしておられると思われる東北大学の諸先生、ことに祖川武夫・世良晃志郎・広中俊雄の各先生、また樋口陽一・望月礼二郎、そして小山の各氏が、私の研究に対して不断に助言を惜しまれないことに感謝したい。本書の主題は、かつて東北大学の「社会科学の方法」に関する研究会で私が語ったことでもあり、その機会を与えて下さった世良先生にはとくに御礼を申しのべなければならない。

この書物の成立の経緯を明らかにするためにも、次に、本書におさめた論文が発表された時期を明らかにすることが必要とされよう。大幅に手を加えたため、確定が困難となっているところもあるが、本書の第Ⅱ・Ⅲ部に相当するものについては、必要最小限の加筆・訂正にとどめられている。

序　論　**2・3**　『法律時報』第四六巻五号(一九七四年五月)(原題「イギリス土地法の方法論的一考察」)
　　4の一部　青山道夫他編、講座『家族』第五巻(弘文堂、一九七四年)所収論文(原題「相続法の歴史――近代社会・イギリス」)

その他は本書初出。ただし、右既発表論文も相当加筆・補正している。

Ⅰ 一 1 本書初出

2 『社会科学研究』第二四巻五・六号(一九七三年)(原題「司法国家制の歴史的構造——近代イギリス統治構造分析・序」の一部)

3～小括 前掲、講座『家族』第五巻所収論文(原題「相続法の歴史——近代以前の社会・中世ヨーロッパ」の一部)

二 『社会科学研究』第二〇巻三・四号、二一巻四号(一九六九、七〇年)(原題「近代イギリスにおける土地所有と相続」(一)(二))

この部分は、右既発表論文を大幅に加筆・補正して構成した。また叙述の順序も異なっている。

Ⅱ 高柳信一・藤田勇編『資本主義法の形成と展開』(東大出版会、一九七二年)所収論文(原題「イギリス市民革命と法」)

Ⅲ 『社会科学研究』第二三巻三号、五・六号(一九七二年)(原題「近代イギリス土地相続法の社会的基礎——イギリス所有権法の一考察(一)(二)」)

なお本書では、ほかに次の論文の一部の箇所を織りこんだ。

「イギリス土地所有権法の総体的把握」(『社会科学の方法』(御茶の水書房)第三九号、一九七二年)

「近代的土地所有権をめぐって」(『季刊現代法』第七号、一九七二年)

本書をまとめるにあたって、私は右既発表論文の掲載された研究誌・単行本からの転載を御願いしなければならなかったが、幸いにしてすべて御快諾いただいたばかりではなく、かえって御好意にあずかることになった。関係各位に心から御礼を申しのべたい。

東京大学社会科学研究所に所属していた私が、この研究所の法律関係の他のスタッフ、ことに高柳信一・藤田勇・

奥平康弘の各先生や潮見俊隆先生から、御好意ある御教示にあずかったことはいうまでもない。しかしいまあらためて思うことは、この研究所においてさしたる負担も負うことなく、一人前の研究者であるかのように振舞っていた私の助手時代の、あまりにもえがたい研究条件のことである。この研究所の自由な雰囲気と、その最良の研究環境は、この研究所の歴史を通じてつくり上げられてきたものと信じるが、今後いっそうそうであり続けてほしいと思うのである。私は、その後、名古屋大学法学部に移り、ここでも長谷川正安先生を中心とした諸先生との不断の交流の機会を与えられることになった。本書のような貧しい成果をとりまとめることも、この私の現在の職場における自由な雰囲気がなければ、決して果たしえなかったであろう。地方にあって全国につねに問題提起者たらんとしている多くの先輩・同僚研究者、そして私たちの後輩研究者がともにつくり上げようとしているこの学部の、緊張感にあふれた雰囲気を大切にして、私は私なりの貧しい努力を繰り返していきたいと思う。

最後になってしまったが、本書の前半部をとりまとめるさい、私がイギリス留学中、公私にわたる御援助と御教示をいただくことになったミルソム先生(Milsom, S. F. C.; Cambridge University)の御示唆を参考にさせていただいたことを付記し、感謝の気持を捧げたい。先生は、私のテーマに関して格別興味を示されただけではなく、主として「ユース法」の理解をめぐって、再三にわたり私への個人的レクチュアを与える労を惜しまれなかった。本書には、そのときの成果が十分に反映されていないことを残念に思うが、他日の機会としたい。

本書の出版にあたって、私は困難な出版事情を熟知のうえ、岩波書店に多大の御迷惑をおかけしてしまうことになった。それにもかかわらず、私の要求のほとんどをかなえていただいただけではなく、終始変らぬ励しをさえ、いただくことができたのである。同書店の多くの方々に心からの感謝の念を伝えたい。

なお本書における私の研究は、数次にわたる文部省科学研究費補助金の交付を受けてはじめて成り立ったものである。本書をとりまとめようとしていた機会に、一九七七年度補助金交付を受け、私の作業はいっそう促進された。関係各位に謝意を表する次第である。

私のこの書物を、いまは亡き父通孝と、長く病床にあった父のため、献身的な看病を続けた母かっ子に捧げることを許していただきたく思う。私事にわたるこの種のことをのべなければならない私の不明を父母に詫びたい。なぜなら本書は、父健在のときに、完成することも十分可能であったのだから。

一九八〇年三月

名古屋大学法学部研究室にて

戒能通厚

目　次

序論

1　問題の提起

本書の主題のひとつは、「近代的土地所有権」についての法社会学的研究と、経済史的研究との一定の総合を試みることにおかれている。「近代的土地所有権」の概念——正確にはその理論的内容と歴史的実態をめぐる理解——について過去に多くの研究が蓄積され、また一定の論争も、近時なされているところである。したがって最近における論争を含めて従来の研究史を整理することも必要になっていると思われるが、この点は、かつてのすぐれた研究の延長で最近に至り再びこの課題に着手され始めた甲斐道太郎氏の一連の研究、および同氏の続稿に譲ることにしたい(1)。以下ではもっぱら私の問題意識を中心に従来の見解を批判的に検討するにとどめておくことにしたい。

私が本書における研究のさい最も多く依拠した従来の研究は、法社会学の領域でいえば水本浩氏(2)のそれであり、そして経済史の領域においては椎名重明氏(3)によるものであった。私は両氏の研究からそれぞれに「近代的土地所有権」についての説得的な内容を学ぶことができ、こうして私自身の課題に関して有効な研究視角をえることができたと考えている。水本氏の研究は、イギリス不動産賃借権を主たる対象とされるものであったが、同氏のこのような対象の設定のしかたには、その「近代的土地所有権」論のすぐれた理解が反映されていると思われる。なおこのことは、後述したい。また椎名氏は、「近代的土地所有」の概念内容の確定とともにこれを比較史的コンテクストにおいて分析するための基本的モチーフの提出を行なっておられる。当然のことながらこの二つの研究の対象と問題意識には相異がある。しかしながら私にとっては両氏の研究は、私のいう法社会学と経済史的研究の総合を可能ならしめるすぐれた交渉過程を示すもののように思われたのである。あらためて指摘するまでもなく、イギリス所有権法の研究は未開拓の分野があまりに多く残されているほか、後述のようなその技術的構成を正確に把握するために、いったんイギリス法の世界に沈潜することもまた必要とされる。(4) しかしながら、ともすればこの技術的構成を強調することによって、この国において資本主義が先進的に展開されたということ、あるいはこのような表現に集約されうるであろう、その経済的基礎構造の特徴についての関心はあまりはらわれずに、かえってそれと遮断された法の現象形態とその技術的構成についての説明に、分析がとどめられてしまう危険性も、否定されがたくつきまとうといわなければならない。このようなイギリス法研究を行なう場合の一定の問題点、すなわち法の現象形態あるいはそれの解釈・適用対象としての存在形態の特殊性を法技術的に説明するという傾向を克服する上に、わが国において最も功績のあったものは、ほかならない水本氏のさきの研究であり、そして渡辺洋三・甲斐両氏や望月礼二郎氏のそれぞれ対象を異にするパイオニア・ワークであったことは、(5) 少しく強調されてよいことがらと信じるのである。椎名氏の最近の労作においてもこのイギリス所有権法・賃借権法研究におけるパイオニア・ワークは前提とされていると思われるのであり、私においてはその事情はいうまでもなくいっそう顕著である。私が、「近代的土地所有権」論を本書におけるひとつの具体的な理論的課題とし、そしてすでにのべたように法社会学的研究と経済史的研究を総合したいと考えているのは、以上の法社会学からのアプローチに示されたすぐれた歴史認識から啓発されたところが大きいといわなければならない。私が本書におけるこの中心的課題を扱うまでに前提的に考察するイギリス法制史上の一定の対象領域についても同様のことがいえる。すなわち、最近における小山貞夫氏や平松紘氏など、(6) それぞれに精力的に法制史と経済史の総合を試みておられることに私は注目したいのである。私の以下の研究も、その意味するところは異なるとはいえ、総じて以上にのべた学問領域の統合を意欲する問題意識から多くの示唆を受けているものにほかならないのである。

私はかつて本書における研究の土台となった論稿を発表した時点で、私なりの右のような問題意識から、最近における椎名氏の研究をひとまず経済史的側面からの「近代的土地所有権」論を提唱されたものとして整理し、これに対して水本氏に代表される法社会学的な「近代的土地所有権」論を、この経済史的研究と整合的に理解するためには、水本氏の研究を含めて従来の法社会学的研究をより歴史実態的に再構成する必要があるという趣旨のことをのべたことがある。私のその当時における問題提起のほぼそのままの形での内容は本書第Ⅲ部第一章で一部再現されており、またその他すでに他の機会にふれることもあったので、(7) 以下ではそのすべてを繰り返すことはせず、本書における分析の意図を示すにとどめることにしたい。

(1) 甲斐道太郎『土地所有権の近代化』(有斐閣、一九六七年)、とくに第一、二部参照。また同「戦後日本における近代的土地所有権論の展開(第一部前半期)」(磯村哲還暦記念論集『市民法学の形成と展開』上(有斐閣、一九七八年)所収)参照。後者は続稿が予定されている。なお「近代的土地所有権」論を扱っている文献として水本・椎名両氏のもののほか次のものを参照されたい。渡辺洋三『土地建物の法律制度』上(東大出版会、一九六〇年)、第一、二編。篠塚昭次『借地借家法の基本問題』(日本評論社、一九六二年)、同『土地所有権と現代』(日本放送出版協会、一九七四年)。また甲斐道太郎「近代的土地所有権の比較法的考察――イギリスとフランスを中心にして」(『比較法学』四巻二号、一九六七年)、稲本洋之助「『プロセスとしての近代(化)』論の問題性――甲斐道太郎教授の若干の指摘と関連して」(同五巻一・二号、一九六八年)、広渡清吾「近代的土地所有権の成立」(天野他編『法学の基礎』(青林書院、一九七七年)所収)は、後述の「プロセスとしての近代化」論に関係する文献である。

(2) 水本浩『借地借家法の基礎理論』(一粒社、一九六六年)。なお同氏にはその後『借地借家法の現代的課題』(一粒社、一九七一年)および『土地問題と所有権』(有斐閣、一九七三年)などのすぐれた研究があるが、本書で私が主として対象としているのは、同氏のイギリス法研究の集約された成果である『借地借家法の基礎理論』である。なお『土地問題と所有権』については

私の「書評」参照(『民商法雑誌』六九巻二号、一九七三年)。

(3) 椎名重明『近代的土地所有――その歴史と理論』(東大出版会、一九七三年)。

(4) 内田力蔵『イギリスにおける遺言と相続』法学理論篇81e(日本評論社、一九五四年)、二八頁以下は、イギリス財産法の技術性と歴史性の表裏一体の関係を問題にされる。この点についての私のコメントはさしあたり、戒能「近代イギリスにおける土地所有と相続 (一)」(『社会科学研究』二〇巻三・四号、一九六九年)、二三〇頁以下参照。

(5) 渡辺、前掲書、とくに第一、二編、また同「近代的土地所有権の法的構造」(『社会科学研究』一二巻一号、一九六〇年)、甲斐とくに前掲書『土地所有権の近代化』、望月礼二郎「謄本保有権の近代化――イギリス土地所有権法近代化の一断面 (一)(二)」(『社会科学研究』一一巻一号、二号、一九五九年)参照。なお水本浩「イギリス所有権法研究の発展」(『社会科学研究』一一巻五号、一九五九年)は、望月論文の登場を契機として、それまでの研究史を整理し、解明されるべき課題を提起されていて興味深い。

(6) 小山貞夫『中世イギリスの地方行政』(創文社、一九六八年)。なお同氏には本書の私の研究でも参照したベイカーの著書などについての訳業があり、それらにつけられた同氏解説にも、このような問題意識が示されている。また平松紘「一三世紀末葉期・マナー社会の法的構造 (一)(二)」(『青山法学論集』一三巻四号、一四巻二号、一九七二年)、同「隷農土地保有(権)の社会的性格」(『早大大学院法研論集』六号、一九七一年)、同「コピーホールドの法的地位」(『青山法学論集』一八巻一号、一九七六年)等参照。

(7) 戒能「イギリス土地所有権法の総体的把握」(『社会科学の方法』三九号、一九七二年)。なおこの私の論稿に対して水本氏からの反批判をいただくことができた(水本「所有権理論の進展」(同四四号、一九七三年))。またその後、水本氏の反批判を契機に一連の論争が展開した。次の文献参照。椎名重明「近代的土地所有権論」(同四九号、一九七三年)、浜林正夫「近代的土地所有をめぐる若干の問題」(同五四号、一九七三年)、戒能「イギリス土地法の方法論的一考察」(『法律時報』四六巻五号、一九七四年)、同「近代的土地所有権をめぐって」(『季刊現代法』七号、一九七二年)。なお右のうち『法律時報』掲載論文はこの序論で若干修正の上一部再録している。

二

従来のわが国における「近代的土地所有権」論、すなわちより具体的には、その理論的内容と歴史的実態をめぐる理論は、総じてイギリスにその範型を求められる、土地所有権の土地利用権に対する従属ないし後者の前者に対する優越という規範形態の成立に、その理論的枠組みを求められてきたように思われる。他方「近代的所有権」は、資本制生産の基礎的範疇としての商品およびそれに対する私的所有権の成立を起点とした、商品所有権の規範構造にその理論的枠組みが求められ、総じて「私的性質」「観念性」「絶対性」の三つの性質が「近代的所有権」の特質を示すものと考えられてきた(1)。右の「近代的土地所有権」論は、結論的にいえば、この「近代的所有権」についての理論的枠組みを前提としつつ、これに一定の修正を加えつつ構築されたものといいうるであろう。すなわち、土地所有権の場合、この「近代的所有権」の特質、とりわけその「絶対性」が「土地利用権」との関係において制約を加えられていない限りでは、決して「近代的土地所有権」の成立を表象していないものとされ、このようにして「近代的土地所有権」論は、「近代的所有権」の理論を基礎としつつも、それとは相対的に別個の理論的枠組みに基づいて構築されるべきものと考えられてきたように思われるのである。

かつて甲斐氏が「近代的土地所有権」論を整理された時点では、主として川島武宜氏の『所有権法の理論』と水本氏のさきの研究に表現された理論的枠組みの差異をいかにして調整し、かつ統一的に理解するかが主要な問題関心とされていた。同氏は両理論の差異を、一つには対象の相異、すなわち川島氏は商品所有権一般を問題にされ、水本氏は特殊に土地所有権を問題にされたという対象の相異に原因するものと理解されたが、二つには、水本理論の基礎にはイギリス法的構成が存在し、川島理論ではヨーロッパ大陸法、すなわちごく一般的にいえばそのローマ法的構成が主として念頭におかれていたものとされ、とくに「近代的所有権」論の構成上、両法体系の規範構造の差異とともに、総じて各国における近代法の形成過程における諸〻の社会的・歴史的要因の差異は、無視されえないものであろうと指摘されていた。したがって甲斐氏は「近代的土地所有権」論を「近代的所有権」論と同様のコンテクストにおいて展開することに対する水本氏の批判的見解に基本的に賛同されながら、「近代的土地所有権」の範型をイギリスに認めることができるとされる水本理論の核心部分については、なお一定の留保を示されていたように思う。同氏がさきのとおり近代法成立史における各国の経済的・政治的・社会的構造の差異を重要視されていたことに、その主たる原因を求めることができようが、なお同氏においては、「近代的土地所有権」もまた、商品所有権として「近代的所有権」の諸特質をも具備するのではないかとする、一定の仮設が維持されていたようにも思われるのである。(2)

「近代的土地所有権」論は、このようになおレヴェルを異にする問題点を含むものである。私のこれに対しての見解はなお後述することにしたいが、ここではまず川島理論と水本理論の差異がなぜ生じたかについての私自身の理解を示しておくことにしたい。私はかつて、川島氏の研究には、商品範疇からみた場合の「近代的所有権」論への接近視角しか含まれておらず、これに対して水本氏は、「近代的所有権」の内容を資本主義的所有と規定されるとともに、こうした一般的前提から特殊的に土地所有権を問題とされるのであり、したがって両氏の理論の相異は、ごく一般的にのべれば「近代的所有権」論の構築のさいに、商品範疇を主要な契機とするか、資本範疇が前面におかれるかに、主として原因するものであると理解した。(3)誤解を生じやすいにもかかわらず、私があえてこのように資本範疇という用語を用いたのは、水本氏と同様に資本制生産を前提とした場合の土地所有のもつ特殊性、あるいはその非生産的側面を重要視したかったためといってよい。そして甲斐氏や望月氏などの、戦後におけるイギリス所有権法研究の水準を示していると思われる研究は、結論的にいえば、『所有権法の理論』の理論的モチーフをイギリス法研究に役立てたひとつの範例を示すものといえよう。またこれらの研究が、イギリス史の研究上、重要な点を示唆することになっている点にも私は注目したい。すなわち、これらの研究は、後述のように封建的土地所有の廃棄の方式がとくにフランスと比較した場合に外見的には不徹底な形態を示すイギリス市民革命の諸帰結にもかかわらず、土地所有に対する私的所有権の成立を土地所有権法の一定の領域にそくして実証しておられることに、その独自の意義が認められるべきものと考える。(4) それにもかかわらず、経済史の分野では、吉岡昭彦氏や毛利健三氏が強調されたように、また私のさきの問題提起のさいに浜林正夫氏が指摘されたように、イギリス市民革命の諸帰結から、資本主義的諸関係の本格的展開、とりわけ農業における「三分割制」の成立に至るプロセスがどのようにして展開可能にされたかについては、未だ決着のつけられていない大きな論争的諸課題が残されているといわなければならない。いうまでもなく甲斐・望月両氏の研究は、その対象とされた問題の性格のゆえに、これらの論争的諸課題と直接の関連をもつものでないのみならず、また同様の理由により、私のいう資本範疇の成立との対照において「近代的所有権」論を論じられたものでもないのである。したがって私のいう資本範疇の全面的成立と展開との対応において「近代的土地所有権」論を論じるためには、まず起点における市民革命期における土地変革が両氏よりより広い視角から「総体的」に解明され、そして土地所有権の規範的構成の特殊性(後述)を含めて、その「近代化」のプロセスが、全面的に検討され直されなければならないと考えるのである。本書において私はこの自ら設定した課題に完全な回答を与ええていないかもしれない。それにもかかわらず、ここで右の論争的課題についていえば、私は上級土地所有権のみが近代的私的土地所有権に転化されたというこの市民革命期の土地変革の法形式的側面のみに着目して、この革命を「上からの」革命と規定することはできないと考える点で、毛利・浜林両氏とその見解を同じくする。毛利氏が注意されたようにこの論争点は、総じてマニファクチュア段階における土地所有と資本との対立の実態、とりわけこの段階における資本の存在形態の実証的分析がなされなければ、決して実りある成果を生むに至らないだろう。(5) 本書において私はこれらの点を後日の課題として残しているが、それにもかかわらず私はこの論争点を多分に意識して、市民革命期における土地変革を独立にとり出して論じることはせずに、国王大権裁判所とパーラメントとの関係、そしてこの革命によって絶対王制権力が全機構的に解体されるという国家権力の総体的変革との関連において、さきのような形態における土地変革を考察することになるであろう。いうまでもなくこれだけでは、経済史学における論争点を克服したことにはならないであろうけれども、少なくとも私はこのようにして「三分割制」確立に至るまでの農業における資本主義的諸関係の展開の歴史的過程について、少しく実体的に解明しようと意欲して、第Ⅱ部以降における考察を行なったつもりでいる。

「近代的土地所有権」論は、市民革命を起点とした農業における資本主義化の歴史的過程にそくして、実体的に導出されなければならないとするのが、私のこの貧しいイギリス法研究のひとつの結論なのであるが、読者は私がこのようにいう理由のひとつを以上から読みとって下されば幸いである。椎名氏の研究に認められるように、これを論理過程と歴史過程の総合として構築しなければならないといってもよい。そしてこの立場に立脚して「近代的土地所有権」論を展開していくためには、土地所有と資本制生産様式の照応関係を、資本範疇の萌芽的形成の段階から分析された水本氏の研究が、私の分析の「手がかり」となることに、私は完全に同意したいのである。

ところで甲斐氏が、川島理論と水本理論を統一的ないし整合的に理解しようと意欲されたさいには、イギリスの場合には「近代的土地所有」と「近代的土地所有権」とは、法社会学上の用語をもってすれば「生ける法」の自生的展開を基軸として、つねに照応し合う関係にあったと指摘されていたように思う。これに対してフランス民法典や、日本民法典の所有権の「近代的」性格は、ただ法典上のみの存在にすぎず、経済史的・法社会学的観点からする「近代的所有」は、これら法典の制定時にはなお成立していないと解されていたことが注意されてよい。法社会学的研究においては、「近代的所有権」の概念内容は、現実の社会的諸規範の起点としての、「所有」をめぐる人と人との関係に求められるべきものとされ、そしてこのように「近代的所有」を現実の社会関係に還元したうえで、その純粋な完成形態の成立・未成立を解明することを通じて、当該の歴史社会における「近代化」構造の実現の程度を測定することに、その主たる課題が求められていくのである。したがって、法社会学的立場からすれば、法典における「近代的所有権」の成立は、必ずしも当該の歴史的社会の「近代化」の完成を意味するものとはされず、むしろ現実の社会的諸関係と、法典とのズレを問題にし、前者を後者にいかに接近させていくかが、この立場のすぐれて実践的な課題として抽出されていくことになるであろう。そしてこの立論を延長して「近代的土地所有権」論を構築する場合にも、まず「近代的土地所有」の純理論的な成立形態とそれの規範形態との照応関係が問題にされ、そしてこの照応関係を問うためには、大陸法の法典上の「近代的所有権」ではなく、資本主義が最も先進的に展開し、それゆえに社会諸関係が最も典型的な形態で資本主義化していったであろうと推測されるイギリスにおける「近代的土地所有」の成立と、それの規範形態との照応関係が、他国の「近代的土地所有権」の成立・未成立を分析する場合の、指標とされるべきとされることにもなろう。だから、水本氏の「近代的土地所有権」論は、以上の法社会学的立場からする「近代的所有権」論とは、方法的には同一の基礎に立脚されるものである。甲斐氏がとくに重要視されたように、大陸法国の法典上の「近代的所有権」の規定が土地所有をも包摂した上で、とりわけ「絶対性」をその特質とするのに対し、イギリス土地所有権法には、「近代的所有権」のさきの三つの特質、なかんずく「絶対性」はほとんど認められないとされることが水本氏の研究のライト・モチーフであったといえるとすれば、このイギリスを範型とした「近代的土地所有権」論のより実践的な課題は、大陸法の近代的所有権と不動産賃借権との対応関係におけるこの基準からみた場合の「前近代性」あるいは「寄生地主的段階」の反映といわれる法的構造の、批判と克服に求められていっても自然なのである。(6)

それにもかかわらず、私はかつて提起したように、そして甲斐氏も再三強調しておられるように、「近代的土地所有権」論の構築のためには、さしあたり「絶対性」の規定をめぐってイギリス法と大陸法の「近代的所有権」の構成上の差異を問題にし、商品範疇が基軸になる限りではこれを表象する大陸法の法典上の「近代的所有権」の構成は「近代的」たりうるけれども、資本範疇が全面的に成立するためには土地所有も資本所有に擬制される必要があり、したがってそれを阻害する土地所有権の「絶対性」までをも保障する大陸法の構成は、「非近代的」であるとのみ規定するだけで、すませてはならないように思う。このような法典ないしは「生ける法」の構成上の差異にもかかわらず、土地所有と資本制生産様式の照応関係がどのようにして展開していくかについての個別的・具体的な分析が、各国についてなされる必要があるという私の従来からの主張を、ここで繰り返しておくことにする。総じて、イギリス法を範型とした「近代的土地所有権」のいわば「原理論的」構成に合致した土地所有権の規範的構成が認められないということをその立論の根拠として、「近代的土地所有権」のさまざまな類型の存在をイギリス以外の諸国については否定するだけで、「近代的土地所有権」論が論じつくされたことにはならないと、私は考えているのである。もしそうでないとすれば、「近代的土地所有権」論とはせいぜいのところ、資本制地代の成立の説明によって、いいかえれば純理論的なその経済的規定の説明に、おきかえられてしまうことになるのではなかろうか。

なるほどイギリスを範型とした「近代的土地所有権」論は、さきの川島理論における「近代的所有権」の諸特質の法典上の反映を、「寄生地主的段階の反映」と規定するだけでなく、その原因をイギリスと比較した場合のこれら諸国――フランスも含めて主要にはドイツおよびわが国――の資本主義の「後進性」に求めることになった。(7)けれども逆に大陸法のこの構成に対して甲斐氏がなされたように「所有権」と「所有」とを区別し、これら諸国における資本制生産様式と土地所有との照応関係についての類型の相異を分析しようとする視角は、法律学においても必ずしも無視されてはいなかったのである。(8) 私はこの類型の相異、それを生み出す各国の歴史的過程の総体的分析とその比較こそ、「近代的土地所有権」論の再構成のための重要な前提作業であると考えているのである。そしてまたそのような研究を行なうためにもまず、イギリスにおける資本主義の先進的展開、ないしは、それゆえのその典型的な展開過程といったその経済的基礎構造の特徴づけについての一定の評価を、「近代的土地所有権」論の立論の基礎として、ア・プリオリに前提とし、あるいは非常に抽象的に把握してはならないと思っている。この点をなお詳細にいえば、すでに椎名氏が問題を提起された通り、イギリスにおける資本主義は、何よりも農業における資本主義の全面的展開を基礎として「近代的土地所有」のいわばそれの純理論的形態(後述)に最も近似的なものを発展させてきたという「特殊性」を有するものであり、こうした「特殊性」の歴史的実態を解明することにこそ、イギリスを素材として「近代的土地所有権」論を展開する場合の最も重要な課題が存すると考えるのが、私の基本的前提なのである。(9) いいかえれば、「近代的土地所有」とは、「資本制生産様式に照応する近代に独自の土地所有形態」をいうものとして、これを概念化し、かつこのことによって土地所有が資本制生産様式に照応することをいうためには、イギリスにおいても――否「近代的土地所有」の実体が資本制地代の諸規定に還元される展開を示す傾向がこの国において最も顕著に認められ、かつそのような必然性が胚胎されていたと考えられてきたイギリスにおいてこそいっそう――まずこの照応関係の理論的な意味が確定され、そしてこのような「近代的土地所有」の歴史的形態が、他国にも一般的規定として、すなわち当該の国における「近代的土地所有」の成立・非成立の指標とされうるか否かをみるためにも、この照応関係の歴史的内容がイギリスの場合にはより実態的に解明されなければならないと考えるのである。

私たちは、このような基本的前提に基づいてなお次のように考える。すなわち甲斐氏がかつて指摘されたとおり、随所にそのためのすぐれた指摘を示されているとはいえ、川島氏の『所有権法の理論』を土地所有権の「近代化」の分析枠組みとしてまで前提とすることは、まず分析枠組みからする一定の限界を示さざるをえないものと考える。いうまでもなく『所有権法の理論』のライト・モチーフは、「近代的所有権」の理念的ないしは典型的な成立形態を基礎・起点とした全近代法の発展系列を論証することによって、これとの対比におけるわが国の社会——戦前および敗戦直後における——の非近代的諸関係の批判・克服におかれたものであって、そこでは絶対主義権力を打倒して輝やかしい姿態を登場させた西欧近代市民社会の理念像が、歴史的実態として説得的に説かれることになった。したがって『所有権法の理論』が、商品形態による全社会的編成に資本制生産の基礎が存すると解し、その逆に資本範疇の成立と展開とをその全面的検討の対象としなかったことには、それなりの理由が所在した。いうまでもなく水本氏の研究が、イギリス不動産賃借権法の分析に限定されていたことは承認されなければならないが、それにもかかわらず私は、水本氏のこのかつての研究が、川島氏の『所有権法の理論』を克服して、理念型的な「近代社会論」から、資本制社会の矛盾的構造を土地所有の側面から分析されるところにやがて収斂していくことになったということ、そしてまたそれゆえに同氏がさきのとおり資本範疇を基軸にして「近代的土地所有権」論の提唱を行なわれたことを、最も評価したいと思っている。しかしながら、私たちの理解によれば水本氏の見解は、「近代的土地所有」についてのイギリス的実態と考えられてきたものをイギリスにおける資本主義の典型的展開と直結させて「近代的土地所有」の一般的な成立形態であるように解し、かつさきのように、川島理論における「近代的所有権」の諸特質を法典上に反映させている——と同氏が考えられた——諸国＝大陸法国の構成を、あまりに一般的に「寄生地主的段階の反映」と規定しておられるのではなかろうか。[10] ここには、資本主義の先進性・後進性を法的現象形態に一義的に還元して理解するという、方法論上の一定の問題が含まれているといえないだろうか。

近時の椎名氏の経済史的研究に立ち戻ってみよう。そこには、土地所有権、すなわち土地所有の法律的形態が「自由な私的土地所有」を保障するという意味における「近代的所有権」の諸特徴をもつものにまで転化することによって、イギリスの場合における「近代的土地所有権」の成立が達成されたとする実証分析の成果が示されている。(11) 私は、イギリスについて示されたこの研究の方法に注目し、かつ法社会学の分野でこれをいかに受けとめるかについてかつて問題を提起して次のようにのべたことがある。すなわち大陸法の法典上の構成とその実態とのズレ（甲斐氏）というこれまでの法社会学の主要な関心に加えて、慣習法的な法の諸形態を含めて、各国において、土地所有が資本制生産様式に照応するということの歴史実態的な分析が、いいかえればそのさまざまな諸類型が、比較法的ないし比較経済史的に抽出される必要が要請されることになろうとのべたのである。実際、このような問題提起に前後して、主としてフランスについては原田純孝・吉田克己両氏や、そして稲本洋之助氏によるさらに包括的な問題提起が繰り返されることになり、こうして私たちは現在、これらのすぐれた分析を受けて、「近代的土地所有権」論の理論的な内容を再構成しうる条件が成熟しているように思っているのである。(12)

（1）　川島武宜『所有権法の理論』（岩波書店、一九四九年）、第二、三章の分析参照。『所有権法の理論』は、「近代的所有権の経済的社会的実質の端初的型態たる商品」に内在する「固有の社会構造」から「近代的所有権」のこの三つの特質を論理的に演繹することを、方法論上の特徴とした。したがってこの理論は、「資本制生産は、商品交換が商品生産を必然的に媒介するという・商品交換と商品生産との内的な結合によって、特色づけられる」ということ、しかもこのような資本制社会が特殊＝近代的社会諸関係の成立を媒介し、これを支える「特殊＝歴史的」な「近代的所有権」の「私的性質」と「社会的性質」の分裂＝対立の論理を「より発展させる」ものとして把握することによって、「近代的所有権」が「商品としての所有権」から「資本としての所有権」に発展するその発展系列を、「近代的所有権」の「私的性質」と「社会的性質」との「矛盾と統一の発展」

においてとらえるという画期的方法を示唆したものといえるのである(同書、とくに二四、二八―三〇、一一六―一一七、三二三―三二四、三三八―三三九頁等)。「近代的所有権」の三つの特質とは、したがって「資本制社会の成立とともに、『飛躍的な発展』をとげ」る私的所有権・契約・人格という「商品交換の規範関係を構成する」三つのカテゴリーに求められるとともに、またこれらが資本制社会の右の構造により「現実に分裂し独立化して対立する」こと、こうしてその「抽象的性格」を高度化すると洞察されたのである(二八―三六、一〇二―一〇三頁)。このようにしてこの理論は、「近代的所有権」の「私的性質」と「社会的性質」の対立論理によるその運動過程(具体的には「価値」支配権としての「商品所有権」が「契約」を通じて運動するモメント)に着目してその「観念性」すなわち「所有者の現実的現象的な支配関係でなくして、抽象的な・目にみえぬ社会的関係それ自身」の支配権能(一一八頁)、とこれを現実に保障するための(とりわけ物権的請求権によって観念的たると同時に絶対的なる権利となるその)所有権の「絶対性」に関するすぐれた認識を導き出していく(一〇二頁以下)。

(2)　甲斐、前掲書、とくに第一部参照。

(3)　戒能、前掲論文「総体的把握」参照。

(4)　なお川島理論における「近代的所有権」の三つの特質を注(1)に示したように理解することができるとすれば、これはそれ自体として特殊＝近代的な歴史的社会における所有権の存在形態を資本制社会の「全機構的」論理で基礎づけ、説明するものであるがゆえ、この三つの特質の成立の有無を論じることによって「近代的所有権」の成立を論じることも可能であろう。実際、川島氏は随所で日本につきその点を指摘される(川島、前掲書、例えばはしがき二頁、本文四七―四八、五四―五六、六八、八〇―九二、一一二頁等)。しかし川島氏がイギリスについていくつかの注目すべき限定を加えていることにも注意されたい。例えば五二―五四頁では「水本理論」と近似の見解を説かれる。ただし「観念性」「絶対性」や「物権的請求権」等についてはイギリスへの言及は全くない。この点は甲斐、前掲書の分析が補充されている関係にあるとみてよいだろう。ただし甲斐氏はそのすぐれた実証分析から、イギリス法について川島理論のそのままの適用に「限界」を感じられたようにも思われる。

(5)　イギリス市民革命は、有名なレーニンの定式「二つの道論」(「一九〇五―一九〇七年の第一次ロシア革命における社会民主党の農業綱領」「一九世紀末のロシアにおける農業問題」(『レーニン全集』大月書店、一三、一五巻所収))をめぐって経済史学では重大な論争の対象となっている。この点については、芝原拓自『所有と生産様式の基礎理論』(青木書店、一九七二年)、二二五頁以下参照。なお次の文献を参照。堀江英一『近代ヨーロッパ経済史』(日本評論社、一九六〇年)、同編『イギリス革命の研究』(青木書店、一九六二年)、浜林正夫『イギリス市民革命史(増補版)』(未来社、一九七一年)、とくに「補章」、堀江編前掲書への毛利氏の書評(『歴史学研究』二七五号、一九六三年)、吉岡昭彦『イギリス地主制の研究』(未来社、一九六七年)、同『地主制の形成』(創文社、一九五七年)。なお浜林、前掲論文「若干の問題」参照。吉岡氏の研究のうち『地主制の形成』では領主－地主－小作農と領主＝地主－小作農というジェントリ範疇の区別が問題にされていたが、『イギリス地主制の研究』では、イギリス絶対王制期における「寄生地主制」論が提出され、経済史学界での論争点となったようである。なお経済史学界における論争を知る上で、小林良彰『西洋経済史の論争と成果』(三一書房、一九七六年)は大変便利である。

(6)　ただしここでの「絶対性」は土地利用権との関係での「所有権の絶対性」の制限を説くものであって、川島氏の「絶対性」概念と必ずしも同じものではない。この「絶対性」と「自由性」につき水本氏は前者は他の権利との優劣関係にかかわる概念、後者は、所有権能の行使にかかわる概念として区別され、そしてまたこの「絶対性」概念を「絶対的な不可侵性」「絶対的な自由性」「絶対的優越性」というように区別しようとされる(同氏、前掲書『土地問題と所有権』参照)。なお私は後述のとおり、水本氏が賃借権の優越を説かれるさいは、その対抗力・存続期間・譲渡転貸の自由の諸点の実現に注目されるのであり、「テナント・ライト」すなわち借地農の投下資本回収の問題は、その直接の考察の対象とされていない(この点についての同氏のコメントは、前掲論文「所有権理論の進展」三頁以下参照)ことに注目している。

(7)　水本、前掲書『基礎理論』一〇六頁参照。

(8)　とくに甲斐、前掲書、第一部における指摘、また椎名、前掲論文「近代的土地所有権論」二、六―七頁の指摘を参照。

(9)　椎名、前掲書『近代的土地所有』四―一五頁、同右「近代的土地所有権論」参照。

(10)　この点は、水本氏の『基礎理論』批判としては、やや一面的であるかもしれない。なぜなら、水本氏は、そのイギリスを範型とする「近代的土地所有権」の原理的規範構造の成立の有無との関連で、「近代化」の成立・未成立を説かれるのであるから、イギリス以外の諸国について一般的にその「近代化の不完全さ」をいう必要があったと思われるからである(同書、一〇六頁参照)。

(11)　椎名、前掲書参照。なお同、前掲論文「近代的土地所有権論」は、イギリスでの「自由な私的土地所有」は市民革命前における「土地売買の自由」と、一九世紀末以後の「土地売買の自由」との二つの過程をもって実現されたといわれ(同論文、四頁)、「近代的土地所有」の経済的内容と、法律的に土地所有が資本にとって制約となって現われることが排除されるということと、すなわちその資本にとっての敵対物たる性格が法律的に止揚される過程の問題とを、区別されている。

(12)　次の文献を参照。原田純孝「農地賃借権の法構造とその特質――ナポレオン法典の成立過程に見るその法律的・社会的基礎(一)(二)」(『社会科学研究』二八巻三号、六号、一九七七年)、吉田克己「フランスにおける商事賃貸借法制の形成と展開(一)(二)」(同二九巻六号、三〇巻一号、一九七八年)。椎名氏および私の問題提起以降、新たな論争点を提起され両氏の分析にも大きい影響を与えることになった、稲本洋之助『賃借権の物権化』について」(『社会科学の方法』六三号、一九七四年)、およびそれに対するコメント、鈴木禄弥「不動産賃借権の亜所有権化について」(同八六号、一九七六年)参照。

三

ここでの一応の結論を導くために私は最後に、川島理論と水本理論を整合的に理解するために、甲斐氏がいわゆる「近代化」の二段階のプロセス、すなわち土地所有権の「プロセスとしての近代化」という、注目すべき提唱を行なっておられることに注目しておくことにしたい。この見解は、この間の問題提起を積極的に受容された、同氏の「近代的土地所有権」論の現在の到達点を示唆していると思われるだけに、きわめて重要と思われる。同氏のこの理論は、かんたんにいえば、土地所有権はまず商品所有・資本所有と同様に私的所有権の画一的な保障を受ける段階を起点として、その「近代化」を開始するのであり、そしてこの「近代化」の到達点は、債権形態であるか物権形態であるかを問わず用益権が、土地所有権に優越する規範構造の確立によって完成することになるのではないかとする見解を提唱されるものである。同氏は最近の研究で、小倉武一氏の「私的(土地)所有権」と「近代的土地所有権」の範疇的区別という先駆的問題提起に着目され、「近代的土地所有権」論の理論史をこの見解にそって解明するべく試みておられる。(1)

私もまた、川島理論と水本理論の差異を強調するさいに商品範疇・資本範疇と土地所有との一定の照応関係の差異を問題にし、これをさきの通り両理論の大きな相異点として重要視した。おそらくこのような意味での両理論の相異は、たんに分析枠組みの相異のみならず、その扱う歴史段階の相異をも帰結していくことになるであろう。けれども私はこのことを前提として甲斐氏がなされているように両理論の統一的理解を追求するまえに、右に示唆した歴史段階の各レヴェルをより実態的に解明するための分析を先行させたいと考えている。私がこのようにいうのは、イギリスについていえば、本書のとくに第I部において分析するとおり、R・H・トーニーの強調した一六世紀の「土地の商品化」と一九世紀末葉の同様の表現における土地所有権の「近代化」の歴史的実体の決定的差異、すなわち歴史的コンテクストを異にする同様の表現における問題の展開というこれまた経済史のレヴェルにおける一定の問題提起をさしあたり念頭においているためでもある。かんたんにいえばここに提起された問題は、土地所有権の「近代化」のプロセスが、イギリスにおいては市民革命を必然化した「土地の商品化」と、市民革命後において集積・集中される土地所有の法律的構成の「転換」という二つの「画期」をもったということを示唆したものといえるだろう。しかもこのような「画期」が、イギリスにおける「近代的土地所有権」の成立過程においての、歴史具体的要因によって規定されていたということを、この問題提起は暗示しているように思うのである。私は、したがって、イギリスにおける「近代的土地所有権」論の構築のためには、再三繰り返す通り、この国における資本の原始的蓄積の本格的かつ最終的過程において、いかなる土地所有がその起点に所在し、そして資本がこの歴史的に前提とされた土地所有を自らに適合的な形態に転形せしめるためには、この土地所有の法律的な表現形態までをも含めた「近代化」が必要とされたということ、したがってその転形の歴史的構造についての「総体的」分析が必要とされようとのべたのである。(2)甲斐氏の「プロセスとしての近代化」論に着目したのもその理由に基づくのであり、そして私は、この二段階的「近代化」論の視点が土地所有について必要とされるのは、少なくともイギリスの事例にそくしてみる限り、土地所有の資本所有・商品所有に比しての特殊性にその理由を求められるのではなかろうかと考えたのである。

土地所有の資本所有・商品所有に比しての特殊性は、まず地代論のレヴェルで示唆されるように、これを最も抽象的かつ純理論的に扱い、資本主義的土地所有の経済的価値実現過程の問題に還元して理解することも可能であろう。しかしすでにのべたように、イギリスにおいても決して、土地所有の特殊性がこのレヴェルの問題に一義的に集約されてよいことにはならないのである。第一に、この資本主義的な土地所有の経済的価値実現過程が可能となるためには、土地に対する私的独占を起点とした一定の農業経営の優越によるところの小農からの土地収奪という過程を通じて、資本＝賃労働関係が創出されなければならない。そしてそこでは土地所有に対する私的独占は、この関係を創出していくために促進的に作用している。第二に、このような資本＝賃労働関係の創出とその集積の過程が、土地利用ないし利用権のレヴェルに反映され、また逆にそれによって規定されていく側面である。いいかえれば地主＝借地農関係のレヴェルであり、そしてこれに媒介された土地所有権の構造のレヴェルまでが問題にされなければならない。以上はいうまでもなく、農業の資本主義化を全面的に伴いつつ遂行されたイギリスを念頭においてのことであるが、私は法律的形態がどのようなものであれ、土地に対する私的独占を通じてこのような総体的連関構造を有する資本制生産様式と土地所有の照応関係の推転のプロセスが、他国においてもそれぞれ特有の形態で展開されたであろうと理解しているのである。

私はしたがって甲斐氏の「プロセス論」の最も重要な寄与は、このようにして結局のところ「近代的土地所有権」の成立過程は、封建制から資本制への移行過程、なかんずく、市民革命ないしはそれと同様の意義を有する土地所有の変革の、各国における歴史的過程の特色ないしはそれの性格によって規定されるものであること、逆にいえば、この点を看過して、一義的にイギリスを範型とした「近代的土地所有」およびそれに照応する「近代的土地所有権」の法形態がみられないからといってただちに、当該の国における「近代的土地所有」とともにそれの規範的表現形態が認められないというようには解することができないと考え、そうした点についても一定の示唆をこの提言が含んでいると思われるところに、この見解の、豊富な含蓄を集約して理解したのである。もしそのように解することができるとすれば、この二段階の「近代化」論は、土地所有の特殊性を最も集約的に理解した「近代的土地所有権」論、すなわち資本制生産様式と土地所有との照応関係を論じるための「一般理論」、となりうる枠組みを含むものといえるであろう。当面のところ「プロセスとしての近代化」論は、土地所有権の「近代化」が各国において時期的にはズレをみせて現われるという当然のことを指摘しているにとどまっている。それにもかかわらずこの歴史的発展段階の相異から何ゆえに、イギリス法的「近代的土地所有権」の構成と大陸法系の「近代的所有権」の構成という、規範レヴェルの差異が現われたかが、それ自体として彼此の「近代化」構造の差異として、いいかえれば資本の原始的蓄積における土地所有の果たした役割の相異と、それにもかかわらずそこに一定の共通する側面が認められるということの解明に、より豊かに役立てられていくとすれば、そこからは私のいう「近代的土地所有権」の諸類型を前提としたその「一般理論」が構成されることにもなろうかと考えるのである。

この「プロセスとしての近代化」論は、水本氏の「近代的土地所有権」論において必ずしも欠落した視点であることを意味していない。なぜなら水本氏は、「近代的土地所有権」は、封建的および共同体的所有規範から解放されていると同時に、「土地利用権」との関係においても「資本制的価値関係に支えられたものとして現われ」なければならないとされ、理論的には土地国有と資本主義とは矛盾するものではないとも説いて、この「プロセス」の最も理論的な収斂のしかたを指摘しておられるからである。[3] ここには、土地利用権に着目して、段階的かつ法則的に土地所有が資本の論理に規定されていく一定の「プロセス」が示唆されているといえるだろう。この「原理」的な「近代的土地所有権」の社会的存在構造と異なって、例えばドイツにおけるユンカー的な地主経営や、また日本におけるかの寄生地主制の存在が、「近代的土地所有権」の二段階的成立の過程を、いかなる意味で媒介したと考えられるべきか。誤解をおそれずにいえば、水本理論の重要な寄与は、イギリスにおける農業の資本主義化の自生的展開過程を強調されることによって、工業の「上から」の強行的発展が遂行されたこれら諸国における「近代的土地所有権」の規範構造とその現実の機能が、それとは対蹠的な固有の諸特徴を有するものにほかならないことを、説得的に暗示されたところにも認められるように思われる。(4)

土地所有の、すなわち独占に基づく自然物の所有と支配の諸関係が、資本制生産様式の「恒常的基礎」とされるのは、いうまでもなく、「土地所有権」と「土地利用権」の対応関係の背後にあって、「二重の意味で自由な」賃労働者が、私的土地所有の独占を通じて不断に形成されるためである。けれどもこの一般的命題はさらに具体的に検証されることを必要とする。例えば資本主義の発展段階の相異にすべて帰せしめられるべきか否かはともかくも、事例的にいえば、フランスにおける農民的土地所有、イギリスにおける貴族的大土地所有という類型を異にした私的土地所有の存在形態が、「プロセスとしての近代化」の起点の相異を示すものとして前提とされ、それゆえそれ以降の「近代化」に類型の相異が現われることも、実証されていかなければならないであろう。(5) したがってここでの結論として再度繰り返せば、「近代的土地所有権」論の構築の出発点は、私によれば、この資本の原始的蓄積の、最終的かつ全面的な展開との関連における土地所有の有した特殊な意義についての、総体的な、すなわち全歴史的過程を含めた各国におけるそれの具体的発現形態にこそ、求められるべきことになる。「近代的土地所有権」論は、このようにして土地所有の資本制生産様式との照応関係の、純理論的成立形態を、法形態のレヴェルにおいて「発見」する課題と必ずしも同じことがらではなく、(6) 何よりもこの独占的所有を媒介する諸〻の法律的現象形態を、社会的諸関係との一定の対応関係においてまず析出し、そして各国におけるその特有の保障形態の差異をも、たんに副次的に問題とするのでなく、全面的に検討することによって解明されていかなければならない性格の問題と思うのであるが、これらの点を含めて、私はさしあたりイギリスにおける問題点を素材に以下具体的にのべていくことにしたい。

(1) この「プロセス論」については五頁注(1)参照。とくに甲斐氏の最近の論稿、前掲論文「戦後日本における近代的土地所有権の展開」は、この視点をさらに鮮明にされ、今後の分析の方向を暗示される。なお藤田勇「『営業の自由』と所有権観念」(『資本主義法の形成と展開』1(東大出版会、一九七二年)所収)参照。

(2) 戒能、前掲論文「総体的把握」参照。

(3) 水本、前掲書『基礎理論』一〇五―一〇六頁。

(4) なお最近原田氏は、稲本氏のさきの論文「物権化について」の問題提起をさらに発展させて、農地賃借権のための分析視角を整理される(前掲論文の「序章」参照)。稲本氏がいわれるように「物権化論」が、日本では主として宅地についてのそれについていわれるのであるのに対し、英仏とも農地「賃借権」の「物権化」が問題となっているという問題状況の相異と、農地の場合の特殊性はもっと深く分析されてよいだろう。

(5) この点を示唆するものとして、甲斐、前掲書、第一部、および椎名、前掲論文「近代的土地所有権論」参照。

(6) すなわち、より具体的にいえば、イギリス「賃借権法」の物権化構造、すなわちそれの「エステイト」化とその具体的内容、つまり賃借権の対抗力、存続期間の安定、譲渡・転貸の自由といったものの成立を分析するのと同じでないということである。なおイギリス「賃借権」の物権化構造をいう場合、私が本書における分析で示すように、lease がイギリス特有の規範構造を示すこと――したがって大陸法系における賃借権と必ずしも同じものではないこと――も注意されてよいだろう。

2　近代イギリス土地所有関係法の現実的構造

一

ごく一般的にいえば、資本主義にとって土地所有は、いわば外在的・歴史的所与であるから、資本制生産様式に照応する意味での「近代的土地所有」は、資本に規定された経済的形態に転形せしめられていることを要する。しかしその転形過程は、同時にひとつの歴史過程を意味しており、したがって「近代的土地所有」とは一応のところ、共同体的ないし封建的・領主的等々の資本に先行する土地所有諸形態と異なること、そしてまたもともと「封建的」な土地所有が資本によって規定される形態に転形され、そのような意味で資本制生産様式に照応する近代に独自の土地所有形態であるといえても、それが同時にこの概念の実体的内容を示すものではない。つまり「近代的土地所有」の概念は、土地所有と資本制生産様式の照応関係を、各国の歴史過程にそくして個別的・具体的に解明され類型化されることがなければ実体のない、したがって非歴史的概念にとどまるものである。[1]

椎名氏と同様私が右のようにいうのは、マルクスが『資本論』の該当箇所で扱った資本制地代の取得名義に転化ないし縮減された土地所有の経済的形態を「近代的土地所有」とよびかえても、「近代的土地所有」の本性とともにその実体的内容が明らかにされたことにはならないと考えるからである。実際、椎名氏によれば、マルクスが右の箇所で行なっている分析は、資本のもとに従属した(したがって土地所有が資本の完成形態に照応していることが前提とされる!)土地所有が、自らの経済的価値を実現する論理的根拠を明らかにしていたにとどまるのであって、したがってマルクスにとっても、このような純理論的な土地所有とは区別されるものとして、すなわち土地所有を独自の範疇として取り扱い、このようにしてその独自の作用を体系的に分析する作業は、なお別個の分析にゆだねられていたのだとされる。

右に示されるように椎名氏の方法論的問題提起は、はなはだ広汎であり、また「地代論」の理解等をめぐる野心的問題提起を含んでいる。しかしここで強調しておきたいことは、従来、資本制地代の諸規定をもって与えられる土地所有を「近代的土地所有」として概念的に前提とし、「近代的土地所有権」とは、そのような土地所有の経済的形態が成立した場合に、それに照応するところの土地所有の法的表現形態をいうというように、もっぱら両者の照応関係を問題にしてきたと思われる、「近代的土地所有権」論に対しても、十分に内容のある批判を含んでいるように思われることにある。(2)

私はしたがってこの経済史学上の最近の重要な研究を法社会学的研究にいかに受容しうるかという視点に立って、私の従来の見解を以下まとめておくことにしたい。

（1）　椎名、前掲書、一―二頁の指摘を参照。

（2）　椎名氏の理論はさしあたり以上のように整理することができよう。そして同氏が、このような趣旨をいわれるのは、「近代的土地所有」を「資本制生産様式に照応する近代に独自の土地所有形態」であると同氏が定義されることと関係する。「近代的土地所有のマルクス的概念」においては「資本主義の理論的分析のために農業もまた資本のもとに従属しているものという想定」が行なわれたのに対し、このような純理論的に想定されるものと異なる――イギリスにおいてのみそれに近似的形態がみられるにせよ――歴史実在的な「近代的土地所有」を分析するためには、各国の資本主義の発展が異なる形態を示したように、土地所有も、それぞれの国の資本主義に照応して異なる形態をとることが認められなければならず、したがって、「近代的土地所有」の分析課題は、各国の資本主義の発展の独自の型と、土地所有との照応関係に求められるべきことになる。本文で示した「近代的土地所有」の一応の定義にはこの意味が含まれている。それゆえ椎名氏の「近代的土地所有」論は、主としてイギリスにおける農業の資本主義化を歴史的例証として、ごく一般的に「近代的土地所有」を資本の規定性を受けとった土地所有形態というように抽象的に理解してきたと思われる法社会学の主流的傾向に対しての、問題提起を意味しよう。もっとも椎名氏が、右の問題提起ののちに、「まずもって」イギリスから、その検証作業を始められたのは、同氏にとっては必然的であるが、他方「一国の工業を中心とする資本主義的発展を阻害しないような——そのかぎりで資本制生産様式に照応する——土地所有」を、どのような実証手続きで分析するかについては、今後に大きな課題が残されたように思う。前掲、原田論文はこれに正面から答えようとされている。

二

イギリス所有権法が論じられる多くの場合に、そもそも「所有権」の抽象的・絶対的権利という意味における構成が、果たしてイギリス法に存在するのかが問題とされる余地のあることは事実である。これに対してローマ法継受の後に現われた大陸法系の近代諸法典には、「所有権」は物に対する包括的かつ絶対的支配権能として、しかも動産・不動産の区別なく適用されるところの画一的規定を有し、それゆえにまたイギリス所有権法の構造に比しての形式的合理性を明瞭に示しているという事情が存在する。それにもかかわらずイギリス法および大陸法系の差異は、前者が社会的・経済的基礎構造とのより直接的対応・照応関係を示すのに対し、後者は、その近代法典に現われた理論的・抽象的構造にもかかわらず、現実の社会関係においては、前近代的諸関係がなお広汎に残存し、したがっていわれるところの「近代化」は、ただ法典の上でのみ実現されたにすぎなかったこと、いいかえればそのような意味での彼此の「近代化」構造の差異の不可欠の内容として、両者の対蹠的所有権構造が重要視されたことも事実である。

イギリス所有権法をもっぱら法形式的に観察する場合、大陸法系との対蹠的構造は、前者の「物的財産権」(real

property)に関する領域、大陸法系の用語をもってすれば、不動産法のそれにほぼ照応する領域に最も明瞭に現われている。それにもかかわらず、端的にいってイギリス土地所有権法の構造は、土地をめぐる所有法関係の大陸法系との取り扱いの相異、しかしより本質的には、土地所有が資本制生産様式の展開過程において果たした役割の相異として、特殊な構造を示すものとひとまず考えられなければならず、そうでなければ法構造の特殊性のみが経済的基礎構造と全く切断されたままに一面的に強調されて終るにすぎない結論を導くように思われる。いうまでもないことながら、私は水本氏のかつてのすぐれた著作がそうであったように、イギリス所有権法を研究するさいの、以上の到達点を確認しておきたいと思う。

かつてメートランドは、その初期の研究で、イギリス法の real property の領域の、錯綜し複雑化し、したがってまた一般人には理解されえぬところの法の悪弊を論難し、イギリス法上の real property と、personal property(人的財産権、ほぼ動産に照応する)の差異とその峻別は、よくいわれるようにその所有権の救済方法の相異に由来するのではなく、究極のところ「不動産法定相続」(inheritance)概念の、土地への付着にあると結論した。いいかえれば彼は、real property に関しての法定相続の諸準則、なかんずく「長子相続制」(primogeniture)が維持される結果として、イギリス所有権法の「近代化」、つまりそのいう不動産法と動産法の統一とともに、両者に通じる画一的所有権規定は成立しうべくもないといった趣旨を強調したのである。(1) メートランドの右の指摘は、一九二五年に行なわれた財産法改革に至るまで維持されたところの、イギリス所有権法における不動産法・動産法の峻別的構成と、それゆえの所有権の画一的規定の未成立の原因に触れたものとして注目されてよい。私の見解にそくして補足すれば、動産と異なって土地所有にのみ、「長子相続制」が維持された基礎には、他方における「遺言の自由」の原則の自律的展開にもかかわらず、総じてそれは、この土地所有に関する無遺言相続準則に媒介されてその現実的内容が構成されてきたという事情をあげる必要があると思うのであるが、さらに、以上の結果として特殊的に構成されてきた土地所有権法の現実的構造と、経済的基礎構造の間に、何らかの照応関係が示されていくことにもなったと考えている。しかしそう結論づけるにはなおいくつかの前提が必要である。

（1） Maitland, F. W., The Law of Real Property, in Collected Papers, 1911, vol. 1.

三

椎名氏が、さきのような仮設的問題提起の後に、具体的分析対象とされたのはイギリスであるが、これには十分な論拠がある。考えるにイギリスにおいて、他国に比しての農業の資本主義化のより先進的かつ典型的展開過程を認めることのできる点は、異論を生じないと思われるところであって、実際また、資本制地代の諸規定をもって与えられるような土地所有の資本主義的形態が、そのような実体をもって全社会的規模で確立されたところは、他にないといってよいであろう。さらに地代論の諸規定が、結局のところ農業生産物＝価値の分配関係をその本質とするものであると思われる結果、「農業利益の三分割」(three-fold division of agricultural interest)の成立という形で表示されたこの国の農業の資本主義化の過程では、現実の社会関係におけるところの地主・資本家的借地農・賃労働者の階級分化の構造が、そのまま資本制地代の推転過程に照応して現われてくるのでもあるし、以上の結論として、地代論の諸規定において前提とされる「近代的土地所有」の純理論的形態と、イギリスにおけるそれの現実の確立形態は、全く同一のものと解される必然性があったように思う。それにもかかわらず、椎名氏とともに私が、イギリスにおける「近代的土地所有」の確立過程では、なお国家法によるところの土地所有権構造の修正が要請されたと解し、これを重要視する理由は結局のところ、「近代的土地所有」は、たとえイギリスにおいても決してその歴史具体的形態を捨象されて展開したものではなかったとする考え方が存在するからなのである。

右のことはなお次のようにいいかえてよい。すなわち椎名氏の表現とそのニュアンスを若干異にするが、「近代的土地所有」といい「近代的土地所有権」といい、そのいずれも、資本主義の発展のいずれかの歴史段階に照応するものとして現われるという理解に対して私は、そのような照応関係成立に至るまでのプロセスを、より総体的・構造的に観察した上でこのプロセスとの連関のなかで把握されなければならないと考えている。あるいは次のようにいってもよい。すなわちこの課題を、資本制生産様式と土地所有の照応関係の歴史具体的解明として、イギリスにおいても、否「近代的土地所有」の実体が資本制地代の諸規定に還元される傾向とともに、さきの意味でそれなりの必然性を有したイギリスについてこそいっそう、深めていかなければならないといえるかと思うのである。

実際、右のように解さない限り、水本氏がかつて克明に分析されたように、イギリス土地所有権法は、その構造の特異性にもかかわらず、現実にはさきの意味で「近代的土地所有」が「三分割制」の確立期(具体的には一九世紀中葉)にそれとの照応を示しつつ成立したと考えられる時期における不動産賃借権法の構造に現われた、賃借権の所有権に対する優位、具体的には前者の存続期間の安定、対抗力の強化、譲渡ならびに転貸の自由の確立を抽出してこれを「近代的土地所有権」の典型的成立形態と規定すること、つまり「近代的土地所有」の典型と「近代的土地所有権」の典型の対応関係およびその時期的に合致した照応関係を析出すれば足りるのであって、ことさらにイギリス土地所有権の特殊な構造を強調しつつ、それをなおこの国の資本主義の展開過程の特殊性との関連で分析することの重要性を提起する必要はなかったのである。

したがって再度繰り返せば、私は、「近代的土地所有権」のイギリスにおける解明のためには、右のような歴史過程、端的にいって資本の本格的かつ原始的蓄積過程の土地所有権のレヴェルにおける反映を分析することを通じて、イギリス土地所有権の構造がその特殊的構造を鮮明に示していく過程を明らかにしなければならないと考えるのであって、こうしてまた、さきにのべたそれの大陸法系との法形式的差異を、それが基礎をおいた現実の社会関係の相異に還元させつつ分析していくための手がかりが与えられると考えているのである。椎名氏も指摘しておられるように、資本制生産様式と土地所有の照応関係の歴史具体的分析を行なうさいには、土地所有関係を媒介する慣習法的諸関係を含め諸〻の法律的表象は、この照応過程において「どうでもよいもの」として存在するわけではないことに注意しなければならない。なぜならば、現実の社会関係においては土地所有はそのような歴史具体的な法律的表象をまとって、この土地所有の近代化のプロセスに介在してくるはずであるからである。ここに私が、近代イギリス土地所有権法の特殊的構造を強調する最大の理由がある。(1)

(1)　水本氏が、一九世紀中葉のイギリス不動産賃借権に現われた「物権化」構造を強調されることについては、同氏にきわめて鮮明な、法社会学的研究と法解釈学との統一の意図の存することも事実である。しかしここに結論的に問題を示せば、いわれるところの「用益権の物権的構成」を、「近代的土地所有権」の不可欠の法律的表象とされる理解は検討を要するであろう。たとえば水本氏が一律に「寄生地主制」の反映といわれるフランスをも含めた大陸法系の近代法典に現われた「所有権」の絶対性は、一方に用益物権を例外的存在とする関係を伴うことは事実であるが、それはまた同時に所有権の私的性質、換言すれば、諸〻の封建的身分関係の土地所有に対する拘束の排除を、論理的前提とするからなのであって、そのこと自体が、「法典に現われた寄生地主制の反映」を意味するものとは思われない。

私と水本氏の考え方のちがいは結局、「近代的土地所有権」とは何かについての理解の相異に帰するように思われるが、より具体的には、土地所有の独占が、資本制生産様式の「恒常的基礎」たりうるという規定についての理解のちがいにも原因するようにも思われる。資本の原蓄過程における土地所有の独占は、たとえそれが利用関係と結びついていなくとも、所有権原の独占が保障され、このようにして非所有者を排除する限り、それは資本制生産様式の「恒常的基礎」たりえ、資本の蓄積の促進要因となると私は考えている。具体的には後述参照。

四

イギリス市民革命は、「近代的土地所有」の推転過程に画期的意義を与えた。ラヴロフスキーがかつて説いたように(1)、資本主義的地代が農民的土地所有その他の「慣習的地代」に対して一義的に優越していき、この結果必然化される農民層の階級分化の過程が、資本主義的経営を軌道にのせることを準備したこと、このようにして直接生産者の経営が排除されることは、土地所有の独占を保障する諸〻の法的媒介形態が、すなわち直接的には土地所有権による所有権原の独占の契機が、彼らと借地農間の「契約」を介して後者に投影されるからでもあること(その結果として他の経営形態が排除されるからでもあること)、それゆえに、土地所有の少数土地所有者への集中と、直接生産者の自己経営の排除、総じて土地所有の経営からの不断の分離の過程として現実化されたイギリスにおける農業資本主義化の諸過程は、以上の諸関係を確定したところの市民革命にその起点を見出しうる性格のものにほかならない。

イギリス市民革命による封建的土地所有の廃棄は、クリストファー・ヒルに従えば「上向的廃棄」にすぎないものと規定されるが、それは端的にこの市民革命によって創設された土地所有を媒介する法制的フォーミュラの内容を表現している。私が本書において強調する「自由土地保有権」(freehold)の私的土地所有権化と対蹠的な、「謄本保有権」(copyhold)の封建的土地保有体系への固定化、いいかえれば総じて領主的土地「領有」からの農民的「保有」権の「非解放」は、この革命の画期的意義を集約的に示すものにほかならない。

それにもかかわらず、この土地所有関係を媒介する諸〻の法制的フォーミュラのうち、「自由土地保有権」の私的土地所有権化のみが、革命後の資本の本格的かつ原始的蓄積の、土地所有権レヴェルにおける表現の起点に位置しているものではない。いいかえればこのいわゆる原蓄の最終過程において、土地所有の集積とその結果としての「自由なる」賃労働者の創出が一義的に推転される背景には、いうまでもなく資本主義的土地所有形態の集積が照応しているのであって、「自由土地所有権」の私的土地所有権化の意義は、このような意味での土地所有の独占をそれが画一的に保障していくことに見出されるにすぎない。それにもかかわらず、それが私的所有権としての絶対性の規定を受けとることは、さきの意味での「謄本保有権」とこれとの対抗関係においては、重要な意義を有したであろう。このようにして「自由土地保有権」は、つねに集積・拡大していく土地所有に対しての包括的支配権能として一義的に優越していくのみならず、他方ではこうして生じた土地の集積形態の有機的一体性を時間的に永続して支配する権能として、この「自由土地保有権」の現実的内容が拡延・強化されていくのに伴って、イギリス土地所有権の構造に特徴的構成が示されていくことにも留意をしたい[2]。

端的にいえば、信託もしくは後述の「継承財産設定」の媒介を受けつつ、所有権は、地代取得権能等、土地の現実的占有に伴う「土地収益」(income)に対する権利と、その土地の有機的一体性が維持されつつ後順位のその承継者に伝えられることが前提とされるところの、これら権利者に対する土地の「資本価値」(capital value)支配権能の、両者を包括し一体化した内容を与えられていくのである。このようにして「所有権」は、私のいう「期間的構成」を与えられていく。

いいかえれば「所有権」は「不動産権」(estate)という観念的抽象物を支配する権能として時間的平面において「分割」されるという理論的構成を与えられていくのであるが、その「分割」が一定の家系への土地の永続的承継を目的として行なわれる場合、結局のところ土地は商品化不能の、いいかえれば、その現在の権利者に対しては彼の生涯をこえて、その効果の持続する内容を有する売却等の処分を行なう「所有権の自由」が否定される関係の、制限的使用・収益権能の対象に転じていく。大陸法系においても多かれ少なかれ、このような意味での土地の家産的所有関係がみられることは水本氏の指摘されるとおりであろうが、イギリスにおいてはそれが、資本主義的土地所有形態の推転過程に照応しつつ現われ、そのような結果、一方における直接生産者の土地所有からの排除と他方における大土地所有の集積といったこの国の農業資本主義化の特徴的諸帰結を、それが媒介していたと考えられる独自性が認められることに注意したい。したがって右に示したような土地所有権の特異な構成に留意することは、すでに指摘したような「近代的土地所有権」の前提的考察にとっては無視しえないことがらであろう。私が以下において、市民革命によって創出されたフォーミュラのうち、「自由土地保有権」の私的土地所有権化の意義を強調するのは、以上の理由からでもある。

加えてイギリスの場合、封建的土地所有が市民革命に先行して事実上廃棄されていたと思われる結果、土地所有は、法形式的にいえば「保有権」の形態のままで商品化されえたことが注目されなければならない。このような「保有権の商品化」をもたらすことにおいて一五三五年「ユース法」が停止しようとしたユース慣行(土地の信託的移転)は重要な役割を演じており、またこの「ユース法」の存続を前提としつつも実際上は「信託」による移転手続きが、それ以降この「保有権の商品化」を媒介していく結果、ここからは土地「所有権」のコモン・ロウとエクイティの二元的取り扱いないしはその分裂という複雑な問題が生じたほか、大陸法系の「近代的所有権」の構成とはいちじるしく異なる特殊イギリス的土地所有権の構造が出現するのである。

このことはまた、イギリス近代土地所有権法の構造に、「近代的所有権」の属性としての、その私的性質・絶対性・観念性等の表象が、必ずしも分明に現われない原因となるものと思われるが、しかし右の展開過程が示すように、それは、これら「保有権」が現実には、封建的分割土地所有の体系、いいかえれば、そのゲヴェーレ体系に対抗する私的土地所有権としての、独立性ないし自由性を保障されていくことを、排除するものではない。もっとも「謄本保有権」の場合に、それがついに封建土地法のゲヴェーレ体系から脱しえなかったのは、さきの市民革命の法制的フォーミュラによって、その「自由土地保有権」への「転換」が阻止されたからなのであって、「保有権」一般の形態転化の方向からみれば、それはやはり、例外的存在であったと考えられるのである。

それにもかかわらず、右の土地所有権の特殊イギリス的構造は、土地所有の現実的形態との関連において考察されなければ空虚である。私は従来から繰り返しているとおり、ごく一般的にいえば、それは貴族的大土地所有と照応していると考える。もっとも市民革命前後でその実際の担い手が入れ替ったか否かについては論議の存するところであるが、(3) 原蓄の本格的かつ最終的過程に現われる大土地所有は、資本家的借地経営との照応を示すところの、貴族的大土地所有形態であることに異論は存しないと思われる。むしろ、この多かれ少なかれ政治権力の独占と結合した大土地所有形態が、水本氏のいわれる「下からの」資本主義化、具体的には資本家的借地経営を起点とした農業の先進的かつ典型的な近代化と矛盾するものでなかったところに、ひとつの問題が存するといえるであろう。(4)

（1）　ラヴロフスキー、福冨正実訳『近代イギリス土地制度史と地代論』(未来社、一九七二年)参照。

（2）　イギリスでは「近代的土地所有」が、所有と経営の分離として推転されたために「所有権」は土地自体の物理的・包括的支配権能としてよりも、経営からの収益取得権能として、具体的にいえば、地代取得権能としての価値支配権能に転じる必然性があったといえよう。しかも市民革命の特殊な遂行過程に原因して、「近代的土地所有」が大土地所有形態として推転されたために、他方で土地所有権は、その有機的一体性の保存を至上命題として、特殊的に構成されていくとともに、その一体性維持のために、「譲渡抵当」等の信用法制との結合を強め、そのことが所有権の「期間的構成」を適合的ならしめていく側面も看過することはできない。

（3）　浜林、前掲論文参照。

（4）　実際、この点についての私の本書の分析はなお不十分である。水本氏が私への反批判のさいに強調されたことのひとつはこの統治構造のレヴェルの問題が存在し、また浜林論文では、私の市民革命期の理解が批判されていた。それにもかかわらず私は本書では貴族的大土地所有の「社会的基礎」の解明に努め、可能な限りイデオロギー的諸側面も検討の対象としているが、なお他日の課題として、とくに一九世紀の統治構造の分析を行ないたいと考えている。

3 「近代的土地所有権」について

一

このようにイギリス市民革命は、一方で封建的土地所有の「上向的」廃棄をもたらすとともに、他方では依然として封建的土地保有のシステムを残存せしめ、したがって農村共同体の諸規制に媒介された土地の共同体耕作規制および入会権等々の共有権の処理を、以降の資本主義的土地所有形態の歴史的推転過程にゆだねていくのである。このような市民革命後の歴史過程は、かの「土地清掃」、具体的には「囲い込み」の諸過程が示すように、土地所有の少数土地所有者への一大集中と、直接生産者の土地所有からの分離を意味するにほかならないが、この過程にあって、すなわちこのような意味での資本の原蓄過程において、土地所有の独占は、直接生産者の耕作権・入会権等々の廃絶とその結果としての「農民経営の死滅」(ラヴロフスキー)の不可欠の媒介体ないしはその「恒常的基礎」となる。

土地所有の集積過程が、実際には市民革命によって創出された諸〻の法制的フォーミュラと同時に、「囲い込み」の進行と表裏一体の、農村共同体の「共同意思」決定プロセスの変質によっても媒介されることは、当然のことであるが、しかしこのことにより、不断に集積していく貴族的大土地所有の政治的諸権力との結合とともに、土地所有権の特異な構造がもたらされていくことを重視すべきである。

原蓄の最終過程における土地集積は、その本質を資本＝賃労働の諸関係の全社会的規模での普遍化に求められるべき性格のものにほかならないが、「囲い込み」そのものは、「合理的」農耕の実現とそのための「共同意思」形成というプロセス、すなわちこのような表現によってしだいに土地所有規模の大なる者の意思が、「全体の意思」とされていくフィクションの出現を意味しているのであって、しかもなお「囲い込み」によって一時的かつ大量的に創出される労働力をいかに処理するかまでもが、この「共同意思」そのものによって、いいかえれば大土地所有者の「意思」に委ねられていくことの結果、このような「合意」の擬制の効果は、際限なく拡大されることにもなるのである。(1)

市民革命後の「囲い込み」が「議会エンクロージャー」として遂行されざるをえなかったのは、以上のゆえに当然といえるが、しかしこのようにして国家の政策のレヴェルと、地方における急激な「囲い込み」、すなわちその現実の遂行過程に含まれる地方的政策のレヴェルとが合致をみせる結果、地方の利害の調整者は、国家権力の地方的分有者として「公共」権力を独占していくことにもなるのであって、この帰結の意味するところは大きいであろう。なおいえば、階級分化がますます激化する社会構造においては、明示的に安定した外観を示すところの、しかもなおますます増大する「共同事務」に偏頗な予断を示すことなく対応しうると期待されるところの、諸階級から超然とした社会階層は、人びとの目には、土地所有との固い結合とそれゆえにエスタブリッシュドされた階層に体現されていると映ずるのであり、かくて「共同事務」はこれら地方の旦那・殿様といった人びとによって「合理的」に独占されていく。他方、産業資本の側もマナー諸権力に代って登場した「教区」その他の地方行政諸機構の地縁的関係を超越する大土地所有の形成と、その担い手による「共同事務」処理に利害の合致点を見出していく結果、右の過程は基本的には、土地所有者と産業資本家の協働関係に媒介されていると考えられるべきであろう。

私がかつて考察した(2)一八世紀における「地方の自律性」(オートノミー)とは、このような諸関係の展開であり、内容的には「治安判事」が国家権力の地方的分有者として、自ら土地所有との結合を深めつつ、しだいに優越していく諸帰結を意味したものにほかならない。それにもかかわらず以上の結果として、貴族的大土地所有の政治的諸権力との結合関係とともに、かかる土地所有形態のいっそうの集積に、人びとの「合意」が擬制されていく側面が、農村共同体の変質および解体に照応しつつ現われたことに注意しなければならない。「開放耕地制」が残存した多くの地域で、この「耕地制」に照応するところの共同労働規制の諸関係が解体され、かわって登場する「合理的」農耕方法は、大土地所有者と資本家的借地経営者の「近代的」契約の関係により私的かつ個別的に定められていくのであり、かくて「囲い込み」が土地所有法関係に及ぼした影響は、端的にいって入会権および農民的「保有」権(共同耕作権)の私有化であり、また「借地契約」に媒介されるところの土地所有権の価値支配権能化であった。

イギリスにおいて土地所有権が、交換価値支配権能として現実化された要因は、右のようにその起点においては何よりも、土地所有が経営より分離され、そのようにしてそれがただ資本制地代の取得名義に転じる基礎を与えられることを必要とした。

しかし右のような諸帰結が導かれるまでにおいて第一に、「囲い込み」の諸過程に示されたように、「自由土地保有権」と「謄本保有権」という二つの「保有権」の間における法形式上の差異は、実質的な意味を有したといえるだろう。すなわち、前者が後者に優越するという意味での前者の他物権に対しての優越性ないしは絶対性は、さきのとおり、前者の私的土地所有権化により現実的に確立されていくのにほかならないのであるが、けれどもその現実的確立の過程の起点における二つの「保有権」間の法形式上の差異が、諸々の共有権および入会権の私有化のさいにも重要な機能を果したと思われる側面である。いいかえれば、「自由土地保有権」の私的所有権としての絶対性は、その成立期においては、他の「保有権」との関係における優越性ないし独立性を意味したのである。そしてまたなお一般的に次のようにいいうるであろう。

それ自体としては価値を含まない有限のものである土地が所有ないしは独占されることは、本来資本制生産様式にとって外在的な契機にほかならないものである。それにもかかわらず、それが資本制生産様式にとっての「恒常的基礎」とされること、すなわち資本制生産の基礎であるところの、資本＝賃労働の諸関係が生み出され、拡大されていくためには、それ自体資本にとって歴史的所与にほかならないところの土地所有が、私的に独占され、かつ、これが法律的に保障されることを要するのである。そしてまた、土地所有権を介して現実的に所有権原の独占が行なわれる場合には、そのような媒介をうけた土地所有の私的独占は、一定の土地利用形態の整序をもたらし、そのことを通じて他の経営形態を排除する役割を演じることになるということが注目されてよいであろう。以上には土地所有の独占が、資本の本源的蓄積の促進原因とされていく関係が示されているといいうるのでなかろうか。

第二に、土地所有権が資本家的経営によってその経済的価値を実現するためには、地主がこのような経営を吸引していくために、土地所有者自らが改良投資を行なうことを必要としたという、特殊的にイングランドに現われた事情が存在する。椎名氏はアイアランドについての最近の研究で[3]、この点を中心としてイングランド・アイアランドの土地法の興味深い比較研究を行なっておられるが、私はここでは結論的に、「近代的土地所有権」の考察のためには、たんに定期賃借権の「物権化」構造を法形態レヴェルにおいて析出するにとどめてはならず、農業経営形態の具体的態様において分析しなければその歴史具体的内容を把握できないという指摘を行なうにとどめる。もっとも農業技術構造上の差異が、さらになお一般的に耕作方法と耕地利用形態の相異が、農業を中心とした「近代的土地所有」分析に不可欠であることは、椎名氏の労作によく示されるところであり、したがってこの点は同書の参照を期待しておきたい。

第三に、第一の問題指摘で強調した土地所有の独占に関連する問題が存する。すなわちイギリスでは、「近代的土地所有」が貴族的大土地所有と資本家的大借地経営の照応関係として現われた結果、その歴史実体的内容においては、貴族的大土地所有に適合的な法的媒介形態が、借地経営に対応するところの所有権の具体的内容をなすという関係を伴うと考えられることである。いうまでもなく「借地契約」を通じて、すなわち私的契約による媒介を通じて、土地所有権の内容までもが、変質することが想定されてよいが、その「契約の自由」は、「所有権」の「否定」に至ることをえない。実際同様のコンテクストの下に、貴族的大土地所有の「危機」が叫ばれた機会は、私の知るところ三つある。

一つは、「継承財産設定」として知られる土地への家産的拘束が、現実には「長子相続制」と同様に一つの家系への土地の一括的かつ永久的承継をもたらしていると論難され、このような「遺言の自由」を否定しないままに、無遺言相続準則における「長子相続制」にかえ、「均分相続制」の導入を行なうという法案が提案された一九世紀中葉の時期に、土地貴族は、それは「所有権」の「否定」に通じるといって、その法案を葬りさった。いうまでもなくこれは極論であるが、「継承財産設定」が集積された土地所有の散逸防止の手段として極めて重要な役割を演じていた経緯からみれば、土地貴族の行なう土地の賃貸は、そのような設定行為の付着したそれの、したがってその制約の下にある土地貸出しなのであって、借地農間の競争関係が維持される限り、借地農としても、そのような「所有権」の具体的内容に制限を加うることをえなかったのである。

この具体的効果は、地主の側に長期賃貸を行なう自由が制約される関係として(なぜなら彼らは、右設定行為の効果により、たかだか「生涯間」の「現有権者」にとどまり、次順位の者の権利(「残余権」)を侵害することをえなかったので)現われる。しかしなおそれ以上に、この設定行為は、一定の承継順位により排除される者と、次順位承継者の未成年の間における扶養料等を捻出するために、土地が多くの場合「譲渡抵当」(mortgage)に入れられる関係を伴った結果、その利子償還のための唯一の源泉としての地代が、また高水準に維持されるといった効果をもたらしたのでもある。

次いでの二つは、いずれも椎名氏の最近の労作が追求しておられることがらであるが、地主の地代優先的差押権を保障する「自救的動産差押権」(distress)と、借地農に対するテナント・ライト(借地農の土地投下資本)補償に関しての問題がある。水本氏は私のかつての問題提起に反論されて、このいずれも一九世紀中葉の「三分割制」確立によって賃借権が「物権化」されて後、したがって所有権に対する賃借権の優越が確立して後の問題であって、この前提を無視してこれらを貴族的大土地所有に内在する所有権の絶対性の表象のようにいうのは、「実定法の常識から余りに程遠いもの」と指摘された。(4)

この批判に対しては、私は具体的には近時の別稿における考察において若干答えているつもりである。(5) おそらく水本氏は、そのいわゆる「賃借権の物権化」構造が一九世紀中葉において確立したのちに、この賃借権の強化の方向の量的拡大として、一九世紀末葉にディストレスとテナント・ライトの改正問題が惹起したと解されているのであろう。この問題に関し、さきの研究で原田氏は、フランスを素材としてきわめて興味深い問題を提起しておられる。原田氏によれば、賃借権の「物権的構成」は、そのいわゆる「外的構造」(対抗力、譲渡・転貸の自由、期間の安定・長期性)と「内的構造」(改良施行権と改良費償還請求権)という質的に異なる内容を含むものであるとされ、そして従来土地所有権の「自由」または「絶対性」の制限として表現され、それゆえにまた賃借権の「物権化」の表象とされたものは、ほとんど原田氏のいわゆる「外的構造」の局面でのそれの実現をいうものにほかならなかったとされるのである。この見解は、私のかつての問題提起においてほとんど欠落していた視点を示唆してくれるものであり、とくにテナント・ライト補償が、賃借権の「対抗力」、譲渡・転貸の自由が認められたのちに、地主によって頑強に阻止されること、すなわち「土地所有の特殊性と資本の敵対物たるその性格」(椎名氏)が何ゆえに一九世紀末葉に顕在化するかの理由を解明する上でも、有益と思われる。

原田氏の研究はさらに、賃借権の債権的構成からそのいわゆる「内的構造」における物権化が導かれうること、したがって土地利用権が債権的に構成されるか、一つの「物権」として構成されるかは、土地所有権に対する土地利用権の優越という規範構造の成立のメルクマールとは必ずしもならないとされる、法理論的には重要な問題点をも示唆するものである。この原田氏の研究や稲本氏による広汎な問題提起は主としてフランスを事例として、わが国における農地法上の諸問題、とりわけ農地法の賃借権保護規定と農地所有権との対抗関係についての現代的な関心に基づく発言を含むものであるため、ここではその全体を紹介することはできない[6]。それにもかかわらず、この現下の問題状況のなかで、わが国におけるとはそのコンテクストを異にしつつもフランスにおいて、賃借権がその債権的構成にもかかわらず、一つの権原価値を有するものにまで強化され、この結果「土地所有者の独占的な対物支配権の一部を割譲された支配権」(稲本氏)が、「この土地利用権」のレヴェルに投影され、したがってこの賃借権の権原価値化を縮減するために、フランスでは立法上の諸〻の試みがなされているということに注目してよいであろう。私がさきの論稿において考察したとおり[5]、イギリスでは、「短期性」を特色とする農地賃借権が一九世紀末葉以降テナント・ライト補償を含めて抜本的に強化されていくとともに、農地に対する利用関係への「公的介入」が際立って示されていくのであるが、これも、フランスと対比して興味深い問題を示唆することがらといえようか。

ところで主題に戻れば、私は水本氏の批判にもかかわらず、地主のディストレス権確保およびテナント・ライト非補償のいずれもが、地主の「土地所有権」の不可分の構成要素をなし、したがって「借地契約」を通じて借地農が、このような土地所有権の現実的内容を承認せしめられていたという、当面の段階における問題状況を重視したいのである。これをいいかえれば、土地所有権のさきの「継承財産設定」の関係をも含めたその現実的内容が、地主＝借地農の人と人との関係を通じて利用権に投影されるということであり、それゆえここでは地主＝借地農の一体的関係が、「所有権」の現実的構造を支える関係を認めることができるということである。総じてイギリスにおける「近代的土地所有」の確立は以上のものがあったがゆえに、貴族的大土地所有に照応する「所有権」の特異な構造は相対的に独自の作用を演じたと考えられるべきでなかろうか。しかし、一九世紀末葉、具体的には農業「大不況」期において借地農が、高地代負担に耐ええなくなっていき、その反映として、「近代的土地所有」の成立にもかかわらず、土地所有の法律的形態はなお資本一般に対してその制限として作用した関係は、結局のところ廃棄されざるをえなかった。ここに椎名氏と私の「近代的土地所有権」の成立期についての共通の理解がある。(7) この帰結を含めてなお、イギリスにおける「近代的土地所有権」の確立は、賃借権の「物権化」構造のたんなる量的拡大として、一九世紀中葉以降も展開することになったとみることが、可能であろうか。この点は「近代的土地所有権」の確立の時期をめぐる対立点を示唆するだけのことではないように思われる。(8)

(1)　したがって市民革命後の農村共同体の残存という事実は、農村内部への資本主義的諸関係の流入に対しての阻止要因であることを意味しなかった。それどころかむしろ、「共同意思」決定プロセスの形式的残存と、形式的平等の諸関係は、それを促進さえもした。そのことは、「教区」自治機構の一部有力者による独占や、「囲い込み」が全員一致の建前から、やがて所有規模の大なる者によるその一方的遂行へ至ること等々さまざまな形であらわれてくる。なお本文では次のことも念頭においている。すなわち「囲い込み」の結果創出された労働力を資本家的借地農やマニファクチュラーが吸収していくさいに、彼らの所有規模・経営規模がものをいう事実である。たとえば、一七八二年のいわゆるギルバート法(The Relief of the Poor Act; 22 Geo. 3, c. 83)に、その事実上の起点を有するとされる「院外救助」のための救貧税負担が、小規模の土地所有者に不利にはたらく点は、この観点から考察されるべきである。なお戒能「司法国家制の歴史的構造——近代イギリス統治構造分析・序」(『社会科学研究』二四巻五・六号、一九七三年)参照。

(2) 戒能、右論文参照。

(3) 椎名重明「アイルランド借地慣行とイギリス土地法」(岡田与好編『近代革命の研究』下(東大出版会、一九七三年)所収)。

(4) 水本、前掲論文「所有権理論の進展」参照。

(5) 戒能「土地所有関係法の現代的展開」(椎名重明編『土地公有の史的研究』(御茶の水書房、一九七八年)所収)参照。

(6) 原田、前掲論文(一)、九頁以下参照。また稲本、前掲論文、および同「農地所有と公的介入(一)(二)(三)」(未完)(『社会科学研究』二七巻五・六号、二八巻二号、三〇巻一号、一九七六―七八年)参照。現在わが国では、農地改革が作り出した「耕作権としての土地所有権」が「商品所有権としての土地所有権」と矛盾し対抗し合う状況におかれており、このため(前者の後者による従属、具体的には農地の「遊休化」と値上り見込みのため)、農地の流動化、経営規模拡大が進まないという問題がおこっている。そしてその一環として農地賃借権の強化という農地法上の改正方向が示唆されつつある。これらのことにつき、渡辺洋三「農地改革と戦後農地法」(『戦後改革』6(東大出版会、一九七五年)所収)参照。

(7) 椎名氏および私は、イギリスにおける「近代的土地所有」の歴史実在的内容が、貴族的大土地所有形態として推転されたために、法律関係までもが「近代化」される(つまり法的にも資本の規定性が実現される)ことなくしては、いいかえればこのような土地所有形態を媒介した法律的表象(私のいう土地所有権の現実的構造)が、国家法によって、資本の規定に服する形態に「転換」されることなくしては、「近代的土地所有権」は実現しなかったと解している。これに対して水本氏の反論から推測すれば、同氏は、土地利用関係にそくして賃借権法の「物権化」構造を析出され、これを「地代論」のうらづけによって「近代的土地所有権」と規定されるばかりか、その典型とまでいわれるのであるから、私の議論は、要するに土地所有権の絶対性のみを強調していると受けとられてもやむをえなかったのかもしれない。しかし私が問題にしたのは、「近代的土地所有権」のイギリスについての分析の方法なのであって、水本氏に欠落した視点をブランチとして指摘したのではない。

(8) この点は要するに、一九世紀中葉における「近代的土地所有権」の確立を論じるのは、賃借権の「物権化」における原田氏のいわゆる「外的構造」の側面を重視することになるのに対し、一九世紀末葉にその確立をいうのは、その「内的構造」までも含めて考えるということにもなるという問題とも関連する。そして私はこの「内的構造」の側面が、土地所有権との直接的関係を含むものであるがゆえに、「近代化」されることを必要としたというように理解するのである。土地所有の資本に対する「敵対性」は、イギリスにおける地主＝借地農関係の個性のゆえに、この側面に現われざるをえなかったと解しているともいってよい。

二

水本氏の研究に対して私は、本書における研究を通じてこれをさらに発展させようとするつもりであることを、のべておくことにしたい。水本氏の研究は、イギリスにおける資本制生産様式の推転過程の独自性に起因すると考えられるべき歴史的に集積された諸〻の帰結にほかならない点を、いわば「原理論」的に構成されることに、その分析の主眼をおかれたもののように思われること、そしてその結論が基本的に正当と考えられることについては、なお本書の分析で明らかにしていくことになるであろう。もっともすでにのべたように、水本氏が、フランスをも含めた大陸法系の近代諸法典に現われた「近代的所有権」の絶対性を、一律に「寄生地主制の反映」と断定される点は、近代大陸法のこのような構成にもかかわらず、現実には「自由」なる契約、借地関係の債権的構成を通じて、資本家的借地経営の安定がはかられたということも考えられるとすれば、不正確な一般化といわざるをえないだろう。

それにもかかわらずその理論的提言は、わが国の場合に、その法典に現われた前近代性が「用益権」なかんずく賃借権の債権的構成に照応していることを論じることに主眼があるのであって、つまり資本の脆弱性と寄生地主制、端的には土地所有の寄生性との照応関係が重要視されたために、賃借権の「物権化」のコースが、資本の自生的成長とともに、土地所有の寄生性の揚棄に通じると考えられたためと思われるのである。したがって右の提言は、それ自体としての理論的な科学性を問う以前に、何よりも論者の主観における実践的側面の評価を行なうことなくして、いちがいに否定されてはならなかった理論であるとも考えられることである。

それにもかかわらず私はここで最後に次のようにのべておくことにする。すなわち「近代的土地所有権」論にそくしていえば、いうまでもないことながらそれは、近代大陸法系の「近代的所有権」の理論的・抽象的構造とイギリスにおけるその技術的構成の法形態上の相異にもかかわらず、同じく国家法としての所有権制度を意味ないし媒介しているという認識の必要性である。それゆえにまたこれを土地の利用関係にのみ還元して大陸法系およびイギリス法の彼此の近代法としての典型形態の成立の有無を論じるのは、やはり一面的と考えざるをえないということである。

加えて、ここにも「所有権」といったが、とりわけ「土地所有権」という場合、土地所有の特殊性からして、これをたんに商品所有・資本所有についてのそれと同様に、論じることのできない理由が存することである。この点イギリスと対蹠的に、資本制生産様式に照応するという意味での「近代的土地所有」が必ずしも農業の全面的な資本主義化を伴うことなく推転されたと考えられる大陸法系の場合には、「近代的土地所有権」分析はいっそうの困難を伴うことを意味することがらでもあろう。それにもかかわらず、国家法としての「近代的土地所有権」制度を考える場合、水本氏が「寄生地主制の反映」と断じられた所有権の絶対性ないしは優越性が、結局のところこれらの諸国の原蓄過程では、極めて重要な役割を果たしたことを含め、その絶対性の構造すなわち法文上明示的なその定立に含まれる土地所有の独占の保障の契機が、資本の「恒常的基礎」となったという認識は不可欠であろう。

このような結果、私はイギリスについての「近代的土地所有権」の総体的・構造的分析を水本氏の研究の延長に本書において展開してみたいと考えている。結論的にいえば、それはイギリスにおける農業の資本主義化を媒介した「土地所有権」の、それゆえにまた、相対的に独自な構成の変質もしくは転換の過程についての分析である。そしてさきのテナント・ライト補償、ディストレス、「継承財産設定」をめぐる問題は、このようにして前提とされた貴族的大土地所有が、いかにして資本の規定性に服せしめられることになったかについて、法律形態の変革の重要な意義を示唆しよう。それは最も重要な歴史的要因として、イギリス市民革命がどのような土地所有形態を生み出したかということがらと深くかかわる問題であり、それゆえ私の分析は、市民革命およびそれ以降の分析を主たる対象とすることになる。

イギリスにおいてこの「近代的土地所有権」の成立以降においては、「土地問題」が以降の「公的介入」からさらに激化していく様相を示していく。この場合における「土地問題」が、貴族的大土地所有の存在形態に特殊に規定される側面は、さらに重要な分析対象とされなくてはならない。そして運動のレヴェルでいえば、この時期にリカード的地代論ないしその歪曲を伴う継承と思われるさまざまな「土地国有化」論が登場してくることも、興味深い問題対象といえるであろう。なお私のさきの論稿は、(1)このような歴史的過程についてのものであり、本書との関係においていわば「補論的」位置にあるものであるため、合せて参照して下されば幸いである。

(1)　戒能、前掲論文「現代的展開」参照。

4　本書の構成

本書は、三部によって構成される。第Ⅰ部では、イギリス封建的土地法の崩壊過程とその特質が扱われる。すなわち第一に、主として第一章で対象とされるのは、イギリス封建制の特質であるが、私はすでにここで、封建制の崩壊過程の特徴を解明するための基礎的枠組みを提出したいと考えている。そして第二にこの第一章の分析を受けて、第二章では、主として絶対王制期を対象として、いわば法領域毎に、封建的土地法の変容の諸過程を少しく実体的に解明していきたいと考えている。したがって、第二章では必ずしもクロノロジカルな歴史的過程分析の方法にとらわれず、封建的土地法の諸々の側面を相互に連関させて解明することにし、こうして全体として第Ⅱ部への分析につなげていくことにしたいと思っている。

第Ⅱ部では、イギリス市民革命期を主として扱うことになるが、そこで強調しておいたように、私はこの革命期を、以降の歴史的過程の基本的枠組みを措定した歴史的「画期」ととらえることにし、そのため必要に応じてこれに前後する歴史過程についての考察を行なうつもりである。すなわち、イギリス市民革命期の独立の意義を強調していくために、必要に応じて絶対王制期にまで遡及してそれまでの分析を再構成するとともに、とくに私のいわゆる「名誉革命体制」の成立と、その内容についてまで言及するつもりである。そして、第Ⅲ部以降の分析では多分に不足する市民革命期以降のイギリスの統治構造の特色を、いわば「総論的」に示すことにしたいと思っている。[1] もっともこの統治構造の分析は、必ずしもこの分析によっては完結するものでないだろう。したがって第Ⅲ部以降の分析で、必要に応じてその点についての補足を試みているが、全体としてなおこの側面は、本書において果たされていないといわなければならない。これは私がなお本書の分析において留保しなければならなかった、最も不十分な問題領域であり、なお他日の分析に委ねることを許していただきたく思う。

第Ⅲ部は、本書における私の最も重要な主張を集約的に示す箇所である。その主題の一部はこれまでの叙述で要約しているが、なお「遺言の自由」の原則の歴史具体的な展開過程に関し、ここでなお補足しておくことにしたい。

周知のようにイギリス近代相続法制は、「遺言の自由」の原則に支えられた遺言相続主義を特色とするものであることについて、従来から繰り返しての強調がなされている。この「自由」は、イギリス近代社会が世界に誇るに足る特色を表現するものとされてきたのであって、実際、イギリスにおける資本主義の順調かつ先進的展開と同様に、その相続法制の近代的先進性を主張することは、必ずしも理由のないことではない(2)。

それにもかかわらず、「物的財産権」(real property)、端的には土地の、所有および相続に関する法は、イギリス法の体系のなかでも封建的土地法の形式を最も多く残存せしめている領域であるし、とりわけその無遺言相続のさいの準則は、「長子相続制」を基本原理としてきたのであって、それが法律的に廃止されたのも、比較的近時に至ってである。「遺言の自由」の原則の自律的展開に認められる相続における「自由」の拡大は、このようにして他方に「不平等」の要素を内在させている(3)。この事実は、イギリス近代相続法制の「ひずみ」または矛盾を意味するとされてきたところであり、そのような視角からその原因と考えられる点について、一定の説明もなされている(4)。

けれども、「遺言の自由」とこの無遺言相続法の関係は、それなりに一定の内的連関、換言すれば両者が相互に他を前提とし合う関係を包摂しているものとして把握されるべきではなかろうか。これに対して従来の見解は、およそ次のような理解を示していると思われる。すなわち、「遺言の自由」は、近代的所有権の絶対性に根拠をおく「所有権の自由」の論理必然的帰結であるとされ、したがってイギリス資本主義の経済的先進性に規定されて、近代的所有権の全面的展開が認められていく以上、これと対抗的な無遺言相続法は必然的にその発現する領域を縮小されるのであり、したがってその「封建的」要素はほとんど無視してさしつかえないとする理解である。このようにしてまた両者は、あらかじめ設定された対立的論理によって説明されていく。検討を要する点は、以上を貫く「遺言の自由」の理解であるが、それは、遺言者の私的・個別的「意思」の自由に究極的な論拠を見出しながら、相続財産が死者の生前における処分の場合と同様に、自由にその帰属先を決定されていくという過程を想定して、演繹されているように考えられる。しかし、一方でかかる「遺言の自由」の規範的意味あいを強調する以上、右の私的・個別的「意思」が相続を通じて私的所有の秩序を社会的に再生産する理由が説明されなければならないであろう。私は、「遺言の自由」

が「所有権の自由」に照応するような意味での規範性をもつようには考えていない[5]。「遺言の自由」に基礎をおく遺言相続の場合にあっても、遺言者の生前における契約的意思とは区別される一定の血縁関係の枠に規制された遺言者の「意思」に媒介されて、私的所有の変動が行なわれるという意味で、右の相続財産の「自由」な帰属決定のプロセスに、相続の有する特殊な論理が発現されていくと考えるからであるが、このように結論づける私の前提には、イギリス近代相続法制の「近代性」が、あまりに抽象的な「所有権の自由」一般によって説明されてきたと思われる研究史に対しての、私なりの批判的見地が存在する。

それゆえ、イギリス近代相続法制の基本原理をなすといわれる「遺言の自由」が、どのような相続形態を志向して「自律的」に展開したかについて、歴史具体的解明を行なうことが必要とされる。このようにしてはじめて、無遺言相続法と「遺言の自由」の、さきの内的連関性の解明も果たされるであろう[6]。

私は総じて以上のような問題意識に基づいて第Ⅲ部の考察を行ない、従来の「遺言の自由」の「近代的性質」を強調する見解に対しての一定の批判的見解を対置することになるであろう。この第Ⅲ部の考察がどこまで成功しているか否かはともかくとして、稲本氏がフランスについて分析されたように[7]、この相続の側面に現われた財産、とりわけ土地の承継方式の、イギリス的特殊性を表示することがらが、同氏と同様私も強調する資本の原始的蓄積の最終的・歴史的過程における、ひとつの重要な側面を示していることだけは、ここでとくに強調しておくことにしたい。

第Ⅲ部における問題の所在は、なおその第一章における問題提起を参照して把握していただきたく思う。私は本書における分析をさらに発展させる意図に基づいて別に若干の研究を発表しているが、それらは紙幅の関係で本書に収録しえなかった。本書と合せてこれらも参照して下されば幸いである[8]。

(1) この点を補足するものとして、戒能、前掲論文「司法国家制」も合せ参照いただきたい。

（2） 四宮和夫「近代的相続法制の成立とその背景」（『家族問題と家族法』Ⅵ「相続」（酒井書店、一九六一年）所収）、四〇頁以下。内田、前掲書『イギリスにおける遺言と相続』。
（3） 四宮、右論文、四〇頁。
（4） 四宮、右論文、四二—四四頁は、この点ですぐれた見解と思われる。
（5）「遺言の自由」について、稲本洋之助『近代相続法の研究——フランスにおけるその歴史的展開』（岩波書店、一九六八年）、一—二三頁における問題提起参照。
（6） なお近代イギリス相続法制についての最近の研究に、『注釈民法』二六巻（有斐閣、一九七三年）の「前注」（加藤永一・守屋善輝論文）がある。
（7） 稲本、前掲書、「序論」参照。
（8） 戒能、前掲論文「司法国家制」「現代的展開」のほか、「一九世紀イギリス土地所有関係法改革」（『比較法研究』三五号、一九七三年）、「現代イギリス土地法の一側面——入会地とオープンスペースを中心に」（下山瑛二・堀部政男編『現代イギリス法』（成文堂、一九八〇年）所収）等を参照されたい。

I　イギリス封建制の崩壊と土地法の構造

一　イギリス封建的土地法の諸特徴

1　「封建制」の概念

私のここでの考察の目的は、イギリス(イングランド)における封建制の一定の特質をその法的構造のレヴェルで解明すること、そしてそのような法的枠組みが比較的早い時期に弛緩していく歴史的過程について、歴史実体的に分析することにおかれている。

一般にイギリスにおける封建制がノルマン征服(一〇六六年)にその実質的な起点を有するとされる通説的見解について、私は必ずしもこれに反対の見解を対置するつもりはない。それにもかかわらず主要には西ヨーロッパという地理的限定をもって、九世紀中葉から一三世紀初頭にかけて、その歴史的構造を現わしたとされる「封建制」のいわば典型的な形態が(1)、イギリスにそのままの形で現象したと考えるわけにはいかないであろう。イギリス封建制の特質を主張する限り、封建制の一定の定義づけが必要とされることはいうまでもない。けれども、なぜ私たちはその特質について注目し、その若干の指標を抽出していこうとするのであろうか。その根拠ないしは理由づけを明確にすることこそ、重要な課題であると考える。

「封建制」ないしは「封建制社会」の概念を右のような問題意識に基づいて類型化しようとする場合、私たちはまず何よりも「封建制」についての構造的分析およびそのための方法を構築する視点をもたなければならないだろう。

すなわち「封建制」の社会的・政治的構造において必然的なその分権的ないしは遠心的作用が、どのようにして求心的に克服されていき、かつそのことに伴ってひとつの国家形成のモメントが顕在化していくことについて、一定の理論的仮設を措定しなければならないと考える。そしてその場合、封建制の社会関係が、直接的に政治的支配関係と結合して現象するということ、いいかえれば社会関係の総和がそれ自体として国制として表象されるという、この歴史的社会における固有かつ必然的な法則が注目されるべきものと考える。実際、世良晃志郎氏の「封建制」についての法制史的分析は、(2) このような前提に基づいて封建制の「全体的権力秩序」を解明されたものといってよく、そして従来の「封建制」ないしは「封建制社会」の多義的使用方法についても、このような視点からこれを克服しようとされたものと考えることができるように思う。世良氏における「封建制」等の概念の整理は、この点ですぐれて注目されるべきものである。

「封建制」の概念は世良氏によれば「荘園制」(Grundherrschaft, *seigneurie*)というひとつの概念類型を包摂しているものとされる。けれども「荘園制」によって「封建制」の全構造が解明されるように考え、この前提から領主＝農民関係の存続を一義的に重要視する視角は、市民革命前夜における旧社会の構造を一面において正しくとらえうるけれども、「封建制」の全体的概念は「荘園制」によってのみ観念できるものではないとされるのである。また「封建制」＝「荘園制」ないし領主＝農民関係といった理解が右の場合に一定の有効性を示すのは、そこでは「レーエン制」(Lehnswesen)の諸契機が実質的意味を喪失し、ひとつの物権法的関係として表象される必然性が認められるからであって、「封建制」一般を問題とする限り、「レーエン制」といういまひとつの概念類型の重要性が無視されてよいということにはならない、とされるのである。(3)

これに対して「封建制」の成立期、とりわけ帝政ローマ時代末期、ローマ版図内においてゲルマン社会が「下から」

形成され始め、フランク帝国の形成と拡大に伴って、かかるゲルマン的要素がローマ的要素と結合せしめられる過程で、ヨーロッパ封建制社会の構造がどのようにその姿態を現わすかを分析する場合、「封建制」は『レーエン制」の完成を中心に論じられる傾向が認められると、同氏はいわれる。すなわち「封」の授封関係に基礎づけられた封主＝封臣間の人的支配関係、端的に「家士制」(Vasallität)と、「封」の授与に伴う土地の土地に対する従属関係、いいかえれば、土地に対する上級・下級のゲヴェーレの重畳的編成とが、必然的に結合関係に立つという意味における「レーエン制」の完成が、そこでの「封建制」分析の最も重要な指標とされかつこれによって、「封建制」確立が論じられる傾向が顕著に認められた、とされるのである。(4)

このようにして世良氏は、「レーエン制」もしくは「荘園制」または、両者を包含する「封建制社会」の概念が、いずれも「封建制」の構成要素として、右に若干言及したように、それぞれに対応する歴史的実体を有していたことを論証され、したがって「封建制」の構成要素とされるこのいずれかの要素を絶対的に前提とする立場と反対に、これらの観念が併用可能であると結論づけられる。かくて世良氏の「封建制社会の法的構造」論は、ヨーロッパ中世封建制社会の典型期を主たる対象として、そこから封建制社会の「全体的権力秩序」論、いいかえれば封建制社会の法的構造を、歴史の必然として、概念化ないし一定の理論モデル化して措定されることになった。(5)

このような世良氏の方法仮設における最も重要な到達点は、古典的グルントヘルシャフトを封建制の「細胞」として位置づけられていることに認められよう。古典的グルントヘルシャフト、すなわち自然発生的に「下から」形成される封建制社会における個別的・分散的な権力的モメントが、一つの権力秩序に組織立てられていくその過程を、「レーエン制」が媒介するものと把握された世良氏の方法は、封建制社会ないし国家の構造的・全体的分析として、そして従来の「封建制」等の概念のいわば総合として、すぐれた理論仮設を提出されたものと考えられなければならない。(6) 私たちの以下の分析にもそれは、重要な示唆を与える。

これに対してイギリス封建制の固有の特徴ないしはそれの固有の発展過程を重要視する場合、右の理論モデルはどのような意味でイギリス「封建制」についても適用可能と解されるべきであろうか。この点に関連して検討されるべき点が多々あるけれども、さしあたりさきの封建制確立期をノルマン征服王朝成立期に求めてきた「通説」的見解に対しての、有力な批判が存在することに注目しておくことにしよう。この近時におけるわが国のイギリス史研究者のすぐれた研究成果によれば、ノルマン征服前夜のアングロ・サクソン社会の構造が詳細に検討され、そこに「封建化」の諸々のモメントが発見されている。論者の強調されるところ、イギリス「封建制」をノルマン征服に求める見解は、封建制についての固定的観念に根ざすものとされ、「自由民の村落共同体」を起点とした封建的構造への転化、すなわちノルマン征服前におけるこの国固有の封建制への成長過程が示されていることを、全く無視していると結論づけられている。それにもかかわらずイギリス封建制の固有かつ自生的発展過程を強調されるこの主張は、ノルマン征服王朝成立以降、イギリス封建制はどのような発展過程を示したかについては必ずしも包括的な回答を与えていない。(7) さきのようなイギリス「封建制」の固有の発展過程には、古典的グルントヘルシャフトの存在、そしてそれを基礎づける農奴制のモメントが全く欠落していたと考えるのであれば、世良氏のさきのシェーマは初めから問題にする余地がないということになるのかもしれない。けれどもノルマン征服王朝成立以降の歴史的過程についてはどのように解するか。この国に「封建制」が欠如していたと断定するならばともかく、その存在を肯定する以上、この国の「封建制」のすぐれて集権的性格を「封建制」の構造的分析に基づいて、歴史的実体として明らかにする必要があるのでなかろうか。いうまでもなく世良氏の理論仮設の前提は、さきのように古典的グルントヘルシャフトの普遍的定在を予定するものである。それにもかかわらずさきのとおり「レーエン制」による封建的社会構造の統合の過程が同様に重要視されていることに注意したい。いいかえれば古典的グルントヘルシャフト、そしてそれに基礎をおく領主権の併存状態から、統一・封建制国家形成のモメントがいかに必然化するかについての、すぐれて動態的分析の視点がそこには示されている。したがって総じてイギリス「封建制」に認められるすぐれて集権的性格をもっぱら「非封建的」なものと解し、ひいてはここからイギリスには西ヨーロッパに現象したような「封建制」は存在しなかったとするような理解には、私はただちにくみしえないのである。

やや詳細にいおう。後述のとおりイギリス「封建制」が古典的グルントヘルシャフトに基礎づけられていたか否かの点は、この国の封建制の解体過程をマナー体制の崩壊というように理解しうるか否かという「論争」点ともかかわるものであるがゆえに、きわめて重要な問題とされなければならない。それにもかかわらず私は、ノルマン征服前夜のアングロ・サクソンの社会には、征服王権樹立以降のそれとは段階的に低位であったと解さなければならないけれども、すでに「封建制」の基礎的範疇、とりわけ封建的土地所有とこれを基礎づける領主制・農奴制の契機が生じていたと解することにしたい。アングロ・サクソンの社会構造にすでに領主直営地と農民の保有地への分離を特色とする領主制・農奴制の構造が現われていたとする理解は、いうまでもなくすぐれて実証を必要とする。それにもかかわらず、征服王権の推進した「封建化」の政策的諸要素とその特色から類推する限り、ノルマン征服前夜における一定の「封建制」の発展を前提とすることに、それほどの無理を生じないものと考える。いいかえれば私は総じて次のような前提に立っている。

すなわちノルマン征服後の社会構造に着目するとき、そこには農民の土地に対する「不完全な所有」を基底とした封建的土地所有の階層的編成の、しかもそれの急速度の展開が現実化されているように考えられること、そして征服王権の「強大性」といわれてきたことがらは、ただこのような封建制の構造と決して矛盾しない王権の集権的作用の局面を表象しているものにすぎないと考えうること、したがって総じてこの国の封建制の展開と王権の伸長の両者の間には、一定の協調的ないしは調和的関係が認められると解することにしたいのである。(8) すでにアングロ・サクソンの社会に構造的に胚胎していた「封建制」の諸モメントは、征服王権によっていっそう顕在化され、それゆえにこそ征服王権による急速度の「封建化」が達成されたものと考えること、以上が私の基本的立場である。けれども次の点はなお留保しておく。すなわち征服王権の作用に着目し、この国の封建制が当初から強力な王権と権力の集中によって特色づけられていたと解する私の立場は、封建制一般についての、すなわち権力分散的なそれの機能という側面を、決して無視するものではないということについてである。私の立場は正しくその逆である。結論的にのべればこの高度に権力集中的な「封建制」は、「封建制」の右の一般的かつ必然的な法則との矛盾をつねに胚胎せざるをえなかった。それゆえにこそ、王権の伸長過程、なかんずくコモン・ロウの形成過程それ自体が領主権の縮小を現象させざるをえなかったばかりでなく、この対立・矛盾の関係は、イギリス「封建制」の消滅までの歴史的過程を、一本の太い縦糸となって貫いていく。

以上のような前提に立って私は、ノルマン征服後の歴史過程に顕著に認められるこの国の封建制のすぐれて集権的な性格が、いかなる要因に起因するものであるか、そしてこの固有の特質が、この国における封建制の早期における変質といわれる現象に対しても、何らかの原因を及ぼすものであったか否かを解明していくことにしたい。イギリス「封建制」分析において、一つの躓きの石であるものは、この国における「封建制」の典型形態との差異を強調するあまりに、封建制の一般的規定を成立しえないものとしたり、また問題の側面は異なるが、イギリス封建制の特質を、この国における封建制の「変質」の要因としばしば混同し、こうして総じてイギリス封建制の歴史的実体を、かえって不透明にしてしまう傾向である。私はこれに対して、イギリス封建制が、西ヨーロッパにおける封建制、すなわち典型形態の封建制といかなる差異を示したかということよりも、封建制社会の基礎的範疇としての封建的土地所有が、イギリスの歴史過程にそくして実体的に解明されなければならないと考えている。世良氏の古典的グルントヘルシャフト細胞論に注目するのもその限りにおいてであり、またこの「原理論」がイギリスに適用可能か否かといった問題も、この規定の一般性を承認するか否かという問題と同じではなく、この国の封建的土地所有の解明にとって、それがどのように有効でありうるか否かという観点から、検証されなければならないように思うのである。

かくてイギリス封建制の特徴的形態を析出するという私の試みも、全く対象に対する私の問題意識に規定され、かつそれに適合する固有の方法を要請されることになるであろう。繰り返すが、私の以下の考察の目的は、封建制の多義的使用方法を克服することそれ自体におかれていない。そしてまた封建制の典型形態とイギリス「封建制」のそれに対照される特徴的形態を、類型的に対比することにも存しない。私がこの封建制の特徴的形態とされてきたものについて注目するのは、私にとっては何よりも、この国における封建制の生成・展開そして崩壊の現実の歴史的過程において、それがどのような規定的関係を及ぼしたかを確認する限りにおいてである。

封建的土地所有の現実の構造、その歴史的変質の過程に注目する私の分析は、かくて世良氏が一定の留保を付せられてその有効性を承認された、領主＝農民関係の側面に、かえって集中されることになるであろう。総じて領主＝農民の関係に「封建制」の、全封建制的社会関係の基礎を見出しながら、それにもかかわらずこの関係が、たんなる経済的支配＝従属関係を表現するだけのものでなく、同時に法的・権力的支配＝従属の関係を包含するものでもあることを、そこでは当然のことながら前提とする。私は、一応このような方法的立場に立ちながら、イギリス「封建制」の特徴ある形態の析出にまず努め、ついで「封建的土地法」の構造を、可能な限り実体的に解明していきたいと思う。そこからやがて、この国における「封建制」の早期における弛緩の歴史的過程を、歴史的実体として――限られた視角からではあるが――抽出していくことになるであろう。これらの分析の延長に市民革命期以降の歴史的過程を第II部以下で扱うことになる。このように「封建制」の崩壊過程について、やや長期的なパースペクティヴが必要とされるように考えるのは、封建制の解体過程におけるこの国の特徴的諸要素が、市民革命の性格にも一定の規定的関係を及ぼすように想定しているからにほかならない。

ここではさらに次の点を確認しておくことにしよう。私は、「封建制」の、あるいはこの概念類型によって表示される一定の社会関係の不断の基礎、その再生産の基底的要因として、さきの通り領主＝農民の関係に注目するのであるが、その理由は次のような「論争」をも一応念頭においているからでもある。

イギリス封建制の崩壊の歴史的起点として従来考えられていたものに、一三世紀の「封建制の危機」といわれる現象が存在することは、周知のとおりである。つまり、賦役労働とそれに基礎をおいた領主直営地経営が、いいかえれば古典的グルントヘルシャフトないしは典型的マナー体制が、貨幣地代の成立を契機に必然的にその解体の歴史的過程への歩みを始めるという理解である。注意しなければならないのは、かかる典型形態のマナーがイギリス(イングランド)においては支配的なものでないとするか、無視しうるほどのものでしかなかったとする立場に立って、一三世紀の「封建制の危機」ないしは古典的マナー体制の崩壊という現象の存在それ自体を否定する見解が、これまた有力に主張されてきたことである。したがってこの見解の対立は、「封建制」の基底的要素としての古典的グルントヘルシャフト、すなわちマナー体制の成立とその形態についての理解の相異に根ざすものである。それゆえ封建制の解体の要因についても、古典的グルントヘルシャフトの存在をイギリス「封建制」の成立のその初めから否定する見解によれば、貨幣地代の一義的推転を起動力としたイギリスにおける資本主義の早熟的展開という、私たちにとっては常識に属すると思われる考え方すら、その有力な論証の根拠を失ってしまっていると理解されることになるであろう。

問題解決の糸口はしたがって、古典的マナー体制の解体要因と貨幣地代の成立とを機械的に結びつけるのでなく、何らかの資本主義の自生的発展要因、それの本来的展開の場を、歴史的実体として把握し直すことから導かれなければならない。

したがって私の関心は、古典的グルントヘルシャフトの存在を個々のマナーの実証的分析によって実証的に否定することにはおかれていない。この点でとくに注目されるのは、このような論争点をめぐって、領主＝農民関係の歴史的変化の内在的契機を、農村共同体の構造のうちに求め、かつこれによって絶対王制の成立から市民革命に至るまでの歴史的過程を、理論的に解明した大塚・高橋史学の一定の功績であろう[9]。

農村共同体の内部からの解体といわれる歴史的過程は、かくて「封建制の危機」、そして絶対王制の封建的基礎に対照せしめられ、このようにして封建的土地所有の廃棄を基軸に、市民革命の歴史的意義が強調されていくことになったと考えられる。そしてこのような視点は、当面の私の分析対象に対して多くの示唆を与えることは疑いないだろう。結論を先どりしていえば、この歴史的過程の意味するところは、トーニーが一六世紀について示唆したように「土地の商品化」(free trade in land)の実現過程といった現象的形態をとって推転されるところの、私的土地所有の、すなわち独占に基づく土地所有の集積の過程を意味している[10]。かくて私は、以下の分析において、この私的土地所有の自由性の表象される側面が、市民革命前においていかなる現実的関係を伴いながら実現されていくことになったかを解明することに、私のいまひとつの課題を見出すことになるであろう。そこでまず、このような歴史的過程に到達するまでに、イギリス封建制の特徴と、それの土地法の領域における表現について、少しく詳細な検討を加えることから、私の分析を始めることにしよう[11]。

（1） この点についてマルク・ブロックの古典的名著『封建制社会』が参照されるべきである。Bloch, M., *La Société Féodale*,

1939. 邦訳書、新村猛他『封建制社会』(みすず書房、一九七三年)、とくにIの「序説」参照。

(2)　世良晃志郎『封建制社会の法的構造』(創文社、一九五四年、同増補版、一九七七年)。以下の引用は増補版による。

(3)　同右、一〇—一一頁。

(4)　同右、八頁。

(5)　世良氏も留保しておられるように、この「封建制」の概念が、ヨーロッパ以外の「封建制」にどこまで拡張しうるかは、検討されなければならない。その点について私は、次の論稿で若干言及した。戒能「戒能法学研究」(『法律時報』『昭和の法と法学』五〇巻一三号、一九七八年一二月臨増号)。

(6)　なお古典的グルントヘルシャフト「細胞」論をめぐる論争、とくに世良—堀米論争について、さしあたり世良、前掲書、一五五頁以下参照。なお富沢霊岸『封建制と王政』(ミネルヴァ書房、一九六八年)、三九一頁以下参照。なお世良氏がレーエン制的権力構造が必然化されるまえに、国家的統一が完全に消滅し、独立の領主権力のみが併存して現われるというような社会が、かつていったん現実に成立したというように解しておられぬことに注目したい(世良、前掲書、一六〇—一六一頁)。

(7)　さきにのべたノルマン征服に封建制の成立期を求める通説的見解に対し、田中正義『イングランドの封建制の形成』(御茶の水書房、一九五九年)以降、これに対する有力な反対説が提出されている。これらの見解にここでふれることはできないが、田中氏の見解やその後の研究も、主としてアングロ・サクソン時代の奴隷制的構成要素の実証的解明に集中しているの感があり、ノルマン征服以降の歴史過程とをどのように統一的にみるかについては、主観的にはともかく、必ずしも関心が払われていないように思う。私はこのすぐれた研究について批判する準備も、力量ももたないが、征服王権による軍事的土地保有の画期的展開、後述の王権による「封建制」の導入と強化の諸過程に注目する限り、イギリス「封建制」の定着が、征服前と後とでは、やはり決定的に異なっているものと考えざるをえない。

(8)　この点について、富沢、前掲書のとくに「序章」参照。私は、征服王権による封建制の完成という通説的見解が承認されるべきであるのは、封建的土地所有、とりわけ封建的所領経営の内部的構造における「封建制」が看取されうる限りにおいてであると考えている。いいかえれば、封建制の集権的性格が、封建制の「地方分権」と矛盾するがゆえに、イギリスには「封建制」は存在しなかったというように単純に解することはできないと考える。このような構造にもかかわらず、イギリスに「封建制」が存在したか否かについて、土地所有の構造から検証されなければならないだろう。問題は、正しく、封建的土地所有の存在構造におけるイギリス的特殊の解明に存する。

（9）　農民が農奴として行なう賦役に領主直営地経営が依存していること、そのような構造における「荘園制」を「古典的荘園」＝典型的マナー体制と考えるとすれば、後述のコスミンスキーの分析に示されるように、このような典型的マナーのほかに、賦役労働に基礎をおかない非典型的マナーが存在したこと、それにもかかわらず彼は、この背後には、一二―一三世紀の貨幣地代の推転と、一三世紀、そのとくに末期におけるそれの全面化の歴史的過程があったとし、こうしてマナー体制の崩壊とともに貨幣地代の全面化を、マナー経済の「不均等」発展を抽出しながら論証しようとした。この指摘をめぐるポスタンの批判参照（ポスタン、伊藤伊久男訳『イギリス封建社会の展開』（未来社、一九五九年））。総じてポスタン説の意義は、賦役強化の過程を無視して、一三世紀からの資本主義的諸関係の推転を一般的に前提とする立場が、ヨーロッパ歴史学者の「通説」からはずれることを強調することに所在した。この両者の間における論争から離れてみても、一三世紀のマナー体制の解体（コスミンスキーに従う場合）と市民革命期までの時期を、どのように理解するかは、ひとつの問題である。これに対して高橋幸八郎『市民革命の構造』（御茶の水書房、一九五〇年）は、共同体規制からの解放を、資本制的関係の出発点と明確に提示して、この「封建制の危機」から絶対王制の物質的基礎さらに市民革命の必然性までを射程とする、「共同体」論を提出されたのである。

（10）　Tawney, R. H., Agrarian Problems in the Sixteenth Century, 1912, p. 91. なおこの点について、椎名重明「近代的土地所有論」（『社会科学の方法』四九号、一九七三年）参照。

　私が椎名氏の右の見解を重要と考えるのは、この一六世紀の「土地の商品化」が、やがて私が第Ⅲ部で分析する一九世紀末葉のそれ、と異なって、資本の原始的蓄積の過程を表象し、またそれゆえにこそ現実化されたものと考えるからである。これに対して一九世紀末葉におけるそれは、この歴史的過程において集積された貴族的大土地所有の「商品化」を意味している。

（11）　なお以下の分析における私の問題意識には、領主＝農民関係の分析を中心とした経済史的研究と、「レーエン制」を主たる分析課題とする法制史的研究を、いかに「接合」するかという点にも存在するが、このような問題意識を代表するものとして、小山貞夫『中世イギリスの地方行政』（創文社、一九六八年）をあげておく。

2　イギリス「封建制」の諸特徴

イギリス(イングランド)の封建制は、すでにのべたように、必ずしもノルマン征服にその起点を有するものではなかったろう。それにもかかわらず、この国における「封建制」の集権的性格に注目する限り、征服王権が封建制の現実化に伴う分権化傾向を抑止し、集権的作用を演じたと考えられることについては、ほぼ異論を生じまい。例えばこの「征服王権」は、アングロ・サクソン的自治組織を、その封建制確立のために利用する。すなわち領主制に伴う「社会」ないし「国家」の分権的作用を王権の側から抑止していくという側面から、これが維持され、そのために利用されていくことになったと思われる点である。こうして元来が、古ゲルマンの地域的行政組織であったところの州(shire)や百戸邑(hundred)には、それぞれの「裁判所」が存し、これに出廷する権利は「自由人」の特権と考えられていくことになった(1)。征服王権はこの自治組織を利用するとともに、一二世紀までにこの裁判所に出廷する権利を、自由土地保有権者に限定することに成功した。爾来、「州裁判所」(county court)とともに「百戸邑裁判所」(hundred court)への「出廷権」は、自由土地保有権者の「特権」の不可欠の一部分を構成することになるが、王権がこれを重視した理由は、マナーの限界を超越した地方的利益の凝集の場をここに見出し、それによって統一王権の基盤を確保しようとしたことに、これを求めることができよう(2)。これらの関係を究極的に担保したものは、次にのべる「州宰」職である。

「州宰」(sheriff)職の機能についていえば、それが何よりも王権の地方における権力が行使されるさいの槓桿であり、唯一の公認の官職であったとされたことを重視したい。しかもそれは、例えばヘンリー二世が全土における「州宰」職を解任し、その全部につき新たな者をこれに任命したことに示されるとおり、[3] 究極的に国王の任命と統制の下におかれた官職であるとともに、さらにこの役職の世襲化も原則として峻拒されるのである。かかる「州宰」職は、一三世紀末とりわけ一四世紀に至り衰退していくのであるが、それはまたこれに代って登場する治安判事職の興隆と顕著な対照を示している。

「州宰」は、さきの「州裁判所」ないしは「百戸邑裁判所」において主宰者として国王を代理する。したがってこの役職の衰退する理由は、さしあたり国王の巡回裁判官が、彼らの有した管轄権をしだいに吸収していくということ、そして領主裁判権がこの国王裁判所の枠組みのなかに整序されていくとともに、州宰の管轄権の一部を代替していくことに、一応これを求めることができよう。[4] けれども、州宰職の衰退の真の理由は、もっと全体的な社会構造の変質に求められるべきである。この点についてここでは詳述できないが、結論的にのべれば封建制それ自体の弛緩および、それに伴う王権の拡大、すなわち端的に絶対王制の成立に伴うかかる役職の無力化が、その衰退の全体的構造を規定しているということができよう。[5]

ところで「州宰」職に媒介された、さきの古ゲルマンの自治組織は、とりわけ課税と「国民軍」(national *militia*)の調達・徴兵にみられる国王による直接的地方行政の末端の単位をなしていたのであって、村邑(vill or township)を下位に有するかかる共同体的組織が封建制の基底を支えていたことに、イギリス封建制の顕著な特質を認めることができる。[6] さらにまたこのことは、一一、一二世紀におけるかの「王会」(*Curia Regis*)に起源を有しながら、当初国王の「裁判所」の一側面として展開しつつ、後に地方「代表」を中央へ召集した政治的「集会」(assembly)に転じるに至るパーラメントの成長を促進した要因でもある。もとよりかかる意味での地方「代表」に基礎をおくパーラメントの出現が極めて重要な意義をもつのは、「庶民」と称される下層貴族(knight)および特権都市市民(burgess)の「代表」

に王権が基本的に依拠していく絶対王制の段階に至ってであるが、それに至るまでの過程に示される、とりわけ「州裁判所」への「出廷」を通じて形成された「代議制の萌芽」に、その起点を求める所論に注目しておく(7)。

征服王権のかかる集権的作用から導かれるイギリス封建制の特質は、土地法の領域に顕著に認められる。「イギリスの土地の全面積およびそれについてのすべての財産権は、単一のフォーミュラ」すなわち「甲は国王から彼の土地を保有する」との公式(8)の範囲内にもちこまれ、その結果「臣民」は、「封建的保有関係」(tenurial relationship)から導かれる権利義務の総体を、法によって一定の性質を刻印される人為的権利としてのみ享受するとの原理が生じたのである(9)。かかる建前は、土地利用の私法的関係が、統治機構への「参与」をも含む諸〻の公法的権利義務と未分離であり、後者は前者の一部を構成するものと観念される封建制のそれに適合的である。

けれども社会の編成が、土地保有条件のうちに示された領主と領民との間のかかる関係の総体を意味するにほかならないといった意味での封建制の完成形態は、イギリス封建的土地法の領域に表現されたにすぎなかったのであって、実際、王権のさきにのべた強大性と古い地方組織を基底としたその統治の編成は、領主のマナー支配に自己完結的な、換言すれば閉鎖的な統治機構を樹立させることを阻害したのである。このことはまた、「国王裁判所」が、自由土地保有権者に対する裁判管轄権をしだいに独占化することを通じて優越していくとともに、この過程からコモン・ロウの一義的優位が帰結していくことにも表現されていよう。

マナー体制の成立は、一方で「古い共同体の全部分が一人の領主の手」に委ねられることを意味した。この結果、彼らが農業共同社会の全般を統轄し、それに対しての規制権限を独占することになる。それゆえ、「コモン・ロウが創出する封建制の上部構造にもかかわらず、その後のマナーの基礎はしばしば古い共同体である(10)」。実際、封建的土地所有の階層的編成は、その基底に農民を有するということ、そして彼らの領主に対する奉仕義務と彼らによる土地れなければならない。

のゲヴェーレ的占取は、かかる「古い共同体」とその規範によって、究極的に支えられかつ媒介されていたと考えられなければならない。

したがって、マナー体制の成立に伴ってイギリス「封建制」が、ガンスホーフのいわゆる「封土制」と「家士制」の必然的結合関係(*Institutions féodo-vassaliques*)(11)、いいかえれば「レーエン制」の完成形態に近づく必然性が認められた。それにもかかわらず私はここで次のことをなお指摘しておきたい。著名な一〇八六年の「ソールズベリの宣誓」(The Oath of Salisbury)にその基本的フォーミュラを見出しうるところの、国王と一般人民との直接関係が存在したということは、何より重要な前提である。そして「軍役土地保有態様」(military tenures)が存在するにかかわらず、国王は民兵組織を通じて「国民軍」の編成をなしえること、また領民は彼の直接の領主に軍役義務を負わず国王に対しこれを負うこと、さきの国王の直接的課税権の存在、さらに領主裁判権についていえば、それは当初から共同体の古い裁判所を通じ、後に一三世紀中葉に完成するところの国王裁判所を通じ制限されるとともに、『マナー刑事裁判所』(court leet)におけるように、領主裁判権が国王からの特許に基づき行使されたにすぎなかったことがあげられる。また「王会」が国王直属領主の集会であるごとくに限定されず、それはしだいに自由土地保有者一般の集会へと転じていくこと、総じて「封土制・家士制」の両者に必然的な結合関係は認められず、むしろこれは不断に弛緩していく関係にあったことを、ここで示唆しておかなければならない(12)。

総じてイギリスの封建制において右にみたように、国王の総支配が封土の授受の側面に現われるのみならず、メートランドのいう「公的諸権利」のレヴェルにおいても領主の地方高権を超越するものとしてこれが認められるのであるが、このことは、国王権力の拡大による中央集権化が、封建制の特色としての政治諸権力の地方的分有と矛盾することなく展開しえたこととの基点となる事実である。クライムズはこれを市民革命開始期に至るまでの連続的な事態として観察するとともに、「王権の伸長には中断がなく」その結果、「市民革命によって消滅したのは中央政府でなく封建制それ自体である」と示唆している[13]。

これらの観察から、私たちはここでは一般的に、一二九〇年 *Quia Emptores* 法を起点としてしだいに顕著に認められていくと考えられているところの「庶子封建制」(bastard feudalism)といわれる現象の展開に留意しておく[14]。ただしそれはしばしば強調されるように、封建制の法制的変質の局面に限定・縮減されて観察さるべきことがらでなく、封建制の再生産機構の変質、とりわけ治安判事制の登場の有した社会的基盤の分析までも含めてより実態的に解明されるべきものであろう[15]。

（1）Pollock, F. & Maitland, F. W., The History of English Law before the Time of Edward I, 1st ed. 1895, reprint 2nd ed. 1952, vol. 1, pp. 42-44; Plucknett, T. F. T., A Concise History of the Common Law, 4th ed. 1948, pp. 89-91.

（2）Fifoot, C. H. S., English Law and Its Background, 1932, pp. 38-39. 邦訳書、伊藤正己『イギリス法――その背景』(東大出版会、一九五二年)、四七―四八頁。なお州(shire)は、ノルマン征服後 county と名称を変えただけで実質的に残された(Maitland, F. W., The Constitutional History of England, 1st ed. 1908, pp. 40-41)。またここにいう「州裁判所」(county court)は、一八四六年の国会制定法(County Courts Act, 1846; 9 & 10 Vict., c. 95)によって創設された同名の現在の「県裁判所」とは異なるものである。なおこの点については、Maitland, F. W., Justices and Polices, 1885, pp. 20 et seq. 参照。またここにいう「州裁判所」は、一二七八年のグロスター法(the Statute of Gloucester)により、その管轄権を、四〇シリング以下の係争事件に限定されてきて、実質的にその消滅を開始したといわれている(see Marriott, J. A. R., English Political Institutions; An Introductory Study, 3rd ed. 1925, p. 252)。

（3）Maitland, op. cit., Const. Hist., p. 41.

（4）例えば Marriott, op. cit., p. 249.

（5）なおこれらの点につき、小山、前掲書参照。

（6）Plucknett, op. cit., p. 84; Chrimes, S. B., English Constitutional History, 1st ed. 1948, Home Univ. ed., 1967, p. 66. 邦

訳書、川北・小松・杉原『イギリス憲法史』(日本評論社、一九六五年)、一〇七—一〇八頁。
(7) Chrimes, op. cit., p. 76. 邦訳書一一八頁。
(8) Pollock & Maitland, op. cit., vol. 1, p. 232; Maitland, op. cit., Const. Hist., p. 155.
(9) Fifoot, op. cit., p. 45. 邦訳書五四頁。
(10) Plucknett, op. cit.. p. 94.
(11) この点につき、Ganshof, F. L., *Qu'est-ce que la féodalité?* 1944. 邦訳書、森岡敬一郎『封建制度』(慶応通信、一九六八年)参照。メートランドは、かかる観点から本文にのべたイギリス封建制の「特殊性」を強調している(Pollock & Maitland, op. cit., vol. 1, pp. 66–67)。
(12) Maitland, op. cit., Const. Hist., pp. 161-164. 世良、前掲書『法的構造』六〇頁。
(13) Chrimes, op. cit., p. 63. 邦訳書一〇三頁。
(14) この点については、小山、前掲書、四四八頁以下参照。領主と領民間の臣従関係形成に給付が不可分に結合する関係は、*Quia Emptores* 法により実質的に否定される。この側面に注目した上で一三世紀後半以降の展開をみるならば、私たちはそこに「レーエン制」とは原理的に区別される、新たな国家体制の成立を認めることができる。ただここではレートリッヒに従って、「社会的もしくは実際上の封建制」が「大土地所有者の優越」により残され、それがイギリス土地法の領域における封建的土地法の残存として展開しながら、国家体制それ自体は、治安判事の優越により、封建制それ自体から切断されて展開したとの指摘を行なっておくにとどめる(see Redlich, J., Local Government in England, ed. by Hirst, F. W., 1903, vol. 1, p. 15.)。
(15) 戒能、前掲論文「司法国家制」参照。

3　封の授与と承継をめぐる諸問題

それでは以上のような構造を有する「封建制」が、とりわけ *Quia Emptores* 法に前後する時期において、土地法の領域にどのように表現されることになったか。その現実的な構造を解明することが、以下の分析の課題である。私は、この点をまず封の授封関係に伴う「レーエン制」の側面で明らかにすることにしたい。

ドゥムズデイ・ブック(Domesday Book)の作成にみられる征服王権の強大な作用は、イギリス「封建制」の土地法の領域における独得の構造を現出させた。それは第一に、アングロ・サクソン下の「自由民」を王権の求心的作用の槓桿として位置づけているのみならず、後の歴史過程に広汎な役割を演じた彼ら「自由民」に種々の公法的義務を課することによって、土地所有と結合した彼らの特権的地位を、「農奴(=隷農)」(villeins)もしくは後の「謄本保有権者」(copyholders)に対する「統治」の源泉に位置づける。かくて、第二に、征服王権は、自らの存在理由を、領主の地方高権に対して、これを超越するものとして主張することをえた。この事情は、フランク王国、後のフランス・ドイツに比してのいちじるしい特徴であり、イギリスの大領主たち(barons)は、その所領の散在的性格もさることながら、何よりも彼らの封臣に対する王権による直接的支配のゆえに、大陸の「公国」(Herzogtum, *principauté*)にみられるような自己完結的な所領支配を行なうことをえなかった。このようにしてすべての土地所有が、究極に王の授与に還元されると観念された結果、封建的諸関係の紐帯は、この整然たる土地保有の階梯の存続に依存することになるとともに、コモン・ロウはすぐれて土地法の性格を刻印されていき、その確実な発展の基礎もこのことに求められていった。その画期はさしあたり、ヘンリー二世(一一五四—八九年在位)の「司法的改革」にこれを見出すことができるが[1]、この時代は彼の宣言した「クラレンドン法」(Constitutions of Clarendon, 1164)[2]に認められるように、国王裁判所が教会裁判所との妥協を前提としながらも、なおこれに対して確実に管轄権の強化を開始していった時期でもある。そしてこれらの延長に、一二八五年のウェストミンスター第二法律が展開する。とりわけ *De Donis* 法として知られる同法律の第一章、すなわち「条件付贈与法」(The Statute of Westminster II; 13 Edw. 1, c. 1, *De Donis Conditionalibus*)と、一二九〇年のウェストミンスター第三法律、なかでもその最初の文言 *Quia Emptores* をもって知られる同法の一部(The Statute of Westminster III; 18 Edw. 1, c. 1)の画期的意義に注目しなければならない。(3)

「条件付贈与法」(*De Donis* 法)は、後述のとおり「限嗣封土権」(fee tail)の十全な発展の条件を準備したものとして注目されるべきである。しかし「限嗣封土権」は必ずしも同法によって創設されたものではなく、むしろ「単純封土権」(fee simple)として知られるようになる「封」の「完全な」所有権のさまざまなヴァリエーションとして同法以前に存在した。問題は「単純封土権」の成立史に存しよう。後述のとおり「単純封土権」発生史は、「封」に対して元来相互的な生涯間の権利＝義務の発生しか認められなかった封主＝封臣間のテニュリアルな関係の側面において、それでは何ゆえにこの人的紐帯に基づく保有関係から封土権の永続性と移転の自由性をその属性とするこの「絶対的所有権」が生じたかの問題を解明することに帰着するであろう。詳細は後述する。ここでは「限嗣封土権」が、「単純封土権」の成立を前提としたその「自由な処分」、とりわけ「条件付贈与」(conditional gifts)のさまざまの形態にその起源を有し、*De Donis* 法においてそれらが一定の「封土権」として範疇的に整序されることになったということのみ、言及するにとどめることにしたい。いずれにせよ「限嗣封土権」は、プラックネットがのべているように、イギリス不動産法の支配原理のひとつをなす「エステイトの法理」に基づく、すなわち時間的平面における「所有権の分割」(division of ownership)の観念にその起点を与え、かつそれゆえに、この法領域の形成に極めて重要な役割を果たしたものと考えられよう。(4)これに対して「単純封土権」はテニュリアルな関係を前提にするために、封主は当該封土を「領主権」(seigniory)として「所有」し、かつ封臣はその封土を「直領地」(the land in demesne)として「所有」するという観念の発生を伴いながら、すなわち同一の「封土」に、その内容を異にする「完全な所有権」(complete ownership)が成立するというフォーミュラにおいて、登場することになったと考えられるのである。(5)

De Donis 法に対し *Quia Emptores* 法は、イギリス封建土地法の完成を表現しているとともに、その背後を支えるところの新たな国家体制の成立を表象しているという、二重の意味で、より画期的意義を有するものである。ジェンクスによって「不動産譲渡の自由憲章」と呼称された同法は、しかしながら「封」の「譲渡の自由」をその制定の目的としたものと考えることは許されない。それは第一に「復授封・復分割」(subfeudation or subdivision)を実際上禁止することによって、封建的土地所有の階層的編成の固定化を狙うのである。そしてまたこのことの効果は、封建的土地所有の付随条件(feudal incidents of tenures)が上向的に確保されていくという形で表現されることになったであろう。なぜならば下位領主による「復授封」「復分割」はたとえそれが行なわれたとしても、彼らに対してはそのことからする封建的諸収入は、これが保障されず、それらが上位領主に従前どおり吸収されることを意味するにすぎない結果となったからである。換言すれば *Quia Emptores* 法は、封建的土地所有の階層的編成が、封土の授封関係を通じて下降的に拡延されることを阻止するというパラドキシカルな論理構造を包摂しているのであって、この意味でミルソムの表現を借りれば、同法により結果したことは、「領主権の国王への中央集権化」なのであり、領主権一般の強化が帰結したわけではなかったのである。(7) それにもかかわらず第二に、同法が現実化された理由は、封建的諸関係がレーエン法的諸関係によってではなく、新たな諸関係によって維持される体制が成立したことのゆえであると思われる。そしてまたこのような諸関係は、封建的諸負担が経済的価値に転じつつあった理由によって促進されたと考えられる。(8) すなわち第三に、封主＝封臣間の人的支配関係とこれを表示するところの「臣従の誓」(homage)等のレーエン的諸契機に従前のままの意義を与え、これを存続させることは、同法の目的とされず、封建的土地所有とその物権的関係から引き出されるところの、封建的諸負担の経済的価値を、上向的に集積させることこそ、同法の主たる目的とされたと考えられることとである。第四に、このことは何よりも、封建的土地所有の階層的編成を基底において支える

領主＝農民関係が「契約的」関係に移行していくことを促進させた。ミルソムが、「農耕のための賃借権」(husbandry lease)は同法の「間隙を埋める」ために発展することになったとするのも、この点を示唆したものといえよう[9]。総じて「封」の授与を意味せず、たんに「地代負担」(rent charge)の「契約」による創設を意味するにすぎないとされた「定期賃借権」(「期間権」)(the term of years)設定による、したがって非テニュリアルな土地「利用」関係の拡大は、*Quia Emptores* 法の規制の対象からの脱落を、すなわち期間権設定地の領主直営地からの「分離」を意味するものである。それにもかかわらず、この「地代負担」と、封の授与から結果するテニュリアルな封建的諸負担、すなわちその貨幣化であるところの rent service との差異は、後者の場合にのみ領主が領主権に基づいて当然に「自救的動産差押」(distress)の権能を行使しうる点に認められるにすぎなくなっていくこと、さらに「契約」の効果として「地代負担」に対して「自救的動産差押」権を発生させることも可能とされていくこと、等の結果、実質上両者の差異はほぼ無きに等しいものとなっていったろう。これらの関係を伴うこの「期間権」設定地の領主直営地からの離脱は、*Quia Emptores* 法において当初予期されていなかった、しかしその最大の効果とされえよう。なぜならば lease の拡大によって、封建的土地所有関係が弛緩していく基本的関係を、ここに見出すことができるように思うからである。実際、「復授封」を禁止された保有者は、このようにして同法を「脱法」した。しかしミルソムがいうように、それは、決して意図的「脱法」行為といえまい。なぜならそうしなければ、保有者は「復授封」に代る封の「経済的価値」の実現を期待できなかったからであって、このことに、以上のような諸帰結のより実質的な原因を求めるべきであろう[10]。

De Donis 法以降、実質的に「封」の「所有権」を意味するものとして「限嗣封土権」以下の封土権と区別されていった「単純封土権」に対してのみ、*Quia Emptores* 法が適用されたことは、概括的な表現であるが逆にその「所有権」化傾向を促進させた。このことと合せて *Quia Emptores* 法のもたらした当初予定されていなかったと思われる

右の諸帰結は、しばしば歴史の偶然(ミルソム)に原因したものと評される傾向がある。しかしながら、ノルマン・コンクェスト来の国家の中央集権的編成と、これを担保した王権の領主権一般に対する総支配的地位が、同法を必然化させた歴史的要因であると考えられることに注意したい。そしてまた他方では、以上の諸帰結が領主＝農民関係の変化を、鋭く反映した結果と考えられることにも、同様に注目しなければならないのである。これらの点についてはなお後述する。

国王と教会諸権力との相剋は、イギリス封建的土地法にいまひとつの特色を与える。一二七九年に制定された「死手法」(The Statute of Mortmain)が、教会・修道院・法人への土地譲渡を禁止したのは、その最も端的な表現であった。イギリス法が、ギールケのいう意味での団体(Genossenschaft)を知らないというならば、それは一種の誇張である。けれども、ゲルマニスト的仮設である団体概念がイギリスについて必要とされなかった事情は、右「死手法」により増幅された。「死手法」はたんに地方団体を含めての「死せる手」に土地移転を禁じた法であることを意味したというのにとどまらず、一五世紀以降の多くの都市への「特許」に認められるように、団体の承認が、その内部関係の団体的性質のゆえにではなく、法によってそれが国家的に認証された結果行なわれるにすぎないものであるとする観念が生み出される直接の出発点ともなったのであり、このことにそのより重要な意義を認めることができるのである。

Quia Emptores 法と「死手法」が、ともに「封」の遺贈を禁圧する政策を表示することについては多言を要さないであろう。教会への土地寄進が多く「自由寄進保有態様」(*frankalmoign*)の「復授封」の形で行なわれ、この場合には、寄進者は教会に対して何らの「負担」も課することなく土地自体を贈与するのと、同じ結果となった。[11] *Quia Emptores* 法が、これをも禁圧しようとしていることは明瞭であるが、しかしそれは結果として、後述の「ユース」の手段による信託的遺贈の特異な発展を帰結したにすぎなかったのである。このように「ユース」の発展は、たんに封

建的諸負担の回避の要請に基づいて行なわれるばかりではない。すなわち「死手法」を含めての土地遺贈禁止の政策が、総じて封建的土地所有の維持から引き出されるところの利益を、結果的にますます国王に集中していくことになるということ、そしてこのことが *Quia Emptores* 法によって実質的に媒介されてゆくという方向を切断するものとして、このような慣行が隆盛に向うのであって、それゆえに、「ユース」こそ、イギリス封建的土地法の最大の異端者であるものにほかならなかったのである。しかしこの点についての詳細は、後にふれることにしたい。[12] ここでは、*Quia Emptores* 法の客観的意義についての以上の点に留意しておかなければならない。

以上によって私は、イギリスに導入された「レーエン制」の意味における「封建制」の特異な発展過程をひとまず明らかにしえたように思う。換言すれば、「封土制・家士制」の必然的結合関係は、これを認めることができず、むしろそれは不断に弛緩していく関係にあったことを承認しなければならないのであって、そしてまたその帰結は、*Quia Emptores* 法の制定と、その効果に明瞭にこれを認めることができるのである。加うるにこのことが、イギリス封建制社会の中央集権的求心性、なかんずく国王権力の強大性に原因していることに注意しなければならない。このような一般的評価は「封」相続権の成立とこれを媒介するところの「長子相続制」のきわめて厳格な適用に対しても、これを行なうことができるように思う。

「長子相続制」が、ノルマン征服王朝の導入にかかるものであるか否かについては、議論の存するところであるが、[13] その拡大の理由が、「高度に中央集権化されたフューダリズム」(メートランド)に由来することは、否定しえないであろう。[14] もっともこれに対しても重要な反論がある。ソーンがメートランドに加えた批判の骨子は、イギリスにおいて「封」の世襲制が事実として成立したかについて、これをほぼ否認し、逆に封土権一般の「生涯間権」としてのその性質が、「臣従の誓」等々の諸負担の形骸化のゆえに変質し、このようにして結果的に世襲制の確立をみたかのように現象したにすぎないとしているだけに、十分注目に値する。[15] しかしながら、メートランドの「高度に中央集権化」したフューダリズムという概括的評価は、「封」相続権一般に対する国王権力の掣肘の度合がまた強度であったこと[16]をも前提としていると思われるのであって、だとすればイギリス「封建制」の特徴であるところの王権の求心的作用が、ここにも表現されているにほかならないと考えられる。これらとの関連ではさらに、イギリスにおいては大陸とりわけドイツにみられた「再授封強制」(Leihezwang)、すなわち没収されて国王に復した「封」を再び臣下に対して授封するよう国王が強制される関係は、きわめて偶然的に、すなわちもっぱら国王の自由裁量にのっとって現われたにすぎなかったことも注目されるのであり、[17] また、右ソーン見解との関連でいえば、封相続規制ともいうべき *relevium* が、国王の場合には、「成年者相続料取得権」(*primer seisin*)により確保されたことも注意されてよい。[18]

ここでは以上の叙述との関係でなお「単純封土権」の確立の意味に言及するにとどめたい。これを重要視する理由は、イギリス封建的土地法が、その残余の大部分を廃棄されながら、市民革命以降においても、この封土権の枠組みを前提とした、土地所有権の構成がその存続を保障されたのは何故かといった、私なりの問題意識によるところも大きい。

「封」の授封関係に、封主＝封臣の個別的・具体的な人的支配関係が固定的に前提とされ、それを表示するところのコメンダチオ＝「臣従の誓」の儀式が、厳格に維持されている限りにおいては、「封」の相続権は理論的には成立する余地がないといわなければならない。しかしながらこの「封」の非相続性は、封建的諸負担の観念化、換言すればその貨幣価値化のゆえに、打破されていったであろう。[19]

理論的に概観すれば、この問題はさきの「単純封土権」の成立史のそれに帰着する。一般に右のような純粋形態の封建制の下では、封に対して成立するのは「生涯間権」であって、しかもこの「生涯間権」の発生原因は、さきの「臣従の誓」に求められたであろう。[20] かくて、封相続権の発生は、この臣従の誓、すなわち臣従礼により設定される封建的盟約の及ぶ対象が、何らかの理由により拡大されたことに、その原因を有したものと理論的に想定することをうるだろう。実際、法理論的にみれば、臣従礼と対価的に構成されたものは、封主が授与した封土に対して封臣のためにその権原を担保する(warrant)関係であったこと、そして、かりに封主が「封臣とその法定相続人」に封を授与し、封臣から臣従礼を受けた場合には、封主は封臣の法定相続人から臣従礼を受ける義務を負うと考えられた。いうまでもなくこのような枠組みが封主＝封臣関係における「社会的慣習」のレヴェルに求められているのにすぎない場合には、法定相続人のこの地位は、決して確実なものでなかったろう。けれどもミルソムが強調しているように、この「社会的慣習」は、封主＝封臣間の相互的依存関係に基礎づけられていただけでなく、このような枠組みを存続するために封主のいわば専制的支配の領域を意味するこの側面に対して国王裁判所＝コモン・ロウ裁判所の「外からの」介入が必然化することによって、「普遍化」される傾向が示されていくことになった。[21] こうして一一九〇年までには、封主のこの義務はコモン・ロウ裁判所の令状により強制されることになり、[22] このようにして法定相続人の権利は、普遍的基盤を獲得するに至ったのである。もっとも、封主がこのようにして臣従礼の「受領義務」を強制されても、彼には依然として法定相続人のタイトルの正当性を否認する余地が残されていた。なぜならば、法定相続人が右により封主に対する臣従礼「受領」をえた場合にも、彼はそれによって法定相続される性質の封土をえたにすぎないと構成される結果、「封建的占有」(seisin)をうるためには、なお彼が当該封土についての適法な法定相続人であることを立証する必要があったからである。しかしこの点も一一七六年の「ノーサムプトン法」(Assize of Northampton, 1176)による「相続不動産占有回復訴訟」(assize of *mort d'ancestor*)の創設、すなわちコモン・ロウ裁判所において封臣の法定相続人が自己の権原を立証することができるとされて解決されることになった。それはまた封主＝封臣関係へのコモン・ロウ裁判所による「外からの」介入を意味したろう。かくて法定相続人による封相続権は、すでに封主＝封臣の人的・個別的関係であることを超越してコモン・ロウ上の権利として確定され、かつこれが、より普遍的なものとなっていったと考えられるのである。(23)

このようにして成立した封に対する相続可能性、すなわち「法定相続不動産」(inheritance)範疇の成立は、しかしながら理論的にみてただちに封の譲渡可能性の確立を意味していないことに注意したい。すなわち封の譲渡可能性の問題は、このようにして成立した法定相続人の封に対する「相続権」をも剝奪して、当該の保有者がその封土全体を他者へ移転することが現実化されることを意味しなければならないからである。

ここでは簡単にこの封の譲渡可能性は、さきの「ある者およびその法定相続人」(to A and his heirs)という封与の形式から生じたものであることについて言及するだけにとどめたい。つまりこの文言による封の授与は、法定相続人に対する直接の封の譲与を意味するものではなく、ただこの形式により、封臣に対して封主およびその法定相続人が、法定相続されうる性質の封を創設し、かつこれを権原担保する義務を規定したものと考えられていくことである。このようにしてこの授与形式から、すなわち「その人自身およびその人の法定相続人に永久に」という封の授与のさい当該封土に対する権利の性質を「限定」するこの文言から、かの「絶対的土地所有権」すなわち「単純封土権」が発生することになったのである。(24)

封の相続可能性・譲渡可能性の問題は、したがって「単純封土権」の出現の問題と同一の内容に帰する。けれどもこうして成立する「単純封土権」は後に詳細に検討する通り、封主＝封臣の人的紐帯の一定の抽象化、換言すればこの相互的誓約関係が、すでに物権法的関係に移行しつつあることを、反映しているものと考えられてよいだろう。その限りにおいて「レーエン制」の意味における封建制の弛緩過程は、この封土権の私的土地所有権化傾向の増大と表裏一体の関係にあると、法形式的には想定することをうる。私はメートランドが長子相続制の拡大の理由の一つを一方ではさきのとおり強力な王権に結びつけて理解しているとともに、この慣習の拡大の結果家父に集中していく処分権能のゆえに、土地の処分の「自由性」の増大が必然的に帰結していくことになったと示唆していることを、右のような意味で注目しておくことにする。(25)

プラックネットは、さきのような「絶対的土地所有権」の発生を意味することになるような「単純封土権」創設のための授与文言を、何ゆえに封主が権原担保していくかについて言及し、そこに、封建的枠組みが前提されながらなお土地の「商品化」要請との不断の調整が必要とされたこととの表現を認め、かつこのような観点から、さきの *Quia Emptores* 法への言及を行なっている。(26) 私は、このような土地の商品化傾向が「絶対的土地所有権」の成立を真に伴いながら推転されていくためには、封建制それ自体の廃棄が前提とされなければならないこと、いいかえれば、封建的社会関係を不断に再生産する領主＝農民関係が、止揚されなければならないと考えているが、そのような考察に移る前提として、次に農民の「保有権」の側面に注目し、これが封建的枠組みの不断の再生産の基礎に所在したことを確認しておくことにしたい。

（1）　後述一三二―一三三頁注(10)参照。
（2）　僧職推挙権(advowson)をはじめ教会裁判所の管轄下にあった多くの事件は、「クラレンドン法」により国王裁判所へ吸収された。とりわけ金銭債務(debt)に関する訴訟が、実質的にこれに吸収されたことの意義は大きい。これについてはなお、Plucknett, op. cit., pp. 16 et seq. 参照。
（3）　この二つの法律についてはなお第二章第2節一〇三頁以下および第3節一四三頁以下で扱う。
（4）　なお次のことに注目したい。すなわち *De Donis* 法と *Quia Emptores* 法の協働的機能に関してである。後述のとおり、*Quia Emptores* 法は、「単純封土権」(fee simple)にのみ適用され、「限嗣封土権」以下には適用されない。ところでこの「単純封土権」は、封の相続と譲渡可能性が生じるにつれ、法定相続人の相続権を剝奪して他者に対して移転する権能を含むところの封土権として成立することになる。それは、ブラクトン(?―一二六八年)の頃といわれる。これに対して、「限嗣封土権」以下は、「復帰権」(reversion)によって制約されているがゆえに、「単純封土権」のような無制約な譲渡可能性・相続可能性を有さないと観念され、またこの結果、「所有権」は、限嗣封土権の現在の保有者と「復帰権」および「残余権」(remainder)保有者との間で、分割的に享受されると考えられていくことになった。これはまた *Quia Emptores* 法が「単純封土権」にのみ適用され、その「譲渡の自由」性がその限りで法認されたことにより、明確になったことがらでもある。なお以上の点の詳細は、Plucknett, op. cit., pp. 512 et seq. 参照。

なお「限嗣封土権」の前史について、Megarry, R. & Wade, H. W. R., The Law of Real Property, 4th ed. 1975, Stevens & Sons, pp. 83 et seq. 参照。

(5) 後述一四三頁以下参照。

(6) Jenks, E., A Short History of English Law, 6th ed. 1949, p. 102.

(7) Milsom, S. F. C., Historical Foundations of the Common Law, Butterworths, 1969, p. 101.

(8) Pollock & Maitland, op. cit., vol. 1, p. 308 によれば、グランヴィル(?―一一九〇年)時代、「騎士土地保有」のそれは、一〇〇シリング、「鋤土地保有」は一年分の地代に固定されつつあったという。また、ibid., vol. 2, p. 278 によれば、一三世紀は、「騎士奉仕」や「楯金」(scutage)より「後見権」(wardship)や「結婚決定権」(marriage)が重要性を増したとされている。

(9) Milsom, op. cit., p. 101.

(10) Ibid., pp. 101-102.

(11) 「死手法」と *Quia Emptores* 法の関係につき、ibid., pp. 97 et seq. 参照。

(12) 後述第二章第1節八八頁以下参照。

(13) 「長子相続制」がノルマン征服王権によって導入されたという通説に対しての Pollock & Maitland, op. cit., vol. 2., pp. 264 et seq. の反論は周知のとおりである。

(14) Ibid., p. 265.

(15) Thorne, S. E., English Feudalism and Estates in Land, Cambridge Law Journal, Nov. 1956, pp. 193 et seq.

(16)　この点について、世良晃志郎『封建制成立史序説』(彰考書院、一九四八年)参照。
(17)　同右、一二二頁以下。
(18)　Pollock & Maitland, op. cit., vol. 2, pp. 302 et seq. さらにマグナ・カルタ第二条によって、これが固定額となる間の事情につき、ibid., p. 268 参照。なお世良、前掲書『成立史序説』参照。
(19)　その点につき、とくに relief(相続料)の展開に注意されたい。
(20)　以下の点、前掲ソーン論文とともに、Baker, J. H., An Introduction to English Legal History, 1971, pp. 139 et seq. 邦訳書、小山貞夫『イングランド法制史概説』(創文社、一九七五年)、二三八頁以下参照。
(21)　Milsom, S. F. C., The Legal Framework of English Feudalism, 1976, pp. 180 et seq. 同講演記録(戒能訳)「封建社会の法的諸観念」(『国家学会雑誌』九〇巻五・六号、一九七七年)。なおミルソムの見解がソーンと異なるところは、ソーンが、後述の「相続不動産占有回復訴訟」の確立で封相続人の権利が所有権的なものとなったとするに対し、「ソーン教授は、より大きな効果をこれに見出されたようである。〔けれども〕相続不動産権(inheritance)は、果たして、法定相続人に対する封の譲与としてでなく、財産権の承継として現象したのであろうか」(〔　〕は引用者。以下同じ)とのべ、国王裁判所の介入は封主＝封臣の「契約」的・自己完結的枠組みへの外からの介入を意味したとする側面を強調する(ibid., esp. pp. 185 et seq.)。
(22)　Baker, op. cit., p. 140. 邦訳書二四一頁にある、「臣従の誓受理下知令状」(*praecipe quod recipiat homagium*)がそれである。
(23)　Ibid., p. 140. 邦訳書二四一頁。
(24)　Ibid., pp. 141 et seq. 邦訳書二四二頁以下。なお Plucknett, op. cit., p. 499 参照。それゆえこの to A and his heirs (for ever) という文言は、「限定文言」であり「譲受の文言」ではない(a word of limitation, but not of purchase) (see Plucknett, op. cit., p. 528)。これを法定相続人の側からいえば、彼はその封相続を「承継により」(by descent)なすことをうるのであって、「譲受による」(by purchase)のでない(Baker, op. cit., p. 142. 邦訳書二四四頁)。なお「この所有権(ownership)、すなわち単純封土権が存在する場合、譲与がかくも単純でなく、より精密に切り分けられ、すなわち *taille* されうることになるのであった」(Milsom, op. cit., Hist. Found., p. 93)とされることに注目したい。なお一八八一年、一九二五年法につき、ibid., p. 92 参照。
(25)　Pollock & Maitland, op. cit., vol. 2, esp. pp. 311 et seq.; Plucknett, op. cit., pp. 498 et seq. これに対する批判、Thorne,

op. cit., p. 195 参照。

(26)　ブラックネットは、さきの「その人自身およびその人の法定相続人に永久に」という文言においての権原担保の義務を継承する者が、長子相続制の確立の結果として当然に譲与者の長男子となることに注目する。また「単純封土権」を「絶対的土地所有権」といったのは、あくまでも封建的枠組みのなかにおける相続と移転の「自由性」の意味においてである。Plucknett, op. cit., pp. 499–500. なお、「単純封土権」の譲与は、譲与者およびその法定相続人が完全にその封土に対する権利を主張できなくなることを意味する(ibid., p. 499 は一二二五年の判決をあげてそういう)ゆえ、逆にいえば、これより劣る権利は、何人かに「単純封土権」が帰属することを論理的に要求されることになった(Baker, op. cit., p. 142. 邦訳書二四五頁)。

4　領主＝農民関係と封建的相続法理

「封」相続権を中心とした以上の考察は、多分に法理論的考察にとどまる。しかるにこのような封建的土地所有の階層的編成が、たんに理論上の建前にすぎないのではなく、封建的生産様式に原因して、不断に再生産されるものであることを、ここになお強調しておかなければならないであろう。結論的にいえば、封建的土地所有の階層的編成、別言すれば、ゲヴェーレの重畳化は、最も基底においては、直接生産者(農民)によるところの土地の私的占取が、彼らにおいてそれが労働手段であることを意味する限り、その実体的利用権(下級ゲヴェーレ)として、保障される関係を伴う。けれどもこのことは、領主の上級ゲヴェーレが実現されるための社会の封建的編成が、強力によって貫徹されていることに基づくにすぎないのであって、この意味で封建的土地所有の階層的編成は、直接生産者(農民)に対しての封建的諸権力の連合を意味している。そしてまたこのようなゲヴェーレの分化と重畳化の不断の形成こそが、これらの封建的諸関係を支えているにほかならないのである。まことに、「封建制」は、戦争・征服に対して自己の土地の「保有」もしくは「領有」の「安堵」を求める「下からの」要請から導かれるものであり、したがってより強力な権力を求めての相互依存の体系にほかならないと考えられるのであるがしかし、「封建制」のかかる軍事的編成の側面は、ゲヴェーレの分化と重畳化を不断に形成するところの封建的分解によって、媒介されていることに注意しなければならない。

このような封建的分解の規定的条件であるものは何であろうか。それは自給経済の支配的な当面の段階においては、それゆえにまた自己経営によって支えられなければならなかったところの小農民経営であると考えられる。[1] 家族経営に基礎をおくところのかかる経営の労働力の質的ならびに量的変動が直接の原因となって、一方で上昇し、ついに自己経営することなく他人に小作せしめる経営と、他方は零落し他の小農民経営に吸収される経営が生み出されていく。

このような小農民経営の平準的成立は、「開放耕地制」の成立と展開、およびこれを媒介する「共同体」規制の「形式的平等」原理を生み出す基礎であるものにほかならない。換言すれば、小農民経営の平準的成立の背後には、「開放耕地制」を適合的ならしめる経営規模の平準化もしくはそれの固定化の傾向を認めることができるのであるが、このような諸関係は、前封建的諸範疇、なかんずく集合耕地制に基礎をおくところの家父長制的大経営の分解の結果、成立したものにほかならないと考えられる。そしてまたその歴史的展開を媒介したものは、いうまでもなく生産力水準の一定の上昇であるといえると思われるが、このようにして小農民経営が標準的経営規模に達すると同時に、逆にそれ以上の経営分割が阻止される関係が成立する。小農民経営が家父長制的単独相続形態によって維持されるに至るのは、このような諸帰結からするものであり、ホーマンスが平野・開放耕地地帯において一三世紀には農民の単独相続形態が一般的になったと言及しているのは、[2] 右の理由で「開放耕地制」と単独相続制が不可分一体的関係にあった事実を例証しているものとされてよいであろう。

このような小農民経営の家父長的性格は、生産力水準の低位性に規定されたその経営の自己経営的性格および家族経営的性格のゆえに必然化する。すなわち家族構成員の個人的労働の評価が行なわれず、したがって個々人の労働が、かかる共同体的労働力の一部としてのみ作用することから導かれる。このような結果、土地は家産として家父へ不分割のまま世襲され、逆に相続から排除される家族構成員は、家父長の下にあって右の共同体的労働に従う器官としてのみ位置づけられる。もとよりたとえば、動産部分のうち家畜・犂等々の土地に付属して家父に承継されるいわゆる「法定相続動産」(heirlooms)外の動産が、次子以下の男子もしくは娘のために「分与産」(portion)として配分されることはありうる。しかしそれは彼らが、かかる小農民経営から離脱する場合に配分されたにすぎないのであって、逆に彼らがこの自給経営により扶養され、家父長の庇護のもとにとどまる限りは、彼らは無権利状態におかれるのであり、結婚することもえない(3)。このようにしてまた「土地なき場合には婚姻もなし」(No land, no marriage)という原則は、かかる自己経営が社会の一般的な停滞的状況に適応したことを表現しているのである(4)。

一方、零落する小農民経営から放出される労働力および次三男等は、上昇しつつある他の小農民経営に吸収されるが、その過程はまた、彼らの家族形成の過程を意味している。彼らは、屋敷地内に小屋を与えられ、いわゆる「小屋住農」(cotter)化する。このような諸関係は、土地保有と家族構成の不可分一体の関係を表現するものであり、こうしてまた彼らの平準的保有農化によるところの封建的分解が維持されるのである(5)。

小農民経営のかかる家父長制的性格は、この自己経営内部に対する商品交換関係の流入によってはじめて揚棄される。家族構成員の私的労働が社会的労働に転化する結果、彼らの労働の価値評価が可能とされるからである。しかしそこに至る過程は、封建的土地所有の階層的編成の弛緩、換言すれば領主＝農民関係の変質に媒介されるのであって、逆にいえば、生産力水準の新たなる発展によって、このゲヴェーレの分化と重畳化によるところの封建的土地所有の再生産が揚棄されない限り、農民はなお農奴として土地に緊縛され、こうして領主＝農民関係を基底とした社会の封建的編成が維持されることになる。(6) 封建的分解においては、土地収奪が直接生産者と生産手段の結合に結果するのはこのためであり、総じて以上のゆえに、この封建的土地所有の階層的編成を槓桿として、領主は農民に対する収奪を保障される。(7)

(1)　以下の叙述の多くは、吉岡昭彦『イギリス地主制の研究』(未来社、一九六七年)に依拠している。

(2)　Homans, G. C., English Villagers of the 13th Century, Russell & Russell, reprint ed. 1960, pp. 141–142.

(3)　Ibid., pp. 139 et seq.

(4)　Ibid., p. 159. なお吉岡、前掲書、第一章は中世相続法研究としてもとりわけ注目される。

(5)　吉岡、前掲書、四八頁、また Homans, op. cit., pp. 210 et seq. 参照。なお husband という言葉が「土地を持つ人」のことを意味するとともに彼が家父であることを意味する点は、以上のゆえに興味深い。詳細は ibid., pp. 136–137 参照。

(6)　吉岡、前掲書、六九頁。

(7)　封建制下の村落共同体における小農民経営、すなわち個々の経営が各「地条」の「割当」および共有地の用益を、耕作のための土地に対するゲヴェーレ的支配を行なう限りにおいて承認されていたという当面の段階における経営の場合には、農民による土地「所有」の欠如は、領主権力に対する農村共同体内の経営の平準化に規定された、その村落的結合の強さを逆に物語る。これに対して、相続財産とその請求権者たる家構成員が一体となったかかる「経営単位」が喪失されていく歴史的過程の意味するところは、かかる平準的「小農民経営」を基底とした村落的結合の、内部からの崩壊過程を意味したであろう。このような意味において、一六、一七世紀の「農業問題」の本質を、トーニーが次のように記述していることが注目されるのである。

「一六世紀および一七世紀における農業問題の歴史は、多く『小耕作農民』(small cultivator)が、大不動産権の成長によって起る変化に対して、彼らの利益をまもろうとして抗争した歴史であった。……この小組織〔家父長的自給経営〕の経済的基盤が除去されたとき、その結果はただ、家族を没落させたばかりでなく、『経営』(business)をも分解させた。それは個人たる家父の失業にではなく、一つの農場の破産に似ている」(Tawney, op. cit., pp. 231, 233)。

かくて一六、一七世紀の「土地の商品化」傾向とは、私的土地所有の「自由性」が農民の「保有権」や各種の共同地に対するその共有権から「解放」を通じて実現されていくことを意味するものにほかならなかったといえるであろう。いいかえれば、私的土地所有の実現過程が、トーニーのいわゆる「一つの農場の破産」を通じた賃労働者とこれを雇用する新たな「経営」を不断に創出しながら展開されていくことになったこと、そしてこの基礎において土地所有の集積が展開していくことになることを、重要視すべきであると思うのである。

小括

以上の考察を結論づけよう。私は、前節で概観した封建的分解の基本法則にもかかわらず、それを全社会的規模で総括するところの社会の「封建的」編成、なかんずく王権を頂点としたその政治的編成に、特殊イギリス的特色を認めることができると考えている。この点は第一に、すでにのべた *Quia Emptores* 法の必然化した理由に関連する。同法に認めることのできるところの、あるいは少なくとも同法の効果と考えられるものは、総じて封主＝封臣関係の設定に土地給付が介在しなくなるということであって、このようにして同法が、「レーエン制」の意味における封建制の変質ということ、すなわち貨幣給付による身分的支配＝従属関係の編成を起点として現象してくるところの新たな国家体制の成立を媒介していくと思われる側面に注目したい。貨幣施封は必ずしもイギリスにのみ展開したわけではないが、一二九〇年法の右のような諸帰結が、ごく概括的にいえば、イギリス「封建制」の特異な展開過程の延長に現象していることが注意されてよいであろう。すなわち第二に、征服王朝が、アングロ・サクソン的自治組織を、その統治の源泉に位置づけた結果、あるいは、領主の地方高権が、国王裁判所による領主裁判所の管轄権の吸収を頂点として王権に吸収されていき、このようにしてコモン・ロウの一元的展開が行なわれる結果、このような王権の伸長過程では同時に、しだいに肥大化する国家権力機構への参与を領主層が希求する関係が形成されていくことになるのであって、そしてここに、官職レーエン化傾向を伴いつつ、「封建制」の求心的傾向が再編されつつ再び必然化していくという絶対王制成立期までの「連続的」な展開への基底的要因を認めることができると考えるのである。

もっとも、封建的分解の再生産とそのことからするゲヴェーレの分化・重畳化、総じて「レーエン」制の体制的成立と、右に若干言及したいわゆる「高度に中央集権化されたフューダリズム」の諸帰結との関係の解明は、現実には種々の困難を伴う。(1) さらにこのアンシュタルト的権力構造の形成の時期と、封建的土地所有の体制的廃棄に至る時期の間には、じつに三世紀にもわたるところのさらに精密な考察を要する歴史的過程が存在する。私は、したがって次章では、封建的土地法の体制的廃棄に至るまでの歴史的過程に着目し、主としてイギリス絶対王制期の特質を解明することに努めることにしよう。

（1）　小山、前掲書は、このような困難を打開しようとする問題意識に貫かれている。

二　イギリス封建制の崩壊と土地法の構造

1　封建的土地法の崩壊と「ユース法」

領主＝農民の身分的支配＝従属関係を通じて維持されていた全封建秩序は、この基底的関係に侵蝕を加える一三世紀末からの貨幣地代の展開、一六世紀におけるそれの全国民的規模における成立により、しだいに弛緩していき、そしてやがて崩壊を遂げていく。かくてこの領主＝農民の身分的支配＝従属関係は、ひとつの「契約的」関係に置き換えられていくことになったであろう。賦役労働に基礎をおく領主直営地経営が、「定期賃借権」に基づくそれへと移行ないし転換していくこの歴史的過程について、かつてホールズワースは、それまでのイギリス土地法体系が固有した「長子相続制の法と慣習」に加えて「厳格継承財産設定」の拡大傾向が土地所有の集積を媒介しつつ現象したということ、そしてこの「膨大な土地が今や所有者によってでなく、借地農によって耕作されているという事実」からする、イギリス土地法に対しての新たな規定要因を洞察した(1)。

私は、このような歴史的過程において現象した一六世紀における「土地の商品化」傾向の表現、とりわけ囲い込みの展開と、これを抑止しようとする絶対王権の「農業保護・奨励政策」を基軸とした農本主義的な産業政策との、一定の対立・拮抗し合う歴史的状況について詳述することはしない(2)。それにもかかわらず、絶対王権は、この歴史的過程において衰退していく個別領主権を吸収し、したがってまたそれゆえに基本的に封建的「反動」権力として現象していくことになったといえるであろう。この絶対王権による「再編封建制」は、総じて絶対王権のすぐれて集権的作用の側面から「レーエン制」を機構的に復活し、ないし強化することを志向する形態で現象してくることになる。それはいいかえれば、さきの「庶子封建制」傾向に対しての抑止的対応であり、絶対王制によるその再編的形態において「真の封建制」を復活させることを企図するものであったといえるであろう(3)。

私たちがこのような関心でイギリスの絶対王制期を考察しようとするとき、そこに最も重要な対象として現われるのが、一五三五年の「ユース法」(The Statute of Uses, 1535; 27 Hen. 8, c. 10)であることに異論を生じまい(4)。その制定理由につき、同法が規定するところは次のようである。

「この王国のコモン・ロウにより、土地、『保有財産』(Tenementes)、『法定相続財産』(Hereditamentes)は、『遺言』(testament)によらず遺贈しえぬにかかわらず、または厳粛なる『占有引渡』(levy and season)……によりてある者から他の者へ移転さるべきにかかわらず、種々にして巧妙なる『創作されたるもの』(ymaginacions)、巧妙なる発明および慣行が行なわれ来、この王国の相続不動産は、詐欺的手段による『封土権公開譲渡』(feoffementes)、『和解譲渡』(fynes)、『馴合不動産回復訴訟』(recovyes)およびユースの『目的』(intentes)、信託を巧妙に秘したるその他の『不動産権移転捺印証書』(assurances)のみならずさらに時に『たんなる口頭』(nude polx and wordes)による、時に符号およびしるしによる、また、時に書面による、……『遺言および遺言書』(wylles and testamentes)によりてある者から他の者へ『譲渡され』(convey)て来たれり。……かくて、種々にして多くの法定相続人は、卒爾に不正に相続権を剝奪され、領主は、『後見権』(wardes)、『結婚決定権』(mariages)、『相続料』(relyefes)、『相続上納物』(hariottes)、『不動産復帰権』(eschetes)、『元服および結婚費用のための領主援助金』(aydes pur fayre fitz chyvaler & pur file maryer)、……を失った……」(St. of the Realm, vol. iii, p. 539)。

ここに示されている限りで「ユース法」の制定理由を推測すれば、「ユース」慣行の普及によって最高領主たる国王が最大の財政的被害者であったこと、したがって同法は、国王によってもっぱらその制定を強行されていくことになったと考えることができよう。(5)「ユース」はその設定を通じて「ユース受益者」(*cestui que use*)が封建的土地所有に不可分に随伴する「付随条件」(feudal incidents)から自由に、自己のため当該土地の経済的価値を享受することを可能とさせた。これに対して「ユース法」は、この慣行を抑止するための国王権力による直接的介入を意味したのである。実際、この法律の最も根幹的部分は、「ユース」の設定された土地の受益者が、コモン・ロウ上の占有を有するものとしたこと、すなわち「ユースに対して占有を付加した」(annexed the possession to the use)ことに認められる。(6)そしてこのことにより、「ユース」慣行の最も重要な便益は失われ、この慣行の普及が抑止されうると考えられたように思われる。

「ユース」の設定は、ある土地保有権者(A)が他の者(B)にその土地を譲渡するさいに、この譲渡者(A「ユースにおける譲渡人」(feoffor to use))の指定する第三者(X「ユースにおける受益者」(*cestui que use*))のために当該土地を保有すべき旨の条件をつけて(B hold the land to the use of X)この譲渡における譲受人(B「ユースにおける譲受人」(feofee to use))すなわち「ユース受託者」に対して、この土地を移転することを通じてなされたのである。この場合においてAは自己を「ユースにおける受益者」として、その受託者Bに対して当該土地を譲渡すること(A conveys the land to B for his own use)も可能である。(7)そして以上のような場合においてBを複数人とすることができれば、コモン・ロウ上は当該土地をこの複数人が「合有保有財産権」(joint tenancy)として「占有」するとされる結果、その一人が死亡しても生残者がこの死者の持分権をその権利に基づいて吸収することになり、かくてAは、その死亡後の法定相続人による相続のさい、主として課せられる封建的諸負担をほとんど回避することのできる封土の享受をうることになる。[8] メートランドはこのような複数者への「ユースにおける譲受人」への土地移転が一四世紀を通じて盛行することになったと論じ、[9] またベイカーは、一五〇〇年までにはイングランドの封建制はかくて事実上死文に帰したとのべている。[10] いうまでもなくかかる譲渡を有効ならしめるために、大法官府裁判所(Court of Chancery)が右「ユースにおける譲受人」に対してその設定条件を履行すべき旨強制したこと(かの「罰則付召喚令状」(writ of *subpoena*))、[11] さらに前述の「死手法」の適用を回避して教会への寄進のためにも、「ユース」慣行が利用されたこと(この慣行は、それゆえかのフランチェスコ派教団への土地寄進の手段にその起点を有すといわれる)などについては、[12] 言及するのみにとどめたい。

ところで「ユース法」によれば、ユースにおける受益者(X、自己のための「ユース」の場合にはA)がコモン・ロウ上の権利者とみなされる。すなわち同法の主要部分は次のようである。

「いかなる者(any person or persons)であろうと、他の何人かのためのユース、信頼(confidence)もしくは信託(trust)のために、土地もしくは他の法定相続財産(hereditaments)を占有すべきものとされている(shall be seised)場合には、そのすべての場合について、かかるユース、信頼、信託を単純封土権、限嗣封土権、生涯間封土権もしくは期間権(terms of years)またはその他において有するものとされるかかる何人も、彼らがユースにおいて現に有し、もしくは将来有するであろうと同様の不動産権(estate)を、当該の土地もしくは法定相続財産について、もしくはそれらにおき、適法な占有(lawfull seisin)、不動産権(estate)、占有(possession)をもって占有しているもの(shall be stand and be seised)とされ、みなされ、かつそのように判定されるべきものとする」。[13]

この難解な条文から帰結することがらは、総じてさきに言及したことにつきるであろう。いいかえれば、「ユースにおける受益者」の権利は、彼が「ユース」においてその受益権を有するものとされた、不動産権、の範囲内においてコモン・ロウ上の不動産権に転換されるのである。当時におけるコモン・ロウの相続準則の厳格な適用を回避して、その自動的適用による「不合理」を除去するためになされた「ユース」設定は、その全部でないにせよそのほとんどの場合についてこのようにしてその効力を否定された。この帰結は明らかに当時における国家財政が、「後見権」(wardship)、すなわち封土相続人の未成年の間における国王の後見権の行使等、国王上級所有権の内容とされた封建的諸収入に依拠するものであったことを示している。「ユース法」の有したこの「財政法」的性格は強調しておかなければならない。けれども「ユース」の効力に関する右の帰結は、実質的に「ユース」慣行を通じて拡大されてきた土地の遺贈権を剝奪してしまうことを意味するものであった。絶対王権の土地遺贈権に対するこの極端な対応は、逆に同法に対する反対の基盤を必然的に広汎なものとせざるをえなかったろう。(14) 実際、同法成立後わずか五年にして後述のとおり一五四〇年「遺言法」(The Statute of Wills, 1540; 32 Hen. 8, c. 1)が制定されるのはこのためである。

「ユース法」はしかしながら、土地の商品化の側面において重要な貢献をなした。このパラドキシカルな帰結を強調してメートランドは次のようにいう。すなわち「ユース法」と同じ年に制定された「登録法」(The Statute of Enrolments, 1535; 27 Hen. 8, c. 16)が「相続不動産における不動産権」の「引渡なき売買契約および代金債務履行」(bargain and sale)を捺印証書の登録をへなければ無効と規定していたのにもかかわらず、同法は「定期賃借権」については規定しておらず、その結果、ここに lease and release(定期賃借権設定と復帰権の譲渡)といわれる土地移転の新たな方法がつけ加わることになり、かつこのようにして土地の自由な移転傾向がより促進されたのである、(15) と。

「土地登録法」が「ユース法」と同年に制定された理由は、おそらく次のことに所在した。すなわち「ユース法」は、「ユース」慣行を否認しようとすることによって、「ユース」に擬して大法官府裁判所が発展させた次のような関係までコモン・ロウ上の関係に転換してしまうことになったからである。詳細にいおう。当時このエクイティ裁判所は、土地移転のさいの買主を保護するため次のような制度を発展させていた。すなわち「約因」(consideration)を伴って合意された土地売買契約、すなわち土地の引渡がなされる前のさきの bargain and sale における買主の権利を保護するため、この裁判所は右契約と代金債務履行時において買主は売主から「ユース」を取得する(すなわち買主が「ユースにおける受益者」となり売主がその「ユース」の受託者となる)としていたところ、「ユース法」はこの買主の「受益権」をコモン・ロウ上の権利に転換してしまうことになった。この結果、「約因」を伴いさえすれば、たんに口頭による契約であろうと、売買契約と代金債務履行時に、すなわち土地の引渡のなされない時点で買主は、当該土地の「(封建的)占有」(seisin)を有効に取得してしまうことになる。この結果は、封土の譲渡のさい厳格に維持された旧態依然たるかの「封土権公開譲渡」(feoffment)手続きの実際上の終焉をもたらすばかりでなく、土地取引関係が売買当事者以外の第三者のみならず、何よりも最高領主たる国王によっても捕捉されえないことになることを意味しよう。したがって絶対王制権力は、さきの「登録法」を制定することによって土地移転関係を捺印証書(deed)の「登録」にかかわらしめて、取引安全の「公益」を保護し、そして何よりもこの「登録」手数料名義の新たな財源を求めることになった(16)。

ここには明瞭に「ユース法」の土地商品化傾向との妥協的性格が示される。逆にいえば絶対王制権力は今や必然的な土地商品化傾向を直接的には否定することをえず、したがってむしろこれを容認しつつ個々の取引に介入し、そこから新たな国家財源を取得しようという手段に出たものと解せられる。ここにも絶対王制権力の当面の段階における「脆弱な」側面が示されていよう(17)。そしてこのような企図さえもがさきの lease and release によって実現しえなくなっていくことについては、前述したとおりである。

「ユース法」の適用対象についても論議が存する(18)。まず何よりも同法は「定期賃借権」の「ユース」について適用されたか否か。一般的には否である。それにもかかわらず例えば次のような場合、すなわち「ユースにおける譲受人」の権利が単純封土権以下の自由土地保有権であり、そして彼がそこから一定期間の「定期賃借権」を切り出して——例えば一〇〇〇年の期間権——これを「ユースにおける譲受人」にある者の「ユース」のために譲渡したような場合には、この定期賃借権を「ユース」において有することになる受益者の権利に対しては、「ユース法」が適用され、彼はコモン・ロウ上の占有(legal seisin)を有するとされることになろう。したがって逆に、「ユースにおける譲渡人」の権利が定期賃借権である場合には、彼から「ユース」において受益者に付与された定期賃借権に対しては、「ユース法」は適用されないことになる。(19)

次に「ユース法」は、「ユースにおける譲受人」＝受託者が、当該土地をたんにある者(受益者)の「ユース」のために消極的に保有している場合を前提としていることが注目されてよい(いわゆる「受動ユース」(passive use))。(20) したがって「ユース法」はいわゆる「能動ユース」(active use)に対しては適用されない。例えば譲受人が「ユース」において譲渡された当該土地から地代を取得し、これを「受益者」のために管理・配分するなどの積極的な業務を行なうべきとされているような場合には、同法は適用されないことになる。(21)

「ユース法」が以上のような例外を除いてどの程度有効に適用され「ユース」慣行を否認しえたかは、必ずしも実証可能でない。(22) それにもかかわらずここでは一般に理解されているように、さきのとおり土地遺贈権の事実上の否認を帰結させながら、「受動ユース」形態の「ユース」慣行が、同法によってほぼ完全に否定されることになったと想定しておくことにする。問題は「ユース法」から近代的な信託制度(trust)への転換の歴史過程において、従来の「通説」的見解が強調しているように、法律家の意図的な考案にかかるいわゆる「二重ユース」(the double use; the use upon a use)という擬制的な、しかも「ユース法」脱法のための法技術が、事実として存在しかつ発展せしめられ、かくて従前同様の「ユース」慣行が復活することになったと想定しうるか否かという点に存しよう。かつての見解では、これへの回答は肯定的に与えられ、そして「二重ユース」から「信託」への展開は、大法官府裁判所における「ユース法」の「脱法」の過程で生じた現象と論じられてきたようである。一六三四年の Sambach v. Dalston (Tothill, 188) は、このような意味での「ユース法」潜脱の完成、受動ユース形態の従前通りの復活、そして信託制度の定着を表示したものとされている。(23)

このような見解に対して、ミルソムは、近時最も包括的な批判を加えている。ミルソムによれば、右の見解で示された「二重ユース」とは、「ユース法」脱法を意識的に求めた法技術であることを意味していず、「ユース法」の適用を肯定ししかもその枠組みのうちにおいてなお遺贈と類似の帰結をもたらす一定の「ユース」を実行させようとする、処分権者の「咎めようのない」(innocent) 意思を実現させてやるほかの意味をもっていなかったとされている。「ユースにおける譲受人」に対して自己およびその法定相続人のためにその土地を管理するよう、その意思を明示して土地を移転するような場合であれば、「ユース法」はさきのとおり「能動ユース」に対して適用されない結果、このような処分は、処分権者の意思どおりに実行されることになる。そしてまたこのような意思が秘匿されて土地が移転される場合についてまでも「ユース法」がこれを「能動ユース」と規定して、その適用を行なう旨宣言していたとすれば、「二重ユース」のようなアクシデントは生起しなかったであろうと、ミルソムはいう。しかしながら同法はさきに言及したように、「能動ユース」のヴァリエーションにすぎないこのような処分形式について、ほぼ何も規定していない。また規定しようもなかったといえよう。したがって「二重ユース」とは、このような黙示の意思が正当に実行されるよう「ユースにおける譲受人」に移転された土地に対してまず「ユース法」が適用されるようにするために、当該土地は「彼のユース」のために移転されたと解し、そしてその上でこの「黙示の意思」が否認されることのないように、コモン・ロウ裁判所が「ユース法」の適用範囲を彼のところまででとどめたところから帰結したものにすぎなかった。いいかえれば、「二重ユース」における unto and to the use of (the trustee) という文言は、この場合の「ユースにおける譲受人」が、同時にこの「ユース」の受託者とされなければ、さきの「黙示の意思」が実行されえない結果となるために、彼を「ユースにおける受益者」とするための文言、として「必然的に結果した」にすぎないものである。かくてコモン・ロウ裁判所がこの「ユースにおける譲受人」にコモン・ロウ上の権利を帰属させることと、その先、すなわちこの移転されたコモン・ロウ上の権利を彼がいかに行使するかということとは、かつての「ユース」がなされたシチュエーションと全く異なるところがない。さきの古い見解がいうように、この「ユースにおける譲受人」と全く別個の第三者に再び「第二次ユース」が設定され、そしてそのような擬制的手段を通じて「ユース法の適用」が回避ないし脱法されていったと考える必要は全くないとミルソムはいうのである。

ミルソムによれば、右の「譲受人」はコモン・ロウ裁判所によってコモン・ロウ上の権利を帰属せしめられるが、「ユース法」の適用はそれまでであり、その先彼がこの彼への trust すなわち、処分権者のさきの黙示(ときには明示の)による意思を履行すべきか否かは、同裁判所の全く関知しない領域に委ねられていくことになったとされている。いうまでもなくその領域とは、「ユース」を実行させてきたかつての大法官府裁判所のエクイティ専属管轄であり、このようにして「近代的信託制度」は、「ユース法」の「脱法」という意図的なこの裁判所の「介入」ということにではなく、かえってコモン・ロウ裁判所の「ユース法」の厳格解釈にその起点を有したもの、と解されているのである。[24]ミルソムが、以上のような見解から、コモン・ロウ裁判所と大法官府裁判所の協働による絶対王権への対抗という結論を導いているわけではないが、私はミルソムが「能動ユース」の端緒的展開の必然化といわれる現象のなかにも、土地商品化傾向の必然的な法則が反映されているように考える。

右の点は留保するとしてもミルソムの以上の「ユース法」解釈は、「二重ユース」論のあまりに理論的な、あるいは形式的な歴史理解を十分に克服する意義を有するものといえよう。ミルソムが強調されるように、ユース法」から近代的信託制度がただちに、しかも同法の「脱法」によって発展することになったとする従来の「通説」的見解は、確かにあまりに歴史的実体とかけはなれている。すなわち絶対王制権力が、「ユース法」から獲得することになったものが封建的諸負担の国王権力への回復ということであったといえるとすれば、同じくこの権力機構の一環をなす大法官府裁判所が、この権力の意図を阻止するために「二重ユース」を発展させ、このようにしてこの権力内部の「異端者」として現われることになったと考えることには無理がある。繰り返すが、「ユース法」は、絶対王制権力のこの当面の段階における脆弱性を反映するものであり、したがってミルソムのいうように、「ユース法」から「遺言法」への展開という、この権力がより弱体化し、その結果としてより「反動化」して現われる同法以降の歴史的過程こそ、最も注目されなければならないであろう。(25)

かくて総じて「ユース法」は土地の商品化傾向を否定することをえないばかりでなく、前述のようにこの必然的方向をかえって促進するという客観的役割を演じることになったといえるだろう。「遺言法」において国王権力は「遺言の自由」の承認の代償として国王権力の封建的諸負担からの収入を確保するため周知の「後見裁判所」(the Court of Wards and Liveries)を制度化しているが、この努力も結局のところこのような必然的な方向に対して、それへの「反動」を対置するという意味を有したにすぎなかったろう。

私はさらに、「ユース法」による絶対王権の「介入」形式が、ミルソムが「能動ユース」の端緒的展開にもその起点を与えたとしている(26)さきの bargain and sale 形式の、すなわち「封土権公開譲渡」に比較して「近代的」性格を有する土地処分のこの新しい方式を必然化する側面を有していたこと、すなわち同法が、同法の「但書」とも称されるべき「登録法」の規定に服させながら、これを「公認」せざるをえなかったことにも注目しておくことにしたい。それは土地の商品化傾向に適合的な構成を有するものである。しかしながら、「登録法」という絶対王権の新たなそれへの介入方式を伴うものであったため、決してそれは私的土地所有権の成立を表示する指標たりえず、むしろその逆であった。このようにして「ユース法」と「登録法」の性格に、絶対王制権力の、土地の私的土地所有権化傾向への最大の否定者としてのその本性が表現されていくことになる。したがってまたそれゆえに、この絶対王権の再編に基づく「封建制」は、「自由土地保有権者」たる土地貴族・ジェントリ層を中心としたこの土地の私的所有権化・商品化傾向の推進者と、明瞭な対立線を形成していくことにならざるをえなかったといえるのであるまいか。(27)

「ユース法」についての以上の理解は、法理論的にはなお検討の余地を残していよう。それにもかかわらず私は、以上の私の見解をより詳細に示すことを目的として、再び封建的土地法の若干の側面を、その崩壊過程の歴史的実体を明らかにするために、考察しておかなければならないと考えている。したがって私の考察は、さきの一二九〇年法以降の歴史的過程についてのやや詳細な検討に、ひとまず立ち戻ることになろう。

（1）Holdsworth, W. S., A Historical Introduction to the Land Law, 1927, pp. 230-231. なお戒能「近代イギリスにおける土地所有と相続 (一)」(『社会科学研究』二〇巻三・四号、一九六九年)、二五四—二五五頁にこの指摘の部分を訳出しておいた。

（2）この点については、戒能、右論文、二五四—二六六頁参照。

（3）毛利健三「絶対王制期イギリス土地立法の論理——いわゆる Statute of Uses を中心にして」(『西洋史学』五三号、一九六二年)におけるすぐれた分析を参照されたい。

（4）同法は正式には「ユースおよび遺言に関する国会制定法」(An Acte concerning uses and wylles)という。なお後述二一七頁以下参照。

（5）Maitland, F. W., Equity also the Forms of Action at Common Law, 1926, p. 35.「国王はユースの廃止によって得ることと

ばかりで失うものなきただ一人の人であった」。

(6)　Blackstone, W., Commentaries on the Laws of England, 1765-1769, Book II, Lewis' ed., 1922, p. 375.

(7)　これらの点につき、Holdsworth, W S., A History of English Law, 1st ed. 1924, reprint ed. 1966, vol. 4, pp. 407 et seq.; Plucknett, op. cit., pp. 544 et seq.; Maitland, op. cit., Equity, pp. 24 et seq. はユースが *ad opus*=on his behalf に語源をもつこと、このような意味でのユースの起源について詳細にふれる。また毛利、前掲論文、三四頁参照。

(8)　Baker, op. cit., p. 132. 邦訳書一二九頁。Maitland, op. cit., Equity, p. 26. なお Milsom, op. cit., Hist. Found., p. 180 はこの点について「論難しえない死手」(unassailable mortmain) が存在したと説明する。

(9)　Maitland, op. cit., Equity, p. 26.

(10)　Baker, op. cit., p. 132. 邦訳書一二九頁。

(11)　この「令状」は、大法官への「請願」(petition or bill) があった場合に、被告を召喚するため、もしこれに従わない場合は罰金を課する (upon pain of forfeiting a sum of money, ex. *subpoena centum liberum*) ものであったこと、この「令状」に基づく手続きについて、Maitland, op. cit., Equity, pp. 4 et seq. 参照。なお「ユース」と大法官府裁判所との関係、コモン・ロウ法曹が「ユース」に反対していたわけでなかった等のことについては、ibid., pp. 28 et seq. 参照。

(12)　その修道院のための「ユース」で特権都市 (borough community) へ移転するなどのことについては、ibid., pp. 25 et seq. 参照。

(13)　Ibid., p. 35 において「不必要な部分を除外して」英訳された第一条は、このようなものである。なお毛利、前掲論文、四二頁は全訳を試みておられる。

(14)　「ユースにおける受益者」は必ず(封建的)占有を有して死亡することになるので遺言はその効力を失う。この点を強調するのは、Baker, op. cit., pp. 134 et seq. 邦訳書一三二頁以下である。「ユース法」の財政法的性格につき、Milsom, op. cit., Hist. Found., p. 208 参照。

(15)　Maitland, op. cit., Equity, p. 36. 例えば単純封土権につき一定期間の定期賃借権(期間権)の「引渡なき売買契約および代金債務履行」を行なうと、「ユース法」が適用され、この賃借権はコモン・ロウ上の権利となり、シージン(封建的占有)が移転することになる。ついで定期賃借権を分与した後の単純封土権における「復帰権」の譲渡がなされることにより、この「復帰権」が、さきの賃借権を吸収し、かくて「単純封土権」はコモン・ロウ上の権利として買主に移転することになる。そしてこの最初の譲渡(bargain and sale の方式による)は、定期賃借権のそれであるため「登録法」は適用されず、かくて単純封土権は同法の規制の外で移転できることになった。なお毛利、前掲論文、四六頁注10の説明は正確でない。

(16)　Ibid., pp. 36 et seq. なお私はいわゆる「発生ユース」(springing uses)や「移転ユース」(shifting uses)などについてふれていない。すなわち「ユース法」前は、コモン・ロウ上の権利として成立しえなかった、例えば「未出生の長男」に対する「残余権」(後述、一一三頁以下参照)の設定、またある事件(「ユース」の第一次被設定者の死亡等)にかかわらしめて、「ユース」を現在生存する者もしくは将来生まれる者へ次々と移転させる場合のこれらの残余権者の権利などが、エクイティ上の権利にすぎなかったのに対して、同法後はそれらが確定した時点以降コモン・ロウ上の権利に「転換」されることになるという重要な帰結について本文でふれていない。これは「シージン(封建的占有)の中断」(abeyance of seisin)禁止というコモン・ロウ上の厳格な準則から導かれる帰結であったが、「ユース法」がこれをも大きく修正してしまう意義をもったことは、十分注目しておかなければならない。なおこの点は、Baker, op. cit., pp. 155 et seq. 邦訳書二六八頁以下参照。

(17)　この点は毛利、前掲論文の強調するところである。

(18)　Maitland, op. cit., Equity, pp. 37 et seq. なおメートランドがいうように「ユース法は謄本保有権についてのコモン・ロウ、エクイティ、慣習に何ら干渉を加えていない」とする点に注意されたい。ただし、いうまでもなく、「ユース」およびそれに伴う慣行は、この保有権の基礎である慣習の主要な内容となっていくことに注目されたい。

(19)　より詳細には定期賃借権については、その「期間」がいったん開始している定期賃借権の移転もしくは譲渡(conveyance and assignment)には適用ないが、自由土地保有権の不動産権の継承財産設定における次のような場合、すなわち受託者をして次子以下の者たちの分与産(portion)などをつくらせるため賃借権を彼に移転する場合などについては、同法の適用がある(ibid., pp. 37–38)。

(20)　同法が「ユースにおける譲受人」が当該土地について「stand or be seased している場合」と規定をしていることに注意されたい。

(21)　Maitland, op. cit., Equity, pp. 38 et seq.

(22)　この点は後述のとおり「近代的信託制度」の発展の起点をいつに求めるかの問題とも関連する。ミルソムのいうように、

「ユース法」が国王の収入確保のための法律であった以上、国王権力の一環をなす大法官府裁判所が同法の適用回避のごとき「意図的な」介入をすることはありえないと断定しうるか否かはともかくとして、プラックネットが正当に指摘しているように、後述の一六六〇年の「騎士土地保有態様等廃止法」が成立するまでは、自由土地保有権はつねに国王の上級所有権の脅威にさらされているから、信託設定の種々の文言を大法官府裁判所がその設定者の意思を実現させてやるために自由に解釈できるための条件は成立しなかったように思う。ミルソムもこの点を肯定して、近代的信託はこのような前提条件確立の後、「能動ユース」と人的財産権の信託を中心に発展したとのべている(see Milsom, op. cit., Hist. Found., pp. 208–209; Plucknett, op. cit., p. 569)。

(23) この従来の「通説」に対する最初の批判者は、メートランドによればエイムス(Ames)とされるごとくである(Maitland, op. cit., Equity, p. 42)。なお Plucknett, op. cit., p. 567; Milsom, op. cit., Hist. Found., p. 405 引用の諸文献参照。なお高柳賢三「封建的不動産法破壊過程に於けるエクイティ法理の作用」(『法学協会雑誌』四六巻四号、一九二八年、六〇頁以下)でこの従来の「通説」に従った「二重ユース」発展過程がのべられている。すなわち、ユースにおける受益者(さきの例におけるXまたはA)は「ユース法」の効果としてコモン・ロウ上の権利を取得せしめられる。これに対してさらに「別のユースにおける受益者」であるCを介在させ、「ユースにおける譲渡人」(A)がその土地をその「譲受人」(受託者B)に移転するという方式(A conveys the land to B to the use of C to the use of X)をとれば、「ユース法」上の legal estate を有する者はCであってXでないことになり、かくてXは従前通り、「ユース」慣行の便益を享受することになる。そしてこのXのための「ユース」はCのためのそれと区別されて trust と称されるようになり、そしてCはこの法律関係における形式的存在にすぎないものである結果、「信託」による移転方式は、unto and to the use of B upon trust for X によるものとして定式化されていくことになる。これが本文の判例で確立されたといわれている。なおこのBが「受託者」(trustee)であり、Xが「受益者」(*cestui que* trust or beneficiary)である。なお Sambach v. Dalston は English Reports に発見できず、私自身の検討はなされていない。

(24) Milsom, op. cit., Hist. Found., pp. 205 et seq. ミルソムの「通説」批判はもっと広汎に展開されている。この「二重ユース」論の側面でいえば、論者が「ユース法」の意図的「脱法」の手段として生まれたとするそれは、実は『能動ユース』類似の形態にほかならないとされている(ibid., p. 210)。ミルソムの前提的立場は、「ユース法」が遺贈を禁止していること(ibid., p. 207)に強く求められている。そして同法制定者の予想していなかったことは、絶対王権が遺贈を厳格に禁止していた結果、自由土地保有権者たちがその生前において「ユースにおける譲受人」に土地をたんに「ユース」において移転するだけでなく、この者に彼の死後自己の家族成員へ相続不動産からの収益を配分するよう望み、そしてそのためにはこの者にコモン・ロウ上の権利が帰属することを、むしろ希求していたということであった(ibid., p. 208)。したがって前述の「二重ユース」における「ユース法」回避のための「ユース」の第二次被設定者が介在したと考える必要はなく、最初の「ユースにおける譲受人」にコモン・ロウ上の権利が帰属することをいったん承認した上で、それにもかかわらず彼が、設定者自身およびその家族成員へ土地の収益を配分するよう求められたことに、「二重ユース」におけるさきの trust 文言の固有の意味が存したと解される。これはしかし、遺贈を禁止する目的で制定された「ユース法」の予測をこえることがらであった。なぜなら右の者にコモン・ロウ上の権利を付与すれば、遺贈を承認するのと同じ結果になるさきの trust 文言の実行可能性がより現実化してしまうことになるからである。それゆえ、このような「ユース」設定についてその効力を付与するかは大いに争われることになった。そして従来の見解によれば、「ユース法」の「脱法」を否認したとされる著名な Tyrrell's Case (1557)や、これを肯定したとされるこの Sambach v. Dalston などは、むしろ右の者に権利を帰属させること、すなわち「ユース法」の適用を認めるか否かが争われた事例であり、決して同法の「脱法」が争われた事件ではないとされている(ibid., pp. 208-210)。

(25) Ibid., pp. 188 et seq.「古い見解」における「二重ユース」論は、さきのとおり「受動ユース」が「二重ユース」によって「ユース法」前と同様に復活したという前提に立っているように思われる。けれども、ミルソムがいうように、「受動ユース」は「ユース法」においてほぼ完全に把握されるばかりか、「遺言法」においても遺言のみならず生存者間の処分(*inter vivos* grants)に対する国王上級所有権からする規制が、かえって強化される結果「王政復古まで惹起するはずもなかった」ことに注意されたい。これに対してさきのように「能動ユース」の発展は、この国王権力による「受動ユース」による遺贈禁止と逆比例的に、その需要を求められていく(ibid., pp. 207-208)。本文でのべたことにつきなお前記注(22)参照。

(26) Ibid., pp. 208 et seq. bargain and sale についての「ユース」のアナロジーについては、本文で言及したが、このアナロジーの意味するところを「二重ユース」と同じコンテクストでとらえ、さきのような「二重ユース」についての従来の見解を克服したミルソムの洞察は、けだし卓見というべきであろう。bargain and sale についての「ユース」のアナロジーに対して「ユース法」は、買主の権利をコモン・ロウ上の権利に転換してしまうことになったが、買主が、かりに売主から「黙示の意思」の拘束を受けていたとすれば、さきの「二重ユース」についてのミルソムの見解と同様のコンテクストにおいて、買主がその「黙示の意思」を履行する「義務」を負担することになることを、「ユース法」は阻止できないことになろう。ミルソムは必ずしも明示していないけれども、こうして総じて、私は「ユース法」が、かえってエクイティ上の権利とコモン・ロウ上の権利をいわば「同格の所有権」として、帰結させざるをえなかったということ、そして「土地の商品化」というレヴェルでいえば、絶対王権が「コモン・ロウ上の所有権」の正当性を重要視すればするほど、私的土地所有権の十全の展開がいまや必然的とされた当面の歴史的段階では、かえって「エクイティ上の権利」の重要性とともに、それに媒介された私的土地所有権化の方向が、絶対王権のそれへの抑止政策にもかかわらず、増大していくことになるであろうと予測することにしたい。この点は、市民革命期において何ゆえに大法官府裁判所が廃止されず、そして革命後の歴史過程において、この裁判所の固有した、柔軟かつ裁量的判断が、いかに尊重されたかの問題とも、関連する。

(27)　毛利、前掲論文の結論部を参照。また最近の「ユース法」研究として、井上彰「イギリス封建制度の崩壊とユース法㈠㈡」(『法学新報』八五巻七―一二号、一九七九年)に注目したい。

2　封建的土地法崩壊の諸側面

一　*Quia Emptores* 法

前述したように「土地の譲渡の自由」の保障――それによる土地商品化を、歴史的範疇として把握せぬ限り、すでに一二九〇年の「ウェストミンスター第三法律」(The Statute of Westminster III; 18 Edw. 1, c. 1)――その最初の文言 *Quia Emptores* をもって知られる同法の一部――は、まさしく短称の示すように「土地の売買にかんする我が最高の領主国王の制定法」(*Statute Dominis Regis de terris vendendis et emendis*)である。だがしかし、同法は、次のように宣言する。「わが最高の領主国王陛下は、……『王国の有力人の勧告に基づき』(*ad instancià magnatū regni*)爾後すべての『自由人』(*libo hōi*)がその者の欲するままに、その者の土地および『保有財産』(*tenentes*)またはそれらの一部を売却することは適法であるものとすること、当該の場合、譲受人は、譲渡人が従前において領主より保有せし同じき奉仕および慣習によりて同じき封土を、『右の上級領主より』(*de eodem Capĭ dño*)保有すべきものであることを許され規定され命じられた」(St. of the Realm, vol. i, p. 106)。この制定法の適用対象から国王直轄地の「自由人」は除外されているが、一三二七年には彼らにも拡大された(1)。

　ところでここで問題とされている「封」の譲渡についてあらかじめ説明しておこう。一二九〇年法前においては、封臣Bが封主Aより保有している「封土」をCに譲渡した場合、あるいはその一部をC(とD)に分割して譲渡した場合において、BはこのC(とD)への封の譲渡・分割を通じて彼らとの間に新たな封建的保有関係を形成することができた。前者を「復授封」(subfeudation)、後者を「復分割」(subdivision)という。したがって一二九〇年法前においては、封の授封関係を通じて封建的土地所有の階層的編成が、無限に下方へ拡延されえたのである。これに対して一二九〇年法は、右法文に示されているように、一方でこの封土の譲渡・分割の自由性を宣言するとともに、譲渡・分割を受けた者は、その譲渡人・分割者たるBに対してではなく、Bの封主Aに対して直接に当該封土に付着していた封建的諸負担を履行しなければならないものとした。この結果、封土の全部の譲渡がなされた場合においてはその譲渡者Bは、当該封土をめぐる封建的保有関係から脱落し、代ってその譲受人Cが封主Aに対して、Bが従前負担していたのと同一内容の封建的諸負担を履行しなければならないものとされたのである。Bによる封土の一部分割譲渡(復分割)の場合も同様であり、分割を受けたC(とD)は、Bとともに封主Aに対して、当該封土に随伴する封建的諸負担を課せられていくことになる。これらの現象を「代置」(substitution)という。

　したがって一二九〇年法の目的は、「復授封」「復分割」を明示的に禁止していないが、実際上その効力を無効にすることにおかれたのであり、そしてその結果封土の授与を通じて封主＝封臣の関係が新たに設定されていくことが抑止された。すなわち「新しいマナーの形成は禁圧された(2)」のである。前述のようにこの法律を「不動産譲渡の自由憲章」(ジェンクス)と規定する見解(3)は妥当でない。毛利健三氏がいうように、この法律によってもたらされる封建制「純化」の側面こそ最も注目されるべきだろう。その基本的視点は「レーエン制」の再編に求められており、しかも上級領主の立場の強化を起点として、「封建制」をその局限まで「純化」しようと意図したものと考えられよう。その結果必然化するのは農奴搾取の自由であり(4)、そして *Quia Emptores* 法の右のような構造それ自体が、結局のところ、すでにのべたように、王権への権力集中過程をいっそう促進してしまうことになると考えられる。「ユース法」への連続面という点でいえば *Quia Emptores* 法の論理は、「レーエン制」の上向的強化という側面で「ユース法」においていっそう強められて表現されている。

一二九〇年法を右のような理解を前提としてもう一度検討するならば、二つの見解がさらに注目されよう。第一にディグビィのそれである。彼は同法の効果として、領主直営地(5)からの自由土地保有地の分離による土地譲渡方法は、「復授封」禁止の結果として行なわれなくなり、「代置」、すなわち譲受人による譲渡人の地位の交替によって土地が譲渡されていく結果、封主＝封臣の人的結合関係はしだいに弛緩していくことになったろうとのべる。ディグビィの見解は、一二九〇年法を一六六〇年の「騎士土地保有態様等廃止法」(Tenures Abolition Act; 12 Car. 2, c. 24)において確立する、自由土地保有権の私的土地所有権化の起点として理解することにおいて示唆的な側面を含むが、けれども彼の考察もさきのジェンクス同様、非歴史的な分析にとどまっているように思われる(6)。

第二に、ポロックのそれである。彼は一二九〇年法を一二八五年の「条件付贈与法」(The Satute of Westminster II; 13 Edw. 1, c. 2, *De Donis Conditionalibus*)と同様、上級領主の利害に規定されたものと断定する。それにもかかわらずポロックにおいては、土地の商品化の側面が一二九〇年法において、領主の同意を得ることなくその土地を譲渡できるようになったこと、そのような意味での封土の「所有権」化として表現されたものと解されている。しかしながらこの封土に対する「所有権」の成立は、領主に対する奉仕義務の強力的強制という関係を伴うものである。この点に着目してポロックは、この封建的諸負担の強制に応じるため、土地は当該「所有者」によって現実的に「占有される」(occupy)か、農奴・慣習的保有農を通じて占有・耕作されていなければならないとされたこと、すなわち同法による「封建制」再編の側面を重要視するのである。そしてそれにもかかわらず直接生産者の不足を導いた一三四八年の黒死病流行の結果、同法の事実上の機能の喪失と、領主直営地の借地農への貸出しが必然化せざるをえないことになったとのべ、彼は以上の考察を結論づけているのである。(7)

一六六〇年法、すなわち「国王もしくは他の何人より騎士奉仕……等によりて保有されているあらゆる土地保有の条件は、自由にして普通の鋤奉仕(free and common socage)に転換されるべきものとする」という規定を有する法律について、ディグビィが注目していることはさきに言及した。それでは何ゆえに、自由土地保有権の私的土地所有権化が、この「鋤奉仕」への自由土地保有権一般の転換として帰結することになったのか。イギリス封建的土地法についての最大の体系書、Tenures(一四八一年刊)の著者であるリトゥルトンの見解を示そう。彼によれば、鋤奉仕保有態様(socage tenure)に随伴する封建的諸負担は、かつては領主直営地を「鋤く」義務であったところ、貨幣地代への転換が最も早期にこの socage tenure について行なわれ、この結果彼の当時においては、この貨幣地代ですら名目的なものとして固定化され、さらにはたんに領主に対する「忠誠の誓」(fealty)の遵守のみがこの保有権については残存しているにすぎない場合すらあるとされている。(8)「鋤奉仕土地保有態様の拡大それ自体、初めの封建的保有関係の遊離を帰結させたろう」とある論者は書いている。(9)これに対して「軍役的土地保有態様」(tenure in chivalry)すなわち騎士奉仕における封土の場合においては、上級領主権からの「解放」は、右の一六六〇年法に至るまで抑止されるのである。なぜか。スタッブズによれば、この「名誉ある」封土の保有者が、土地の身分と人に対する身分の、すなわち「レーエン制」の契機に認められる、封土の性質と彼らの身分の高位さとが不可分一体のものとして構成されるところの関係から、容易に脱出できなかったためであるとされている。「土地の分割所有権(separate-property)の観念が発達するや否や」と彼はいう。この騎士身分に付着した彼らの奉仕義務の高位性は、「今では土地の保有に実際上課せられた、私的な義務(private duty)」をしか表現していないものと解されたのであると。[10]スタッブズのこのような評価を正当に理解するためには、前述した封の譲渡・相続権能確立に至る歴史的過程において発展していく「分割所有権」の観念、すなわち封土に対する領主権および封臣のそれに対する直接支配権の両者が分離・対立して現われる関係の成立、を想起しなければならないであろう。そして騎士領を中心とするかかる軍役保有地の場合においては、上級領主権による拘束は、騎士領からの封建的収入に対する「所有権」として現実化されるとともに、騎士領における私的所有権の成立を抑止していくことになるのである。

一二九〇年法前における「復授封」が多く騎士領についてのものであったことを想起したい。[11]このような意味で一二九〇年法は、騎士領を中心とした《封建的ヒエラルヒー》を固定化し、かつ純化しようと企図したものといえる。この封建的土地所有の固定的編成が前提とされつつ、その階層的編成は同法前におけるように下向的にではなく上向的に維持・再編されていくことになったとされなければなるまい。例えば相続人欠缺等を原因として下級領主から上級領主へと封土の「不動産復帰」(escheat)がなされる場合を想起すればよい。これが繰り返されるほど、中間領主のもとにある封土は、上級領主のもとに集中されていくことになるであろう。しかもスタッブズがのべたように、「騎士奉仕」は国王からの直接の受封者の奉仕義務にほかならなかったのであって、したがってこの封建的土地所有の上向的集積が結果していくほど、国王・国家財源において占める騎士身分からの「奉仕」の重要性は、いっそう増大していくことにならざるをえないのである。加うるに騎士奉仕に伴う諸負担が「楯金」(scutage)として知られる金銭支払い義務に転換されていたこと、そしてこれに随伴して「騎士奉仕」における封建的保有関係成立の要件とされた臣従礼(「臣従の誓」)が形骸化されていたことであって、これらの点が右のような展開の基礎をなしたのである。

これに対して「鋤奉仕」の貨幣地代への転換は、領主直営地経営が一四世紀には雇用労働者によるそれに転じていくことの結果として、さらに促進されていくことになったであろう。この点についてはリトゥルトンのさきの言及に注目すればよい。

要するに、彼らの封建法体系からの早期における遊離は、ディグビィが注目したように、「騎士奉仕保有者」との決定的な差異を構成する。したがって、領主自体が自らの保有権を「鋤奉仕」によるそれであると主張して、国王の強力による王室財政確保政策に抵抗しようとしたことも、十分考えられるであろう。例えば「ユース法」の制定後や、修道院解散のさいに、領主層からのこうした主張が繰り返されたといわれている。[12] 一六六〇年法が、騎士領を「自由にして普通の」鋤奉仕による所領に転換するという形式で騎士奉仕廃棄を定めたのも、このようにしてみれば、ディグビィが指摘したように、一二九〇年法の直接の延長に位置づけられるべき帰結といえようか。それにもかかわらず、ディグビィの見解は、大領主の土地保有権原が一方的に「自由なる」鋤奉仕保有態様に基づくそれに転換されたことについての、すぐれて法理論的考察にとどまっており、必ずしもこのような帰結についての歴史的根拠を明らかにしているものとはいいがたい。

これに対して、ポロックの見解はより重要であろう。領主による土地領有は、その基底において小農民の土地占有によって支えられている。すなわち封建的生産様式における全余剰生産物の収奪が、このような小農民経営の維持・

存続を通じて貫徹していくことであって、小農民経営はその限りにおいて土地に対する実体的かつ現実的土地支配権＝ゲヴェーレを保障される。封建的土地所有の階層的編成＝《封建的ヒエラルヒー》は、この基底たる小農民経営の封建的分解を通じて貫徹されると考えられるとすれば、(13) さきのポロックの見解はかかる封建的土地所有の構造的崩壊要因を、妥当に析出しているものと考えることができるのでなかろうか。

（1）Pollock, F., The Land Laws, 3rd ed. 1896, p. 71, n. 1. すなわち 1 Edw. 3, c. 12 による。なお Dalrymple, J., An Essay towards a General History of Feudal Property in Great Britain, 1759, p. 87 et seq. なお subfeudation 等につき、Baker, op. cit., pp. 127 et seq. 邦訳書二一九頁以下参照。

（2）Plucknett, T. F. T., Statutes and their Interpretation in the First Half of the 14th Century, 1922, p. 112.

（3）Jenks, op. cit., p. 102.

（4）毛利健三「土地の商品化とその意義」(大塚・高橋・松田編『西洋経済史講座』Ⅲ(岩波書店、一九六〇年)所収)、二七九頁以下。

（5）Broom's Commentaries の現代版 Odgers, Late W. B. & W. B., On the Common Law of England, 3rd ed. 1927, vol. 1, p. 81 は、マナーは、①領主直営地、②領主が領主権を有する自由土地保有による土地(freehold tenements held of the lord, over which he has certain seigniorial rights)、③謄本土地保有による、ただし自由土地保有権は領主が有する土地、④領主の自由土地保有によるマナー荒蕪地(the wastes of the manor)、よりなるとする。なお ibid., vol. 2, pp. 328 et seq. によれば、州(county)(行政組織とマナーとは必ずしも相応し合っていないとはいえ)の行政・司法組織とマナー領主の関係が若干知れる。すなわち州の自由土地保有権者によって任命される「平和の護持者」(conservator of the peace)は、一三二七年から国王により任命されるようになり、一三六一年 34 Edw. 3, c. 1 により、「治安判事」が国王により任命されたとしている。私の以上の考察には、この地方組織とりわけ「教区」の分析が欠けている。また前期的資本の農村支配を補完する役割を演じたことにおいて重要であるとともに他方、「領主裁判所」を通じた領主権の支配貫徹が崩壊しつつあったため、領主が依拠せざるをえなかったところの絶対主義政治権力の地方司法・行政組織(「治安判事」)の無視しえぬ役割も分析されていない。この点については私の前掲論文「司法国家制」参照。なお毛利、前掲論文「土地の商品化とその意義」三〇一頁以下参照。また田中豊治氏のいわゆる「職人法」(An Act touching dyvers orders for Artificers Labourers Servantes Husbandrye and Apprentices, 1563; 5 Eliz. 1, c. 4)、「耕作維持法」(An Act for the Maitenance and Encrease of Tillage, 1562–1563; 5 Eliz. 1, c. 2)の分析はこの点につき詳細かつすぐれている(田中豊治『イギリス絶対王政期の産業構造』岩波書店、一九六八年)。

(6) Digby, K. E., An Introduction to the History of the Law of Real Property with original Authorites, 1875, 2nd ed. 1876, pp. 200–201.

(7) Pollock, op. cit., pp. 70 et seq.

(8) Littleton's Tenures, in English. § 118, 119 (Printed from the 2nd ed. of the Commentary of Sir Edward Coke) (1st ed. 1628), London, 1813, pp. 51–52.

(9) Dalrymple, op. cit., p. 27.

(10) Stubbs, W., Constitutional History of England, 1873, p. 219.

(11) Odgers, op. cit., vol. 1, p. 81.

(12) Whittacker, T. P., The Ownership, Tenure, and Taxation of Land, 1914, p. 229.

(13) 吉岡昭彦氏の『イギリス地主制の研究』(未来社、一九六七年)は、この小農民経営を基礎範疇とし、封建的分解を分析されたすぐれた研究である。同氏はいわれる。「かくして新たなる生産力の発展がない限り、封建的分解は……永遠に再生産される。基礎範疇=小農民経営が小経営の『古典的形態』=『労働者自身が自分自身の使用する労働条件の自由な私有者』に変転し転化した場合、分解の性格が変化し、資本制的分解が展開する。封建制から資本主義への移行の問題は、封建制の基礎範疇=小農民経営の運動法則と資本制の基礎範疇=小商品生産者の運動法則、この両者の組み合わせによって把握される」(同書七五頁)。この指摘は論理的に異論はありえない。しかし、以上の考察にあらわれた絶対王制期の領主権、とりわけ領主裁判権の絶対王権への集中=コモン・ロウの優位にみられる国家権力・強力の総体の分析は、いわゆる「都市強制」と統一的に把握されることが必要であるとともに、吉岡氏のいわれる「組み合わせ」によって、この過程がどの程度分析可能かについては疑問が残る。とりわけトーニーのさきの総借地農の析出は、絶対王制の構造を規定する地主=小作関係とむしろ対抗的であり、その析出過程は農村内部にとどまらぬ「都市」および「農村」のからみ合いを前提としなければ把握しえないように思われる。

二　*De Donis* 法

次に私はさきに言及した「条件付贈与法」(*De Donis* 法)について考察することにしよう。私はさきに同法によって「限嗣封土権」のフォーミュラが構成されることになったとのべた。このことに関して私は、ブラックストーンが次のようにのべていることに注目しておくことにしたい。内田力蔵氏『イギリスにおける遺言と相続』(一一〇頁)の訳出によるところである。

「世襲的承継の法理(the doctrine of descent)、すなわち、単純封土についての相続〔財産〕の法(law of inheritances in fee-simple)は、最高の重要性のある点であって、まことに、イギリスにおける物的財産権法の主要な目的をなしている。法定の世襲的承継のすじみちを破り、また変更する譲受(purchases)にかんするすべての準則は、あまねく知られた素材または第一原理で、その後につづくもろもろの限定(limitations)が効力を生ずるための基礎となるものとして、この確定された相続〔財産〕の法に、たえず関連していく。こうして、限嗣贈与(a gift in tail)、すなわちある人と、かれの直系卑属たる相続人とにたいする(to a man and the heirs of his body)贈与は、単純封土についての世襲的承継の法にかんする知識が、あらかじめなければ、完全には理解することのできない一つの限定である[1]」。

私は、歴史的には単純封土権の成立が先行し、限嗣封土権は、ただこれのヴァリエーションとして生じたときにのべたことを、ここで再び繰り返すことはしない。しかしながら右ブラックストーンの叙述に示唆されているように、単純封土についての相続(財産)の法が、「コモン・ロウの相続法理」(the common law doctrine of inheritance)とされていくこと[2]、そしてこの法理の内容として、長男子優先、すなわち「長(男)子単独相続権」(the right of primogeniture)

等の準則が含まれていくことについて、ここで強調しておかなければならない。「限嗣封土権」はこのような意味で、「単純封土権」のフォーミュラを前提とし、かつその枠内において成立する封土権のタイプを示唆しているものにすぎない。

それでは「条件付贈与法」の現実的効果はいかなるものであったか。第一に、単純封土権者は「彼が譲渡しようとする土地の運命をいかようにも control できる権能」を「彼の意思を尊重する」という形式で承認されたことである。ディグビィによる同法英訳から必要部分を抽出しておくと以下のようである。(3)

「第一にこれまでの条件付贈与の慣行をのべている。すなわち贈与者が、他の者およびその妻とまた両者の間に出生の直系法定相続人(heirs begotten of the bodies of the same man and his wife)に、以下の表示された条件(with such condition expressed)、――すなわち同人およびその妻が直系の法定相続人なくして死亡した場合右のごとく贈与された土地は、贈与者およびその法定相続人に復帰(revert)すべきものとする条件、次に、ある者が土地を自由なる結婚(free marriage)において贈与する場合に、もし夫および妻が彼らから出生の直系の法定相続人なくして死亡したならば、右のごとく贈与された土地は贈与者およびその法定相続人に復帰すべきものとする条件(ただし、それは贈与の捺印証書(deed)に表示されない場合でも)さらにある者が他の者および同人より出生の直系卑属(the heirs of his body issuing)に贈与する場合に同様の条件で、――贈与されてきたことをのべ、このような場合、贈与者の意思を尊重すべきとし、次のように規定する。すなわち第一に、右のごとき条件で土地を贈与された者は、当該土地を譲渡できない。すなわち当該土地は同人の直系卑属に止められ、同人の直系卑属なき場合は、原贈与者およびその法定相続人に復帰する。第二に、前記結婚において贈与する場合は、同夫および妻が死亡した後は、当該土地は原贈与者に復帰し、同妻の第二の夫は、同妻の死亡後は、当該土地に権利を有さない。また右第二の夫および同妻間の直系卑属も当該土地を相続しない。そして以上を保障するために原贈与者は、受贈者において直系卑属を欠く場合に当該土地を取戻すための『令状』(writ)(それは『大法官府裁判所』(Court of Chancery)で十分に普通のものとなっている)を有す」。

土地の承継をこのように「Aおよびその直系卑属」に限定し、かつこの直系卑属が欠缺する場合、または一定の事件に係らしめてその事件が発生した場合において、当該土地が原贈与者に「復帰」(revert)すべきものと定めることができたこと、[4] そしてこのような「限定」の結果生じる、右直系卑属等の有する「残余権」とともに原贈与者の「復帰権」が右法文に現われた令状(前者については「残余権者のための令状」(a writ for the remainderman))によって裁判所によって保護されるに至ること、等については言及するにとどめる。[5] ここで注目されるべきは、原贈与者の限嗣封土権設定権能の「自由」性が表象されている側面であり、かくて同法は直系卑属たる男子法定相続人に相続人が限定される「限嗣封土権」という範疇の移転不能の封土権を創設することになった。この「限嗣封土権」はこの点で、同法前に存在した相続人の限定された封土権と異なっている。[6] けれどもこの法律によって現実化された効果として、同一の土地に同時に二つの封土権が存在しうることになったことが注意されてよい。すなわち贈与者たる単純封土権者により限嗣封土権がある者に贈与されても、彼はその単純封土権を喪失しないものと解され、ただ限嗣封土権者の直系卑属欠缺の効果として消滅するまで、その権利は「占有」を伴う権利、すなわち「現有単純封土権」(fee simple in possesion)とはならないとされたのである。この場合の受贈者の権利は後の法律用語をもってすれば「部分不動産権」(particular estate)であり、贈与者のもとには「限嗣封土権」が分離された後の一定の残存部分たる権利(復帰権(reversion))が残るものと観念された。なお「Aに生涯の間贈与し、その後はBに贈与する」(to A for life, and then to B for life)というように、単一の贈与行為によって連続して生ずる権利を「限定」する場合、Bのもつ権利は、贈与者によるかかる「限定」行為の時点で贈与者から分離されているものと観念され、「残余権」(remainder)と呼ばれることになった。この場合においてBの有する権利は、A死亡後「現有の」ものとなる――そのさい贈与者に「復帰」しない――のであって、したがってこれは、さきの「復帰権」とともに将来占有を享受することのできる権利、すなわち「将来不動産権」(estates in future or future estates)の範疇に属するものとされるのである。(7)

ところで第二に、同法によって単純封土権者が確定的に獲得することになった「限嗣封土権」設定のための封土相続人の「限定」が、「復授封」の形式でなされる場合においては、単純封土権者がこの「部分不動産権」消滅のさいに得る権利は「不動産復帰」(escheat)に基づくものと観念されることになろう。けれども前述のように一二九〇年法(Statute *Quia Emptores*)は、このような法律関係の前提となる封土の新たな譲与すなわち「復授封」を実質的に終焉させた。

封土の授与が、封臣関係の設定と対価的に構成されることに対して、単純封土権者からの限嗣封土権の「贈与」は、この封主＝封臣のテニュリアルな関係の設定を伴うものでないこと、したがって、封主が封臣の相続人欠缺等を理由として、その土地を回復するのは、その領主権の当然の効果として「不動産復帰」(escheat)といわれるのであり、直系卑属が欠缺した場合の限嗣封土権の原贈与者またはその法定相続人への「復帰」は、これとは区別されるものとして reversion(復帰権)に基づくものと概念化されていく。後者はすなわち、限嗣封土権設定のための原贈与者による「限定」のさいに原贈与者に留保された不動産権の効果として発生するものと、観念されているのである。

以上の結果、一二八五年法と一二九〇年法との共働の効果として、封土の「授与」と「贈与」が峻別されていく必然性が生じるのである。(8) そして「単純封土権」と「限嗣封土権」の関係を論理的に確定する意義を有する前述の法律構成が、「将来不動産権」の理論およびそれを中心とした「エステイトの法理」の発展に対して一定の寄与を行なっていると思われることを、強調しておくことにしたい。同一の土地に対しともに「現在の」権利(9)として「単純封土権」および「限嗣封土権」といった二つの封土権が成立するとされるさきの観念の成立は、すでに非封建的観念を前提としているものといえようか(10)。そこでは封土権は「現有」の権利と「将来」の権利との間で同時的に保有されている関係にあり(11)、そしてこのように時間的平面において権利の存続が把握されていくことに、私は後の展開への重要な伏線が示されているように考えるのである。

(1)　Blackstone, op. cit., Book II, p. 201.

(2)　内田力蔵『イギリスにおける遺言と相続』法学理論篇81e(日本評論社、一九五四年)、一一四頁以下。なお Plucknett, T. F. T., A Concise History of the Common Law, 4th ed. 1948, p. 498 は、グランヴィルがのべる「譲渡制限の準則」(the rule restraining alienation)は、長子相続制の導入(一二〇〇年頃)によって、不合理とされたと推測し、その理由を、家産的共同体からの「家父の解放＝家父の意思による家産譲渡権の確立」にもとめている。彼はさらにそれによって、それまでの男子間の平等の相続、妻の寡婦権(dower)、夫の鰥夫権(curtesy)、娘の嫁資(*marritagium*)を保障した、コモン・ロウの準則が不要とされ、すべては父の意思による遺言、一七世紀からは再設定を伴う継承財産設定行為が支配した結果、相続法の平面に家族があらわれなくなったとしている。そして一九三八年の「相続財産(家族用意)法」(Inheritance (Family Provision) Act；1 & 2 Geo. 6, c. 45)によってはじめて家族が相続法の平面におりてきたとする(ibid., pp. 705 et seq.)。なお Unger, J., The Inheritance Act and Family (Modern Law Review, vol. 6)もこの見解と同様と思われる。コモン・ロウの相続法理が「遺言の自由」によって緩和されたとすると思われるこのような見解は、「遺言の自由」が、実際にそうした機能を果たしていたかにつきすぐれて実証を要することがらである。

(3)　Digby, op. cit., pp. 194-195 の英訳による。なお Pollock & Maitland, op. cit., vol. 2, pp. 19 et seq. は同法により「新しい準則」が確立されたとする。すなわち同法前より行なわれていた「条件付封土権」(conditional fee)は、「限嗣封土権」(fee tail)として知られるようになり、またある者が、自己およびその法定相続人のために保有する不動産権を示すため「単純封土権」(fee simple)なる用語が使用されるごとくなったとする。この後者からの権利の切り離しを重要視するのは、すでに一三世紀に行なわれていた継承財産設定行為にそれが用いられていたと思われるゆえである(ただし、国王裁判所への上納金や「封土権公開譲渡」ないし「再譲渡」手続きによるなど、上級領主権の拘束から「自由」ではない)。ここでは一般的に次の点、すなわち「単純封土権」のこの柔軟性が上級領主の専有に属する利益であったことを指摘しておく必要がある。

(4) Pollock & Maitland, op. cit., vol. 2, pp. 11, 19 によれば「条件付贈与」(conditional gift or gift upon condition)は、債権者に定期賃借権を与え、その債務を履行しないときは彼の世襲財産となるという形などにも用いられた。いずれにしてもこのような大きな譲渡権能は、領主の優先買取権(a right of preemption)などによって制限されることがあったし、またとくに教会への寄進について禁じられることもあった(ibid., pp. 25-26)。

(5) Ibid., pp. 24-26. なおこのように直系卑属と贈与者とが、贈与条件の強制手段をともに認められることにより、同一の土地に対する二つの封土権の同時的成立が必然化することになる。そしてこの制定法上の効果は、本文でのべた令状、すなわち両者に対する「贈与捺印証書不動産回復令状」(writ of formedon)により実行された(Baker, op. cit., p. 149. 邦訳書二五七頁)。

(6) Baker, op. cit., p. 149. 邦訳書二五七頁。

(7) 以上の点につき、ibid., pp. 50 et seq. 邦訳書二五八頁以下参照。

(8) Pollock & Maitland, op. cit., vol. 2, pp. 22 et seq.

(9) 残余権や復帰権は、単純封土権者の設定行為にかかわるものゆえ、その契約的色彩はいうまでもなく濃厚である。なおこの権利は、これに先行する「部分不動産権」(particular estate)に従属するところの「現在の権利」(present interest)である(Pollock, op. cit., p. 127)。

(10) Baker, op. cit., p. 149. 邦訳書二五七頁。

(11) 「限嗣封土権」がその成立時から後にのべる「馴合不動産回復訴訟」や「和解譲渡」などによって「限嗣廃除」(bar of entail)されていたことについて、さきの「ユース法」の文言からも知りえよう。ベーコンは、残余権のもたらすところの弊害として「財産権帰属不当引延処分」(perpetuities)にかんしてのべている。「もし父親が世襲財産をもっているとし、息子が不従順ならば、彼は息子の相続権を剝奪することができよう。もし彼が祝福に価いしないなら、彼はその生活のかてを失うであろう。しかし『財産権帰属不当引延処分』の工夫は、この権能を父親から同様に奪い、そして諺のいうごとく、父親をして、彼らの揺籃に結びつけ、屈服せしめ、かくて子はその父親の呪詛を負うに拘わらず、依然として彼の祖父の土地を有するのだ」(Bacon, F.,

Arguments in Chudleigh's Case, The Works, ed. by Spedding, T., vol. 7, pp. 632-635, quoted, Pollock, op. cit., p. 122)。この一五九五年のChudleigh's Case (76 English Report (K.B.) pp. 261 et seq.)は、未出生の被告の法定相続人の「未確定的残余権」(contingent remainders)が、「封土権公開譲渡」(feoffment)によって破壊されるか争われ、結果は肯定に解されている。クックによって、ユース法の立法趣旨がのべられていることなどで興味深いが、詳細は省略する。なお Blackstone, op. cit., pp. 175-176 は、「復帰権の法理(the doctrine of reversion)は、封建的統治構造に由来する」とのべている。いずれにしろ、これらのことが本文でのべたこととどうかかわるかは後述したい。

三　農民の保有権

ポロックは、前記の彼の見解を示すなかで、一三世紀には定期賃借権もかなりみられたといっている。だがそれはなお領主直営地経営のレヴェルで一般的な関係となっていないのであり、「農耕のための賃借権(husbandry lease)は、受益のための賃借権(beneficial lease)と比較すれば、後期の制度である[1]」。

定期賃借権については次節で述べることにする。ここでは Littleton, § 385 が、領主直営地における農民の法定相続人が「世襲的承継」(descent)の権原に基づいて(またその世襲的承継は、「二通りの方法、すなわち無限定に(in fee)である場合、あるいは限嗣的に(in fee tail)である場合、を見出す」とされている)第三者の占有侵奪を排除する場合についてふれているが、それは、農民の保有権の効果によるものとはされていず、領主がその「直営地」(demesne)の占有を回復することの間接的な帰結にほかならないものと考えられていることに、注目したい(ibid., § 387, 390 etc.)。他方、「謄本による保有者」(tenant by copy)について彼は、§ 77 で、「かかる保有者のある者たちが、マナー慣行によりてある法定相続不動産(an inheritance)を有するのであるが、それはコモン・ロウ訴訟慣行に従った(according to the course of common law)領主の意思によりて不動産権を有するにすぎず。……領主が彼らを追出せば、彼らは領主に対し請願による以外に他の救済を有さぬといわれている」としながら、「領主は合理的であるところの慣習を破ることを得ず(2)」とするのである。また「小枝による保有者」(tenant *per le verge*)については(3)、「謄本による保有者と同じき性質なり」(ibid., § 78)とする。すなわち両者ともコモン・ロウ上の「自由土地保有権」を有さぬがゆえ、その相続可能性は領主の意思によるところのマナー慣習(「謄本による保有者につき」(§ 77)、「小枝による保有者につき」(§ 81))によって許容されているか否かにかかわると、彼は考えているのであるが、右に示されているように、領主の意思または慣習は「合理的」であることを要するとしていること(§ 80 において tenant *per le verge* についてもいう)に注意したい。したがってリトゥルトンは、領主＝農民の関係を、領主の意思から生ずるマナー慣習によって一元的に把握しようとしながらも、封建領主のマナー所有に包摂されながら、しだいに自律的に相続可能な土地保有が出現してくる過程を、「マナー慣習の合理化」の量的拡大によって説明しようとしたと考えることができるだろう。

彼はまた、右の保有者が土地を譲渡しえたこと「謄本による保有者」につき § 74 で、「小枝による保有者」につき § 79 で認めている。けれども、この点についても、「放棄」と「容認」(surrender and admitance)の手続きという領主の意思が介在した譲渡形式によらなければならないものとし、マナー領主の承認による効果にすぎないと説明するのである(§ 74, 79)。

以上の結果、彼が「自由土地保有権」の保有者として、「彼自身もしくは他の者の生涯間、土地もしくは保有財産に不動産権を有する者はすべて、自由土地保有権者であり、それ以下の者は何人も自由土地保有権を有さず。然れども、より大きな不動産権をもつ者は自由土地保有権者である。なんとなれば単純封土権者、限嗣封土権者は自由土地保有権を有するなれば」(ibid., § 57)として、生涯間保有権者およびそれ以上の不確定な期間において保有する者を「自由土地保有権者」としているとともに、マナー内には領主以外に「自由土地保有権者」はないように叙述している(ex.

ibid., § 79)理由も明らかである。

すなわち「国王裁判所」と「領主裁判所」の管轄権を、「自由土地保有権者」と隷農（＝農奴）的保有者(villein tenant)の区別を基底的要素として峻別するのが、彼の法理論の一貫した体系であるからであって、それゆえ、「自由土地保有権」が「相続不動産占有回復訴訟」(assize of *mort d'ancestor*)や「侵奪不動産占有回復訴訟」(assize of *novel disseisin*)のための令状、「直系卑属限嗣封土権回復令状」(formedon in the descender)などの「令状」によって保護されると同じ性質の「令状」によって右の保有者の保有権が「領主裁判所」で保護されたり(ex. § 76)、また譲渡や相続が同様に行なわれていることを、領主の意思から生ずるマナー[4]慣習の合理性の強化によって説明する以外なかったのであるが、それはまた、右のような農奴的保有権が強化されて「自由土地保有権」に接近していく過渡期的現象をよく表現するものと思われる。

この点でも興味深いのは § 237で、次のようにのべていることである。「地代奉仕の侵奪に三つの原因あり、……領主が地代を求め彼から保有されたる土地に自救的動産差押を行なう(distraineth)とき……保有者や他の者は彼のなすままにならない、……領主が自救的動産差押をしたとき、これに対して動産占有回復訴訟(replevin)が、令状もしくは訴訟申立書(plaint)によりなされる、……さらに〔領主の立入りを阻止するため〕土地や保有財産が、かく囲い込まれるや、領主は自救的動産差押のために……なかに入るをえず……」。

一三世紀末頃からこの農奴的保有者の「解放」が全面的に展開するようになり、そして他方では領主権力に対して「村落」が、ここにみられるような共同の抵抗を行なっていくと考えられる。この「村落」ないしマナーのレヴェルで、農奴「身分」の農民と「自由土地保有権者」の「身分的」差異が喪失していくと考えられるとすれば[5]、リトゥルトンの以上の所論は、かかる過渡的な状況に対してのすぐれた証言を含むものと解することができるであろう。

チューダー期以降、謄本保有権は漸次的にコモン・ロウ上の権利となってコモン・ロウの体系に包摂されていくのであるが、このことは、マナー崩壊に導かれて小農の土地保有権が領主に対する身分的従属を脱し、他の「自由土地保有権」と均質化されることを意味するものにほかならないといえるであろう。このようなことがらは、すでに望月氏の研究が明らかにしているところである。[6] けれども小農の土地保有権のこの範疇的転化が、他の自由土地保有権への接近として表われることとともに、それが接近であって、自由土地保有権と同一の権利範疇に属しえなかったということ、すなわち彼らの保有権の私所有権化が「自由土地保有権者」のそれより、段階的に遅れる要因は、「領主裁判所」を通じたマナー機構の維持ないし存続が市民革命以降においても行なわれていたことに求められるであろう。このことは、リトゥルトンの「封建的土地法」についての右のごとき叙述からも論理的に知りうることがらである。

彼の所論から離れるが、以上の点はさきの「ユース法」や「遺言法」を内容的に規定していくことになったと考えられる。「ユース法」についてはすでに若干考察したので、ここではさしあたり「遺言法」をとりあげよう。同法第一条は制定理由をのべたのち次のように規定する。

「かかるがゆえ、我が最高の領主は、……本国会の権威によりて以下の方法および形式に基づき命じられ制定されることに満悦され、これを嘉し賜えり。即ち『鋤奉仕態様もしくは鋤奉仕の性質の保有態様によりて』(in soccage or of the nature of soccage tenure)、いかなるマナーもしくは土地もしくは保有財産もしくは法定相続財産を有する、または爾後において有する、あらゆる、かつ、すべての者にして、我が最高の領主、国王陛下より、騎士奉仕により、もしくは『直属の鋤奉仕により』(by soccage tenure in chief)、もしくは直属の鋤奉仕の性質を有する保有態様によりて、または、他の何人より騎士奉仕によりて、いかなるマナーもしくは土地もしくは保有財産もしくは法定相続財産を有さない者は、〔一五四〇年〕七月二〇日より『同人の書面による遺言』(his last will and testament in writing)によるのみならず、同人の生存期間中に適法に実行されるいかなる行為によっても、右の同人のマナーもしくは土地もしくは保有財産もしくは法定相続財産もしくはそれらのいかなるものをも、『なんらかの法、制定法、慣習もしくはその他のもの』(any law, statute, custom or other thing)によってこれまでのところ反対に規定されているに拘らず、その自由な意思および希望に基づきて、贈与し遺言をし遺言処分をする『完全にして拘束なき』(full and free)自由、権能および権限を有するものとする」。

同法第四条は、「さらに前述の権威に基づいて次のように制定される。すなわち、……国王陛下に直属の騎士奉仕もしくは直属の騎士奉仕の性質を有する保有態様により、いかなるマナーもしくは土地もしくは保有財産もしくは相続不動産(hereditaments of estate of inheritance)を有する者は、……同マナー、……を三分したる二つの部分」を書面による遺言その他により、遺言処分できるとする。さらに第一〇条は、「国王即ち我が最高の領主より以下の他の領主」から騎士奉仕保有する者につき、その三分の二につき遺言処分を認めている(St. at Large, vol 5, pp. 1–2)。

結局のところ「同法は、単純封土権によって土地を占有するすべての人は(妻、未成年者、白痴および精神異常者をのぞき)、書面による遺言をもって、法人格をもつ団体以外のどんな人に対しても、軍役保有による土地、保有財産および法定相続財産の三分の二と鋤奉仕保有の土地の全部とを遺言処分してさしつかえないということを規定したが、それは、いまではチャールズ二世の制定法による土地保有態様の変更によって、謄本保有の財産をのぞく土地財産権の全部に相当するのである」(7)。

だが、しかし、同法は、「国王陛下即ち我が最高の領主およびその『継承者』(successors)に、陛下の『成年者相続料取得権』(*primer seisin*)および『相続料』(reliefs)その他の権利」を従前通り確保させるべく、直属鋤奉仕保有者(8)は保有財産の全部を遺言処分しうる(第二条)にかかわらず、これらの国王に対する負担からは自由でないとするのであり、さらに「譲渡のさいの承認料」(fines for alienation)負担義務が維持されていること(第三条)に注意しなければならない。すなわち「遺言もしくはその他によって自由土地保有権もしくは『不動産法定相続』(inheritance)にいかなる変更がなされることに関し」国王の承認料徴収権が生じる(第三条)。直属騎士奉仕保有者についても同様に国王に対する右のごとき負担があり(第六条・第九条)、他の領主からの騎士奉仕保有者および国王からの騎士奉仕保有者には、じつにそのマナー等からの三分の一の年収益が「後見料」(custody (=guardianship, Shorter O.E.D. による) and wardship)として支払われるべく規定されている(第一二条)。

以上考察の限りでも、遺言処分の大きさにかかわらず、上級領主権の拘束が絶大であることを知りえよう。しかしながら、それも国王の財政収入の確保という点に最も集中的に配慮をしている結果であるとされてよいのであり、その反射的な効果として騎士奉仕保有地は、ユース慣行禁圧の部分的解消を享受するにとどまっていることが注目される。もっとも中間領主に対する「不動産復帰」(escheat)等によって《封建的ヒエラルヒー》は上向的に、すなわちつねに国王ないし上級領主への無主の土地の復帰によって維持されたこと前述の通りであったといえるとすれば、同法が遺言の権能を「完全かつ拘束なく」保障したことは、それによりかかる escheat の機会を失わせ、この《封建的土地所有の階層的編成》の基礎を弛緩させる効果を導いていくことになったであろう。(9)

つぎに「コモン・ロウの相続法理」(前述)が、遺言による封土の処分を認めなかったのは、教会裁判所対国王裁判所の管轄権の争いが背後に存したからでもあることを考慮しなければならない。(10) 一五三六年の「恩寵の巡礼」(Pilgrimage of Grace)として知られる叛乱は、「ユース法」による遺言の権能の廃止に対する抗議をその間接の動機としている。(11)

しかし私は、前述のように同法が「ユース法」を実質的に否定する立法であることを意味したことに、注目したい。

また「遺言法の文言にいうある者が『同人の自由な意思および希望に基づき』土地を遺言処分できるということは、贈与者の生存中になされなかったならば、限嗣封土権の諸準則を侵害してしまったであろう遺言処分による贈与の一定の形式を許可するものと解釈された」(12)。この指摘は、私が後に強調する「継承財産設定」の発展を示唆するものとして注目に価いする。そしてそのためにこそ、「遺言法」による「ユース法」の廃棄が帰結したと考えるのであるが、しかし、私はその点に言及する前に、なお若干の側面から「封建的土地法」の特徴を摘示していくことにしたい。

(1)　Pollock & Maitland, op. cit., vol. 2, pp. 113, 117. なお渡辺、前掲書、二二頁以下、水本、前掲書『基礎理論』一九頁以下に詳しい。教会の「利子禁止法」(usury law)の脱法のため、土地を貸出し賃借人たる債権者に利子相当分を土地からの収益で保障するのが一二世紀後半の定期賃借権の主流をしめた beneficial lease である。これと「土地担保」(gage of land)の差異も、水本、前掲書『基礎理論』二〇頁で指摘されている。なお Tawney, R. H., Religion and the Rise of Capitalism, 1st ed. 1906, Pelican ed. 1938, pp. 48 et seq. は、教会による高利禁止についてのべている。とくに教会裁判所と国王裁判所の裁判管轄権争い、後者は大法官府裁判所で補完され、また都市団体と王権の結託など興味深い。「……争点となったのは、高利貸が処罰されるべきであるということでなく、……誰が高利貸を罰するという儲かる仕事をするべきかということであった」(ibid., p. 63)。

(2)　ただしクックの注釈書の原本となったのはリトゥルトンの著書の Rohan's ed.(それは一五二八年より古いらしい。Littleton, op. cit., p. x)であるが、のちの Redman's ed. は、本文引用のすぐ後に次のことを付記する。すなわち一四八一年(21 Edw. 4)、国王裁判所首席裁判官 Brian が謄本による保有者はコモン・ロウでは自由土地保有権を有すとし、奉仕を行ないながら領主から追い出された者が、領主に対し「侵害訴訟」(action of trespass)を提起したのに対しこれを認めていること、そしてまたこの判示は、一四六七年、同じく首席裁判官 Danby がすでに認めていた先例に従ったものである、と付記されているのである(ibid., p. 31)。なお Jenks, op. cit., p. 72, n. 7 は、ホールズワースの教示に従えば、この箇所は一五三〇年までリトゥルトンの著書の中に入っていなかったとする。リトゥルトンは右の判決に反対だったようである。

(3)　Littleton, op. cit., p. 31 は、彼らが領主にその保有土地を第三者のユースのため放棄したり、また土地を保有するさいに、領主の「執事」(steward)や「荘官」(bailiff)に、「小枝」(rod)の受け渡しをするゆえにこの名があるとする。

（4） Vinogradoff, P., Villainage in England, 1st ed. 1892, reprint ed. 1968, p. 9.

（5） Pollock & Maitland, op. cit., vol. 1, p. 600. メートランドは、貨幣地代への commutation によって領主権がただちに弱められたのではないとし、領主が「解放した」(enfranchise)自由土地保有権者を直営地の耕作のために駆り出す例が稀ではなかったという(ibid., pp. 600–601)。

（6） 望月礼二郎、前掲論文、とくに㈡五二頁以下。望月氏によれば、一六世紀末以降謄本保有権の近代化が遂行されたということになる。同氏はこれを、法体系の再編(コモン・ロウの優位)、謄本保有権の権利内容の近代化の観点から実証され、そしてこの「コモン・ロウ上のプロパティとしての均質化」により、小農=小謄本保有農の犠牲において、共和制期および以降の農業を中心とした経済的発展がなされるための条件が与えられることになったと結論づけておられる。

（7） Blackstone, op. cit., Book II, p. 375. 内田、前掲書、一五八頁の訳出による。

（8） Maitland, op. cit., Const., Hist., pp. 31–32 には、「国王直属鋤奉仕保有者」は少なかったのに反し、直属騎士奉仕保有者が、騎士奉仕保有者の大部分をしめ、また「復受封者」(sub-tenants)が多く「鋤奉仕」による保有者であったこととの理由が、イギリス封建制の特色の側面から説明されている。

（9） この点は、Hargreaves, A. D., An Introduction to the Principles of Land Law, 1st ed. 1936, 4th ed. 1963, p. 32 参照。

（10） Maitland, op. cit., Equity, pp. 36 et seq. この点は real property と personal property の二元的構成の一つの原因でもある。

（11） Harding, A., A Social History of English Law, 1966, p. 109.

（12） Ibid., p. 110.

3　封建的土地法と農民の保有権

一　リトゥルトンと封建的土地法の体系

私は、前節で、イギリス封建土地法を、主としてリトゥルトンによって概観し、それがいかなる意味で、《封建的ヒエラルヒー》を維持する槓桿となりえているかについてのべた。また、この《封建的ヒエラルヒー》が、封建的生産様式から資本生産様式への移行、なかんずくイギリスにおける一六世紀の定期賃借権の優越、さらに既出「騎士土地保有態様等廃止法」(12 Car. 2, c. 24)に至って一応の完結をみる国王上級所有権の廃止を通じ、いかに弛緩せしめられていくかにつき、その考察の必要性のみを一般的に提示した。

しかしながら、リトゥルトンの「封建的土地法」自体は、もとより極めて過渡的な歴史的段階を反映するものである。すなわち、一二九〇年の *Quia Emptores* 法による再編をへた純化された封建制の形態をその起点においてみるならば、そのような封建的枠組みから、上級所有権の土地支配の法律的表現形態である、「単純封土権」を中軸とする「自由土地保有権」の強化が帰結してくることが、後述のように、リトゥルトンの「封建的土地法」の内容を色濃く規定しているのである。また、「謄本保有権者」の保有権原が、領主裁判所の弛緩の結果として、「自由土地保有権」に接近していく側面も、リトゥルトンに反映している。すなわち、「自由土地保有権」と他の保有権を峻別する彼の論理の一定の体系性の喪失という形態で、それが表象されるのである。この二つの論点とそれに関する課題について、私は、その考察を続けよう。

リトゥルトンはその Tenures[1] § 73, 172 で、農奴的保有態様の例外的かつ特権的保有態様として、謄本土地保有権を論じている。「農奴的保有態様とは、農奴が、その領主から、一定の土地および保有財産……を、農奴的奉仕……により保有する時、最も固有に」農奴的保有態様といわれるべき(§ 172)であると。そしてさらに、謄本による保有者については、「一定の保有者たちが、彼らおよび彼らの法定相続人のために、無限定世襲的に(in fee simple)、もしくは限嗣的に(in fee taile)、もしくは生涯間(for term of life)土地および保有財産を保有し来る場合」、このような農奴的保有と異なる保有態様は、当該マナーにおける「人の記憶を超えて行なわれ来たるところの慣習」のゆえに、領主の意思がこれに従うべきとされることの結果として生じてくるものにほかならないとされている(§ 73)。

しかしながら、ここに認められる農奴的保有態様の特権的かつ例外的なものとしての謄本による保有権という構成、すなわち、その限りでなお本来的農奴を直接生産者の一般的存在形態とする論理的前提は、彼の「農奴について」(of villenage)なる章(Chap. xi)における指摘とはいちじるしく齟齬する。すなわち彼のいう「農奴」は、その領主に対する身分的従属関係から脱却し、かつ、そのことによって消滅しつつある。

彼の「農奴」は、土地や動産を売買することができ、そして領主が自己のものとしてこれに立入りないしこれを占取する前にこれらを取得しさえすれば、これらの物に対する彼らの権原を領主に対しても主張しうる(§ 177)。また、他人の遺言執行者となった農奴は、彼の領主に対しても、「金銭債務訴訟」(action of debt)をなしうるし、領主は、これに応じなければならないことはもとより、この場合の農奴の「占有」(possession)を排除することができない(§ 191, 192)。そしてまた、彼の「農奴」は、「僧職推挙権」(advowson)を買い入れることができ(§ 180)、「在俗牧師」(secular chaplaine)となることができる(§ 202)。

さらに、リトゥルトンが、「農奴解放」をのべ、かつ、これを一定の要件の下で承認していることも注目される。

彼は書いている。「多くの、さまざまなる場合、領主は、彼の農奴に対し、農奴身分の解放[2](manumission and enfranchisement)を行なうことを得」と(§ 204)。

たんに、農奴身分が論じられるばかりではない。リトゥルトンは、その解放の形式をさまざまに論じている。農奴身分の解放は、「領主の意思において、土地もしくは保有財産を保有させるべく、農奴に対し、定期賃借権を設定すること」ではない。なぜなら領主の「意思」(will)で、彼はいつでも放逐されうるから(§ 207)。農奴身分は、農奴が当該領主の庇護下を離れること(*manumittere*)(§ 204, 208)、あるいは、領主が、農奴に、「捺印証書(deed)により、もしくは、これなしに、無限定世襲的に、限嗣的に、生涯間ないし数年間、……土地もしくは保有財産を、『封土権公開譲渡』(feoffment)し、かつ『占有』(seisin)を『引き渡す』(delivereth)」場合(§ 206)、さらには、領主が、農奴に金銭債務・「年金」(annuity)債務を、捺印証書により負うことにより、農奴が領主を相手にした訴訟を提起しうるに至る場合、または捺印契約により土地保有財産の数年間の定期賃借権が設定されるときには、その賃借権の継続する期間のみならず永久に、農奴身分が解放されることになる(§ 205. Co. Litt., 137, b)。

リトゥルトンは、さらに「農奴」の逃亡について書いている。しかしながら彼らの逃亡は、自らの農奴身分の解放のためであることは明らかである。リトゥルトンはいっている。「ロンドン市および他の同様の諸地域のような市・邑および他の『自由化された地域』(places franchised)へ逃亡し、彼らの領主に対し、さまざまな訴訟を提起する。なんとなれば、彼らは彼らの領主をして、この訴訟に答弁させることにより、彼らを解放しようとしていたので」と[3]。

リトゥルトン以前において、すでに一三七七年の国会制定法は、次のようにのべている。

「他の者と同様に聖なる教会の人々なる、王国の『領主および庶民』(Lords and Commons)の悲痛なる訴願において、国会にて定立されし条項は、……すなわち、多くの『領主』(Seignories)およびイングランドの王国の多くの地域において、農奴および『農奴保有による保有者』(Land tenants in Villenage)が、前記の彼らの領主に対し、『諸奉仕および慣習的賦役』(Services and Customs)を負うているにかかわらず、今やそれは日毎とりやめられつつある。……彼らは、『彼らの身体同様彼らの前記の土地保有につき』(as of their Body as of their said Tenures)負うべきあらゆる形の『奉仕』(Servage)を全く免除されていると確言し、また、彼らに対し行なわれた『自救的動産差押』(distress)もしくは他の『裁判』(Justice)に服しようとせぬのみならず、彼らの領主の役人らに対し、その生命および身体を傷つけると威嚇す。のみならずさらなる場合には、彼らは、『大なる不穏なる集会』(Great Routs)に集合し、かつ、すべての者は領主に抵抗する他の者を、強き手もて助くという、『共同謀議』(Confederacy)に同意す……(4)」と。

興味深いことにリトゥルトンは、「ある自由人たち(some free men)が、その保有財産を、当該のマナーの慣習に従って、以上のような奉仕(農奴的奉仕)によって保有することあり」としている(§172)(5)。彼のいう「これら自由人の『愚』(folly)」(§174)は、彼らが「農奴身分」を選択しえたことを意味するものではない。いうまでもなくそこでは領主権の一元的支配領域が彼らに及びえたこと、いいかえれば強固なマナー体制が前提とされているからにほかならない。すなわち「人の『身分』(status)が不自由なるか、不自由なる保有態様による土地を保有する自由なる身分であるか、を問わず、彼はマナー裁判所において彼の保有につき保護を求めなければならなかった。自由人は必然的に、不自由なる社会に投げこまれ(6)」るという関係が存在しなければならない。逆に、このマナー体制の弛緩こそ、リトゥルトンの「農奴」の解放の出発点であることが、論理的にも帰結してくることになる(7)。

それでは、リトゥルトンの当時は、農奴的保有の例外的・特権的形態であるところの謄本保有権が、優越していたと結論づけるべきであるのか。さらに、リトゥルトンが農奴身分解放のひとつの形式としてのべたことによれば、農奴の多くが、その身分的自由を、彼らの土地緊縛からの解放＝土地喪失を代償として獲得することになるが、[8] それにもかかわらず身分的「自由」を何ゆえ彼らが求め、かつ、それが可能にされたのであるか。

一三八八年の制定法第一条は、それ以前のあらゆる「労働者規制法」および同「布告」(Ordinances)が、「廃止されることなく、適正に保持されかつ確固として維持されなければならない」とのべ、同第三条は次のように規定する。

「……前記『手工業者、日雇労働者、奉公人および食糧運搬人』(Artificers, Labourers, Servants, and Victuallers)は、前記諸制定法が、要求するところに従い、……治安判事により、適正に規制されるべきものとし、かつ、『市長、荘官、および領主の執事および邑の治安官』(the Mayors, Bailiffs, and Stewards of Lords, and Constables of Towns)は、前記手工業者、奉公人、日雇労働者、および食糧運搬人にかかわる彼らの職を、正当に行なうべきものとす。

……さらに、彼らが移動する原因、および、彼が帰還すべきであるならばその時を、記載した玉璽を付せる『特許状』(Letter Patent)あらざれば、男子であれ、女子であれ、いかなる奉公人も日雇労働者も、その雇用期間の終了時において、その居住する『百戸村』(Hundred, Rape, or Wapentake)を離れ、他所に奉公もしくは居住してはならないものとす。……」[9] と。

ここから明瞭に、領主直営地経営が、農奴の賦役によるのではなく、土地なき「労働者」によって維持されなければならなかったことが看取されよう。しかもそれは、領主権力によるのではない。治安判事を基点とするところの国王権力への依拠によってなのである。したがって、私は、直接生産者(農民)の農奴から保有権者への移行も、一三世紀から一五世紀に至る封建的土地所有の確立からその衰退に至るまでの過程と不可分のものとして論じられなければならないと考える。

コスミンスキーは、イギリス封建制の確立期に照応するヘンリー二世以降の「司法改革」についてふれ、それがたんに法原理上、自由土地保有権と農奴的保有とを区別する結果を生んだにとどまらず[10]、さらに領主直営地の農奴的保有への転換(「自由なる小農」(free peasants)の「農奴」への強力的転換)を促進する結果を生んだ、と指摘している[11]。

右のコスミンスキーの所論の基礎には、周知の彼の次の仮説・実証が存在する。すなわち、典型的マナー(領主直営地経営に農奴保有地が重要な役割を果たすとともに、自由土地保有地が第二義的な役割しか果たさないマナーとさしあたりいおう)がイングランド全体に遍在するとする、シーボーム・ヴィノグラドフの古典学説に対し、彼は、最も体系的な批判を加えていう。古典学説が遍在すると認める「典型的マナー」は、大教会マナー、地域的には中部、東、南部に限局され、中部の一部および西、北部に散在する中小マナーにおいては、かえって「非典型的マナー」が優越する、と[12]。

この相対立する二つの形態のマナーの同時代的存在こそ、一三世紀の「封建制の危機」への異なる対応(典型的マナーにおける賦役強化＝封建反動と、非典型マナーにおける賦役の金納化)を帰結させるのみならず、一五世紀、すなわちマナー直営地経営と賦役制度の決定的衰退、および、貨幣地代が完全に支配的形態となるに至る時期までの、封建制崩壊とその資本制への移行を急速に完了せしめる要因である、と[13]。

すでにのべたように、封建的土地所有の階層的編成＝《封建的ヒエラルヒー》こそが、領主＝農民間の支配＝従属関係を直接的に担保するものであるがゆえに、前者の弛緩する要因は、後者すなわち領主＝農民の関係の変化に求められるべきである。しかしながら領主＝農民の関係を考察することは、これをたんに直接生産者の領主による全余剰生産物の搾取の経済的過程として分析することをもって足れりとはされぬ。コスミンスキーはこの意味でも次のことを明らかに実証している。すなわち右の経済的過程が、同時に、封建的法制機構と封建支配権力の存在構造に規定され、かつ、媒介されているということを、である。したがって私は、イギリス封建権力の存在形態を強調する所論[14]にも留意しつつ、次に、謄本保有権等についての若干の考察を行なうことにしたい。

（1） 前節で用いたLittleton, op. cit. によって引用する。

（2） manumission は、農奴に対して「固有に」用いられるが、enfranchisement はより一般的に用いられる。後者はフランス語の *franchise* からきたものである。すなわち「自由」(liberty)という意味である。コモン・ロウでは、人の「自由化」をいう。例えば都市の「自由人」(free man)、「borough の選挙権者」(burgesse of a burrough)となることのように。また、「外国人を国籍取得者とする」(make an alien a denizen)ことなどに用いられる。そしてこの農奴身分の manumission の義にも用いられる(Coke, E., The First Part of the Institutes of the Laws of England, or a Commentary upon Littleton, 1628, 137, b)。私が用いたのは、Lord Chief Justice Hale & Lord Chancellor Nottingham の注解のついた Francis Hargrave & Charles Butler 9th ed. 1832. なおこの引用は、Co. Litt. とする。

（3） 一三八四年の制定法、9 Ric. 2, c. 2 は、領主がこれらの訴訟に応じても、農奴身分の解放をすることにはならない、とするため制定された(see Littleton, op. cit., § 193)。

（4） 1 Ricardi 2, c. 6; St. of the Realm, vol. ii, p. 2.

（5） 「ある自由人たちが、その保有財産を、当該のマナーの慣習によって保有することあり。そして彼らの保有態様は、また『農奴的保有態様』(tenures in villenage)と呼ばれる。然れども、彼らは、農奴にはあらず。なんとなれば、農奴的奉仕に基づき保有される土地ないし農奴の土地のいかなるものも、また、当該土地から生じるいかなる慣習も、決してある自由人をして農奴とすることなきゆえ。然れども、ある農奴は、自由人の土地をして、彼らの領主に対する農奴的奉仕の土地とすることあり。すなわち、ある農奴が、無限定世襲的に、もしくは限嗣的に、土地を『買い受ける』(purchaseth)場合、当該農奴の領主は、当該土地に立ち入り、農奴およびその法定相続人らを永久に追い出し、然る後(もし彼が望むなら)同土地を当該農奴に、農奴的奉仕によって保有させることあり」(Littleton, op. cit., § 172)。

（6） Holdsworth, W. S., A History of English Law, vol. 2, p. 265. なお Leadam, I. S., "Introduction to Select Cases before the King's Council in the Star Chamber commonly called The Court of Star Chamber," 1477–1509 (Selden Society), p. xxiv, n. 8 はヘンリー五世のころ Chesterton の Thomas Paunfield なる者が、Barnwell の「修道院副院長および聖堂評議員」(prior and canons)により、「農奴保有において保有する自由なる保有者」であるにかかわらず、彼らの「農奴」(bondman)だとされ従わなかったところ、七年間投獄された事例を掲げている。

(7) Holdsworth, op. cit., H.E.L., vol. 3, p. 500.

(8) Trevelyan, G. M., Illustrated English Social History, 1st ed. 1942, Pelican ed., vol. 1, p. 40.

(9) 12 Ricardi 2, c. 3; St. of the Realm, vol. ii, pp. 55-56. 岡田与好『イギリス初期労働立法の歴史的展開(増補版)』(御茶の水書房、一九七〇年)、三四頁以下参照。なお岡田氏の研究は、一四世紀中期から一六世紀中期に至る時期を、一六世紀中期以降の「資本の原始的蓄積期」とも、一四世紀中期以前の封建的生産様式の優位の時期とも区別される、小生産者の一般的地位の向上の時期とされるものであるがゆえに、絶対王制期の「職人規制法」に吸収される「労働者規制法」の反資本主義的規則が、市民革命によって廃絶されなければならなかった側面が強調される。しかしながら、氏の所論の背後にある、封建的土地所有の利害の優越が、結局のところ市民革命を誘発する要因であるという前提、には異論がありえないとしても、一四世紀中期から一六世紀中期までを、一般的に、これによって抽象的に規定することは、逆に各々の段階における封建的土地所有の存在形態の特殊性を看過することにならないか。氏の考察の直接の対象外であるゆえ、右はさしあたり私の将来の分析視角の問題である。

(10) ヘンリー二世の「司法的改革」、すなわち裁判機構の把握を媒介とする国王権力の優位が、自由土地保有権者の領主権からの解放によって確立する過程は、以降の分析にも重要な関連をもつ。メートランドはこれが確立する由来を、次のような点に求めている。①一一六六年以来の「侵奪不動産占有回復令状」(Assize of *Novel Disseisin*)すなわち「占有(seisin)の侵害について国王自身に直訴する道が与えられた」。②ヘンリー二世の勅令によると思われる「権利令状」(writ of right)制の確立。すなわちこれによって何人も国王の令状なく、彼の自由土地保有権につき領主裁判所において訴えられることがなくなった。③「陪審裁判制不動産回復訴訟」(Grand Assize)の開始、すなわちこれによって、国王裁判所に移送して回復訴訟を行なう「特権」を、自由土地保有権者に対し与えた。④「単純な土地返還令状」(a simple *praecipe quod reddat*)による領主裁判権の無視。すなわち、中間領主によって保有されている土地についても、望む時にはこの令状を発給し、当該領主裁判所を無視しえた。

マグナ・カルタ（一二一五年）第三四条もこれを禁止するが、「衡平法裁判所」(Chancery)によるさまざまな「不動産占有回復令状」(writ of entry)等の創設によって無力であった。⑤「動産占有回復訴訟」にも介入することによって、「所有(ownership)および占有(possession)にかかわる事件は、どんなものであれ」国王裁判所の管轄権に編入された。⑥「国王の平和」の観念は、あらゆる犯罪、および「警察」(police)に関する管轄権を国王裁判所の下に組み入れた。「侵害訴訟」(action of trespass)もその一例であり、それはヘンリー二世の勅令によると思われる。⑦一二七八年のグロスター法の一部(The Statute of Gloucester; 6 Edw. 1, c. 8)は、「爾後何人も、奪取されたる『動産』(goods)が少なくとも四〇シリング以上の価値を有することを良心において宣誓するにあらざれば、侵害訴訟を提訴するを得ざるものとす」としていたところ、後にこれは四〇シリング以上の動産についての訴訟は、国王裁判所の管轄に帰属するとしたものと解された。⑧国王裁判所の優越は、陪審裁判の特性を活かすことから生じたのであるとともに、自由土地保有権者には国王の命令なくして陪審の宣誓を強制しえないとする準則を確立することによって、領主裁判所において自由土地保有権に関する事件を陪審に審理させることを困難とした。⑨領主が、地代取立てのため「自救的動産差押」(distress)をなすために必要とした「自由土地保有権者の裁判所」(a court of freeholders)がもはや重要性を有さず、彼は自己の「所有権」(proprietary rights)に基づき「自由土地保有者」(freehold tenants)にこれを執行することをえたであろうこと(この点は後述、なお Ashley, W., Introduction to "The Origin of Property in Land," by de Coulanges, F., English ed., p. xiii 参照)。⑩領主裁判所が、上訴裁判所とされなくなることによって、「自由土地保有権者」の裁判管轄権は、すべて国王裁判所に包摂しうることになった。すなわち上級領主は下級領主に対しても、その上級裁判権を主張しえなくなったこと。以上のとおりである(Maitland, F. W., Introduction to "Select Pleas in Manorial and Other Seignorial Courts," vol. 1 (Selden Society), pp. liii–lix)。しかしながら、「自由土地保有権者」のマナー裁判所、すなわち Court Baron の機能が、かくて国王裁判所に吸収される結果、逆に、農奴に対するものとしてのマナー裁判所機構は、彼ら領主の最終的拠点として、いよいよその重要性を増す。すなわち、それは、封建制下にあって「その生血ともいうべきもので、……最高度の重要性を有す」(ibid., p. lx)。なお Jenks, op. cit., p. 72 参照。

(11) Kosminsky, E. A., Studies in the Agrarian History of England in the 13th Century, Hilton's ed., 1956, pp. 99, 335 et seq.

(12) Ibid., esp. pp. 145 et seq. ditto, Services and Money Rents in the 13th Century, Ec. Hist. Rev., vol. 5, No. 2, 1935.
なお、コスミンスキーの所論のすぐれた批判として、岡田、前掲書のほか、同「イギリス・マナー崩壊の基本的特質——農業における資本主義形成の歴史的前提(一)(二)」(『社会科学研究』五巻二号、三号、一九五四年)、とくに(一)七〇頁以下参照。

(13)　ヴィノグラドフが一三世紀を「完全に発達した封建制度の時代」(the time of fully developed feudalism)と規定したのは、いうまでもなく「古典荘園」の優位を前提とするからである(see Vinogradoff, op. cit., p. 223)。しかしながらこの点ではトレヴェリアンも正しく指摘しているように、一三世紀における「封建的反動」(feudal reaction)は、「とくに以前は金納化がおずおずと入りこんでいたところの一定の聖職者の大所領において」むしろ「賦役の再強制ないし強制」として現われることに注目しなければならない(Trevelyan, op. cit., vol. 1, p. 30)。コスミンスキーの所論については後にふれるが、ここでは右の見解を支持する主たる理由として次のトーニーの論述をあげておこう。すなわち彼はいう。「大悪疫(Great Plague)が、一四世紀の経済史上単一の最も重要な事件であることは疑いない。けれども……これは経済的発展を全く新しい線上に急速に展開させたものではない。……既に動き出していた傾向を促進させたということである。……慣習的保有者は、悪疫前から、互いに土地を売買し、賃貸借し合っており、かつ悪疫の前に、小規模ではあるけれども、ある領主たちは、彼らの直営地を定期賃貸していたのである」(Tawney, op. cit., Agrarian Prob., p. 90)。

(14)　例えば、ポロックは、イギリス封建制の特色を「軍役的保有」(military tenancies)に適合的な諸準則と、「農業的占取」(agricultural occupation)および「平和的商業」に適合的なそれら、との妥協のなかに自己を形成したとする(Pollock, F., The Land Laws, 3rd ed. 1896, p. 65)。Norman Conquest から出発するイギリス封建制は、当初より統治政策の一環として確立する要因を有していたことに彼は注目している。なお Holdsworth, op. cit., H.E.L., vol. 1, p. 179; Plucknett, op. cit., Concise Hist., pp. 512–513 参照。

二　「謄本保有権」の展開

リトゥルトンが「謄本による保有者」(tenant by copy)を、「マナー慣習に従う領主の意思における」(at the will of lord according to the custom of the manor)保有者と規定したことは、その限りでも、彼ら謄本保有権者と領主間の関係が、農奴と領主間における身分的支配＝従属関係から脱却する結果として生成し展開する性格のものにほかならないことを物語っている。なお、一般的に、一三世紀以降の「金納化」(Commutation)により、「領主と農奴の関係は、『地主』(landlord)と謄本保有権者の関係に移行した[1]」ということができよう[2]。

リトゥルトン、クック、ブラックストーンと、それぞれ歴史的段階を異にするイギリス法の体系的叙述家が、謄本保有権者についての右のようなリトゥルトンの解説をひとしく承認することにおいて差異を有さないのかどうか[3]。クックは著名な彼のリトゥルトンの Tenures についての注釈書でいっている。すなわち、リトゥルトンが§77で、領主が理由なく、「彼ら〔謄本保有権者〕を放逐する場合」、コモン・ロウ上の「侵害訴訟(action of trespass)を提起しえず、ただ「請願により彼らの領主たちに訴えていく」以外なしとし、それ以外の「救済方法」(remedy)が与えられるならば、謄本保有権者は、「マナー慣習に従う領主の意思における保有者」ということができなくなるという危惧を表明するのに対し[4]、クックは明瞭にこれに異論をとなえている。

「彼〔リトゥルトン〕は、彼自身の意見を提示することがない。否、むしろこの章に以下現われているように、反対しているのである。然れども、今や『経験ある裁判官』(*magistra rerum experientia*)[5]は、以下のことを明らかにし、かつ、疑義なきものとした。すなわち、領主はほしいままに、適法なる謄本保有権者を、何らかの『没収』(forfeiture)の原因なくして放逐し得ぬこと、また、かりに領主、これをなすにおいては、謄本保有権者は領主に対し、『侵害訴訟』(action of trespass)をなすことを得ということを、である。なんとなれば、謄本保有権者は、『領主の意思における保有者』(*tenens ad voluntatem domini*)なれど領主の意思は、『マナー慣習に従う』(*secundum consuetudinem maneri*)ものであるゆえ」(Co. Litt., 60, b)と。

さらにクックは、謄本保有権者が領主に対して支払うべき「一時金」(fine)につきふれ、「慣習により確定されたものと不確定なものとがある。然れども『不確定で』(*incertus*)あっても、一時金は、『合理的』(*ratiozabilis*)でなければならない。そして、合理性は、裁判官たちによって、彼らの前に現われたその事件の真の諸事情によって、論議さるべきであり、もし裁判官が課されたところの一時金を不合理なものと判示するならば、当該謄本保有権者は、これを支払うことを強制されぬ」(Co. Litt., 59, b-60, a)とのべ、謄本保有権者の領主の「恣意」からの解放は、国王裁判所によって(すなわち、コモン・ロウに完全に包摂されえたマナー慣習なる論理を媒介とした、謄本保有権についてのコモン・ロウによって)行なわれるべきことを明言した。

さらにクックの「謄本保有権」についての論文には次の有名な叙述が行なわれている。

「しかしながら今や謄本保有権者は、確固たる基礎に立てり。今や彼らは領主の不機嫌に重きを置かぬ。彼らは突然の一陣の風にも揺れ動かず、安んじて食べ、飲みかつ眠る。主なる機会に特別の注意をしさえするならば。すなわち、彼らの『保有』(tenure)から必要とされる限りの『義務と奉仕』(duties and services)を何であれ、注意深く履行しさえするならば。然れば領主の渋面など、謄本保有権者意に介さず。その身の安全を知り、かつはいかなる危険の内にもおらぬことを知るゆえに。領主の怒り爆発したりとも、法が『救済の数個の武器』(several weapons of remedy)を規定しているゆえ。すなわち、『罰則付召喚』(*subpoena*)の訴を起こすも、領主に対する侵害訴訟を起こすも、彼の選択のままなるゆえ。時代は、謄本保有権者をさまざまな点にて非常に好意的に遇す」(6)と。

すなわち総じてクックにおいて、謄本保有権者はもはや領主の恣意的支配の対象となりえないものと、把握されている。しかしながら、それは、「謄本保有の不動産権の生命であり魂である」(the life and soul of copyhold estates)慣習が、すなわち彼らのマナー領主に対する奉仕が(7)、十分に履行されていることを前提とする(8)。

ところでその「奉仕」に関していえば、クックは、「今日いかに自由土地保有権者が、これら謄本保有権者と同様にこれら『下級の奉仕』(base service)を負担していることか」とのべる一方、しかしながら「自由土地保有権者は、〔今なおその出自のゆえに領主に従属するとされ、かつそれゆえに『任意における保有者』(tenant at will)ともされる謄本保有者と異なり〕彼らの領主に従属していない」ことに、これら自由土地保有権者と、謄本保有権者の差異を求めている。そしていう。「だが、時代は謄本保有権者を、その奉仕と同様、この〔領主の〕『意思』(will)の点においても、好意的に遇している(9)」と。

クックの以上の所論に対し(10)、ブラックストーンは、謄本保有権者を「普通の謄本保有権」(common copyholds)と特権的謄本保有に分ける。すなわち後者の「保有(tenure)は、絶対的に謄本保有されるものである。しかしながら、自由土地保有権と『同等の』(equivalent)『権利』(interest)を有す。彼らの奉仕が、下級の、かつ、農奴的な起源であるにもかかわらず(11)」とする一方、前者については、謄本保有権者の農奴起源を強調し、その規定より導かれる自由土地保有権との質的差異を強調する。「自由もしくは特権的保有態様の一定の他の謄本保有権者(certain other copyholders of free or privileged tenures)すなわち、領主の意思において保有するのではなくマナー慣習〔のみ〕に従って保有する、『太古の国王御料地の農奴的鋤保有による保有者(12)』(ancient tenants in villein socage)」と異なって、と彼はいう。「これら農奴が『現代的な謄本保有権者』(modern copyholders)となり、また彼らが彼らの通常の諸奉仕を行ないつつ、慣習によって彼らの土地に対し『確実かつ打破し難き』(sure and indefeasible)不動産権を獲得したる後にも、彼らはなお『領主の意思における保有者』(tenants at the will of the lord)たる彼らの容認を」求めなければならないと(13)。

ブラックストーンの謄本保有権についての法理論についてはすでに望月氏による詳細な研究がある。ブラックストーンが、謄本保有権を「領主意思」に従属するものとして自由土地保有権と区別し論じることは以上みた通りである。それにもかかわらずこの「領主意思」が「マナー慣習」の普遍化、実質的にはその「合理化」により(そしてまさしくそのことがコモン・ロウ体系への謄本保有権法の整合化の具体的プロセスを表示するものであるが)、「名目的」(nominal)なものとされることを説くブラックストーンの所論に注目される望月氏は、そこに謄本保有権の——ブラックストーンの所論にもかかわらず、すなわちその矛盾的構成のゆえに——近代化の一定の内容が存在する、と指摘された。だとすれば、ブラックストーンの所論は、明確に封建的土地法ではなく、その圧服の上に立つ近代的土地所有権法体系の一環に組みこまれた謄本保有権の権利内容の存在形態を、表現したものとされなければならないことになろう[14]。以上のことについてはなお後にふれるので、ここではさしあたり、ブラックストーンが何ゆえに、このような自由土地保有権と謄本保有権との峻別を説くかの論点に注意しておきたい。すなわち右にみた、謄本保有権の権原強化とこれを表象するその自由土地保有権への接近につき、これをきわめて法理論的に総括するためにも、ほかならぬその保有権原のこうした形態による「安定」こそが、一五世紀後半以降のその収奪の槓桿となっていたことを忘れてはならないと考える。そしてその過程は、彼らの保有権原の慣習の「古き基礎」を証明することの困難に最も集約的に現われる。

リーダムによれば、囲い込み、それを基軸とした一四五〇年から一五五〇年の第一次農業革命期は、それ以前に権原の安定性を確保した謄本保有権が、クックのさきの論述にも現われた一四六七年のコモン・ロウ裁判所の判決、すなわち「侵害訴訟」の提起の承認を行なったそれに象徴されているように、さらにその「安定」を増した時期とされる[15]。

彼は、謄本保有権者とは、マナー慣習に従う「任意における保有者」(tenant at will)として自己の権原を確立していたのであり、この「慣習的保有者」(customary tenant)の範疇に属さないものは、囲い込みによって放逐されたり、領主の恣意的支配から自由ではなかった、とする[16]。

右の彼の見解を実証するものとして掲げられた主要な事例、すなわち一五四三―四四年の Kent and Other Inhabitants of Abbots Ripton v. Seyntjohn[17] において請願裁判所は次のように判示した。

「Symon Kent および他の当事者たる『原告ら』(compleynantes)のために、前記『特別調査官』に提出され、示された諸謄本のうち、最も古きものにして、エドワード四世治世第二一年〔一四八一年四月―八二年三月〕に作成されたるものと推定される、ただ一つの謄本があるのみである。……前記リプトンのマナーの原告らを除くその余の住民および保有者たちの諸謄本も、『何らの古き基礎』(auncyent foundacyon)も、また、法における『僅少の効果』(little effecte)も有さないものである。……それゆえ、前記原告らに付与された前記諸謄本は、法において何らの『効力』(force or strengthe)も有さない[18]」と。

そこで私は問題を次のように整理しよう。謄本保有権者は一五世紀、すなわちリトゥルトンとほぼ同時代のフォーテスキュウが一般的に「人民の富」の存在を説いた時代[19]において、その保有権原のさまざまな形態のゆえに、一方に「安定」を得るものと、他方に土地を収奪されるものとに、区分されなければならなかった[20]。私たちは、一方において謄本保有権者の「安定」を讃美するクックが、他方で、「例えば謄本保有の保有財産が、領主に対し不動産復帰し、そして領主がそれを多くの年月その手に保持する」(Co. Litt., 58, b)場合をのべていることにも注意しなければならない。総じて謄本保有権につき、もしそれが「古き基礎」、すなわち「慣習」により規制されるとするならば、この「慣習」を保護する星室裁判所、請願裁判所等、チューダー絶対王朝の裁判所は、「慣習を復活しようとしたものであり、それらを訂正しようとするものではなかった[21]」ことが注目されなければならないのである。

さらに、かつて領主＝農民間の関係につき、「国王はその干渉を欲することなし」(*dominus Rex non vult se de eis intromittere*)とされた原則[22]が、もはや適用されえなくなった背後に、既述したごとくマナー体制崩壊が全面的に展開する一五世紀の事情が存在することをみなければならない。一四八七年の「さまざまなる軽罪を処罰する権限を星室裁判所に付与するための国会制定法」(An Acte geving the Court of Star Chamber Authority to punyshe dyvers mys-demeanors; 3 Hen. 7, c. 1)は、いっている。

「全能の神の大なる不快なるがごとく、現行の『国土の法』(Lawes of the land)は、殺人、強盗、偽証の罪に対し、また、生あるあらゆる人々の『安穏ならざること』(unsuerties)および彼らの土地および『動産』(goods)の喪失に対し、殆ど効力なきことにより……」(St. of the Realm, vol. ii, p. 509)と。

トレヴェリアンは一五世紀を、地主相互間の土地を求めての競争の時期とするが、彼が雄弁に語る「成上り者」の卑屈な存在[23]の背後に、古い「マナー慣習」に依拠する者、すなわち古い農業の基礎たる共同体慣習のみを唯一の根拠としなければならなかったがゆえに、ついにこの「競争」から脱落していく者、の姿を認めなければならないのである。

(1)　Holdsworth, op. cit., H.E.L., vol. 3, p. 199.

(2)　この農奴から謄本保有権者への移行が連続的に行なわれることにより法理論的にはいかなることが結果するか。それは、農奴の土地保有をめぐる規範とその領主に対する身分的従属関係を表示する「農奴身分」をめぐる規範との不可分一体の関係が、農奴の領主権力への身分的従属からの解放を媒介として弛緩し、相異なる規範体系に移行することを結果するのである。すなわち「マナー裁判所記録の謄本による保有による古き農奴的保有の置換」と、「農奴(villein)たる語がその身分の不自由なる人々を指示するものにより厳格に限局されていく」帰結を導く(ibid., vol. 3, p. 206)。なおこの点、望月礼二郎「謄本保有権の近代化——イギリス土地所有権法近代化の一断面㈠」(『社会科学研究』一一巻一号、一九五九年)、一二五頁以下参照。

(3)　ブラックストーンを中心とする三者の理論の関係につき、望月、右論文、㈠七頁以下参照。

(4)　ただし Littleton, op. cit., § 82 参照。さらに、リトゥルトンが、このようにそれぞれ慣習を異にするはずの謄本保有権につき一般論を展開しえたこと自体、「マナー慣習が、コモン・ロウによって規制された」ことの証左にほかならない(Holdsworth, op. cit., H.E.L., vol. 2, p. 582)。

(5)　一四六七年首席裁判官Danbyは「もし領主が彼の保有者〔謄本保有権者〕を追い出すなら、彼は保有者に対し『悪』(wrong)をなすことになる。なぜなら彼の保有者は、コモン・ロウにおいてその土地を有する他のいかなる者とも同様に、マナー慣習に従って、彼および彼の法定相続人のために土地を有する『不動産相続人』(inheritor)であるゆえ」(Y.B. 7 Edw. IV. Mich. pl. 16)とし、一四八一年にBrian首席裁判官が「……イングランドのすべての謄本保有権者が追い出されるならば、すなわち、私の理解するところ、常に彼の『慣習的賦役と奉仕』(custom and service)を行なっているにかかわらず、領主が彼を追い出すならば、かかる場合、彼は領主に対し不法侵害訴訟をなしえよう」(Y.B. 21 Edw. IV. Mich. pl. 27) (two cases are quoted by Holdsworth, op. cit., H.E.L., vol. 3, p. 209)としたことを指す。なお前述一一三頁注(2)参照。

(6)　Coke, E., The Compleat Copyholder, § IX, in Three Law Tracts ed. by Hawkins, W., 1764, p. 6. なおこの論文の終章§ LXII, ibid., p. 142でいう。「かくて私は、謄本保有権者につき、彼らと領主との間において1つの完全なる『統合』(Union)がなされることを欲しつつ次のごとく結論づける。すなわち、彼らは互いの『権利侵害』(wrongs and injuries)に対し『ある感情』(a feeling)を抱くかもしれないが、そのあらゆる構成員を完全無欠なる秩序に編み込んでいるところの、彼らの非常に小なるコモンウェルスが、最後まで繁栄するように、ということである」と。この叙述を、本文引用の叙述と合せ読むときクックが、領主＝謄本保有権者の関係をすぐれて固定化しようとしていたことを知ることができる。なおTawney, op. cit., Agrarian Prob., pp. 289 et seq. 参照。

(7)　Coke, op. cit., Compleat Copyholder, § XXXII, p. 56は、農奴の「賦役奉仕(corporal services)は多くの地域で、金銭」に転換されるという。

(8)　Ibid., § XXXII, p. 58.

(9)　Ibid., § VII, p. 5.

(10)　クックの法理論の理解につき、Holdsworth, op. cit., H.E.L., vol. 5, pp. 489 et seq. 参照。総じて彼の強調したコモン・ロウの優位が、後にのべる国会の優位を、いかなるプロセスを経て帰結させるに至るかの分析は、イギリス近代法の理解のための不可欠の課題であると思われる。

(11)　Blackstone, op. cit., Book II, p. 100.

(12)　Homans, G. C., English Villagers of the 13th Century, 1st ed. 1941, 4th ed. 1960, pp. 233-234.「太古の国王御料地」は、

Norman Conquest 前、Edward Confessor 王の手にあった土地、または、その後譲渡され他の領主の手に移ったもの、とされる。この土地には、villein proper と villein socage が存在する。後者は、農奴に特有な奉仕をするが、(御料地を譲受した)領主に対し、またその fellow villeins の侵害に対し、その「保有」(tenure)を、国王の「密封権利小令状」(little writ of right close)によって保護され、さらに「奉仕」の釣上げに対しても、*monstraverunt* といわれた国王の令状をうることができた。なお Pollock & Maitland, op. cit., vol. 1, pp. 383 et seq., また Williams, J., The Seisin of the Freehold being 12 Lectures, 1878, p. 31 は ancient demense の保有者を一様に coplyhold と規定するブラックストーンの所説に対し反論を加えている。

(13)　Blackstone, op. cit., Book II, p. 149.

(14)　望月、前掲論文、㈠二二―二三頁、㈡八六頁以下。

(15)　Leadam, I. S., The Security of Copyholders in the 15th and 16th Century (English Historical Review, vol. 8, Oct. 1893), pp. 684 et seq.

(16)　Ibid., p. 687; Tawney, op. cit., Agrarian Prob., p. 291.

(17)　Ibid., p. 688; Selden Society, vol. XII., Select Cases in the Court of Requests, 1497-1569, pp. 64 et seq. この事件の詳細な紹介および評価につき、望月、前掲論文、㈠五一頁以下参照。

(18)　Selden Society, ibid., p. 100. なお請願裁判所は、被告セントジョンが、原告らを謄本保有権者とみなさず、たんなる「任意における保有者」とする主張を右のように支持するが、一方原告らに対し、「合理的なる地代」によって数年間の定期賃借権を与えるよう勧告している(ibid., p. 101)。

(19)　リトゥルトン(一四〇七?―八一年)とフォーテスキュウ(一三九四―一四七六年)はほぼ同時代である。フォーテスキュウはいう。「イングランドは際立ちて豊壌なる国であるゆえ、一エーカー毎に比較してみれば、如何なる国にも一歩も引けをとらぬ。それは、殆ど自らに物資を作り出し、人の労働および労苦を必要とせず。……それゆえ、次のごときが可能となる。即ち、住民たちは、いささかも激しき労働に疲弊することなく、より信仰に満ちかつ優雅なる生活を送っていると。イングランドには富裕な、土地をもった人々が限無く広がり、かつ、満ち満ちているゆえ、小さき村落にても、ナイト、エスクワイアー、もしくは普通に『フランクリン』(franclaine〔freemen――編者注〕)と呼ばれる資産ある『家父』(householder〔*paterfamilias*――編者注〕)を見出さぬことなし。即ち、あらゆる者、かなりの不動産権を有す。さらに……他の自由土地保有権者と呼ばれる者たちおよび、資産ある陪審を構成するに十分なる多くのヨーマンがおる」(Fortescue, J., *De Laudibus Legum Angliae*, 1st ed. 1537, English ed. & Illustrated with the Notes of Selden, 1737, pp. 62-63)。編者注には、freeholders につき、これを「少額の『免役地代』(quit rent)および多分すべての譲渡において、『一時金』(fine)を支払う『自由なる鋤奉仕保有者』(free socagers)」とした Waterhouse 裁判官の説が権威として引用されている。

(20) Tawney, op. cit., Agrarian Prob., p. 292. なおリーダムは、その農奴身分の解放を祝賀し、「召使をつれ、騎馬にて」行く、富裕な「農奴」Thomas Carter のことを書いている(Leadam, op. cit., "Intro. to Select Cases before Star Chamber," p. cxxix)。

(21) Savine, A., English Customary Tenure, Quarterly J. E., pp. 69 et seq. この点について、新井嘉之作『イギリス農村社会経済史』(御茶の水書房、一九五九年)、二〇二頁参照。

(22) Bracton, Note Book, pl. 1237, quoted Vinogradoff, op. cit., p. 46, n. 2. なお Digby, op. cit., pp. 133 et seq. は、「農奴的保有」(villenagium)についてのブラクトンからの抜萃を掲載する。ディグビィは、「謄本保有の不動産権」(estates in copyhold)の法認は、「農奴的保有」自体を「捺印契約訴訟」(a writ of covenant)によって回復することができるようになることから開始するという。

(23) Trevelyan, op. cit., vol. 1, p. 126. 「州の中で有力者となろうとする野望家、隣人の土地を物欲しげにする野心家、あるいは、ただ自分自身の物を安全にさせておこうと欲する静かな人物であっても誰でも、王国の貴顕の保護を、すなわち彼をば自分の『有難い殿様』(good lord)として、そうして自己の事件が出された時、裁判官や陪審を威圧してもらったり、また、地方の裁判の進行中、国王による干渉を懇請したり、またこれを妨げてもらえるよう、自分のために枢密院で代弁してもらえるような、彼らの庇護を、獲得しなければならなかった」。なおこのような構造は、さきの「庶子封建制」といわれることがらを表象しているものといえよう。前述六八、八六、八九頁参照。

三　自由土地保有権の優越

以上若干なりとも明らかにしえた「謄本保有権」のコモン・ロウ上の地位を、より明確にするために、私は以下で「単純封土権」等の自由土地保有権と、さらに定期賃借権についての、リトゥルトンによる構成に、さしあたり注目してみたい。

前節で考察した *Quia Emptores* 法は、「本制定法は、無限定世襲的に保有される土地にのみ」適用される旨明言している。そこでこの制定法が、「保有者交替(substitution)による譲渡の自由」を承認する代りに、「復授封」「復分割」を禁圧したと考える限り(法理論的にはまさしくその通りである)[1]、その必然的結果として、「単純封土権」が、それ以下の封土権と明瞭に区別されることにならなければならない。すなわち、同法制定の一二九〇年前になされた「復授封」「復分割」による単純封土権については、これを「無制約なる所有」(unrestricted ownership)とする一方、「生涯間」ないし「限嗣」封土権については、なお「復授封」「復分割」を認めたことによって次のことが結果した。すなわち「限嗣封土権」以下は、それが本来的に前提とする封土の「世襲的不動産復帰権者」(reversioner in fee)もしくは「世襲的残余権者」(remainderman in fee)の権利(期待権ではなく確定的権利)を上位にもつ封土権であるゆえに、「所有」(ownership)は、この両者間で分割されることになった、ということができよう[2]。

右は極めて一般的な把握であるが、単純封土権の成立過程に注目すれば、極めて重要な意味を有する。メートランドは、軍役土地保有態様の相続可能性は、ノルマン・コンクェスト以来のものであるとし、ただ領主および家族からする制約(具体的には譲渡のさいの同意が必要とされること等)のゆえに、一二世紀後半まではこれが十分なものでなかったところ、一二世紀後半以降には、長子相続制の拡大、国王裁判所の譲渡の自由を認める傾向によって、これらの制約も消滅したと考えている[3]。これに対し、ソーンがかつて重要な反論を加えていることを前述しておいた[4]。

ソーンの批判をここでさらに詳細に紹介すると、彼は、右のようなメートランド説を「幻想的なもの」として排斥し、軍役土地保有が、生涯間保有から出発するものであったこと、したがって、相続可能性は、メートランドのいうごとくノルマン・コンクェスト以来のものではなかった、とのべている。すなわちいう。「一二世紀半ばまでには規則的になされた『再授与』(regrant)〔即ち封主による同一封臣への封の再授与〕によって、受封者は……彼らの保有に、よりいっそうの『所有の利益』(proprietary interest)を与えられた。彼らの保有する土地が全体として、彼ら自身のものではないとしても、それはもはや全体として領主の『財産』(property)ではなくなった。所有権は彼らの間で分割された……」[5]。「一一七六年のノーサムプトン法の認めるところによれば、……このような法定相続人は、彼の父祖の『占有』(seisin)を保有するに関し、『臣従の誓』(homage)もせず、相続料も支払わなかった。このことは、彼が臣従の誓をなすを要さなかったこと、また、領主が、土地におけるあらゆる利益を失ったことを意味するものではない。それは実際上、領主に不動産復帰しなくとも、理論上は、不動産復帰するのである。……法定相続人は、『当該土地を直接に占有する』(be seised of the land in demesne)であり、領主は、『無体的な権利』(incorporeal interest)のみを占有するのである」[6]と。

このようにソーンは、そのいう「所有の利益」(proprietary interest)の、領主とその受封者間の分割に、すなわち、「領主権」(seigniory)と、土地について「占有」の分割のゆえに、相続可能性が生じたようにみえるのであって、保有者が当初より「生涯間」の保有権を有するにすぎなかった法理論上の建前は変らない、と結論づけている[7]。

ソーン見解の以上の前提からすれば、封の世襲制は、封主が、「領主権、受封者の『臣従の誓』(homage)および『奉仕』(services)を『占有する』(be seised of)こと」のゆえに生じる、ということになる。したがって、受封者は、封土に対する彼らの「占有」(seisin)を無媒介的に世襲することはできず、ただ右の諸奉仕の履行を条件として世襲封土を保有するという関係になる。あるいは逆に、封の相続人は、封に付着する右の条件を満たす機会を喪失しないという保障を、領主に対し獲得するに至るがゆえに、封の世襲制が成立することになる、ということができよう[8]。このように単純封土権は、一方における領主の領主権の「占有」と、他方における受封者の封土の「占有」との分離を前提とし、かつその各々の「完全なる所有」(complete ownership)を法律的に表現するものであるゆえ、既述のごとく「限嗣封土権」以下の封土権とは決定的な差異を有する。限嗣封土権以下は、受封者の封に対する「所有」を完全なものとしないという前提に立っており、したがって、それは単純封土権から切り出され、他の者に付与されるさまざまな形態の「条件付贈与」(conditional grant)を「限嗣封土権」に整序せしめた一二八五年 *De Donis* 法に看取されうるような「所有の分割」(division of ownership)のゆえに生じたとされなければならない[9]。

それではこのようにして成立した「単純封土権」は、既出一二九〇年の *Quia Emptores* 法以降、いかなる展開をとげていったのであるか。リトゥルトンは、*Quia Emptores* 法前、「彼自身および彼の法定相続人に対して一定の地代を支払わせる」ことにして、ある者に、「無限定世襲的に」(in fee simple)「封土権公開譲渡」(feoffment)をすることが行なわれていたこと、しかもこの「地代奉仕」(rent service)に対し、領主は、領主権の効果としての「共通の正義から[10]」(of common right)「自救的動産差押をする」(distrain)ことができた、とのべる(§216)。「今日でも」と彼は、*Quia Emptores* 法の結果生じた事態についてのべている。「今日でも、ある者は、『割符式捺印証書』(deed indented)によって」、ある者に限嗣封土権、生涯間賃借権を譲与することができる(ただし、それぞれ「残余権」を譲渡者に世襲的に留保する旨の文言――remainder in fee――を加えて)。さらに「単純封土権」の「封土権公開譲渡」もなしうるが、以上の各々の場合につき、「彼および彼の法定相続人に一定の地代を当該割符証書」によって、「留保し」(reserve)なければならないこと、この場合の地代は「地代負担[11]」(rent charge)といわれること、なぜならば自救的動産差押権を伴う地代収得権は、「common right からではなく、『記載の効力によって』(by force of writing)のみ」生じるからである、と(§217)。

リトゥルトンの右の説明は、*Quia Emptores* 法の効果を端的に表現している。すなわち、同法による「復授封」

「復分割」の禁圧の結果、これに代るものとして行なわれた「割符式捺印証書」による封の譲与行為は、一二九〇年前の単純封土権の授与と異なり、領主権の当然の効果としての受封者の側における「地代奉仕」を創設することはできなかった。したがって、かつて、封主＝封臣間の「封建的保有関係」(tenurial relationship)から当然に導き出されると観念された「地代収得権」とその強制は、一二九〇年以降、譲渡当事者間の契約文言における「地代負担」の承認を媒介としてのみ、実現されなければならないことになる。

右の帰結は、他方一二九〇年前になされた封土の授受から生じた単純封土権を、領主の領主権に対する、受封者の土地に対する「完全なる所有」として、固定化することを意味するものでもある。リトゥルトンは、§130で「忠誠の誓」(fealty)(それは極めて一般的にのべれば、封臣が、領主の領主たる身分を消極的に侵害しないということを意味する)のみによって保有する保有者につき、ふれている。リトゥルトンによればそれは、彼らと領主間の「封建的保有関係」が、「時間の継続によって記憶からうすれ」てくることの結果であり、こうして領主がついに彼らに対する「不動産復帰権」を失うまでに至るとされるが、このような「テニュアの理論」一般の衰退——本来的「封建的保有関係」の以上の意味での衰退——は、イギリス封建土地法の以降の展開に、特異な特徴を与えることになろう。(12)

極めて法理論的に *Quia Emptores* 法から生じる結果を整理すれば以上のようにいうことができよう。けれども、その現実的・具体的効果はマナー直営地経営について現われる。すなわち、*Quia Emptores* 法は、単純封土権がそれぞれ別個の対象——封主の領主権、受封者の土地自体の支配権——に対し成立していたものを、もはや、この「保有の梯子」(13)が、さらに下方にのびることを禁圧するものであるがゆえに、マナー内の自由土地保有が漸次的に減少——すなわち保有者の「重罪」(felony)による、また、その法定相続人の欠缺による、自由土地保有地のマナー領主への「不動産復帰」によって——しても、再び領主権を留保し、かつ、直営地を自由保有地として譲渡することによって、その減少分を補充することはできないという結果を生じる。したがって、マナー領主がその強大な権原を失うことは、リトゥルトンのいう *Quia Emptores* 前の封主と封臣間の「封建的保有関係」の弛緩にとどまらぬ、マナー内の自由土地保有権の右のような量的減少と、質的に、自由土地保有権者のマナー体制からの解放から、必然的に生起したものということができよう。[14] 他方で、「封建的保有関係」から生起する「封建的付随条件」の負担は、上級領主権に対する大きな制約として、すなわちそれらの者に専属的な制約として排除されなければならない性質のものとなる。[15]

私はこの点をより明確なものとするために、以上の考察において留保した「定期賃借権」の発展過程について、次に論じることにしよう。

（1）前述一〇三頁以下でふれたディグビィ、ポロックの見解のほか、Pollock & Maitland, op. cit., vol. 1, pp. 337, 355–356 参照。なお Plucknett, T. F. T., Legislation of Edward I, 1949, pp. 104–108 は、右のメートランドの見解を補足する形で多くの注目すべき指摘を行なっている。私の以下の論述はこれに依拠するところが大きい。なお Blackstone, op. cit., Book II, pp. 91–92 参照。ただメートランドが、*Quia Emptores* 法以降も「新しい封建的保有(tenure)が時に創設されることもあった」とし、例えば「自由寄進保有の犠牲において鋤奉仕保有が完全に規則的な道をたどって成長する」ことをあげ、さらになお一般的に同法の効果として、鋤奉仕保有が優越したことを掲げていることは、以上の私の論述の前提として、注目しておかなければならない(Pollock & Maitland, op. cit., vol. 1, pp. 335–336)。

（2）Plucknett, op. cit., Concise Hist., p. 513.

（3）Pollock & Maitland, op. cit., vol. 1, esp. pp. 314 et seq., vol. 2, esp. pp. 290–295, pp. 314 et seq.; see Pollock, op. cit., pp. 66 et seq.

（4）Thorne, op. cit., pp. 193 et seq.

（5）Ibid., p. 199.

（6）Ibid., pp. 201–202.

（7）このような封の世襲制は、すなわちソーンによれば、「生涯間保有権者」(a life tenant) の「真の所有者」(*verus dominus*) への転化は、一二〇〇年代の最初に現われた(ibid., p. 209)。なおこのソーン論文は、田中英夫氏の宮崎孝次郎「イギリス家族相継産制度」(『財産承継制度の比較法的研究』(勁草書房、一九六一年)所収)に対する書評で、とみに注目されている(『法学協会雑誌』七九巻一号、一九六二年)。

(8) Ganshof, op. cit. 邦訳書二〇八頁。ただし、ガンスホーフは、一二世紀はじめ頃から世襲制はイギリスの封の特徴になったとする。またソーン見解に近いものに、Holdsworth, op. cit., H.E.L., vol. 3, pp. 120 et seq. がある。なお Sullivan, F. S., A Historical Treatise on the Feudal Law and the Constitution and Law of England, 1772, pp. 62 et seq. 参照。

(9) Plucknett, op. cit., Concise Hist., pp. 512-515; Pollock & Maitland, op. cit., vol. 2, pp. 10-11. 前述七六頁。なお以上につき、Simpson, A. W. B., An Introduction to the History of the Land Law, 1961, pp. 63 et seq. 参照。

(10) Co. Litt., 142, a はいう。「of common right すなわち by the common law といわれる。なぜなら、コモン・ロウは、臣下が、彼の『動産』(goods)、土地および『収入』(revenues)のみならず、彼の妻、子ら、彼の身体、『名誉』(fame)、そして『生命』(life)の『保護および防禦』(safeguard and defence)のために保有するところの、最も良き、かつ、最も『共通の生まれながらの権利』(common birth-right)であるゆえに。この特別の場合におけるリトゥルトンの意味するところは、領主が地代に対し、『自救的動産差押』を『共通の正義から』(of common right)、すなわち『コモン・ロウにより』(by the common law)当事者の何らの特別の『留保』(reservation)ないしは『条項』(provision)なくして、なしうるということである」。

(11) Pollock & Maitland, op. cit., vol. 2, pp. 129 et seq. によれば、「地代」につき tenurial のものと非 tenurial のものとが区別される。領主＝農民間のそれは、*census, cens, zins* などとして知られていたが、これは一般的用語とならず、*redditus* という後の用語が定着、これが「地代奉仕」(rent service)である。他の非 tenurial の地代は二つに分れ、「自救的動産差押」(distress)によって履行を強制しうるものが「地代負担」(rent charge)、そうでないときは「自救的動産差押不能地代」(rent seck, *redditus siccus*)、または「乾いた地代」(dry rent)といわれる。非 tenurial の地代は、「譲与」(grant)により生じることに注意されたい。

(12) *Quia Emptores* 法以降、しだいに「テニュアの理論」ではなく「エステイトの法理」が優越すると説くのは、Finlason, W. F., The History of Law of Tenures in England and Ireland, 1879, pp. 54-55 である。

(13) Kosminsky, op. cit., p. 79 はいう。「*Quia Emptores* の施行に至るまで、すべての譲渡が、保有の梯子に新たな横木を作り、そしていや増す速度で土地がその持ち手を変えるにつれ――殊に東方の諸州において――実際には、すべての大いさの保有も、より下級の一連の保有の新芽を出していったのである」と。なお ibid., pp. 202–203 ; Digby, op. cit., pp. 203–204, esp. p. 204, n. 1 参照。また、本文でのべたように、*Quia Emptores* 法は、限嗣的ないし生涯間の権利の譲与による「封建的保有関係」の創設は禁じていない。このことは、封建制度下における限嗣封土権の優位と密接にかかわるが、それは本来、「単純封土権」の「切り出し」によって創設されること、に注意しなければならない。

(14) Plucknett, op. cit., Leg. of Edward I, pp. 107–108. なお Coke, op. cit., Compleat Copyholder, § XXXI, p. 45 は、「時間は、すべてのマナーに生命を与える魂である」(time is the soul that giveth life unto every manor) という。そしてむしろこの前提から、自由土地保有権者をして謄本保有させることは、国王はもとよりマナー領主もなしえないところとのべたのち、*Quia Emptores* 法により結果したことも、新たな「慣習」(custom) が、すなわち「完全なる封建的保有」(perfect tenure) が、封土の譲渡人とその譲受人間に創設されることが禁じられたのであり、その結果、国王は、「新たな慣習を創造することになることは、いかなることであれ、なしえぬ」ことになり、「一般人(common person)は、新たな封建的保有を創造することになることは、いかなることであれ、なしえぬ」ことになった、とする (ibid., pp. 46–47)。

(15) Plucknett, op. cit., Concise Hist., p. 510. なお *Quia Emptores* 法の論理(それ以前のいわゆる「不便宜」(inconvenience)——Littleton, op. cit., § 231 は、中間領主と首位領主からの二重の負担を背負う者の「不便宜」を救済するために、*Quia Emptores* 法が制定されたという——を含め)が、以上考察の限りでも、マナー体制をひとつの強力な権力的装置として背後に前提としていることが知れる(see Blackstone, op. cit., Book II, p. 91)。したがって以上の法理論的考察は、総じて領主直営地経営の具体的内容、すなわち、その強制機構(マナー裁判所)および直接生産者(農民)の存在形態と、無関係に前提とされてはならないこと、いうまでもない。この点で Hargreaves, op. cit., pp. 31-34 参照。なお岡田、前掲書『イギリス初期労働立法の歴史的展開』三〇頁、吉岡昭彦『イギリス地主制の研究』(未来社、一九六七年)、七一頁以下参照。

四　「定期賃借権」の展開

リトゥルトンの注釈者クックはいっている。「リトゥルトンがのべたように、法の目からすると、いかなる『生涯間の不動産権』(estate for life) も、自由土地保有の不動産権であり、彼に対する『土地返還下知令状』(*praecipe quod reddat*)が許容されうるものである。そして……それは数年間ないしそれ以上のものであれ、『数年間の定期賃借権』(a lease for years)より、『より高くかつ大きい』(higher and greater)不動産権である。……なぜなら、コモン・ロウにおいては、後者は自由土地保有権に対し、従属し、かつ、『その権限の下に』(under the power)あるものであるゆえ」(Co. Litt., 46, a)と。

それにもかかわらずクックは、彼の時代における定期賃借権が、「法の下において確実に」なされることをのべている(ibid., 43, a-43, b)。

定期賃借権が、その出自において「受益のための賃借権」(beneficial lease)であり、主として金銭投資の回収を目的とするものであったがゆえに、土地とは異なり「遺贈の自由」が望まれたと、メートランドは指摘している。[1] その点では、領主の「後見権」(wardship)「結婚決定権」(marriage)と同様であり、さらにこの財産権の侵害回復の対象は、土地自体でなく、投資された金銭の「損害賠償」でこと足りた。[2]

しかしながら、一二七八年グロスターにおいて制定された、いわゆる「グロスター法」(The Statute of Gloucester; 6 Edw. 1, c. 11)は、次のようにいう。

「さらに次のように制定される。すなわち、ロンドン市において、彼の保有財産を数年間賃貸し、かつ、その者に自由土地保有権が帰属したる何人も、もし彼が『通謀』(collusion)により、彼自身に対して、訴を提起させ、法廷に、『欠席につき欠席を重ね』(maketh default after default)、もしくは法廷に来りて右の保有財産を放棄し、かくのごとくして『定期賃借権者』(termor)に対して、当該『期間権』(term)を失わしめている場合、また、原告〔定期賃貸人と馴れ合った第三者で、定期賃貸権者に対し、現賃借人に貸し出す前に、当該保有財産に対する権利を取得していたと主張する者〕が、勝訴し、定期賃借権者は、当該期間権の回復を、『捺印契約令状』(writ of covenant)によらざるをえなくされている場合においては、『市長および荘官』(mayor and bailifs)は、定期賃借権者ならびに原告の出席の下で、『有効な審問』(good inquest)により、原告が彼の有した『有効な権利』(good right)に基づき彼の『訴答』(plea)をなしておるか、もしくは、定期賃借権者をして、その『期間権』(term)を失わしめるため、通謀により、あるいは、詐欺により、これをなすか、審問することを得……。

右の審問により、彼〔賃貸権者〕が、詐欺により、定期賃借権者の期間権を失わしめるため、彼を訴えしめた旨判明せば、定期賃借権者は、彼の期間権を享有するものとし、かつ、原告勝訴の判決の執行は、当該期間の終了まで停止されるべきものとする」[3]と。

グロスター法前の「一般的過誤は」、とクックはいう。「定期賃借権者が、自由土地保有権を有する者の、『恣意』(pleasure)に従属するものである、ということであった。……コモン・ロウによれば、自由土地保有権を有する者以外は、自由土地保有権の回復に対し、対抗できなかったがゆえ」[4]と。

グロスター法による帰結は、自由土地保有権に対する定期賃借権のこのような訴訟方法上の従属的地位を、打破したということに求められるが、さらに賃借権自体に基づき、第三者の賃借権に対する侵害を排除し、賃借地自体を回復(「賃借地回復令状」(writ of *ejectione firmae*))しうるに至り、かつ、それが確立するのは、一四世紀末のことである。[5] この変化の理由につき、ホールズワースは、法的理由として beneficial lease が「譲渡抵当」(mortgage)に代わられたこと、経済的理由として、「農耕のための賃借権」(husbandry lease)が量的に増加するとともに、当時の絶対王制当局が、耕作地の放牧地への転換を阻止するため、むしろ定期賃借権を保護する傾向があったこと、をあげている。[6]

法理論的側面におけるこのような定期賃借権の強化は(いわゆるその物権化という意味で)、領主直営地(荒蕪地から編入されたものを含む)の部分的ないし一括貸出しから開始し、謄本保有権者の土地にも拡大せしめられた定期賃借人による経営の優位を表現するもの、ということができよう。(7) しかしながら、より注目すべきことは、このような変化がまさしくこの変化をもたらした主体によって決定的に推進され、この変化に対応しえぬ者をことごとく排除していった過程自体、である。

一五三〇年一二月一日、枢機卿ウルジーの失脚に際し、「ウルジー卿に対して国会に提出された弾劾大綱」(Articles of Impeachment exhibited in Parliament against Cardinal Wolsey)は、その第一三項で、ウルジーの教区に対しての「賦課金」(8)(impositions)によって、以前あった教区民の安逸と貧民の救済が行なわれなくなったと非難するとともに、第一四項で、これらの地域では、以前は、「合理的なる年毎の地代」(reasonable yearly rent)で「陛下の世俗の臣下」(your lay-subjects)が借地していたとウルジーはいうが、実際はウルジーおよびその配下の圧迫によって、地代は釣り上げられ、そしてまた「古契約書」(covenant-seal)による借地農たちおよび謄本保有権者たちは、彼らの「農地」(farm)から放逐され除去されるか、さもなければ、「あらゆる衡平および良心に反し」(contrary to all equity and conscience)新たな「一時金」(fine)を強制された、(9) と記述している。

さらに、一五四六年の「貧しき庶民の嘆願書」(A Supplication of the Poore Commons)は、次のようにその怒りをのべている。

「……これら『身体強健な乞食たち』(sturdy beggars)に代わるに、『身体強健な強奪者たち』(a sturdy sort of extortioners)が入りこむこと驚くべきことにあらず。これらの者たちは、我ら、すなわち、陛下の貧しき庶民を迫害するに止むことなし。……今やこれらの強奪者たちは、彼らが四〇ポンドにつき四〇シリングの一時金、五ポンドにつき五ノーブルの地代を作り出すごとく、彼らの土地を改良したり。然り、彼ら自身の『法定相続不動産』(inheritance)、すなわち、陛下が売却さるべく指定し賜うた、かの修道院の土地を陛下の御手より買い上げたるものは、彼らのこの領地内における我らに対するいっさいの迫害では不足だというのだ、として。かくて一度そこにて完全なる占有を確立せし彼らは、我ら、すなわち陛下の貧しき庶民に、以下のごとき危惧を案じせしめるに至る。すなわち彼らは、陛下の売買の結果、我らの以前の書面は無効となり、かつ、何らの効力もなしと我らを信じ込ませんとする。かかるがゆえに、我らは、我らが最近解散された修道院より得、かつ、陛下の『最高の国会裁判所』(High Court of Parliament)によりて『確証されたる』(confirmed)我らの謄本をも、彼らの確認を求めて彼らの裁判所に敢えて持ち込むほかなきに至るのだ。しかも、我らが、彼らより新しき定期賃借権を取得せんとすることなければ、我らは直ちに、そこに何らの『権利』(interest)も有さぬとして、その根拠を喪失しなければならぬ。さらに彼らが、陛下の手にもたらされるであろう、何らの『都合よきもの』(commodious thing)を見出すことなきさいは、彼らは彼らのために都合よく存在する修道院の土地におき、また、その上に、二一年間の一定の定期賃借権を求め、かつ、獲得する。かくて彼らは、陛下の権威に迎合したることに力えて、我らに突きかかり、かつは我らの謄本が、陛下よりの〔彼らの〕定期賃借権のゆえに、無効になりたると、我らを信じこませんとす。すなわち、彼らは、これにより、我らが或は二人或は三人の生涯間保有すべきとされたる、我らの以前のあらゆる書面をば、無理矢理に放棄させ、かつ、あらゆる『理性および良心』(reason and conscience)を越える一時金を地代とともに課して、二一年間の『割符証書』(indenture)によりて、これを取得すべしと強制す[10]」と。

修道院解散の結果、国王の手中に広大な土地が集中した。これらの土地がどのような階層の手に渡ったかにつき、この「貧しき庶民」たちは、「強奪者」たちの手に渡ったと非難する。そして、彼らによる自己の謄本保有権の強力的な定期賃借権への転換が、その窮乏の原因であると考えている。「修道院解散の究極の諸結果は、性質においてその直接の結果と同じであるとしても、程度において異なっていた。ともかく、イングランドのこの部分では、『旧貴族』(existing nobility)が土地を与えられたというよりは、新貴族が次世紀に興隆するための基礎がおかれることになった」[11]とトーニーはいっている。そして、「実際、王政復古において勝利することになった、姿勢や方策のほとんどは、エリザベスの死と『内乱』(Civil War)の開始の間に、姿を現わしてきたものであるとみることができる」[12]と。かくてトーニーによれば、地主階級のうちに、新、旧の対抗関係をみ、前者は商業ブルジョアジーと結びつき、イギリス市民革命を推進する中心勢力となるという想定が行なわれる[13]。

右の想定の当否については後述するとし、私は、修道院解散の帰結を論じる「貧しき庶民」の出自を解明しておかなければならない。一四一〇年ころ、ケンブリッジシャアの領主直営地が、その頃なお金納化されていなかった農奴保有地を含め、村落内の数人の謄本保有権者に対し短期間の定期賃借権として貸出され、かくて、「マナー領主は、結果的に、地代収得権者にすぎなくなった」とメートランドは論じている。「この変化は、最終的なものであると考えられるべきでないが、しかしそれは不退転なものである」[14]。メートランドの分析によれば、このことによって人的隷属関係はほとんど痕跡をとどめないまでに至るとされるが、しかし、他方、領主が農奴身分の者に対して、「彼らの農奴身分の記録を保存することに意を用いた」事実が注目されている[15]。総じて、一二世紀および一三世紀における定期賃借権者の増大は、領主直営地の一部分の貸出しによる結果といえるのであるが、いわゆる「賦役金納化」(Commutation)と貨幣地代の発展とが、この過程を一層促進させたということができる[16]。しかしこの定期賃借権――なかんずく一四世紀末のそれ――は、もともとマナー領主が、農奴による直営地経営を維持しえぬ結果、やむを得ざる譲歩として生じるのであって[17]、マナー領主の「近代型地主」への転換を意味するものではない。メートランドがこの点で、マナー機構が経済的にも法的にも不必要なものとされてこない限り、すなわち定期賃借権者の側の経営が資本主義的経営に移行しない限り、マナー領主が「近代型の地主」(a landlord of the modern type)となりえぬ、とのべるのは示唆的である。[18] かくて「貧しき庶民」の嘆願にみられる強行的な謄本保有権の定期賃借権化は、この資本主義的農業経営への移行に対応しえないのみならず、これに対して何らの積極的解決策も打ち出しえぬ者に働く必然的な経済的法則を、いみじくも表象していると思われる。

次に、私は、定期賃借権と自由土地保有権に関する他の法理論的な問題に言及しておかなければならない。すでにのべたように、クックは、リトゥルトンとともに、[19] 定期賃借権の量的増大を説き、他方クックは、リトゥルトンの頃には「確実になし得なかった」定期賃借権の設定が、今や「確実に」なされることを説いている。[20] その原因としてクックのあげる——すなわち、彼は、リトゥルトン以降の「諸種の国会制定法の力」をその原因と考える——一五四〇年の制定法、すなわち、「限嗣封土権者に対して農地を享有すべき賃借人」(Lessee to enjoy the farm against the tenants in tail)に関する法律(32 Hen. 8, c. 28; St. at Large, vol. 5, pp. 42–45)は、いう。

「非常に多くの国王の臣下たちが、これまで、土地、保有財産および『法定相続財産』(hereditaments)を、数年間、また、彼らのうち多くの者は生涯間、賃借し来り、かつ、多額の『一時金』(fines)および多額の金銭を、これに対し与えかつ支払い来るのみならず、さらに、彼らの『農地』(farms)の大なる『修復』(reparations)における、および、同地上の『建築物』(buildings)における、大なる『費用および負担』(costs and charges)を負担し来れり。……然るに、それにもかかわらず、右借地農たちは、彼らの賃貸人の死亡後、もしくは、その〔賃貸人たる〕『地位の消滅』(resignations)後、右賃貸人の法定相続人たち、『承継人たち』(successors)、または、右賃貸人の死亡もしくはその地位の消滅後、右の物について『権利』(interest)を有する者たち、により、限嗣封土権の『秘密贈与』(privy gifts)……を理由として、右彼らの農地および『小作地』(takings)から追い出され、かつ、これを奪われ来り、さらに、日毎その苛酷さは増すばかりである」と。

それゆえ、同法は、二つの側面からこの不合理に対処しなければならなかった。すなわち第一に、限嗣封土権者が、数年間ないしはその生涯間における定期賃借権の設定を、「捺印ある割符による書面」(writing indented under seal)によって、あたかもこの設定の時、彼らがその土地・保有財産・法定相続財産の、「有効・完全・純粋の単純封土権を、『彼ら自身のみのユースのために』(to their own only uses)……『適法に占有している』(lawfully seised of)」ごとくなしうること(第一条)。ただし、かかる賃借権が、「二一年もしくは三人の生涯間」を越える場合、同法は適用されないこと(第二条主要部)と。第二に、かかる賃借権に基づき、賃貸人に、また、賃貸人死亡後においてその法定相続人および承継人が、新たな賃借権を設定しない場合には、彼らに、支払われるべき地代は、「最も慣習的に〔これらの賃貸地につき〕『与えられかつ支払われ来った』(hath been yielden or paid)」ものでなければならない、とされている。

ここには、明瞭に、自由土地保有権者の権利範疇として実質的に重要な構成部分をなす限嗣封土権の、しかも、上級領主の多くが限嗣封土権者であるという事実を考えるならば、上級領主の側におけるそれ、についての賃借権設定権能の拡大と、その法認が看取されるのであり、他方、農民の地代が「慣習」に基づき固定化されるごとく読める文言は、先にのべた絶対主義政府の政策を如実に表現するものがある。一方、謄本保有権者は、その保有地の自由土地保有権が領主に帰属するものであるとされるため、その領主に対し、「毀損行為」(waste)を侵すことなくして、一年以上の定期賃借権を設定することを得なかったのであって、このことを考えるなら[21]、それの自由土地保有権者との差異は明瞭である。

さらに一五八八年の Slocomb v. Hawkins (Cro. Jac. 318, 1 Brownl. 148 ; 80 Eng. Rep. 145)における興味深い事例は次のようである。

〈事実〉　リュテラル夫人(Mrs. Lutteral)は、Dなるマナーの単純封土権を有する者であるが、彼女は、彼女の生涯間のユースのため、その後は、J(彼女の長男)に限嗣的に、そのユースのため、「和解譲渡手続きを行なった(levied a fine)」。ただし、彼女自身は、二一年間もしくは三人の生涯間の賃借権を、「古き地代」(ancient rent)等によって、「いかなる時においても」設定することができる、とした。そして、Bに対し、同マナーの三分の二を、二一年賃貸し、この定期賃借権の期限満了前、それが満了すると同時に開始するとする、二一年間の定期賃借権を同じくBに設定した。また残余の三分の一につき、カーン(Carne)なる者の死後において開始するとする二一年間の定期賃借権を設定し、そして死亡した。

Bに対しての最初の定期賃借権の期限満了後、彼女の長男Jが立ち入り、これに原告の賃借権を設定したので、Bの賃借人たる被告は、リュテラル夫人が設定したBの賃借権に基づき抗弁した。

〈判決〉「原告勝訴」(*pro quer.*) リュテラル夫人は、「来るべき日において」(at a day to come)開始する定期賃借権を設定することはできない。法は、「定期賃借権を設定する一般的権限については、それらが、『現有の定期賃借権』(leases in possession)であるべきこと以外何もいわない」。リュテラル夫人におけるがごとき、定期賃借権が可能とすれば、彼女は、「無限の定期賃借権(infinite leases)」設定により、「これらを占有から永久に切り離す(detain them from the possession for ever)」ことになり、「当事者の利益および『理性』(reason)に反すべし」[22]。

右の判決は、結論的には、「継承財産設定行為」の一形態に関し、国王裁判所のとった消極的対応を表示するものであるが、私たちはなお、他の重要な側面に注目しなければならない。すなわち、第一に、右「継承財産設定行為」自体により、先の一五四〇年法における目的の一つである、「二一年間ないし三人の生涯間」の賃借権設定が行なわれていること、しかもそれがユースの活用による限嗣封土権の単純封土権への転換によりなされていること[23]、であり、第二に、判決自体が表現している、単純封土権者の「定期賃借権」設定権限の強力さである。

リトゥルトンは、リチャード二世当時（一三七七—九九年在位）の「人民訴訟裁判所」(Court of Common Pleas) 首席裁判官リッチェル (Richel) についてふれている。

「リチャード二世の時代において、ケントに住むリッチェルなる者、直系卑属にさまざまな男子を有した。彼の意図するところ、すなわち、彼の長男は、一定の土地および保有財産を彼および『彼の身体から生まれたるところの法定相続人』(the heirs of his body begotten) のために保有するものとし、また、直系卑属欠缺するときは、残余権を第二子等、さらに同様に第三子等、というものであった。また彼は、彼の息子たち何人たりとも、譲渡できぬものと望み、あるいは、彼らが残余権等を有する者たちに対するに、これを『打破し』(bar) もしくはこれを『害し』(hurt) 合うため、『権原を担保する』(make warranty) こととなきよう望んだので、……彼は、長男に以下のごとき条件に基づき、土地および保有財産を贈与する結果となるがごとく、割符証書を作成するに至れり。すなわち、長男が、これらを、世襲的に、もしくは、限嗣的に、譲渡するならば、彼らの不動産権は、終了しかつ無効となるべきこと、そして、当該土地および保有財産は、ただちに、第二子および彼の身体から生まれた法定相続人に、そしてさらに残余権が彼の他の息子たちに、留められ、かつ、『占有の引渡』(livery of seisin) がついでなされるべきことを、である[24]」。

私たちは、定期賃借権の安定ないしその権限強化が、すでに一四世紀末に一定の帰結をみるに至ったことを重視するとともに、他方で、ある「継承財産設定行為」の現実の過程において、定期賃借権の設定が不可欠の媒介とされたこと、さらに右リトゥルトンにみられる、単純封土権が、「処分の自由[25]」を限りなく追求する現実的傾向を無視してはならない。このように、自由土地保有権の賃借権設定、またその遺贈を中心とする権能の強化は、定期賃借権の存在を、現実の経済過程においても、またその私的所有権化、すなわちその出自における「封建的保有関係」からの脱却においても、不可欠のものとしてこそ帰結しえた、一六世紀のすぐれて注目さるべき現象である。そして他方、まさしくそのことは、謄本保有権が、ついにこの自由土地保有権への従属を脱しえぬままに、またそれゆえにこそ、進行するものであったということに、より注目しなければならないと考える。(26)

(1) Pollock & Maitland, op. cit., vol. 2, p. 115. また ibid., p. 116 は中世においては、chattels real は定期賃借権よりむしろ「後見権」に対する領主権を重要なその構成部分としたことを指摘する。

(2) Holdsworth, op. cit., H.E.L., vol. 3, pp. 21 et seq. なお Hargreaves, op. cit., pp. 30 et seq. 参照。

(3) Coke, E., The Second Part of the Institutes of the Laws of England, 1797, p. 321 による。なおここに、ロンドン市の事例に限られるとみえる文言があるが、クックはその他の「特権都市」(boroughs privileged) に対してもこの制定法が拡張されていた、と Fleta 説を引用してのべる。すなわち、当時のロンドン市の繁栄は、王国に優に二二万三三八三ポンドの輸出の利益をもたらして他の市をはるかに凌駕していたため、商人たちが、貿易のための事務所を定期賃借していたことが多かった、と。

(4) Ibid., p. 322. なおグロスター法における「捺印契約」の文言は、書面によらない定期賃借権者に対する同法の適用を排除する意味をもつものであったが、21 Hen. 8, c. 15 により、書面によらぬ者にも適用されるようになった。さらに賃貸権者の在廷義務懈怠を容認する点についても、これを否定するべく改正がなされたので、馴合訴訟の事実を知らなかった賃借権者も保護されるに至る。さらに「商人法上の債務証書、交易法上の債務証書もしくは、土地管理令状による保有権者」(tenants by statute merchant, statute staple, or elegit) にも適用が拡大された (Co. Litt., 46, a)。なお水本、前掲書『借地借家法の基礎理論』六―七頁、甲斐、前掲書『土地所有権の近代化』一八五頁以下参照。

(5) この点については詳述しない。水本、前掲書六二頁以下、八六頁以下に詳細な分析がされている。

(6) Holdsworth, op. cit., H.E.L., vol. 3, pp. 216–217.

(7) 戒能、前掲論文「土地所有と相続 (一)」二六二―二六三頁。なお Tawney, op. cit., Agrarian Prob., pp. 209–210 は、一六世紀が開始する頃は、直営地は一人に、また多くともせいぜい三、四人に、貸し出されるに至るという。

(8) Cobbett's Parliamentary History of England from the Norman Conquest in 1066 to the Year 1803, vol. 1, pp. 435 et

seq. によると、ウルジーの好戦的政策から必要とされた、「賦課金」および国王の「臨時税」(subsidy)をめぐる、ウルジーと、彼の計で庶民院議長となった Thomas More との、対立が知れる。庶民院が、この賦課金等に反対であると知ったウルジーが、庶民院にのりこんだところ、モアは次のようにのべたという。「議院のこの沈黙を許し給わんことを。王国の最も賢く、最も知識のある者をも驚愕させるほどのかの人士の姿に、度を失っておりますがゆえのこと。枢機卿閣下に伝えたく努められるべき論議があるにもかかわらず、閣下のここに来駕されし、そのくだんの作法は、この議院の古き自由の予測しうるものでもなく、これに適うものでもなきことのゆえ」(ibid., p. 486)。

（9）Ibid., p. 495.

（10）in Fourth Supplications, Cowper, J. M., ed., pp. 61–92, quoted English Historical Documents, vol. V (1485–1558), pp. 285–286.

（11）Tawney, R. H., The Rise of the Gentry, 1558–1640, Ec. Hist. Rev., vol. 11, No. 2, 1941, in Stone, L., Social Change and Revolution in England, p. 15. 邦訳書、浜林正夫『ジェントリの勃興』(未来社、一九五七年)、六〇頁。

（12）Ibid., in Stone, p. 16. 邦訳書七三頁。

（13）右トーニー論文のほか、Tawney, op. cit., Religion and the Rise, pp. 179 et seq. 参照。なおこの批判者 Trevor-Roper, H. R., The Decline of the Mere Gentry, The Ec. Hist. Supplement. I, 1953, in Stone, op. cit., pp. 19–32 参照。後者はトーニーが旧貴族とジェントリの差を土地経営方式に求めるのに対し、官職保有による農村ジェントリと宮廷ジェントリの差を強調する。実証の方法的前提として、トーニー的立場がすぐれていると思われる。

（14）Maitland, F. W., History of a Cambridgeshire Manor, English Historical Review, July 1894, in Cam, H. M., ed. Selected Historical Essays of F. W. Maitland, pp. 33, 40. なお Tawney, op. cit., Agrarian Prob., pp. 94 et seq. 参照。

（15）Maitland, op. cit., Cambridgeshire, pp. 37 et seq.

（16）Kosminsky, op. cit., p. 203.

（17）岡田、前掲論文「特質（一）」八三頁。

（18）Maitland, op. cit., Cambridgeshire, p. 35.

（19）リトゥルトンにおける「生涯間保有権」と「定期賃借権」の把握は、興味深い問題を想起せしめる。すなわち彼は、§90

で、「生涯間のみの不動産権を有する者は、臣従の誓をなすこともなさせることもなし」として生涯間保有権を、単純封土権、限嗣封土権と区別する一方、socage の終章(§132)で、「さらにまた定期賃借権が数年間ある者に設定されるならば、賃借人は賃貸人に、忠誠の誓をなすべしといわれる。彼は彼より保有するゆえに」と論じ、生涯間保有権者と同様、「忠誠の誓」を定期賃借権者におよぼそうとする。一方彼は、§58で、「土地返還下知令状」(*praecipe quod reddat*)が侵奪回復のため発給されうるか否かにより、定期賃借権と自由土地保有権たる生涯間保有権を峻別する。彼が定期賃借権者をこのように「封建的保有関係」に包摂しようとする一方、生涯間保有権をむしろこの「関係」から相対的に引き離して考えている点は、既出ソーン見解とも密接に関連すると思われる。なおこの点につき、Simpson, op. cit., pp. 93 et seq. 参照。

(20)　Co. Litt., 43, b-43, a をなお参照されたい。

(21)　Simpson, op. cit., p. 159. 望月、前掲論文、㈢六八頁、八〇頁注10。なお waste につき、23 Halsbury's Laws of England, 3rd ed., p. 568. 参照。また Williams, op. cit., pp. 40-41 は、領主の「許可」(licence)によって謄本保有権の定期賃貸が、その領主の「占有の外」(out of the seisin)で効力を生じるという。

(22)　Scrutton, T. E., Land in Fetters, 1886, pp. 108 et seq., 124 et seq.

(23)　Wedgwood, J., The Economics of Inheritance, 1929, Pelican ed., 1939, pp. 92-93.「ユース」が封建土地法における「遺言の自由」制限を回避させた重要な役割についてふれている。

(24)　Littleton, op. cit., §170. このような設定行為を無効とするリトゥルトンは、その主要な論拠として、捺印証書によって設定され開始する残余権は、それがこの残余権者の生存中になされたものでなければならないとするが(§171)、これによれば「未確定的残余権」(contingent remainders)は、ほとんど不可能となろう(Scrutton, op. cit., p. 116)。この点 Co. Litt., 377, b 参照。ただしクックの注目すべき論述によれば、リッチェル裁判官が、いわば自己を原告として他の者に訴訟をおこし、かつ、これを自ら裁判し(結果は敗訴であったが)、「継承財産設定行為」の範型をつくり出そうとしたとみられることである(ibid., 377, b)。

(25)　Littleton, op. cit., §360 を参照されたい。

(26)　椎名重明「イギリス市民革命の土地変革」(大塚還暦論集、高橋・古島編『近代化の経済的基礎』(岩波書店、一九六八年)所収)、二〇六、二一三、二一九—二二〇頁。

五　囲い込みについて

最後に囲い込みに関する法理論的問題を整理するために、私は、まず領主のマナー荒蕪地に対する「開発」(approvement)の権利に言及することから始めよう。この権利は、領主のマナー荒蕪地「所有」から導き出されるものであり、したがってその保有者の荒蕪地に対する権利は、領主の容認に基づく「入会する権利」として現われざるをえない。このことは、一二三六年のStatute of Merton (Commons Act, 1236)および一二八五年のStatute of Westminster II (Commons Act, 1285)により確立されるに至るものである。

ところで一五五〇年の「共同地および荒蕪地の改良に関する国会制定法」(An Acte concerninge the ymprovement of Comons and Waste Groundes, 3 & 4 Edw. 6, c. 3, St. of the Realm, vol. iv, part 1, pp. 102–103)は、「国王ヘンリー三世の御世の第二〇年にマートンで開かれた国会において」制定された前記マートン法の立法理由は次のようであるとのべる。すなわち「騎士領(Knyghte)および他の彼らの大なるマナーにおける『保有財産』(teñtes)から自由保有権を『授与した』(enfeoffed)イングランドの多くの有力者たち」は、彼らの授与したマナーの残余部分——荒蕪地、森林地、放牧地——から、彼らの「収益」(pfytte)を獲得することができなかった。「彼らからの譲受人(feoffees)が、彼らの『保有財産』(teñtes)に帰属すると同じだけの十分なる『放牧地』(pastures)を有するにかかわらず」と。

このような、自由土地保有権に付随する荒蕪地に対する入会権が保障されたことについて、クックは次のような説明を加えている。すなわち「マナー領主は、『耕作地』(arable land)のある一部分を他人に授与すると、『譲受人』(feoffees)は、……『封土権公開譲渡に付随するものとして』(as incident to the feoffment)領主荒蕪地における『入会権』(common)を有する……なぜなら、彼はその土地を家畜なくして鋤きかつ施肥しえぬゆえ」。またその第二の理由として、「農業と耕作の維持および発展」のためであり、また、そうすることが「法の非常に歓迎するところ」であったからである、と。(1)

さらに、一五五〇年法は、マートン法の内容と、前記ウェストミンスター第二法律につきふれる。

「当該保有者が、同『保有財産』(teñte)から『自由なる通行』(*fre* ingresse and engresse into and from)とともに、その保有財産についての『十分なる放牧地』(sufficient pasture)を有するなら、……荒蕪地、森林地、放牧地の領主らは、彼らの荒蕪地、森林地、放牧地を、彼ら自身で開発しうることが、……合意された」(マートン法)。

「隣人と隣人との間については、〔前記マートン法には〕何らのべられることのないゆえ、荒蕪地、森林地、放牧地の多くの領主らは、これまで十分な放牧地を有する隣人および隣人らの『反駁もしくは反論』(contadicc̃on or gaynsayinge)のなすがままになれり。〔それゆえ〕爾後、次のごとく定める。マートンにおいて、領主らと彼の保有者間で制定された前記制定法〔マートン法〕は、荒蕪地、森林地、放牧地の領主らと隣人ら間に適用されるものとする。ただし、彼らは、その『臣下ら』(men)および隣人らのために、十分なる放牧地を、『残す』(savinge)ものとす」(ウェストミンスター第二法律)。

このように領主の荒蕪地「所有」を前提とし、その「所有」に属する土地の「開発権」を、自由土地保有権者に対する、一定の「入会地」の留保を条件として保障するマートン法等が、何ゆえ一六世紀中期において再確認されるに至ったか。この点で同法はいう。「前記『不動産権』(Estatute)〔荒蕪地等〕が、他の『物』(thinges)の中でも、とりわけ豊富に存在するごとくみえるので、また、前記不動産権が、このイングランドのコモンウェルスに有益であると考えられるので、……前記すべての諸制定法〔マートン法等〕……は、現在廃止されず、爾後、有効でありかつ効力を有すべきものとし、また、十分なる効力をもつものとして、施行さるべきものとする」(St. of the Realm, vol. iv, part 1, p.

103)と。したがって、この「再確認」は、ほとんど囲い込まれずに残されている荒蕪地の存在を前提としている。

このようにマートン法によって保障された領主の荒蕪地「開発権」が、一六世紀半ばの同法の成立に至るまでほとんど機能してこなかったにもかかわらず、この時点で再確認されたことには以下の意義が存在する。すなわち、同法が「この王国のさまざまな諸州におき、共同地もしくは荒蕪地上に、三エーカーかつこれを越えない土地を付属した一定の必要なる家屋が建築され来たる」ことを理由に、それらのものにマートン法等は適用されないとした点については、カートラーがのべたように、絶対王制期の小農保護政策——内容においては耕作強制と、彼らの絶対王制の常備軍、租税収入における基底的存在——が示される[2]とはいえ、いうまでもなく重点は、封建貴族層、ジェントリの王権からの解放、彼の土地の私的所有権化を表示するところにある。[3]

領主層のこのような入会地囲い込みへの進出[4]は、他方それ以前に進行する借地農による入会地の漸次的統合を前提とし、ある場合には、小農からの入会地囲い込みの要求を禁圧しながら進行したと思われる。すなわちこの領主と借地農の協働による囲い込みは、しばしば、大借地農による入会地統合の結果、入会地利用についての「新たな協定」(new arrangement)の作成が必要とされるがゆえに、行なわれることが多かったのである。[5]

絶対王制下におけるマナー体制の全般的崩壊は、共同体内部におけるいかなる変化から帰結してくるのであるかを次に論じなければならない。

クックは、一三四四年に前記マートン法における「十分なる放牧地」が「残されていない」と領主を訴えた保有者に対し、ヘール(Herle, W.)人民訴訟裁判所首席裁判官が、陪審[6]に従い原告勝訴の判決を下そうとしたところ、「それは阻止された。なぜなら当事者たちが合意したので」という事実を伝えている。クックのこの説明に出てくる「巡回裁判所の登録陪審員」(recognitors of the assize)の活躍[7]は、入会地の管理にあたる彼ら自由土地保有権者の自治的規範ないしその背後にあるヴィノグラドフの自律的「村落共同体」(8)を想起せしめるものがある。しかしながら、絶対王制期における多くの立法は、その地方行政組織の単位を「教区」に求めていくことになる。しかもこの「教区」における「教区会議」(vestry)の内実は、少数有力者による「古い共同体規制」を含む地方統治機構の独占であり、それは教区民全員による意思決定の建前とも異なること、もとよりである。(9)

「ウィルツ州のウトゥンベイスト市」(the borough of Wooton Baset in the County of Wilts)の「市長および自由土地保有権者」(Mayor and free tenants)が国会に請願した「囲い込みに対する請願書」によると次のことが知られる。すなわち彼らは、「自由なる放牧入会地」(free common of pasture)を、あらゆる種類の家畜の飼養のため、「家畜頭数制限なく」(without stint)保有していたところ、一五五五年、ウトゥンベイストのマナーが、フランシス・エングルフィールド(Sir Francis Englefield)の手に入り、彼らが享有していた入会地を囲い込んだ。しかし彼は、「彼らの間で入会地として使用する」(use as common among them)よう、この土地を右自由土地保有権者に定期賃貸した。このときこの入会地(二〇〇〇エーカー)につき、わずか一〇〇エーカーの部分について「権利」(privilege)を有するにすぎない Wooton Laund の名義で、この定期賃借権の設定を行なった。その後フランシスの法定相続人たる小フランシスが、何らかの方法で「我が邑の特許状」(the charter of our town)を手に入れ、かつ、「邑が、『時効』(prescription)による以外何らの我らの入会権を示すものなきことを知り」次の訴訟を提起した。すなわち、その入会権を証明せよ、と。ところが長い訴訟の係属中、右自由土地保有権者らは、「これ以上訴訟を行なう」に耐えず、さらにそのためには小フランシスが、「あまりに強大であったので」(being too powerful)、やむなく彼らの一人である John Rous が、彼の五〇〇ポンドの価値ある土地を売り払い、訴訟費用をつくった。さらに他の者も次々窮乏し、ついに小フランシスからの右入会地の「生涯間」賃借を甘受せねばならなくなった。かくて、右請願書はいう。

「イングランドにおけるいかなる『自治都市』(corporation)であれ、我らほど非道にさらされたるはなし。なぜなら、我らは我らがかつて有し来たる入会権を剝奪され、かつ、我らはもはや『一片の』(one foot of)それも享有しえぬ。……我らは、かくのごとく非常な貧困に陥りたるがゆえ、……我らの権利を再び享有させよ……というのである」と。(10)

右から知りうるように、自由土地保有権者の入会権は、その法的有効性と、またそれを担保する入会権行使の経済的利益の相対的優位にもかかわらず、(11)否定されている。このことは、重要である。なぜならばいわゆる「新型地主」の擡頭によって、新たな入会権行使形態が、彼の主導するところにより強力的に構成されているからである。このことはすでにふれた彼らによる謄本保有権の定期賃借権への暴力的転換と均しく注目されなければならないのである。

絶対王制期における囲い込みに対する抵抗運動は、一五四九年、ノーフォークの一ヨーマンたるロバート・ケットの名で知られる「ケットの反乱」にそのひとつの型を見出すことができる。この一揆の過程で、国王に請願された文書には次のような文言がみえる。すなわち、

「我らは、『サフラン栽培地』(saffron grounds)については、それが非常に費用を彼らにかけしめているゆえ、これを囲い込むことに対し、損害の加えられることなきよう、しかも、爾後何人もさらに囲い込んではならないよう制定されるべく嘆願する」(第一項)。「我らはいかなるマナーのいかなる領主も、入会地に対しこれを『共同する』(common)ことなきよう、嘆願する」(第三項)。「我らは、あらゆる自由土地保有権および謄本保有権者が、あらゆる入会地の『収益』(profits)を享有し、かつ、これに対する入会権を有し、さらに領主はこれに対する入会権を有さず、また同じきものについての収益を享受しないものとするよう、嘆願する」(第一一項)。(12)

右からは、一揆の主なる構成が、新たな経営形態を志向する富農層にあり、小農は、ただ、領主権からの解放とい

う点で彼らと利害の一致をみせていることが知られる。けれども、私は二つの点をなお指摘しなければならない。すなわち、すでにのべたように自由土地保有権者は領主の荒蕪地に対する入会権を、自己の保有地に付随するものとし、かつ、その現実的担保を彼らの自律的規範に求め、領主と対峙しえたのに比較し、謄本保有権者の荒蕪地に対する入会権は、領主の入会地盤所有に従属するものと構成されること、である。クックはいう。もし「彼〔謄本保有権者〕が、領主の『地盤』(soil)において、『入会権もしくは他の収益権』(common or other profits)を主張するならば、彼は、領主の名において、『時効取得をなす』(prescribe)ことはできない。なぜなら、領主は彼自身の土地において入会権もしくは他の収益権を時効取得により取得することはできぬゆえ。しかしながら、謄本保有権者は必然的にマナー内のある一定の場所において時効取得をなさなければならない場合があるのであって、そしてその場合においては、右のマナー内において以下のごとき慣習、すなわち当該マナー内のあらゆる保有者が右の場所において『入会権』(common)を有し来ること、の存在を申立てなければならないのである。しかし、もし彼が、『第三者』(a stranger)の土地において入会権ないしは他の収益権を主張する場合は、彼は彼の領主の名において時効取得をなすということにならなければならぬ」と。[13]

　謄本保有権が自由土地保有権者とその権原についても同じ性質の入会権を獲得するに至るのは、その権利内容の自由土地保有権への接近によらなければならないことは、すでにのべたことからも知ることができよう。クックはその謄本保有権についての論文で、「もしある国会制定法が、コモンウェルスの善のため制定され、かつ、それによって、いかなる利益、奉仕、保有態様もしくはマナー慣習の変更によって、何らかの『既得権侵害がさらにつけ加えられるよう』(prejudice may accrue)なものでないならば、謄本保有権者は、通常このような制定法[14]」の恩恵を受けるのであるとしているが、このことは、謄本保有権者の入会権享受を承認する趣旨と思われる。[15]そのことはまた、クックの謄本保有権についての前述の把握から論理的に導き出されることでもある。これらの囲い込みがいかなる内容のものとして展開されたのであるかをみよう。さしあたり私は二つの例にふれたい。

第一に、一五七六年、当時の大蔵卿(Lord High Treasurer of England)であるセシル(Sir William Cecil, Lord Burghley, 1521–1598)に宛てられた手紙において、ロンドン市の「長老」(Alderman)らは次のようにのべている。すなわち、現在の諸弊害は、「何がその真の原因であり、何がその救済になるのか」答えるといい、そしてそれは、「耕作(plowes)を維持すること」であり、そのためには「この王国には多くの豊壌な土地が荒蕪地に存在している」ゆえ、これを分割すべきであるとして、次のようにいう。

「すべてのマナーの領主は、『土地および地盤』(grounde and soyle)の所有者であるが、かくのごとき荒蕪地の『放牧入会権』(herbage)およびその他のあらゆる収益権は、共同地に合同して居住する保有者らに帰属さるべきものゆえ、また、その同じきものの『持分』(portion)が、すべての人々に分割され、分与さるべきものであるゆえ、領主の希望において、それは分割さるべきである。ただし、『合同の保有者』(Joynte tennauntes)は、放牧入会権および他の収益権を、もしあれば有すべきところ、慣習は、いずれが彼らの権利であり、かつ、彼らに帰属すべきものとされるかということを失念することを忌み嫌うものであるがゆえ、……領主と保有者間で形成される『法ないしは判決』(Lawe or decree)により、その確定がなされるべきこと。すなわち、前記荒蕪地が存在するいかなるマナーであれ、そのすべての領主は、保有者らより指名され、かつ、選出された四人ないし六人の『主だった保有者』(grauist tennauntes)とともに、当該マナーの荒蕪地を、彼および彼らに、『日歩支払い』(a payne by a daye)により、譲渡し、かつ順次に割当てかつ分割し、かくて当該マナーのすべての保有者は、彼が現在支払っておる地代に従って、当該の荒蕪地の持分を得る……さらに当該保有者は、かく『割当てられた』(appoynted)

荒蕪地とともに、当該の保有地および当該の保有地に付随するあらゆる『耕地付随特別設定入会権』(appurtenances)を有しかつ専有する(have and occupie)[16]」と。

第二に、一六〇六年のある制定法によると、ヘリファド州(County of Hereford)の囲い込みの概要が次のように伝えられている(4 Jac. c. 11 ; St. at Large, vol. 7, p. 215)。

「ヘリファド州における一定のマナーの土地の所有者および借地農は、かかる区域のある部分を囲い込むことを得。すなわち右諸マナーの王国の他の諸地方と異なる農業のゆえに。当該諸マナーのすべての所有者および借地農は、その土地の三分の一を、囲い込むことを得。ただし、本国会制定法の適用は、荒蕪地および『共同地』(common grounde)には及ばぬものとす。

……囲い込みをなすすべての者は、彼の入会権を『比例配分的に』(proportionably)『縮減される』(abate)ものとす。すなわち囲い込みをなす彼らは、『残余の入会権者』(the residue of the commoners)によって、彼らの入会権を『制限される』(stint)。すなわち〔この〕制限によって、制約された以上の家畜を有する者はこれを没収される。また、〔同様の者の〕『保有地』(tenure)も同様にして没収される」。

前者においては、領主とその「主だった保有者」の協働による荒蕪地の分割が示される。そこで注目されるのは、マナー領主の荒蕪地所有権と彼の保有者のそれに対する入会権とが、権原の性質においては入会地盤に対する同等の所有関係を表示するものとして全く差異のないものと、扱われていることである。しかも、この前提の下に行なわれる荒蕪地分割は、地代総額の大いさに比例するとされるのであるから、結果的には大借地農の利益が優越する[17]。

後者は、開放耕地農民が自ら開放耕地の囲い込みを行ない、かつこれが国会で裁可された例である。しかもそれが、囲い込みに対し禁圧的傾向を示した絶対王制の下で裁可されたことに注意したい。さらにこの囲い込みが、自由土地保有権者および定期賃借権者の手で行なわれたことは文言から明白に知りうることである。したがって右二つの事例からは、謄本保有権が囲い込みないし荒蕪地分割にどのようにかかわったか、あるいはかかわるものとされたかは明瞭に知りえぬとはいえ、囲い込みが、領主、借地農の手により主導され、かつ、その権益が相対的に優位に扱われていることを知ることができるのである。

市民革命期以降の囲い込みについては、すでに椎名重明氏の研究があるが、[18]一七七三年の「この王国の開放耕地、荒蕪地、放牧入会地のよりよき耕作、改良、および、規制のための国会制定法」(13 Geo. 3, c. 81; St. at Large, vol. 30, pp. 253-261)を指摘しておこう。同法は、その第一条でいっている。「……それゆえ次のごとく制定されるのが陛下の希望するところである。……すなわち、この王国のすべての教区および地域において、開放もしくは共同耕作地が存在するところでは、右地上に存在するあらゆる『耕作地』(the tillage or arable lands)は、当該の『各耕作者』(respective occupiers)により、以下の方法で『整地され、柵を設けられ、耕作され、また、改良される』(be ordered, fenced, cultivated, and improved)ものとし、また、以下の『耕作方式』(course of husbandry)により、維持され、整地され、継続され、かつ、前記の各〻の教区もしくは地域の前記の開放もしくは共同耕作地の……耕作者の、『数および〔土地の〕価値における四分の三』(three fourth in number and value)〔の一致となるごとく〕『集会』(meeting)において……」決定された耕作のための「規則・準則および制約(rules, regulations, and restrictions)の下で耕作されるべきものとする」と。さらに第三条では、右の「集会」において、「耕作者の数および価値において過半数をしめる者に対し、また、それらの者のために」(to and for the major part in number and value of the occupiers)、一人ないしそれ以上の「耕地管理主任官もしくは管理官」(field master or field reeve)を選出することができる、とする。

右にみられるように、囲い込みを含む開放耕地制の変更が、大土地所有者の利益に従い行なわれている。アーサー・ヤングは、一七七一年に刊行したイングランド北部の旅行記で、ヨークシャアの囲い込みの過程を論じ、「大きな不動産の所有権者は、……全所有権者の会合前、彼ら自身の間で」囲い込みの細目をほとんど決定してしまっている事実を伝えている。(19) このような帰結につき、一八四五年「囲い込み法」の審議において、クロウフォード(Sharman Crowford)議員は次のようにのべている。

「過去の囲い込み法案の経験は、私には、貧農の権利が顧みられなかったことを証明してみせている。もとより、共同地の囲い込みがもたらす雇用の需要によって、貧民が恩恵を受けるといわれている。けれども、私は、それは大変疑わしいと考えるものである。過去の証拠は、その点をいささかも証明してくれていない。アン女王からジョージ四世の御世まで六〇〇万エーカー以上の土地が囲い込まれたけれども、貧民の雇用と彼らの生計の改良は、囲い込まれた土地の量に対しいかなる割合でもかかわりをもっていなかったのである。……この法案はマナーの所有者たちに対し、大きな権限を与えよう。……彼らに与えられる権限の行使は、ある過誤を惹起させると、私は考える(20)」と。

市民革命期以降の囲い込みについて看取される保有の量的に大なる者による囲い込みの主導、および、これによる小農の切り捨て(土地清掃!)の進行は、何よりも開放耕地耕作者の耕作地所有権原の質的差異を区別しないところに特徴がある。これに対し市民革命前の囲い込みは、総じて、領主の牧羊のための放牧地囲い込みの段階から(21)、しだいに借地農と領主協働による、また、借地農による、農民自らの囲い込みに移行し、同時にこの過程が、封建的土地所有関係を弛緩せしめていったものと思われる。

(1)　Coke, op. cit., 2nd Institutes, vol. 1, p. 85. なおこの common of pasture appendant(「自由保有地付随入会権」)につき、Parke 判事は次のようにのべる。「あるマナーのすべての保有者が、コモン・ロウによってこのような権利を有していると理解さるべきでない。一定の保有者がそれを有するのである。『時効』(prescription)によるのではなく、『譲与』(grant)に付随するコモン・ロウによる権利として、である。これは、あらゆる保有者の『入会権』(common right)ではなく、耕作地の各々の譲受人(*Quia Emptores* 法前の)のみに、彼の個人的な譲受の結果として帰属するひとつの『付随物』(incident)である」(Dunraven v. Dewellyn, 19 L.J. (Q.B.) 391)。

(2) Curtler, W. H. R., The Enclosure and Redistribution of Our Land, 1920, pp. 90–100.

(3) Gonner, E. C. K., Common Land and Inclosure, 1st ed. 1912, 2nd ed. 1966, pp. 59–60; Curtler, op. cit., p. 99.

(4) Tawney, op. cit., Religion and the Rise, p. 152 は、以上の過程につき、市民革命の準備がこのような形で行なわれたとのべ、所有についての個人主義的考え方の漸次的展開を、ヒューマニズムの否定につらなるもの、と理解する。なお、このように論じる彼の思想は、同書第四章の結語部に明確に打ち出されている彼のピューリタニズムについての理解と、深く関係している。なお ibid., pp. 140–154, 270 参照。

(5) Tawney, op. cit., Agrarian Prob., pp. 242–243.

(6) 「十分なる放牧地」の判定については、保有地の大きさに従い、陪審員が裁定する(Vinogradoff, op. cit., p. 275)。なお荒蕪地の譲与につき、Williams, op. cit., p. 37 参照。

(7) Coke, op. cit., 2nd Institutes, vol. 1, pp. 87–88.

(8) Vinogradoff, op. cit., pp. 272–275. ヴィノグラドフは、マナーの基底に村落共同体の自律的規範の存在を認め、かつ、これによる領主権の制約を強調する。これに対しメートランドは、自由土地保有権者と「法律家が『奴隷』(serfs)と呼称する」者とを分け、後者がいわゆる community of the vill の構成において主要な構成員であり、自由土地保有権者は、その「共同体規制」(communal burdens)を十全の意味で受ける者でないことを強調する(Pollock & Maitland, op. cit., vol. 1, pp. 620–624)。

(9) Holdsworth, op. cit., H.E.L., vol. 10, pp. 128–132. なお彼は、「共同体意識は古い地方裁判所と地方官吏によって生きのこった」という(ibid., p. 131)。また彼は、ピューリタン革命期長期議会の勝利以降に、国会とコモン・ロウの優位と、中央政府の地方行政統制の終了、の時点を求める(ibid., p. 133)。

(10) Hill, C. & Dell, E., The Good Old Cause, 1949, pp. 96–97. なお編集注によると、囲い込みに対する抵抗がこの程度でも可能であったのは、有力者(mayor and free tenants)が反対運動に加わっていたからであるという。なお編者はこの請願がチャールズ一世にではなく国会に提出されたことを特記する。

(11)　この点に関しトーニーは、この事例を引き、自由土地保有権者の結果的敗訴が、この訴訟に実際に加わることができず、また加わるほどに利益を有さなかった(すなわち、彼ら自由土地保有権者の当該入会地利用の優位のゆえに)慣習的保有者らのそれをも含めた入会権喪失をもたらすことに注目する(Tawney, op. cit., Agrarian Prob., p. 252)。

(12)　The Demands of the Rebels Led by Ket, Harl. MSS. 304, f. 75, in Bland, A. E. & P. A., Brown, M. A. and Tawney, R. H., English Economic History, pp. 247–250.

(13)　Coke, op. cit., Compleat Copyholder, § XXXIII, pp. 66–67. なおエルトンはいう。「謄本保有権者は、語の厳格な意味において『自由保有地付随入会権』(common appendant)を有することはできないが、……しかし彼らは、慣習により彼らの『謄本保有の保有財産』(copyhold tenements)に『付随する』(appurtenant)入会権を有した」(Elton, C. I., A Treatise on Commons and Waste Lands, with Special Reference to the Law of Approvement, 1868, p. 216)。

(14)　Coke, op. cit., Compleat Copyholder, § LIII, p. 122.

(15)　Tawney, op. cit., Agrarian Prob., pp. 248–249 ; Elton, op. cit., pp. 209 et seq. なおクックは謄本保有権者にマートン法等が適用されるかについて特にのべるところはない(ただ Coke, op. cit., Compleat Copyholders, § LIV, pp. 124–125 で、前記32 Hen. 8, c. 28(一五六頁参照)について彼は、捺印証書による定期賃借権の設定を、謄本保有権者はなしえぬゆえ、同法は謄本保有権者に適用されないこと、また「ユース法」につき、「本制定法単独の機能による占有の変更」(the transmutation of possession by the sole operation of the statute)は、領主の承認と保有者の同意を媒介としないものであるゆえ、領主にも保有者にもその既得権侵害を行なうことになるとし、その適用がない理由をのべる)。けれどもエルトンは、それは、クックが、マートン法等の適用を謄本保有権に認めているからであるという(Elton, op. cit., p. 216)。なお望月礼二郎「イギリス法における入会権」(内田・渡辺編『市民社会と私法』(東大出版会、一九六三年)所収)、一二七頁注12参照。

(16)　Letter from Alderman Box to Burghley, proposing Compulsory Division and Sowing of Wastes, c. 1576, in Tawney, R. H. & Power, E., Tudor Economic Documents, vol. 1, p. 76.

(17)　このような提案は一六二一年以降の「庶民院議事日誌」(The Journal of the House of Commons)にしばしば登場したかの「よりよき改良のための法案」(a Bill for the Better Improving)に似たものといえよう。けれどもそれは例えばケットの反乱に言及し、「神眼ほとんど過誤を予見する能わず」(The Eye of Providence can hardly forsee the Mischiefs)とのべたデニー(Denny)議員、また国会は「入会権に介入すべきでない」としたクックらの意見で否定されることがしばしばあった(The Journal of the House of Commons, vol. I, p 61.)。

(18) 椎名重明『イギリス産業革命期の農業構造』(御茶の水書房、一九六二年)、一七七三年法については六五頁以下参照。

(19) Young, A., A Six Months Tour through the North of England, 1771, reprint ed., vol. 1, pp. 222 et seq.

(20) Hansard, Parliamentary Debates, 3rd S., vol. 82, Cols. 15 et seq.

(21) A Discourse of the Common Weal of this Realm of England, ed. from the MSS by late Lamond, E., pp. 88–89, 125–131; Unwin, G., Studies in Economic History, 1927, pp. 187–189. とくにドクターとナイトの羊毛貿易をめぐる論争から多大な示唆が与えられよう。

小括

一 市民革命への移行

「一言でいえば、この国に特有のかの統一性と良き性質そしてかの寛仁さは、朽ち果ててしまった。……正義と憐憫の精髄である慈悲の心情は蔑まれ、良き性質を口にするだけで、嘲笑され、愚者のごとく扱われ、かわって所業の荒々しさあるいは無慈悲さと冷酷さが好まれている。寛仁さにかわり、賤しく下劣な金銭欲が、最も真実の知恵のごとく考えられ、富裕になることに寄与するならば何であれ、適法なりとされるごとくである」[1]。

クラレンドン(Edward Hyde, First Earl of Clarendon, 1609–1674)は、一六六〇年以降のイギリスの状態を右のように悲痛な調子で描いている。しかし彼のいう「金銭欲」の優位は、内容的にはすでに一六〇一年、下院で「自由なる営業」(free trade)に関する報告書および法案を提出したエドモンド・サンディズ(Sandys, E.)委員会が、明瞭に打出した絶対王制の圧服と、それを帰結せしめるブルジョア的綱領の優位、を意味するものである。報告書はいっている。「彼らがこれに従事し、かつ、これによって糧をえているこれらの『営業』(trade)について、およそあらゆる臣民は、その土地に関しても、さらにまたその勤勉と自由に働かすことについても、生まれながらにこれを、『相続しうる』(inheritable)ものとして有している。『商業』(Merchandize)は、あらゆるものの中で最も利益多く、かつ、とりわけ広く行なわれ、かつ、重要なものであるゆえ、現在そうであるように、これを少数者の手に制限しておくことは、イングランドの臣民の『自然権と自由』(natural Right and Liberty)にもとるものである」と。(2)

右のような論点についてリプソンは、ピューリタン革命前に進行していた「絶対王制と中産階級の闘争」は、もし革命がなかったとしたら、もっと長びいただろう、といっている。ピューリタン革命は、*Laisse-faire* に向うところの資本の展開に対する国家の干渉を強力的に弛緩せしめたところにその意義がある、と。(3)

国王復活への希求——「旧秩序」への復帰——はクラレンドンの『叛乱史』の基調をなし、そして例えば、彼が「この請願以上に真実における人民の心情が描かれたものはない」とする「陛下の最も謙虚な忠実な臣民」から国王に対してなされた請願(一六五四年六月一四日)は、この彼の主張を裏づけるもののごとくである。この請願書における「亡き国王(チャールズ一世)」の善政の賞讃、また、現在の「悲劇」の原因を、革命政府の専制政治に帰するこれらの貧民の保守的意識には注目すべきものがある。すなわち請願書は「我らは自由を希求した。しかし見よ、この隷従を! 我らは正義を期待した。しかし見よ、この圧迫を!」といい、以前彼らを擁護していた領主が、国王亡き後そうすることができなくなったとして、国王の復帰を求めている。(4) けれどもピューリタン革命は、王政復古というこの帰結の形態にもかかわらず、しかもまた、右の最も下層の者の「旧秩序」＝絶対王制を志向する意識にもかかわらず、リプソンのいうように、それは、以降の資本主義の本格的な「原始蓄積」の進行に確固たる基礎を与えているのである。このようなことがらについては第Ⅱ部で扱うが、私は以下に、その理由をあらかじめ若干検討しておくことにしたい。

ハリントンは、「土地が平等化されることは不可能である。なぜなら、ほかの誰もが、労働者を働かすことも、下僕を維持することもできぬから」といい、ピューリタン革命期におけるかのレヴェラーズたちの要求を嘲笑している。すなわちいう。「例えば過去の君主制(国の支配権もしくは自由土地保有の大部分が、より少数の者に属していても、彼ら人民が、富裕であるのみならず、程度はさておき自由と権力を有していた時代)において、人民は、三〇〇万の人々を平等化しようと考えたか。……支配権と自由土地保有権を諸君が望む、平等であれ不平等であれ、その均衡の下に置こうとも、諸君はこの世のはじめから人民が平等派になる例を見出せぬにちがいない」(5)と。

一六四六年、国王のスコットランドへの投降＝第一次内戦の終結後、軍隊の議会への介入を阻止する方向を打出していくクロムウェルに対し、リルバーンはじめ軍隊内部の不満は一時に爆発する。リルバーンはのべている。「唯一かつ単一の『立法による法形成の権限』(legislative law making power)は始源的に人民のうちに相続されたものであり、かつ、それらは彼らにより、その『共通の同意』(common consent)により選出された彼らの『委員会』(commission)の手に渡されるべきものであって、他の何ものにも渡されるべきものではない。そこにおいて、生ある最も貧しき者、最も富裕にして勢力ある者らと同様に、一票を投じる権利があるのだ」(6)と。このリルバーンに呼応し下級兵士とレヴェラーズは、一六四七年一〇月一五日、フェアファックスに、いわゆる「真実にのべられたる軍隊の主張」(The Case of the Army truly Stated)を提出する。それは、右のリルバーンの思想を反映し、人民主権を標榜するもののごとくである。(7) けれどもレヴェラーズ運動が、すでにこの自由選挙の要求において、一定の限界(8)をもっていたばかりではなく、さらにこの運動が、その「資本主義に対する立遅れ」のゆえに、挫折する必然性を有していたこと[9]こそは、ピューリタン革命がすぐれてブルジョア的革命を志向していたことを表現するものである。

一六六〇年の王政復古は、結論的にはハリントンの先の予言が的中したことを示すものであった。すなわち「古くかつ廃れた隷属のしるし、すなわちあらゆる単なる謄本による保有は……取り去られ」査定された価格の下に、謄本保有権の「買戻し」を行ない、これによるその自由土地保有権への転換を企図したレヴェラーズの要求[10]は、既出一六六〇年「騎士土地保有態様等廃止法」で明確に拒否された。なぜならば、騎士土地保有に付随した国王上級所有権の廃止を明確に宣言しつつ、その第七条で「ただし、マナー裁判所謄本によるいかなる保有態様も変更もしくは変化させる」ものではないとするのが、同法の主要な内容だからである。しかもこの騎士土地保有廃止は絶対王制期においても、国王が騎士土地保有者以外の者への課税を許されるなら、むしろ推賞されるべきと考えられていたことこそ、重要である。このことは、帰するところ、自己の保有者への国王による直接課税によって、逆に騎士土地保有廃止に伴う利益よりも相対的に大きい損失が結果するとする、封建貴族・ジェントリ層と、国王との、主要な対決点とされなければならなかった性質のものである。[11]

「この法案はいわば『交換の法案』(a bill of exchange)〔「為替手形」とかけたのだと思われる〕と呼称されるのがふさわしい。といいますのは、……以前陛下が、その封建的土地保有から、陛下の蔵に入れられた……一定部分の財源は、エール、ビール、およびリキュールに課せられる租税によって、同様に完全に用意され、かつ、陛下およびその法定相続人、継承者によって、永久に保有されるのでありましょう。しかも、この法案にのべられている考慮は、陛下が二つの『国王大権』(royal prerogatives)と旧き王位の残滓とから訣別されることに対する、完全な補償であり、償還を意味するものと、お考え召さるな。……なぜなら、国王陛下の直属土地保有は『鋤保有態様』(tenure of socage)に転換されたのみならず、それは、陛下への『真心による保有態様』(tenure in corde)に変えられたのでもあるからです。また陛下が、後見裁判所においてえられた物は、今後は、陛下の人民の心の財布の内に、見出されるでありましょう」。(12)

一六六〇年法の意義を伝える右の庶民院の意見は、内容的には、国会による国王大権(13)の否定の一環として騎士保有の廃止がなされたということを明瞭に宣言したものといえよう。そして同法が先の謄本保有権を廃止していないことにも示されるとおり、封建的土地所有の廃棄が上向的になされていること、およびその理由に注目する必要があろう。このことは、さらに市民革命期以降の「継承財産設定行為」の拡大が、同法と不可分の関係にあり(14)、また、ピューリタン革命期の王党派の土地没収が、必ずしも土地の再配分をもたらすに至らなかったこととも関係する問題である。ハバカクは一六世紀終り頃の譲渡抵当の拡大、「エクイティ上の受戻権」(equity of redemption)の確立、「継承財産設定行為」の拡大を、土地所有があまり移動しなかったことの要因と考えている(15)。以上の理由を探ることが、私の第II部における分析の主要な内容を構成しよう。

（1） The Life of Edward Hyde, Earl of Clarendon, 1759, in Huehns, G., ed. "Clarendon Selections from The History of the Rebellion and The Life by Himself," The World's Classics ed., p. 381.
（2） The Journal of the House of Commons, vol. I, p. 218.
（3） Lipson, E., The Economic History of England, 1931, 6th ed. 1956, vol. II, pp. cxxiv–cxxv.
（4） Clarendon, The History of the Rebellion and Civil Wars in England, 1702–1704, Ox. Clarendon ed., 1958, vol. vi, pp. 67 et seq.
（5） Harrington, J., The Prerogative of Popular Government, 1658, in the Oceana and Other Works of J. Harrington, Toland, J. ed., 1747, pp. 264–265.
（6） Leveller Manifestoes of the Puritan Revolution, 1944, p. 14, quoted by Hill & Dell, op. cit., p. 332.

(7) 「主張」はいう。「あらゆる権限はこの国の人民の全体のうちに、始源的に、かつ、本質的に存在するものであるので、また、彼らの自由なる選択または彼らの代表による同意が、あらゆる正当な政府の唯一の始源もしくは基礎であるので……」と。こうして人民に、「法を定立する至高の権限」が存在すると説き、「二一歳以上の生まれながらにして自由なるあらゆる人々」への選挙権の付与を訴える(The Case of the Army truly stated, in Haller, W. & Davies, G., The Leveller Tracts 1647–1653, 1964, p. 78)。なおハラーは、「主張」は彼ら平等派、下級兵士の思想をあますところなく伝えていると評している(Haller, W., Liberty and Reformation in the Puritan Revolution, 1953, p. 297)。

(8) 例えば、An Agreement of the People of England……(1648–1649), in Gardiner, S. R., The Constitutional Documents of the Puritan Revolution 1625–1660, 3rd rev. ed. 1951, pp. 359 et seq. における次の文言をみられたい。「あらゆる将来の選挙は、この協定に同様の目的のため、規定された諸準則に従ってなされる。……選挙権者は、イギリス人もしくはイギリスに帰化したる者とす。ただし『施し』(alms)を受領する者のみならず、貧民としての救済を受けるべきと査定されたる者はこの限りでなく、さらに、『下僕』(servants)もしくは、特定の何人からか労賃を受領する者もこの限りでない」と(ibid., p. 363)。

(9) 竹内幹敏「平等派運動と資本主義の精神」(水田洋編『イギリス革命――思想史的研究』(御茶の水書房、一九五八年)所収)参照。竹内氏は、ピューリタン諸教派と平等派の対立を、その国家観、軍隊観、経済思想観から精緻に分析され、レヴェラーズ運動が挫折する必然性を説得的にのべられる。

(10) A New Engagement or Manifesto, 1648, 669, f. 12(97), quoted by James, M., Social Problems and Policy during the Puritan Revolution 1640–1660, 1st ed. 1930, reprint ed. 1966, p. 94.

(11) Cobbett, op. cit., vol. 1, p. 1127 は、一六〇一年騎士土地保有の国王への負担廃止にかわり、国王が臨時金を直接取立てうるとする貴族院の提案に庶民院が反対し、次のようにのべたと伝えている。「我らの目的は、負担を『地主』に課せしめることである。したがってもし我らにこれが課せられるなら、我らは国王の要求にいかにしてもこたえよう。然れども、かかる巨額の負担は、陛下の貧しき臣下を困窮せしめることなく、課しうるものにあらず」と。なおクックは、この騎士土地保有態様等に伴う「奉仕」の免除の提案につき、国王もこれを望み、かつそれが臣民にも都合のよいものと推賞し、「かくのごときよき動議は……国会の権能により、いつの日か実効を有し、かつ、定立されん」ことを願っている(Coke, E., The Fourth Part of the Institutes of the Laws of England, Chap. 35, pp. 202–203)。

(12) Cobbett, op. cit., vol. 4, pp. 167–168.
(13) クックは「権利請願」(The Petition of Right, 1627 ; 3 Car. 1, c. 1)の審議過程で国王「至上権」(sovereign power)は、マグナ・カルタを破壊するといって国王の法を超越する権限に反対する(ibid., vol. 2, p. 357)。またクックの Fourth Inst. Chap. 1 は「高きかつ最も尊き国会裁判所について」(of high and most honourable Court of Parliament)論じているが、国会に立法権を専属させかつこれによって国王大権を制限しうるか否かには、ふれていない。このように国会の立法権限を対国王の関係で明確かつ絶対的なものとしていない彼の所論は、ピューリタン革命以降の国会主権の観念と異なるものと思われる。
(14) Hill, C., Reformation to Industrial Revolution, 1967, p. 115.
(15) Habakkuk, H. J., Landowners and the Civil War, Ec. Hist. Rev. vol. 18, No. 1, 1965, pp. 148 et seq.

二　展　望

一六六〇年の「騎士土地保有態様等廃止法」は、以上みたように、何よりも国王大権が否定されることを通じて現実化したものであり、絶対王制権力の物質的・社会的基礎の崩壊を最も端的に表現したものといえるだろう。マナー体制の全面的崩壊に対し、封建的土地所有を維持するものとして対応し、また、それゆえに自ら圧服されていかなければならなかった絶対王制政治権力の胎内に、かつ、これと対抗するものとして現われた近代的土地所有権者は、かくて先の囲い込みの分析においてみたように、資本主義的借地農経営を前提とした農業経営を優位せしめる。まことに「一七世紀の騎士の後に来る者は、ジェントルマン農業家である[1]」。また、「一八世紀には、土地の収益は、その力の頂点にあった。内乱と、名誉革命で王位に加えられた制約とが、土地所有者を堅く安定させ、そして彼らの政治的権力は、事実上少なくとも次の百年間というもの変化しないこととなったのである[2]」。

もとより一六六〇年法が、既出一五四〇年「遺言法」における「遺言の自由」の権能を「軍役土地保有」にまで拡大し、こうして「封建的土地保有を完全な所有権に」転換したということ[3]、また、さきの *Quia Emptores* 法の事実上の効力を失わせてしまったこと等[4]は、封建的土地所有廃棄の法律的表現形態の特徴を理解する上には重要なことがらである。けれどもこの法形式的考察をたんに一般的前提とするのみでは、謄本保有権廃棄の行なわれなかったことの意味が明確に把握されえないのみならず、すでにのべたごとく、まさしく市民革命期以降顕著になる、「継承財産設定行為」の拡大の理由を正しく知ることもできない。

封建的土地所有の廃棄は、すぐれて体系的な絶対王制期の諸〻の施策にもかかわらず、土地の私的所有が事実上実現してくることによって準備された。「ユース法」以降における土地の新たな譲渡方法の発展は、絶対王制の圧迫のもとにあってますます発展する性質のものであったのであり[5]、この過程からは、イギリス土地法の複雑さが、帰結したにすぎなかった[6]。

右のような過程は、法律的には、商品土地所有権の成立を意味するものであり、かつ、これによって媒介されたものといえるであろう。イギリス封建土地法が、自由土地保有権の私的所有権化、すなわち、その「譲渡の自由」、とりわけ「遺贈の自由」[7]の獲得によって弛緩せしめられるに至るのは、これを表象するものであるが、同時にこのことが、定期賃借権の権原強化の過程と、その過程から導かれる自由土地保有権の権利内容の拡大を前提として帰結してくる側面に注目しなければならない。謄本保有権[8]が、ついに、自由土地保有権との権利内容上の差異を――それが謄本保有権としてとどまる限り――消滅せしめることができなかったことは、以上の帰結に照応するものである。逆に、「謄本保有による土地の完全な価値を実現するためには、しばしば不自由な土地保有態様を『解放する』(enfranchise)ことが必要であった。かくて領主の窮乏と、農民の解放との間には直接的な関係があった[9]」のである。

一五四〇年の「遺言法」により、すでに、封建土地法がその基底においてほとんど意義を喪失せしめられた後において、上級領主に専属的な「軍役保有」等が一六六〇年法により廃棄されたのは当然であったのであり、また、資本主義的進化の方向に抑止的存在として現われた、先のレヴェラーズ綱領＝謄本保有権「解放」要求が必然的に圧服されたように、この封建土地所有の廃棄は、一定の資本主義的農業経営の発展を内容的に前提としており、かつそのことによって、以降の謄本保有権の消滅を準備したものにほかならない。

（1）　Mantoux, P., The Industrial Revolution in the Eighteenth Century, Ashton's English Trans. ed., 1961, p. 160.

（2）　Mingay, G. E., English Landed Society in the Eighteenth Century, 1963, p. 10.

（3）　Pollock, op. cit., p. 130.

（4）　前述一〇三―一一〇頁。Finlason, op. cit., p. 57.

（5）　「引渡なき売買契約および代金債務履行」(bargain and sale)は、ユース法前、土地のユースを移転する方法として利用されたが、Statute of Inrolments; 27 Hen. 8, c. 16 が、「すべての相続不動産の不動産権」の bargain and sale は、捺印証書により登録されなければならないとしたので、この移転方法は不可能になった。しかしこの制定法は、定期賃借権の bargain and sale については適用されなかったので、lease and release(定期賃借権設定と残余権の譲渡)などの移転方法が生まれた(Maitland, op. cit., Equity, pp. 35-36)。なお前述九一頁以下も参照。

（6）　この点は「財産権帰属不当引延処分禁止諸準則」(rules against perpetuities)についてもいえる(Simpson, op. cit., pp. 216-217)。「財産権帰属不当引延処分および財産収入累積制限の準則」(Rules against Perpetuities and Accumulations)は、内田、前掲書『遺言と相続』七六頁参照。いずれにしてもこの準則の確立は、一六世紀から Thomas Cadell v. Palmer (1833) までの長い歴史をたどっている(Cheshire, G. C., The Modern Law of Real Property, 1st ed. 1925, 9th ed. 1962, p. 240 et seq.)。またそれが所有権の制限をも意味するものであるがゆえ、イギリス資本主義の独占段階においてはとくに重要になると思われる。一七三二年の Staley v. Leigh (24 Eng. Rep. 917 et seq.) で記録長官ジェキル(Jekyll, J.)は、産業の阻害、商取引の停滞にその準則の政策理由を求めている。ブラックストーンも「不動産権が、『社会的商業』(social commerce)の諸目的に答えられなくなることを裁判所が嫌ったのである」と説明し、むしろ「合理的」なものとしてこの準則をかかげている(Blackstone, op. cit., Book II, p. 174)。ピューリタン革命前には、とりわけ「未確定的残余権」(contingent remainders)に対して国王裁判所は抑制的ないし禁圧的態度に出るが、これらについては、前述一〇〇頁注(16)参照。

(7) Homes, O. W., The Common Law, 1963, p. 288 は、「遺言法」の成立前の「不動産権移転」(conveyance)の展開を重視している。なお内田、前掲書『遺言と相続』七〇頁参照。

(8) これまで考察した限りからも明らかであるように謄本保有権にはさまざまな形態があり、決して一義的にみることはできない。例えば「更新の権利をもった生涯間の謄本保有権は『相続不動産権』(estate of inheritance)に近く更新の権利なき固定した期間の謄本保有権は、定期賃借権に近い」(Whittacker, op. cit., p. 228)。

(9) Yale, D. E. C., Introduction to "Lord Nottingham's Chancery Cases," vol. 2, Selden Society, 1961, p. 63, n. 3. 同判例集 Case, No. 430, Croft v. Lister にみられるごとく、「解放」とは、謄本保有権者が自由土地保有権等を譲渡することにより、その保有地がマナーから分離されることを意味している。

Ⅱ　イギリス市民革命の歴史的構造

一 問題の所在

クリストファー・ヒルは、ソビエトのイギリス革命研究家アルハンゲルスキーに同意して次のようにのべている。「フランス革命と対蹠的にイギリス革命は中途で停止された。レヴェラーズは打破され、法改革は何らなされず、謄本保有農は領主のほしいままにされ、そしてまたチャールズ二世が、一六四〇年の革命家たちの党派の大部分に支持されて復帰した。なぜか。この回答は、アルハンゲルスキーが次のように考えたことに見出される。すなわちイギリス資本主義が、土地と緊密な関係を有していたということに、である(1)」と。

周知のように一六四〇—六〇年のイギリス市民革命は、しばしばピューリタン革命と称せられ、また一六八八年の名誉革命と対蹠的にその歴史的意義はしばしば無視ないし軽視されてきた。一八四八年全ヨーロッパを覆った革命的状況と、それに先立つイギリスにおけるチャーティズムの興隆は、このような伝統的観念に一定の修正を迫ることになったのであるが、それまでは、いわゆるピューリタン革命の成果を、名誉革命に勝利することによって不退転のものとしたウィッグの支配のもとで、一六四〇—六〇年の革命の意義は、極端に無視されてきたといえるのである。しかしながら疑いもなくこの革命期には、後の名誉革命体制を支えたウィッグ寡頭制と対抗する党派が、レヴェラーズやディガーズと称せられながら存在したのであり、さらに一八四八年の歴史的状況は、しばしば論じられるように、一七世紀のブルジョアジーがそうであったと同様に、「プロレタリアートが革命的になりうることを示した(2)」のである。

ウィッグの支配に適合的な歴史観、(3)あえていえば、イギリスブルジョアジーの歴史観は、一八四八年において再構成され、一六四〇―六〇年の革命期は、彼らによって次のように「再解釈」されることになった。例えば、ガーディナーは、革命は宗教上の抗争であり、それに確定的に勝利した「われわれは、もはや宗教をめぐって抗争することはない」として、プロレタリアートが、一七世紀のイギリス革命の経験に学ぶことの意義を冷笑している。(4)トマス・バビントン・マコオレイについていえば、革命の歴史的意義を評価しつつも、それはクロムウェルのプロテクター政権にみられるように、「古来のイギリスの統治構造」を復活ないし再建したものにほかならず、したがってイギリスの「古きよき伝統」を保持したクロムウェルの個人的栄誉は、「再評価」されるべきとした。(5)いずれにせよ、ウィッグ的歴史解釈のこの時点での再構成にもかかわらず、イギリス革命の歴史的意義とイギリスの「革命的伝統」の否定・無視を行なうというその基本線は、一歩たりとも逸脱されることはなかったのである。

一八六七年の「選挙法」改正に至るまで、ウィッグとは、「ブルジョアジー」、すなわち産業および商業的中産階級の、貴族的代表」であることにおいて、トーリーとは区別されるとともに、他方また、近代イギリス史において顕著な存在であるところの大土地所有者の集合体を意味していた。(6)こうして土地貴族と産業資本家は、ウィッグを通じ、ひとつの同盟的関係を構成し、イギリスにおける「自由」の伝統を護持し続けたとの栄誉を与えられていくことになる。一九世紀後半のダイシーが、このような観念に支えられ、コモン・ロウ優位の「法の支配」のイギリス的伝統の讃美を行なったことは周知のとおりである。彼によれば、ジェームズ一世(一六〇三―二五年在位)から一六八八年の名誉革命に至るまでの過程は、「主権の優越的部分」を構成した国王と、「国民の恒久的な希望」とが乖離した段階であったけれども、国王からパーラメントへの主権の移行により、爾来、国王と国民の意志の乖離は、かかる「代表機関」により消去されることになり、またこの「代表機関」が、イギリス国民の「多数者」の希望に反することがないという現在、こうした帰結の可否を論じる実益はなくなったと論じられる。このようにのべるダイシーが、エドモンド・バークの言を引証し、パーラメントの自然的発展と、それゆえのパーラメントの重要な機能とを、自己の理論の証明に駆使するとき、私たちはそこに何を見出すか。すなわちバークは次のようにいう。

「庶民院は、起源的には、この国の常設の統治機構のいかなる構成部分でもないと想定されていた。すなわち庶民院は、人民から直接的に発するひとつの規制(control)のごときものであるが、しかし同時にそれは、迅速に〔これが生成した〕人民大衆(mass)に、自己を解体しうるものとも考えられていたのである。この見地から、庶民院は、陪審をその下位の部分とするところの統治機構の、より高位の部分に位置づけられることになったのである。……臣民および政府の間に立つという〔庶民院の〕、この中間的性質のゆえに、それは、他のより身近なものでなく、かつ、より恒久的な立法府の諸部分よりも、人民にかかわるすべてのことがらに、より柔軟かつ近しい利益を感じることになるであろうと、希望されることになった」。

「時間と必要とにより、その仕事の内容にいかなる変更が導入されることになるにせよ、この〔庶民院の〕性質は、決して中断することのできるものではない。つまり、人民全体がこれを現実に処分するために捺印し、そして庶民院がこれに従わされることになるのでなければ。(公衆の不幸のなかでも)庶民院が、人民すべての流行性脳炎に感染することになるほど、不自然で耐え難いことはない。……けれども、庶民院が院外の人民の意見や感情を、全く関知しないことになるよりはましなのである。このように〔庶民院への〕共感が喪失してしまったならば、庶民院はもはや庶民院であることをやめなければならない(7)」。

いうまでもなく、ダイシーの論議とともに右のバークの理論は、庶民院の歴史的に古き起源と同様に、その「古きよき伝統」を強調することにより、イギリスの統治構造の牢固たる安定に対しての賞讃を行なうことに通じている。

しかしその内容についていえば、疑いもなくその歴史解釈は、歴史的サンクションによって「公序」が護持されることを期待するウィッグ的歴史観に整合的である。その限りで、バタフィールドが「過去を現在との関連において」解釈すると称したかかる史観の性癖は、しばしば、歴史過程それ自体の歪曲を必然的にするであろう。[8]

それにもかかわらず、私たちはさきのヒルの言に注目しよう。かりに、このようなウィッグ的歴史解釈が、たんに歴史の解釈の名目において主張されるにとどまらず、それが一定の物質的基盤に支えられていたと考えられるとすれば、このような歴史解釈の生起する物質的基盤の分析は、私たちにとっても必ずしも無意味であるとはいえない。しかもまた、「土地と緊密な関係」を有したイギリス資本主義の発展といわれる含蓄に注目するならば、私たちの考察はまずもって、一六四〇—六〇年のイギリス革命に至るその前史、とりわけ絶対王制成立期来の分析から開始されなければならず、そのことによる一七世紀イギリス革命の、再構成でなければならないであろう。

絶対王制の崩壊の原因につき、土地貴族層の新・旧交替の想定はトーニー来、ほぼ私たちの共通の知識に属している。[9] トーニーのいわゆる「ジェントリの興隆論」が、しばしばジェントリ範疇に、地主のほか新興ブルジョアジーの総体を混入させ、それにより、土地貴族に付帯した政治的特権およびそれを中軸とする土地貴族・産業資本家の同盟形成の意義を矮小化しているように思われることは、私たちがまずもって批判しなければならない点である。しかしながら、ジェントリそれ自体のブルジョア的性格の指摘についていえば、それは、必ずしもトーニーの欠陥には属さないと思われる。すなわち、ジェントリの農業経営形態が、資本主義的農業経営形態に移行し、そのことにより土地貴族層の新・旧交替が必然化されていったとすれば、このような想定はイギリス革命の妥協的性格とともに、その本質を明らかにすることに通じている。

イギリス革命についての従来のわが国の研究の水準は、その妥協的性格の要因分析を含めて、これを誇ることができるように思われる。本論が、これらの従来の蓄積に何ほどかをつけ加えることができるとすれば、それは以上にのべた私の問題意識から、次のような点に留意したことにとどまるであろう。

第一に、その妥協的性格の分析を通じ、私は、イギリスの自由主義的な人権観念の形成と、それの「平等」体系との一定の乖離が、市民革命期に確定されかつ展望された基本的対抗関係からいわば必然的に帰結したと思われる側面に留意することにしたい。第二に、イギリス革命とフランス革命との対比、とりわけ後者の「土地変革」を中軸とする革命と、前者のいわばその欠如を通じた革命の終熄が、その外見上の対蹠的相異にかかわらず、イギリス革命の市民革命としての歴史的意義を、いささかも否定しうる指標とはならないことに留意したい。

いうまでもなく右の点は、絶対王制の成立とともにその確立および崩壊が、資本制的生産関係、大塚久雄氏のいわゆる「中産的生産者層」の「両極分解」に規定されたことを承認することを前提とするが[10]、しかしながら、かかる「中産的生産者層」の「両極分解」なるものは、市民革命を展望し、かつ、それを必然化した要因として観察されるにとどめられてはならず、市民革命後の資本の原始的蓄積の本格的かつ最終的過程との関係で論じられるものでなければならない。この意味でも私の課題に限定していえば、市民革命前における農業の資本主義化の一定の進行が前提とされながら、市民革命が経由されることにより、一義的に、大土地所有・大借地経営の照応関係が推転されるに至るという市民革命以後の展開に留意して、市民革命期を再構成する必要が生じよう。

したがって第三に、市民革命期において「土地変革」一般が欠如することを重視し、これを「上から」の市民革命とすることに私は同意することはできないのみならず、その「土地変革」の欠如の具体的な要因分析こそが重要視されるべきように考える。この点に関し結論的に示せば、定期賃借権によって基礎づけられ、それとの緊密不離の関係を前提としながら、自由土地保有権の私的所有権化が行なわれた、王政復古政府による革命のほとんど唯一の確認が注目されなければならない。(11) 他方における謄本保有権の非私的所有権化、この総体が、自由土地保有権優位のその後のイギリス土地法史の最も根幹に位置づけられるべきものにほかならないと考える。

第四に、私たちはレヴェラーズ、ディガーズの考察にあたっても、いわゆる「下からの」市民革命を必然化した資本主義的諸関係の推転にもかかわらず、彼らは反資本主義的な存在としての立ち遅れを示し、それゆえにその敗北は必然的であったとする従来の理解(12)とは、相対的に異なる視角からの分析を行なうことになろう。彼らがその代表する階級の利害を優越させることができなかった点について、とりわけクロムウェルの独立派との対抗関係を中心として、その要因が明らかにされなければならないことは当然であるが、私たちの考察は、市民革命当時において彼らが何ゆえに敗北したかにとどめられるものであってはならず、これらの間に存在した基本的対抗関係を、後の歴史過程から遡及して分析するものでなければならないように思われる。そうでなければ、市民革命は、一義的にブルジョア的発展のひとつの通過点であり、それゆえにまた必然的過程であったことのみが重要視され、その後のイギリスにおける「典型的」な資本の原始的蓄積の本格的かつ最終的過程の意義は、しばしば看過されることに通じるように思われるからである。そしてまたこのことと同様に重要視されなければならないのは、「自由」を中軸とするイギリスの近代的基本人権の体系が「平等」体系と一定の意義において背理し展開する必然性が、右の対抗関係のうちに包摂されていると思われる点であるが、以下本論で言及していくことにしたい。

(1) Hill, C., Puritanism and Revolution, 1958, pp. 193–194.
(2) ditto, Historians on the Rise of British Capitalism, Science & Society, vol. XIV, No. 4, Fall 1950, p. 311.
(3) この点については、水田洋編『イギリス革命——思想史的研究』(御茶の水書房、一九五八年)所収の水田「総括にかえて」参照。
(4) See Hill, op. cit., Science & Society, p. 311.

(5) Macauley, T. B., The History of England from Accession of James II, 1848, Everyman's ed., esp. vol. 4, pp. 99 et seq.

(6) Marx, K., Letter——The Election in England——Tories and Whigs, London, August 6, 1852, K. Marx and F. Engels on Britain, p. 353.

(7) See Dicey, A. V., Introduction to the Study of the Law of the Constitution, 1st ed. 1885, 9th ed. 1950, pp. 82-85. なお引用のバーク論文は、The Works of E. Burke, 1808, vol. 2, pp. 287-288. ダイシーのウィッグ史観への接近については、Wade, E. C. S. の右ダイシー著書の序文とくに七一頁参照。

(8) Butterfield, H., The Whig Interpretation of History, 1931. 邦訳書、越智武臣『ウィッグ史観——現代歴史学の反省』(未来社、一九六七年)、二〇頁。もっともバタフィールドの見解は、その階級的意義の批判を行なうものでない。その点は、Hill, op. cit., Puritanism, Chap. 3, Norman Yoke が是非とも参照されるべきである。

(9) Tawney, R. H., The Rise of Gentry, 1558-1640, Ec. Hist. Rev., vol. 11, No. 1, 1941 は、トーニーによる最初の問題の提起である(邦訳書、浜林正夫『ジェントリの勃興』(未来社、一九五七年)所収第一論文)。なお同「あとがき」および山之内靖『イギリス産業革命の史的展開』(青木書店、一九六六年)、一四二頁注10などのジェントリ論争の要約参照。なお新貴族のブルジョア的性格の承認は、資本制的地代の成立に基づき形成されることになった、彼らと借地農間の契約的関係を承認する限りのものであって、前者に付与される公権的特権を度外視して、これを範疇的にブルジョアジーと同一視することを意味するものではない。換言すれば、土地所有に付着する、こうした政治的特権を頂点におき、新貴族とブルジョアジーの連合が形成されることに、市民革命前後の、かかる同盟の重要な機能が存した、と想定しなければならない。トーニーに対するトレヴァーローパーの反論の積極性はこのことにあると思われるが、残念ながらそれはトーニー批判としては的外れである(この点については、前掲、浜林「あとがき」および山之内、前掲書が参照されるべきである)。

(10) 大塚氏の理論はこのように単純に要約できないが、この点が中軸となることは疑いない。この点を中心とするその代表的著作は『欧洲経済史』(弘文堂、一九五六年)(同氏著作集第四巻『資本主義社会の形成』I(岩波書店、一九六九年)所収)参照。

(11) 堀江英一編『イギリス革命の研究』(青木書店、一九六二年)におけるレーニン『ロシアにおける資本主義の発展』の「二つの道」の定式論の応用は、本来資本主義の発生を問題とする——イギリスはまさにそうした問題である——さいに適用を論じること自体、意義が薄いと考える。とすれば市民革命前における農業の資本主義化——これを全く否認するならともかく——

が市民革命の経過によって大土地所有・大借地経営という形態で一義的に推転されるに至る理由は何かといった視点から、とりわけ定期賃借権(leasehold)に基礎づけられた自由土地保有権(freehold)の私的所有権化がもたらされる革命期の立法および王政復古政府によるその確認を重要視すべきである。換言すれば、革命期の土地立法は、以降の歴史過程から本質規定されるべきである。なお、椎名重明「イギリス市民革命の土地変革」(大塚還暦論集、高橋・古島編『近代化の経済的基礎』(岩波書店、一九六八年)所収)の示唆を参照。またサプルイキン、福冨正実訳『イギリス農業革命と農民運動』(未来社、一九六六年)、とくに八一頁以下参照。なおサプルイキンの所論が私の関心を惹くのは、「暴力が地主のために用いられた」過程を明らかにしている点であって、この時期に、「土地国有化」が、現実の基盤をもちえたかのように主張している点については、疑問がある。すなわちここでもレーニンの機械的適用がみられるが、私は、新貴族・ブルジョアジーの連合に焦点をあてる限りで、この見解を重要視したい。なおあわせて福冨、邦訳書「解説」参照。

また一六六〇年の「騎士土地保有態様等廃止法」(12 Car. 2, c. 24)は、革命期の一六四六年二月四日議会の命令の再確認を意味する。この「後見裁判所」廃止命令は次のように規定した。「後見裁判所(the Court of Wards and Liveries)ならびにあらゆる後見、騎士土地保有引渡令状(liveries)、成年者相続料取得権(*primer seisin*)、後見地引渡令状(*ouster le main*)および後見に……付随し、またそれから生じ、かつそれを理由とするところのあらゆる土地負担は、今日より除去されるものとする。……さらに国王陛下に対するか、他の者に対するかを問わず、あらゆる騎士奉仕による保有態様または、陛下の直属の(in capite)騎士奉仕もしくは鋤奉仕による保有態様は、自由にして普通の(free and common)鋤奉仕に転換されるものとする」(Gardiner, S. R., The Constitutional Documents of the Puritan Revolution 1625–1660, 3rd rev. ed. 1951, p. 290.(Orders of the Houses for taking away the Court of Wards))。

(12) 竹内幹敏「農業改良と反独占運動における資本主義の精神」(水田編、前掲書所収)参照。

二　絶対王制権力と「国会裁判所」

かくて、私たちの考察は、絶対王制成立期にまずその焦点があてられる。この点に関し、一般的前提を提示するためには、一三世紀の「封建制の危機」以降、イギリスにおけるマナー経済すなわち、領主的・閉鎖的経済の崩壊が、何ゆえに必然化したかについて、まず若干の言及を行なうことが必要とされる。

いうまでもなく、一三世紀の「封建的危機」なるものは、労働地代から貨幣地代への推転によって必然化したものにほかならないが、このことがただちに封建制の崩壊＝資本制生産様式の推転を意味しなかったことが注意されなければならない。(1) すなわち、貨幣地代への転換はしばしば、「封建的危機」に対する「封建的反動」の一環として行なわれることがあるが、イギリスにおける絶対王制の成立の特質は、このような危機克服の道が、個別領主権力一般に対して閉鎖されるそのこと自体に起因していることに、何よりも注目する必要がある。換言すれば、個別領主権、なかんずくその「マナー裁判所」機構がこの「危機」に対応できないことの結果成立した絶対王制は、その基本的使命を、この封建制一般の崩壊の抑止に求めたにもかかわらず、その物質的基盤としての封建制の変質により、絶対王制権力の解体は、その成立の当初から、すでに予定されていたということである。

かくて絶対王制の成立期に照応する一五世紀、後述のフォーテスキュウが「人民の富」の讃美を行なった時期、における絶対王制権力の封建制再編は、少なくとも個別領主権の王権への吸収のための諸々の法制的機構の整備を可能としたが、その完成と崩壊に照応する一六世紀においては、かかる対応それ自体が桎梏に転じたのである。

絶対王制の成立とその崩壊の要因の分析についてなお主題に必要とされる限りで言及するならば、次の諸点が注目されなければならない。

第一に、絶対王制成立期、王権との利害の合致をみせる個別領主は、バラ戦争(一四五五—七一年)を通じて没落した封建貴族上層部と交代の結果登場したものであり、そこでは彼らの封建貴族としての身分的閉鎖性が脱却され、彼らの政治的支配の基盤は、彼らの富の蓄積とそれによる各州における彼らの優越的地位に主として委ねられることになった点である。

第二に、商品経済の進展は、絶対王制成立を必然化するとともに、他方また、絶対王制権力によってそれは抑止された。にもかかわらず、この絶対王制の課題が基本的には成功しなかったことの結果、領主＝農民の、支配＝従属関係は急速に弛緩し、他方またさきの貨幣地代の推転は封建的地代への逆行をもたらすことなく一義的に展開し、こうして国民的規模での貨幣地代の成立という、イギリス絶対王制期の一つの特質が形成されることになった。

第三に、絶対王制期におけるこのような支配的傾向のゆえに、中世封建国家から統一権力としての絶対王制権力の成立するさい、特殊イギリス的形態が示されることになった。さらにその制度的側面における表現をみれば、一つには封建制の征服ノルマン王朝による導入という特異な成立経過が、中央集権的な封建制の確立を必然化したが、王権のかかる起源的に中央集権的機能のゆえに、絶対王制はその成立の制度的基盤を当初より保障されていたことが注目される。二つには王権のかかる中央集権的機能を担保したのはパーラメントであり、その国王と封建貴族との協議機関としての性質であるが、この性質を含めパーラメントの機能は、絶対王制成立によって決定的に変質し、その国民的規模での統一王権を支える基盤に転化した。そしてまたこれらの点も、さきのイギリス絶対王制成立の特質にかかわるのであるが、以下行論のなかで明らかにすることにしよう。

（1） 周知の岡田与好氏による一連のコスミンスキーに対しての批判を参照されたい。とくに『イギリス初期労働立法の歴史的展開（増補版）』（御茶の水書房、一九七〇年）、一七―二二頁。岡田氏に従うなら、絶対王制はその成立期に独立小生産の一般的成立を内包し、その完成・崩壊期に、その小生産者的経済の分解（→資本主義の成立過程）が展開することになろう。いずれにせよ岡田氏が、市民革命に至るまでの絶対王制の基盤をこのように明確に時期区分して、またさらに一三世紀における「封建的危機」と一六世紀の「封建制の崩壊」を区別して論じている点は重要であると思われる。

1 エドワード・クックと「国会裁判所」

私たちが、クックの所論の分析をすすめる意図は、すでに右に示したパーラメントの特殊の機能を明らかにするためのみならず、とりわけ一六二七年「権利の請願」（The Petition of Right; 3 Car. 1, c. 1）の起草者として、また何よりも絶対王権に対するコモン・ロウの護持者としての彼の不抜の歴史的権威が、何ゆえに形成されるかの理由に注目したいからである。さらにまた、彼によるマグナ・カルタ再解釈は、イギリスの近代的人権の自由権的構成とそのさいの理由づけの形式の基本的特質を明らかに示しているように思われる。[1][2]

クックの『英法綱要』第四部（The Fourth Part of the Institutes of the Laws of England）の冒頭には、「最高のかつ最も高貴な国会裁判所」（the high and most honourable Court of Parliament）という文言がみえる。さらに、彼によれば、パーラメントは、国王裁判所のみならず大権裁判所たる星室裁判所（Court of Star Chamber）等と併存する「裁判所」の一つにほかならないものとされ、それらは各〻「固有の管轄権」（proper jurisdiction）を相互的に保証され、「最もよく統治されたコモンウェルス」をもたらすことを普遍・至上の目的とするものとされている。

これらの点は、国王大権否定のチャンピオンとしてのクックの歴史的位置づけと、クックの時代におけるパーラメントの観念の特異の意義を明らかにするさい、まず前提としておかなければならないことがらである。

他方またマグナ・カルタ再解釈者としての彼は、イギリス人の「自由」を中心とした近代的基本的人権の体系の最初の提示者として最も重要な地位をしめるように思われる。その特有の構成の例示を、彼の「反独占」および人々の所有権の不可侵についての構成について、まず次にみておくことにする。

「マグナ・カルタ第二九条　いかなる自由人も、彼の同輩の貴族の適法な判決もしくは国土の法によらずして逮捕もしくは拘禁され、または、その自由土地保有権、諸自由、もしくは自由なる諸慣習を剥奪され、または、法の保護の剥奪、国外追放もしくは、他のいかなる方法によっても侵害され……ないものとする……」。

これに対するクックの注解。「諸自由とは、選挙権および特権(franchises and privileges)と同義であり、それは臣民が……国王から贈与せられたるものとして有するところのものである。……そしてまた同様にかつまた同様の理由から、もしも付与(graunt)が何人であれその者がトランプの単独の製造の権利を有するか、他の営業との単独の取引の権利を有するというようになされるのであれば、かかる付与は、臣民の自由(liberty and freedom)に反するものである。なんとなれば、〔かかる付与がなければ〕何人であれそれがなされる以前には、適法にかかる営業を行ないえたかもしれないからであり、したがって、この大憲章に反するからである。一般的に、あらゆる独占は、この大憲章に反する。なんとなれば、それが、臣民の自由ならびに国土の法に反するからである」(3)。

クックのマグナ・カルタ再解釈は、中世的「自由」の世界の形式に、ブルジョア的「自由」の内容を潜入させるという客観的意義を有している(4)。そしてまたその構成についていえば、マグナ・カルタは「何ら新しき宣言」をなすものでなく、その大部分は、古来の「イギリス基本法の原理的な根拠」(the principall grounds of the fundamental laws of England)の宣明にほかならず、しかもまた個別立法の基準となるところのひとつの憲法を意味する、とされることが特徴的である。

マグナ・カルタそれ自体にそくしていえば、よく論じられるように総じてこれは、封建貴族の特権のカタローグにすぎない。しかしながら、クックのマグナ・カルタ再解釈は、これを近代的基本人権のカタローグに転化するさいに、マグナ・カルタの文言自体を利用するといういまひとつの特徴を有するものである。すなわちジョン王に対する封建貴族の掣肘が、王権の逸脱が行なわれる場合、その逸脱自体を無効とする根拠をマグナ・カルタに求めるという形式で現われたのに対し、クックはこのさいの構成に次のような新たな内容を付与するのである。

「最高の、かつ、最も拘束力ある法は、国会によって定立された制定法にほかならない。ところでまた、その最高の裁判所の権威により、もしも制定法のいかなるものでも、それが大憲章か、森林憲章に反してつくられたものだとすれば、それは無効とされると制定されたのである。この文言によって、あらゆる以前の制定法は、これらいずれかの憲章に反するものについて、廃止された」。(5)

クックがパーラメントを「裁判所」と描き、マグナ・カルタに体現された中世的「自由」の形式をブルジョア的内容にすりかえたことは、それ自体として彼のアナクロニズムを意味するものではなかった。このことの理解のために、私たちは中世封建国家における「自由」および「法の支配」の観念についてやや抽象的に論及しておく必要がある。

第一に、かかる「自由」は諸〻の既得権の混合態とされるべきものであって、それは、中世封建社会の固定的身分秩序の反映にほかならないものである。国王といえども、この臣民の既得権を侵害することはできず、それゆえに第二に、次のことが帰結する。すなわち、その「法の支配」なるものは、中世的世界観そのものから導かれるものであること、換言すれば、法が、国家からではなく、これを超越する神的世界秩序から派生するとする観念の支配が、じつはかかる「法の支配」の内容にほかならないということ、である。したがって、法とは国家前の存在であり、国家

の役割は、こうした法の「発見」を行なうことであり、その実現をもたらすことにある、とされることになる。(6)

こうした基準に照らしてみれば、クックのこれまで引用の言辞は、中世的「自由」の観念に、外形上適合的である。マグナ・カルタを中世的秩序の明文化された徴表とみれば、パーラメントはこれに照らして法を「発見」する裁判所であるものにほかならない。しかしながら他方、このような観念とともに、中世封建国家の否定の延長線上に絶対王制が成立したことは、私たちの共通に認めることがらである。チューダー絶対王制の成立が、封建支配権力の物質的基盤、とりわけマナー体制の崩壊に規定されたものにほかならなかったといえる以上、これに対処するために生み出されたかかる国家は、個別領主権の王権への吸収の上に成立する、「新たな」国家の成立を意味したものにほかならないことになる。かくて中世的「自由」に対しては、これを支えた神的世界秩序の崩壊という断絶(宗教改革の意義!)がもたらされ、しかもまたこれを支えた秩序観念それ自体が、唯一普遍的な(と想定される)王権への神授性の付与につかえることになる。したがってもはや、国家は法の下にあらず、法超越的な国王により支配されるべきものへと転換する必然性がそこに認められていくことになる。

イギリス市民革命の遂行が、パーラメントおよびコモン・ロウ裁判所といった既存の国家機構によって行なわれた理由とともに、その端緒において演じたクックの所論の役割の基本的特質は、総じて以上の彼の言辞に認められる、中世的「自由」およびパーラメントの特権の侵害者＝王権という図式から明らかにされることになろう。その点に言及する前にここではなお絶対王権をめぐる若干の論議に注目しておくことにする。

メートランドは、一六世紀中葉を「国王評議会」(枢密院(privy council))の「黄金時代」と呼ぶが、同時に彼は、枢密院の構成が一五五三年の時点でさえ、四〇名中二二名までがいわゆる「庶民」(Commons)であり、「王国の統治は貴族の手中からすべり落ちた」と称している。(7) ホールズワースはさらに進めて、絶対王制期のパーラメントの役割は、庶民院の構成メンバーである治安判事の分析から明らかにされるべきとした。すなわち彼らの存在こそ、絶対王制のデモクラティックな側面と、イギリスの官僚制の非デスポティックな起源とを支えたものであるとするとともに、パーラメントを通じ、王権の中央集権的統治を、この立法者であるとともに地方における法の執行者としての治安判事が、維持・補完した側面を重要視する。(8) いうまでもなく以上の所論は、絶対王権と個別領主(州の土地貴族)の協働の関係が、一つには枢密院、二つにはパーラメントを通じ保たれたことを承認する点で同様であるが、ホールズワースの所論に認められる近代的官僚制と絶対王制期の治安判事とのいわば連続的なみかたは、私たちの批判すべき対象であることをあらかじめ指摘しておくことにする。

それにもかかわらず、個別領主権の王権への吸収の延長に成立する絶対王制は、メートランドのいう「庶民」による王権に対する掣肘を当初より予定することは疑いなく、したがってまた比喩的な表現であるが、絶対王制権力がそれ自体として、自家撞着的な抑制原理を有していたことが承認されるべきである。実際そのすぐれた理論化は、さきのジョン・フォーテスキュウに認められる。すなわち彼は、イギリスの絶対王制の本質を *dominium politicum et regale*(制限君主制)と表現し、フランスとの対比で次のようにいう。

「イギリスの国王は、彼の望むがままに、国土の諸法に変更を加えることはできない。なんとなれば、彼の国家の性質はたんに王制的(*Regal*)に非ずして、政治的(*Political*)であるからである。もしそれがたんに王制的であるのならば、国王は、王国の諸法に、その望むがままに、どんな改良や変更を加えることについても、また……人民の同意なくして、彼らに租税や苦役を課することについても、権限を有するはずである。……その国家が、政治的である国王は、これとは全く異なる。なぜならば、彼は、臣民の同意なくして、王国の諸法に変更を加えることも、彼らの意思に反し、彼らに課税することもできないから……。かくて彼ら自身の同意と承認とによってつくられた法により支配されるところの人民は、彼らの所有権を安全に享受するのである」[9]。

クライムズの精緻な分析によるまでもなく、このようなフォーテスキュウの理論は、近代的立憲君主制(Constitutional Monarchy)のそれではなく、[10]特殊イギリス的な国王の絶対権力の許容限度を示すにほかならないものであろう。しかしながら、その所論は、中世封建国家の連続線上に、絶対王制を位置づける顕著な特徴を有している。したがってクックの理論の分析を行なうさいに、かかるフォーテスキュウによる絶対王権の定式化と、それの彼による承継の形式を重要視すると同様に、これら統治構造にかんする「連続論」の主観的ならびに客観的動機を明らかにすることが、不可欠となると考えられる。

クックが、その判決集の一つの序文で、「わが国のコモンウェルスが、過去およそ一一〇〇年にわたり、それによって統治されてきたところの、その諸法および諸慣行(usages)についての、非常に古くかつ博識の書」と呼んだ『正義の鑑』(The Mirror of Justice)は、彼の理論の正当化のためにしばしば引証される[11]。

『正義の鑑』は、ロンドンで魚商を営み、のちにロンドン市の収入役になったアンドリュウ・ホーン(Andrew Horn, ?–1328)により書かれたものであり、一六四二年という象徴的な年(すなわち、ピューリタン革命時の内戦開始の年)に出版され、チャールズ一世の法の侵害に対する抵抗の正当性を示したといわれる[12]。

メートランドによって、史実との齟齬が多くの点で指摘されるホーンの著書が、クックによって引証される理由は、贅言するまでもないであろう。『正義の鑑』は、「イギリス人の出現」(the Coming of the English)の章で――それは全く、超歴史的な叙述である――国王が「彼ら自身の間から選ばれた」ことを伝えるとともに、また次のようにいっている。

「彼の即位のさい、彼らは彼に次のことを誓わせた。すなわち、彼は彼のなしうる限りキリストへの信仰を維持すべきこと、かつ、何人にも特段の考慮を払うことなく、法によって彼の人民を導くこと、ならびに、神聖なる教会に服するものであるとともに、正義に従い、かつ、彼の人民の何人とも同様に、法(droit, right)に服することと、である。こうした後に、王国は世襲されることとなった[13]」。

ノルマン・コンクェストに、アングロ・サクソンの「古きよき自由」を対置し、この征服王朝に対する人々の不断の抵抗を正当化するためには、絶対王権との対抗を自己の使命とするクックの立場からも、『鑑』の右の叙述で十分であろう。しかし、ここにも、クックの中世的世界からの払拭し難い連続が認められる。「このサマリーによって示される法は」、と『鑑』は書いている。「神聖な令状によって授与された古来の諸慣習から引き出されたものであり、またそれは、あらゆる者に共通に与えられたものであるから、コモン・ロウといわれる[14]」と。これに対してクックは書いている。「マグナ・カルタは、……イングランドの古来のコモン・ロウの宣言にほかならないのであり、その遵守と保存とについて、国王は拘束され、かつそれについて誓ったのである[15]」と。以上の叙述の形式上の相似に、惑わされてはならない。クックの叙述との相似は、すでにクックより一〇〇年も前に、『イギリス法の讃美』を書いた、さきのフォーテスキュウにも見出されるところである[16]。

それゆえに、われわれは、かかる「連続説」の生起する物質的基盤に立ち返って分析しなければならない。市民革命期において、この「連続説」は、再び繰り返された。そこに至るまでの過程を、主としてこうした観点から再考察したい。

(1)　Gardiner, op. cit., p. 66. クックが法ではなく「請願」という形式をとって王権を掣肘しようと提案したのは、庶民院と貴族院の一定の対立が存したこと、および何よりも法であれば国王の裁可をうることが必要とされたからである。なお同「請願」がこのような成立経緯にかかわらず、市民革命当時のパーラメント側の重要な武器となったことについて、Judson, M. A.,

The Crisis of the Constitution 1603–1645, 1964, pp. 267 et seq. 参照。

(2) Chrimes, S. B., English Constitutional History, 1st ed. 1948, Home Univ. ed., 1967, pp. 96 et seq. 邦訳書，川北・小松・杉原『イギリス憲法史』(日本評論社，一九六五年)，一一六頁以下は，マグナ・カルタ自体に王権の掣肘の手段が存したとする。

(3) Coke, E., The Second Part of the Institutes of the Laws of England, 1797, p. 47.

(4) また次の評言をみられたい。「経済的自由主義の興隆は，たんにコモン・ロウの存続に依拠するだけでなく〔クックに現われたところから判断すると〕裁判所が法を解釈する特有の方法にも依拠したのである。……もしもより厳格で，不公平でない解釈がなされたら〔すなわち過去の法に合致しない解釈がなされたなら〕，それは個人主義の勝利を阻止はしなかったであろうが，これを大きく遅らせたことであろう」(Wagner, D. O., Coke and the Rise of Economic Liberalism, Ec. Hist. Rev., vol. 6, No. 1, 1935, p. 44)。

(5) Coke, op. cit., 2nd Institutes, A Proeme. なお「大憲章」「森林憲章」については，内田力蔵「イギリス法における『個人的自由』の権利について」(東大社研編『基本的人権』4(東京大学出版会，一九六八年)各論I所収)，六五頁以下，とくに注6，8参照。

(6) 高柳信一「近代国家における基本的人権」(同右『基本的人権』1総論所収)，一九頁以下。また Kern, F., Recht und Verfassung im Mittelalter, 1952. 邦訳書，世良晃志郎『中世の法と国制』(創文社，一九六八年)，とくに八一頁以下参照。

(7) Maitland, F. W., The Constitutional History of England, 1st ed. 1908, pp. 255–256.

(8) Holdsworth, W. S., A History of English Law, vol. 4, pp. 18 et seq.

(9) Fortescue, J., *De Laudibus Legum Angliae*, Selden ed., 1737, pp. 24–25.

(10) Chrimes, S. B., English Constitutional Ideas in the Fifteenth Century, 1936, p. 321.

(11) この点について，Maitland, F. W., Introduction to "The Mirror of Justice," (Selden Society), pp. ix et seq. 参照。

(12) Ibid., pp. x–xi.

(13) Ibid., p. 6.

(14) Ibid., p. 5.

(15) Coke, op. cit., 2nd Institutes, A Proeme.

(16) Fortescue, op. cit., pp. 45 et seq. Cap. XVIII (The Customs of England are of great Antiquity).

2 絶対王制権力の物質的基盤と「国会裁判所」

一 歴史的背景

クックの絶対的権威は後の時代に至って確立するが、それは彼の中世的世界から理論を演繹するアナクロニズムが、一定の物質的基盤に支えられ、市民革命が、これを不退転のものとした結果である。フォーテスキューにおける「制限君主制」の理論は、クックに承継されるが、その客観的意義は、絶対王制の破壊に通じたものである。

これらの考察の前提としてまず私たちは、イギリス封建制の確立が、ノルマン・コンクェストという事実に依拠することが多かった点を想起しておきたい。第一に、それは、アングロ・サクソンの自治的団体形成の原理を、封建制の基底を支えるものにまで決定的に純化した。征服王朝は、アングロ・サクソンの「自由」を標榜する階層を両分し、直接耕作農民を当初から「不自由」なものと規定する一方、征服王朝の統治への参与を、「自由民」に大幅に許容した。ヘンリー一世当時のある法律家は、パラドキシカルにもこうした「参与」の意味するところは、「自由民」の「不自由」である一方、「隷農」「小屋住農」の「自由」であると、説明している。(1) それはともかく、第二に、この「自由民」の統治への「参与」が、征服王朝の進展に伴って、国王と封建貴族の利害との一定の協働関係を生み出していくことに、大きな役割を果たすことになったと同時に、他方その利害の対抗関係にのって、「庶民」といわれる階級が形成されていくことにも、密接な関係を有しているのである。(2)

私は、クックの時代に至るまでのパーラメントの機能とその歴史的変遷について、ここで言及するだけの余裕はない。ただここで一応の視角を設定するならば、それが、クックの「連続説」に適合するような、特異の発展過程を辿っていることに注目していいように思われる。(3)

クックの「国会裁判所」という言辞は、パーラメントの歴史的起源が、王権の掣肘とはむしろ逆に、国王の中世封建国家における中央集権的統治の手段として発したことを表現している。私たちは、コモン・ロウの優越過程が主として「国王裁判所」によりもたらされたものにほかならないことに注目する必要があるとともに、(4)もともと国王が、封建貴族の「同意」をとりつけて、自己の支配を貫徹させる必要性から召集されたパーラメントがこうして、中世国家機構において国王の司法的裁量の範囲を増大させる拠点として機能していくことになる点に、注意しておかなければならない。(5)

次に、「国会裁判所」に、何らかの「代表機関」的性格が付与されることになった点は、右のパーラメントの起源とそれから帰結するその国王・封建貴族の「協議機関」的性質とは、さしあたり無縁であったことを指摘しておきたい。クライムズがのべるように、パーラメントは元来、地方共同体の利害を「代表」させるものとは異質な、国王統治のための専権的機構の構成部分にすぎなかった。「代表機関」的性格は、中央のパーラメントよりもむしろ各カウンティにおける「自由民」の司法機構への「参与」を通じて、パーラメントの外で展開されたものにほかならなかった。しかしながら、このことは、さきにのべたように、ノルマン征服王朝による封建制の導入のさいの主要な支柱とされたものにほかならなかったことであるとともに、パーラメントがやがて「代表機関」的性質を付与されるに至るまでの重要な起点ともなる事実であった。(6)

パーラメントが「代表機関」になるまでには、さきの統治への「参与」階層の「純化」が行なわれていく歴史過程が、不可欠の役割を演じている。換言すれば、国王が「庶民」と呼ばれる階層に依拠していくまでの過程——それは必ずしも不断のものではないが——で、パーラメントの三つの構成部分(three estates——「俗界の貴族」(temporal lords)、「聖界の貴族」(spiritual lords)、そして「庶民」(commons))がしばしば各〻の「エステイト」の独立の利害の「代表」を口にして抗争を繰り返すのであるが、こうした対立・拮抗の過程から、「代表」観念がしだいに形成されていくこともまた想像に難くない。(7) 絶対王制期に至るまでの王権の伸長はむしろかかる対立・拮抗の利用を通じて現出するが、その後においてしだいに優越した庶民院は、この過程で「純化」されつつあった階層の国王との共同利害の形成を、その支柱としたといってよいだろう。そしてまたパーラメントが「代表機関」的性質をもつに至るのも、王権の物質的基盤がこうしてしだいに変質した結果として国王が、地方にほぼ普遍的に形成されたところの上層土地貴族に対する特権都市市民(バージェス)と下層貴族(ナイト)の同盟の「代表」に、依拠していったことの結果とされてよいのである。(8)

バラ戦争による上層土地貴族の没落は、フォーテスキュウの「制限君主制」理論に見出されたところの、君主と協働する土地貴族の「純化」を帰結したものである、と思われる。(9) 絶対王制形成期における彼の理論は、身分的閉鎖性を脱却し、しだいに「地代寄生」的階級に転化する土地貴族層の、共同利害によく合致している。すなわちパーラメントは、残存する大領主権力の剥奪の場に通じたのみならず、右の階層の国王権力への依拠の拠点とされることによって、絶対王権の肥大化をもたらすさいに決定的な役割を演じることになった。

それでは何ゆえに、これら土地貴族層が、その後の歴史過程でさらに「純化」され、しばしば言及したところの「新貴族」が生み出されることになるのであろうか。その理由とされるものは、第一に封建制——それは本質的に絶対王権の物質的基盤でもある——の解体であり、第二に、「地代寄生」的階級に転化した、彼らの「自由競争」のゆえである。商人から土地貴族への栄進が、いかに土地集積の誘因となっていたかを、この関連でも想起したい(10)。

以上の考察を前提に、本節の主題に立ち返ることにする。ここでの私の課題は、さしあたりクックの「連続説」に物質的基盤を与えたものは何かということであるが、この点もやや広い視角から考察してみることにする。

(1)　Gibbs, M., Feudal Orders, 1953, p. 58.「ヘンリー一世(一一〇〇―三五年在位)の治世下のある法律家は自由土地保有権者について次のように説明した。すなわち彼らはつねに州裁判所に出廷しなければならなかったが、『隷農と小屋住農、水呑、そして下層だが、この種の必要な人々(*viles et inopes personae*)はそうでなかった』と」。

(2)　Chrimes, op. cit., Const. History, p. 105. 邦訳書一二八頁は州裁判所への出廷は古くは自由民全員であったが、後にその一部となったという。そしてまた「幾分の誇張はあるが、……そこには代議制の萌芽が確かに存在した」という。なお Keeton, G. W., The Norman Conquest and the Common Law, 1966, pp. 35 et seq., 143–145 参照。

(3)　簡潔ながらすぐれた説明として、高柳信一「行政法の一般理論序説4」(『法学セミナー』一九七一年一〇月号)が参照さるべきである。

(4)　すなわちこの点では、ヘンリー二世(一一五四―八九年在位)における「司法的改革」が「自由土地保有権者」に専属する Court Baron の管轄権の国王裁判所による吸収を中心として行なわれ、そのことがコモン・ロウ優位の画期となった点が注目されてよい(Maitland, F. W., Introductionto, "Select Pleas in Manorial and Other Seignorial Courts," vol. 1, (Selden Society), pp. liii–lix)。なお前述一三二頁注(10)参照。

(5)　Chrimes, op. cit., Const. History, p. 104. 邦訳書一二七頁。

(6)　Ibid., pp. 103–106. 邦訳書一二六―一二九頁。なお注(2)参照。

(7)　Chrimes, op. cit., Fifteenth Century, pp. 345 et seq.「三つのエステイト」が制定法という形式の「判決」を支持すべきか国王に助言を与える機会が存したが、やがて貴族の一部は「庶民」と合体し、貴族院・庶民院の原型がつくられた。なお、Holdsworth, op. cit., H.E.L., vol. 4, pp. 173–174 参照。

(8)　一二九四年のパーラメント召集令状を例示したクライムズの分析参照(Chrimes, op. cit., Const. History, pp. 109 et seq. 邦訳書一三二頁以下)。

（9） Holdsworth, op. cit., H.E.L., vol. 2, pp. 125-126, 406 et seq.
（10） 高柳、前掲論文「行政法序説」六三頁の指摘に注目したい。なお戒能、前掲論文「土地所有と相続（一）」二六二頁以下参照。

二　国王対パーラメント

繰り返すまでもなく、私が「連続説」に言及するのは、イギリス市民革命の保守的形態の分析との対応において、かつ、その限りにおいてであるが、これまでの考察でも示したとおり、イギリス革命の保守的性格の要因は、絶対王制期を通じ変質していくところの土地所有者の階級の存在と不可分である。しかしながら、「連続説」的見地に立てば、こうした過程を含めて絶対王制の物質的基盤の変質は、当然のことながら度外視され、ただその変質の外形上の表現、すなわち絶対王制の崩壊が、国王対パーラメントの対抗関係から帰結していくことのみがのべられる。既述のように、こうしたいわば「外見理論」が、ウィッグ的歴史解釈に承継されるとき、国王は悪であり、パーラメントは善であり、善なるものが不断に勝利していくイギリスの統治構造は、「讃美」されるべきである、といった結論になる。またさきのホールズワース見解によれば、絶対王制を制度的に支持するものにほかならない治安判事の起源におけるデスポティックな側面は、消去され、イギリスの地方自治のデモクラティックな性格の起点が、絶対王制期にまで遡及されていくことになる。(1) もとより右に若干言及したように、イギリスの絶対王制形成の特有の形態は、かかる「連続説」に一定の支柱を与えるが、私たちがこの点を重要視するのは、かかる制度的外見が、何によって支えられたかをみる限りにおいてであること、さきに言及したとおりである。

右のような視点からすれば、クックの「連続説」の客観的意義は、絶対王制権力とは本質的に相容れない新たな諸関係の進展の拠点を、国王とともに「古い」パーラメントおよび彼によって「再解釈」されたコモン・ロウに求めたこと、および、しかもこうするさいの彼の中世的「自由」の世界観は、これの否定から形成されたにほかならない絶対王権の肥大化の範囲と程度を逆に明確にしえたこと、に求められるべきである。彼の「ノルマン・コンクェスト」説が、征服王権に対する人民の不断の勝利という観念に支えられ、そのことのゆえに彼の所論の権威が優越していく点も、右のことと無縁でないのであり、この結果、国王とパーラメントおよびコモン・ロウ裁判所間の抗争は、後者に対する歴史的権威の付与により Constitution の次元のそれに移行していくことになるのである。

ところで他方、中世的「自由」の世界を打破しつつ、新たな国家が形成されるとき、そこでは次のような観念が支配することになったと思われる。すなわち、資本主義的な諸関係の推転に伴って弛緩しつつあった身分的支配＝従属の関係を固定化することが、最大の課題とされ、国家に対する奉仕といった枠組みから、階級間の摩擦を消去し隠蔽しようとする志向が形成されることになるということである。したがって、「自由」といい、「権利」といい、すべてかかる国家の法から発したものでなければならないとする観念は、絶対王制期における国家意思とされたものにほかならなかったのである。(2)

「だが、国王は安全にされなければなりませんし、国家も同じです。と申しますのは、神や国王が私たちに貧しいながらも生活の糧をお与え下さるのは、ほかでもなく、私たちが広く隣人たちと、お互いに奉仕し合えと思し召されるからなのです」(3)。

「私の目的とするのは、貴族は貴族でなければならず、庶民は庶民でなければならず、すべての人は、その分に相応であることに甘んじ、これに満足しなければならないということである。われわれはいったん富に近づくことを目的とすると悪しく富を求めてこれを忘れること、しばしばである。何人たりとも、法により彼らの地位がところを得ているということに同意しなければならない」[4]。

絶対王制期の同時代人は「コモンウェルス」として観念される内容について右のように書いた[5]。それらを集約的に表示するものはいうまでもなくホッブズの体系であるが、彼は『リヴァイアサン』の中で次のようにいっている。「『臣民の自由』とは彼らの行為を規制するさいに主権者が黙過したことがらについてのみ存する」[6]と。さらにまた彼は「コモンウェルスを解体させる」虚偽の学説として「すべての私人は、彼らの財貨について主権者の権利を排除するような絶対的な所有権を有する」とする教義を掲げている[7]。人々が自然状態における権利を全的に主権者に与え、かくて全包括的な支配権力を取得する国家の「黙過」の限度において「臣民の自由」が許容され、法の限度においてその所有権が主張されうるとするホッブズの『リヴァイアサン』は、絶対王制権力の正当化に通じたのみならず、その理念を提示したものとされるべきであろう[8]。

それにもかかわらず、所有権の絶対性の主張は、かかる絶対王権の干渉とその諸〻の政策に対峙しつつあった階級による唯一普遍的な主張にほかならなかった。トマス・ウィルソン博士は、『高利についての対話篇』で次のように語らせている。「かくて、商人の生業は、彼らの商売についてはいかほども熟知しておられぬ説教者によって、不正に邪魔だてされてはならないのです」[9]と。

絶対王権との対抗の拠点が、パーラメントに求められたのは、さきに若干言及したところのその歴史的変遷を通じて、すなわち何よりも土地所有者階級の変質を通じて、彼らと形成されつつあったブルジョアジーとの協働の場に、それが転化した理由による。彼らが絶対王権に対する共通の護持の対象として対置したものは、自己の土地および財貨に対する絶対的支配にほかならない。一六一〇年、庶民院はそれの集約的表明を次のように行なっている。

「その生命、土地、身体もしくは財貨に及ぶものとされるところのいかなる刑罰に対しても、それがこの国土のコモン・ロウによって定められた(ordain)ものであるか、彼らの国会における共通の同意によってつくられた制定法によるものでなければ、これに服さしめられることがないということは、……この王国の人民の疑う余地のない権利として形成されたものである。それにもかかわらず、最近以前にもはるかに増してしばしば〔かかる〕諸布告(proclamations)が出され、しかもそれらは、特権に及ぶのみならず、財貨、相続財産および人々の生活の糧に及び、そのあるものは、法のある部分を変更し、新たな法をつくる傾向を有しておる。……こうした理由により、かかる諸布告がしだいに法の勢力と性質とを育み、かつ、増大させるであろうとの一般的な恐怖が陛下の人民の間で抱かれ、かつ広まっている(10)」。

右の庶民院の抗議は、同時に、次のことを前提としている。すなわち、王権と、「純化」された封建貴族の利害合致を通じて形成された王権の地方権力への依拠が、そしてまたその結果としてのフォーテスキュウのいわゆる「制限君主制」が、王権の側から桎梏視され、こうして一方で王権の肥大化が必然的に「古きよき法」の廃棄に通じながら、他方で王権の孤立化がしだいに現出しつつあったことを示していることである。王権の孤立化は、フォーテスキュウによって定式化された「制限君主制」の基底を支えたところの下層貴族が、資本主義的諸関係に自己を適応させたことに主要な原因を有するものであった。一五世紀後半以降の毛織物工業の発展に対し、領主権力が一様に牧羊のための「領主的囲い込み」、すなわち領主権に基づく農民からの暴力的な土地収奪を行なった事実は、それ自体としては、領主直営地経営の「危機」に対する彼らの対応を意味したものにすぎないのであって、絶対王制権力の物質的基盤を真に危殆に瀕させたものは、「地代寄生」的階級に転化した「新貴族」であり、その経営を支え自らかかる階層と融合しつつあった、萌芽的ブルジョアジーであったと想定できる(11)。重要なことは、こうして土地がいっさいの身分的拘束から脱し、自生的な競争を介して一定の階層に集積されつつあったことであり、このことから土地所有の独占の経済的意義が次のように示されていくことである。すなわち第一に、借地農間の資本主義的な「自由競争」を通じて絶対地代の額だけ高められた借地料が土地所有者に保障されるとともに、第二に彼が土地所有者であることによって排他的にわが物とすることが可能とされるところの差額地代の取得の保障である。この土地所有者への資本主義的地代の保障が、土地所有の集積とその拡大の最も主要な要因として疑いもなく存している。

こうして惹起した王権の孤立化は、それと表裏一体的に国王の財政窮乏を必然化させることになった。換言すれば、農民の土地緊縛からの解放を基点とした封建制の崩壊が、土地移転と集中を激化させた絶対王制末期において、ほぼ完成に導かれたことであり、このことがまた市民革命の直接の誘因となるとともに、その性格を規定する要因となっていくにほかならないということである。

(1)　小山貞夫『中世イギリスの地方行政』(創文社、一九六八年)、三—六、一〇四—一〇六頁はこうした見解を排して治安判事の精緻な分析を試みられたものである。

(2)　なお Tawney, R. H., Religion and the Rise of the Capitalism, 1st ed. 1906, Pelican ed. 1938, pp. 153–154 におけるスコラ的な所有権論を停滞的観念と規定する指摘を参照されたい。

(3)　ラモンド女史(Lamond, E.)によれば John Hales の著とされる、W. S.'s A Discourse of the Common Weal of this Realm of England, 1581, p. 14 における Knight の発言。

(4)　Morrison, R., A Remedy for Sedition, quoted in Jones, W. R. D., The Tudor Commonwealth 1529–1559, 1970, p. 58. なおモリソンは、一五三六年 Pilgrimage of Grace(恩寵の巡礼)のさいに、国王を弁護し叛乱を非難した。

(5)　ただし、一般にコモンウェルス・マンとして知られる人々は中世的世界観に固執しながらも、他方、中世的スコラ思想を排する点で、一定の進歩的意義を示している。この点について、植村雅彦『テューダー・ヒューマニズム研究序説』(創文社、一九六七年)参照。

(6)　Hobbes, T., Leviathan, 1651, Everyman's ed., p. 112.

（7）Ibid., p. 173.
（8）この点については、高柳、前掲論文「基本的人権」三三頁以下参照。
（9）Wilson, T., A Discourse upon Usury, 1572, Tawney R. H., ed., 1925, p. 250.
（10）Somer's Tracts, Scott's 2nd ed., 1809, vol. 2, pp. 162-163.
（11）前述一六三頁以下で指摘した、領主層の囲い込みと、ファーマーのそれとの対比を参照されたい。

三　「国会裁判所」とコモン・ロウ裁判所

イギリス市民革命が後述のように長期議会の主導によるいわば合法的な王権の掣肘から発し、熾烈なその後の抗争にのめりこんでいくに至るまで、パーラメントとコモン・ロウ裁判所の協働関係が依然と保持されることになるので(1)あるが、この点は、イギリス市民革命の特質の考察にあたって、前提としておくべきいまひとつのことがらである。ここにその点を留意して考察を行なう理由は、両者の協働関係が、一定の物質的基盤の共通性に支えられ、それを通じて後述の擬似代表的パーラメントによる「国会主権」の確立の基盤のひとつが形成されていくことになる点に、とくに注目しておきたいからである。

絶対王権それ自体の正当性の理論化は、一六〇四年三月一九日のジェームズ一世の国会演説に認められるが、(2)これに対して同年六月二〇日庶民院は、神と自己を同一視し、その王座に対する権利を法にではなく、法超越的な神の啓示に求め、あまつさえこれを「神が朕の生得権として……定め賜うた」ものとする観念を徹底的に否定している。この『陳弁書』(Apology)は、「いかに偉大なるものであれ、人民の諸権利および諸慣習の個別の内容を見透すごとき、そんなにも偉大な人間の知恵はない」とし、「経験および彼ら人民に知らしめられた誠実なる報告書(report)」から判断されるべきであるとするが、(3)それはまたクックの『綱要』第四部の、「国会の記録書」(records of parliament)の賞讃に通じている。[4] さらにこの『陳弁書』は次のように弁明するのである。

「この高き国会裁判所に、その地位および権能のいずれについても、競い合ういかなる最高の常設裁判所(the highest standing court)も、この国土には存しない。〔国会裁判所は〕国王の裁可を得て他の裁判所に法を与えるが、他の裁判所から、法も命令も受取ることはないのである」。

この『陳弁書』の観念は、クックの「最高の国会裁判所」のそれに通ずるものであると同時に、他方またそこには、庶民院議員の「特権」の存立根拠を、「代表制」に求め、かかる「特権」と所有権とが、並列的に国王に対して主張されるという、一定の飛躍が認められる。『陳弁書』は論じる。「イングランドの庶民の権利と自由」とは、第一に、「彼らを代表するための信託」に基づいて庶民院議員となる者を自由に選挙するということ、第二に、かかる庶民院議員の「特権」であり、第三にその「討論の自由」(freedom of speech)である。そしてまたこれらの「特権」および「諸自由」(privileges and liberties)は、「われわれの土地および財貨それ自体がそうであるように、われわれの権利であり、その適正なる相続財産(inheritance)である」[5]と。

このようなパーラメントおよびその議員の特権の定式化の一部は、一六〇六年の財務裁判所(Court of Exchequer)におけるフレミング首席裁判官(Chief Baron Fleming)の判決に承継された。このベイツ事件(Bate's Case; 2 St. Tr. 371)に対するフレミング判決は、国王ジェームズの主張と『陳弁書』の主張の、対立・矛盾の可能な唯一の救済方式を意味していた。国王の権限は「通常なものと絶対的なもの」(ordinary and absolute)に区分されるべきとし、前者は「国会なくして変更しえないところのコモン・ロウ」の支配領域であり、後者は「コモン・ロウの指令のみに基づかぬところの準則」すなわち「政策」(policy)の支配領域であるべきとした。さらにまたこの「政策」とはすなわち、「公共善」(*salus populi*)であり、国王の英知にしたがって「人民の一般的福祉(general benefit)」のために定立されるべきであるとし、これに背理するごとく国王の「その絶対的権限が、何人か特定の者の利益のために、その私用(private use)に転用され、そのために行使」されてはならないものとした。(6)

ベイツ事件判決は、このようにジェームズ王にも『陳弁書』にも、同様に満足を与えることを意図していた。しかしながら国王の「公共善」とパーラメントおよびコモン・ロウのそれが対立・拮抗する場合の救済は、フレミングの言辞からは不可能であった。国王とパーラメントとが、同様に、「公共善」および「人民」を口にしている抗争過程で、一方の側にそれらをほぼ全面的に帰属させることは、他方の主張の全面否認を行なうことを意味したにほかならない。だから、国王は、パーラメントの同意なしにしかも巨額な収入をあげる目的で、付加関税(impositions)を賦課することができ、これらの点についてパーラメントは何も発言することができないとジェームズ王が主張した時、パーラメントは再び『陳弁書』の立場を維持したのである。一六一〇年、ヘイクウェル(Hakewell)が議会で行なった演説は、ベイツ事件で裁判官たちによって、国王の権限が絶対的である場合と規定された、戦争および貿易の領域についてもパーラメントの同意が支配すべきとし、『陳弁書』の立場をさらに一歩進めている。(7)

クックの「国会裁判所」の観念は、総じて「法の発見」機構としてのパーラメント、すなわちその司法的機能の側面に適合的であるが、パーラメントが他の「裁判所」と区別される標識としての前者の「代表機関」的性格が一義的に強化されていくのに伴って、パーラメントは「法の定立」機構として国王に対置される結果となった。しかもこのような過程は、パーラメントを自己の最上位におき、これとの一定の同盟関係を維持することにより、国王大権裁判所の侵食を阻止しようとする、コモン・ロウ裁判所の利害にも適合するものであった。

この間に重要な問題が介在している。パーラメントは「裁判所」でありながら、それは同時に代表機関であり、「土地および財貨」に対する所有権と同様に、臣民の権利および自由を「古きよき法」たるコモン・ロウによって護持すべき固有の権限を有することが、国王大権の支配領域の縮減という直接的形態によるよりも、国家機構各部門の相互関係の調整という間接的形態をとりながら、確認されつつあったということである。「国王裁判所」と、他の裁判所との区別の標識は、前者の「代表的性格」である点についてふれる注目すべき判決を例示しておこう。

例示　Wimbish v. Tailbois (1 Plowden 38, 75 Eng. Rep. 63 et seq.)（一五五〇年）

事件の内容は、「ユース法[8]」に関するものであるが、重要なのは、この事件の傍論(*obita*)で人民訴訟裁判所(当時Common Bench のちに Court of Common Pleas)の首席裁判官モンターギュ(Montague, C. J.)が、「ユース法」によってユースの設定された土地の受益者が、コモン・ロウ上の「占有」を有するものとされた点にふれ、これによって所有権の変動が生じたかにつき、次のように論じている点である。

「ヘンリー八世治世二七年〔一五四〇年〕の法〔ユース法〕がつくられたとき、それはユースを有している者に土地を贈与することになった。……然れども諸卿よ。パーラメント(それは裁判所の一つにほかならない)は、贈与者(donor)たるべきではなかったのである。なぜならば、パーラメントが行なったことはただ、ある者から他の者への不動産権移転(conveyance)だけなのであって、かつ、パーラメントによる不動産権移転は、パーラメントを贈与者たらしめるものではないのである。然らずして私は次のごとく考える。すなわちユースによる封土の譲受人(feofees to uses)が、贈与者なのである。というのは、贈与がパーラメントによってなされるとき、王国のすべての人々は、それについて知ったのであり、同意したのであるから、それ〔ユースの設定された土地〕は、それを贈与するについて最大の権利をもち、権能をもった人々から、移転(pass)されたにほかならないことになる。……それゆえに国会制定法は、何人の既得権も侵害しないことになろう」。

この判決は、法保存機構としての中世国家における租税が、人民からの「自発的贈与」(free gift)と考えられた理論の、かりものである。(9) 個々人の権利(主観的権利)の総体が、客観的法秩序を形成すると観念された中世的な世界では、租税は国家の行為による私的財産の一方的変動を意味しなかった。それは少なくとも彼らの「代表者」による同意を必要とし、国家ないし国王が慣習に基づきこれに対する権利を主張する場合にも、これが許容されるのは、それが彼らの主観的権利と考えられた限りにおいてであった。(10)

さらにいえば、パーラメントは中世封建国家における国王と封建貴族による封建的収奪の取得と分配のための協議機関にほかならなかった。しかしながら、「ユース法」についての右のような評価は異なる意義をもっている。パーラメントが所有権の絶対性を毀損するとは考えられてはならなかったのであって、それゆえにまた「自発的贈与」のフィクションは、この観念を前提としたと考えられてよいであろう。しかしながらこのような構成は、「国会裁判所」に「代表」の性格を付与することを前提とし、(11) その性質を強めることを意図している。換言すれば裁判所は、王権と抗争しつつあったパーラメントのこの二つの特質を侵害しない旨を宣明することを通じ――「ユース法」の合法化という外見にかかわらず――パーラメント護持の共同戦線に参加している。

他方また「ユース法」自体にそくしていえば、何よりもその妥協的性格が注目されなければならない。ホールズワースらの通説では、「ユース法」はユース慣行を禁圧することによって国王に対してその財源を保障――すなわち封建的土地所有の階層的編成=《封建的ヒエラルヒー》の維持・存続を前提としたうえで、国王に対し後見権等封建的土地保有の付随条件(feudal incidents of feudal tenures)を保障――しようとしたものであるとされるが、それにもかかわらず同法が、何ゆえにユース慣行自体を否定しえていないかの要因分析にまで及んでいない。すなわち第一に、国王と庶民院の法律家のグループとの提携が、国王の天才的手腕によってもたらされたことが強調されながら、庶民院がこれに同意した原因も、もっぱらこの法律家の活躍に求められるにとどまるのである。第二にその後わずか五年にしてその実質的否定を行なう一五四〇年「遺言法」が必然化した理由については、直接の考慮の外におかれている。(12) 庶民院の法律家グループが、ユース慣行についての管轄権を事実上独占した「大法官府裁判所」(Court of Chancery)に対する彼らの嫉妬を示したとしても、それだけでは庶民院が同法に同意した理由の説明にはならない。その理由と考えられるものは、「ユース法」自体の構成のなかに求められる。

ユース慣行は、端的にいって封建的土地所有の実質的解体の結果登場し、かつこれをより促進したものにほかならなかった。すなわちイギリスの封建貴族は、この慣行を通じしだいに土地を商品化し、その価値的支配により資本源(capital resources)を保障されるに至っていたのである。そうであるとすれば、「ユース法」第一条が、「かかるユース、信頼もしくは信託(confidence or trust)を有する者」について、「爾後、当該土地・保有財産・法定相続財産について適法なる占有(lawful seisin)」が存在するものとし、またそのように「みなす」(deem)としたのは、たかだか土地に対する権利のエクイティ上のものと、コモン・ロウ上のものとの分裂——そのこと自体ユース慣行の目的である——を、前者のコモン・ロウ上の権利への転換により阻止しようとしたこと以上のものではなく、「ユース慣行」およびそれを通じた土地流通さらに究極的に土地の商品化それ自体は何ら否定されることがなかったのである。そうであるとすれば、総じて国王は、土地流通それ自体を規制することによってではなく——あるいはそれをなしえぬゆえに——土地流通の捕捉を通じての incidents of feudal tenures の確保を意図したといってよく、かかる企図は、「土地登録法」(The Statute of Enrolments; 27 Hen. 8, c. 16)および「遺言法」と同時に設立された国王大権裁判所たる「後見裁判所」(Court of Wards Liveries)にも貫徹していることが、より注目されなければならないように思われる。(13)

したがって次のようにいうことができる。すなわち、ユース慣行に対する絶対王権の対応は、その最大の槓桿たる「ユース法」においても、土地流通自体の規制を放棄し、むしろその決定的傾向と妥協することにより王室財政の確保に努めた。しかしながらその手段は、封建土地法の法理を媒介したものにほかならず、したがってまた封建的土地所有一般の衰退の「残余の犠牲者」(residuary victims)としての国王の敗退を必然的に帰結させていくことにならざるをえない。[14] ところでまた上層封建貴族は、「ユース法」に妥協する前提として「限嗣相続」(entails)の彼らへの特権化と下位領主からのその権能の剝奪を求めているが、[15] これに対して下位領主は、entails とともに長子相続制の維持を求め、これと抗争する。市民革命期に、かかる長子相続制および土地の一括相続の手段となる「継承財産設定行為」が信託手続きを媒介としてさらに強化される理由は、ここにも明確に示されているといえよう。換言すれば、封建土地法との一定の連続線上に、近代イギリス土地法体系が構成されることになるが、その外観上の連続にかかわらず、その担い手が決定的に変質していることを、ここでも一般的に前提としておくべきなのである。

（1）「国会裁判所」とコモン・ロイヤーズの同盟を強調する、Holdsworth, op. cit., H.E.L., vol. 4., pp. 174 et seq. 参照。
（2）Prothero, G. W., Select Statutes and Other Constitutional Documents Illustrative of the Reign of Elizabeth and James I, 4th ed. 1913, pp. 282–284.
（3）Ibid., p. 286 (Apology of the House of Commons).
（4）Coke, op. cit., 4th Institutes, p. 3.「パーラメントの記録が非常に賞讃されるのは、非常に偉大な助言によりそこに困難な場合の諸事例についてたんに判決・決議のみならず、同様の事例についての理性や原因についてまでが、書き留められているからである」。
（5）Prothero, op. cit., p. 286.
（6）Ibid., p. 341 (Bate's Case).
（7）Hakewell's Arguments in the House of Commons, in Prothero, op. cit., pp. 342 et seq.
（8）The Statute of Uses, 1535; 27 Hen. 8, c. 10. 前述八八頁以下参照。
（9）Gough, J. W., Fundamental Law in English Constitutional History, 1955, p. 26.

（10）　Kern, op. cit. 邦訳書八二―八五頁。

（11）　クライムズは、このような過程は一五世紀中葉から開始・確定しつつあったとする。Chrimes, op. cit., Fifteenth Century, pp. 141 et seq.

（12）　Holdsworth, op. cit., H.E.L., vol. 4, esp. pp. 460 et seq. は、ヘンリー八世が、ユースについての管轄権を独占しつつあった「大法官府裁判所」(Court of Chancery) に対するコモン・ロイヤーズの反撥を利用したこと、庶民院のこのグループと国王との利害合致をとりわけ重要視している。

また、The Statute of Wills, 1540 ; 32 Hen. 8, c. 1 については、前述一二〇頁以下参照。

（13）　以上の点については何よりも、Bean, J. M. W., The Decline of English Feudalism 1215–1540, 1968, esp. pp. 257–305 が参照されるべきである。

（14）　Ibid., p. 303.

（15）　Ibid., pp. 260 et seq.

三　市民革命と所有権の観念

1　問題の一般的考察——ハリントンを中心として

右に考察したように国王とパーラメントのいずれが優越すべきかといった抗争は、パーラメントおよびその特性としての「代表機関」的性格の「純化」を通じ、市民革命への移行を必然化している。換言すれば、クックの場合のコモン・ロウ護持と、それと不可分の関係で説かれた「国会裁判所」の絶対性の主張は、なおフォーテスキュウの「制限君主制」論に整合的な、法を通じた国王とパーラメントの共存関係の維持・存続の余地を残していたのであるが、市民革命に移行する段階では、こうした伝統的な観念も否定されることになったのである。その理由とされるものはいうまでもなく、国王が法超越的な存在に転化したことに対し、パーラメントが自己の正当性の根拠を、たんに法のみではなく他の契機に求めたからであるが、(1) ここではクックの場合にもそれが、「ノルマン・コンクェスト」説という形態で、萌芽的に表現されていたことを想起しておきたい。

私たちが次にハリントンの考察を行なうのは、こうしたパーラメント優位の過程に含まれる特徴的な観念の形成を重要視したいからである。その重要性は、彼のレヴェラーズに対する非難、(2) その「農地法」の提唱、(3) 投票および交替制(rotation system)による「人民」の政治参加とともに、総じて所有権と政治権力の不可分一体の関係を説く彼の所論の中核に求められるべきである。最後の点は、ハリントンによれば、Dominion と Empire or Sovereign Power の関係として説かれる点であるが、ここにさきの伝統的観念とのひとつの断絶を看取しうるように思われる。

ハリントンはこのような観念を、国王対パーラメントといった国家機構の次元において抽象的に展開することはなかった。[4]「庶民院が擡頭し、……国王がこの集会に対し」脅威を感ずるようになった時代の起点を、彼は貴族を無視して「人民と女王〔エリザベス一世〕がある種のロマンス」を形成した後の時代に求めている。その後の展開について、彼は、貴族が窮乏し搾出地代の強制徴収を開始したが、ついにその所領を売却せざるをえなかったとのべている。修道院解散による僧侶の壊滅、これらの総過程が「コモンウェルス」における財産権のバランス」の「人民」への移行を必然的にしたので、かくてそれに照応しない政治形態は、あらためられなければならないことになったとするのが、彼の理論の中心点というべきものにほかならない。[5]換言すれば、彼の「人民の統治」(popular goverment)論は、「財産権のバランス」の変化から不可避的に形成されるべきもの、とされるのである。とすれば、彼の理論が、さきの伝統的観念に一定の断絶をもたらすさいに演じた役割は、右のような必然的過程の指摘にとどまらず、「人民の統治」なる政治形態が、一定の物質的基盤に支えられていることを「論証」し、これを積極的に肯定すること、そのこと自体に認められるべきであろう。

いわゆるピューリタン革命は、当初、国王大権の否定をもって開始し、国王に対する勝利の後、革命諸党派間の相克、そしてクロムウェルの短命なプロテクター政権の成立によって一応終熄するが、これらの総過程はクロムウェルの独立派によって終始主導されたといえる。しかしながら私たちはここで、独立派それ自体と、ハリントンとの一定の距離を問題にする必要があるように考える。

ハリントンは、レヴェラーズによる「人民主権」論という、独立派にとっては「新奇な」主張に当面したさいにアイアトンが説いた、いわばその否定のための否定論とは相対的に別個な観念をこれに対置させている。すなわち、アイアトンは、国会主権の確立を行なうことともに、国会を統治機構の中核に位置づけるべきことをレヴェラーズと彼との共通点としながら、「問題は、選挙権があらゆる人々に平等に分配されなければならないのかということである」(6)との機械的な対応を行なっている。この「人民主権」論に対する擬似「代表制」の機械的対置に比して、ハリントンの次の言はより画期的意義を有するように考える。

「……だが、ある人は次のようにいって人民の権限の主張に反対する。すなわちそれは、内戦(Civil War)の種を蒔くに等しいと……。しかしいずれも甚だしい誤りだ。イングランドがコモンウェルス〔共和制〕に導かれることは、確実でもあり、自然でもある。自然の方法は平和を求めるものであり、平和な方法は、法への服従を求めるものである。イングランドの法は、パーラメントを除いてつくることのできるものではない。イングランドのパーラメントは、たんなる人民の集会となった。人民の集会による法は(もっとも一時期欺かれたこともあったが、結局のところ)人民の法でなければならず、人民の法の集合により、コモンウェルスが達せられなければならないのである。

……人民の土台(Popular Foundation)のない他のあらゆる方法は、上部構造(Superstructures)を土台(Foundation)に対して矛盾させるものであるが、それはまた誠実な人々を失望させたものである……のみならず、営業(Business)を阻害し、後退させ、失敗を必然的なものとする」(7)。

いうまでもなくハリントンの「人民」の限定的性格は、後述のように最も留意されるべきである。実際、プロテクター政権は、一六五三年一二月一六日の「統治章典」(The Instrument of Government)で、「物的財産権〔不動産〕もしくは人的財産権〔動産〕にして、その価値二〇〇ポンドを占有し、もしくは自己のユースのために保有する者」であって、二一歳以上の「神を畏敬する」男子を、選挙権者と規定する(第一八項)のであるが(8)、ハリントンにとってもかかる「制限選挙制」は否定の対象でないのみならず、その「人民」の基礎が、土地所有者に求められていることを重要視しなければならない。しかしながら彼は、こうした「人民」の限定的性格にもかかわらず、その存在を讃美することに示されたように、かかる擬似「代表」制パーラメントの実際上の力量に期待しているのである。

ハリントンの著作はしたがって革命の本質を表現したものであるとともに、それによって形成されるべき国家秩序の理念化に通じたもの、と思われる。第一に彼は、庶民院が旧貴族の没落から強大になったと論じている。すなわちそれは「貴族の下にありながら、その階層の自然的衰退により非常な高みに昇り、今や何の制約にも服さないことになった。だが、それは国王の下にあったので、この議院は、それより加えられる制約のゆえに国王を桎梏と感ずるようになった。このことと同様、それはコモンウェルスの下にあったので、人民から加えられる制約のゆえに君主制(Monarchy)の導入にも熱心になった」[9]と。他方第二に、十分な富と余暇をもつ貴族は「コモンウェルスの自然の混合態(natural mixture)にとって必要ですらある」[10]と説く。これらの言に含意される革命の生起の必然性とその終熄のさいに予定される彼によるパーラメントの位置づけに留意したい。

彼の「農地法」(Agrarian Law)は、「人民の統治」に帰した上部構造を土台に照応させるための唯一・絶対的な国家的強制を意味している。その概要は、相続可能の土地の限度を、男子については年収二〇〇〇ポンド、女子については一五〇〇ポンドとし、「オシアナ」の地主を五〇〇〇人程度に制限しようというものである。[11]その目的について彼はいう。「平等な農地法とは……一人の者もしくは数人の者が彼らの土地の占取によって人民全体を圧倒するに至らないようにするため、このような配分によって支配(Dominion)のバランスを定立しかつ保持しようとする、永久の法である」[12]と。

庶民院における「人民」そして貴族間の権力の一定の分有は、「農地法」からする制限によって固定化され、かくて理想国家がもたらされるとする彼の以上の観念は、その後の展開における土地所有の集積のゆえに、必ずしも現実的ではないが、そこで重要視されたところの土地所有と政治権力の不可分一体の関係は、革命によって確定された政治形態に整合的である。それゆえに、彼の理論が、革命の「地主的・ブルジョア的綱領」として、後述のウィンスタンリの「農民的な道」に対置される見解[13]の根拠が与えられるが、革命の展開は必ずしもこの二律背反的な両綱領の対決のみに規定されるものでなかったことに留意したい。すなわち、両者の対比論の欠陥は、第一にレヴェラーズ－ディガーズ的主張が、革命期にのみ短絡・限定された上で、革命の保守的形態にこれを対比させる傾向であり、第二にそのことによって、革命の保守的形態の外観を規定した内容をしばしば看過することである。

他方、ハリントンの理想国家像と、「ブルジョア的発展」の不可避の通過点と規定されるべきとする革命との距離を問題とし、彼の理論の重要性を軽視する見解[14]にも、私は同意できない。革命主体と、そのいわゆる「ブルジョア的発展」との整合関係を、「ピューリタニズムの精神＝営利追求の精神」から整序しようとするかかる特徴的見解に対して、ここでただちに反駁する余裕はないが、こうした見解にとどまる限り、イギリス市民革命の一定の独自の形態はしばしば看過される危惧があることのみをさしあたり指摘しておくことにしたい。さらにまたこの視点からも、ハリントンの思想が、革命後の展開を支えた政治形態に整合的であることを、さきに言及したとおり重視したい。

いわゆる「中産的生産者層」の「両極分解」論は、しばしば市民革命の必然化とその展望との関係でのみ強調され、したがって、革命後の展開が必ずしも重視されないことは、私の最も疑問とするところである。これに対して、ここに結論的にのべれば、新貴族・ブルジョアジーとの同盟による、小農からの土地収奪およびそれより結果する資本＝賃労働の関係の早期的展開、したがってまた労働主体と生産手段の分離が、革命に先行して現出しつつあったがゆえに、イギリス革命の外観上の保守的形態がもたらされた、といった想定を行なう必要性を、あらかじめ提示しておくことにしよう。そのことは、一般的にいえば、ハリントンの次の言によく表現されていると思われるが、ここでは私たちの結論を導くさいの前提として引用するにとどめることにしたい。

「平等のコモンウェルスの人民は、以下の三つの利害に何らのかかわりも有さない。第一に自由の希求である。なんとなれば、ほかならぬ平等のコモンウェルスの全機構とは、それによって人民の自由が彼らに保障されるような一つの手段であるほかの何ものでもないのだから。第二に権限(power)である。なんとなれば、他の場合であれば行使できない権限が、こうしてまた人民全体に配分されているのだから。第三に富者についてである。なんとなれば彼らは農地法によって拘束されているので、自らの間で平等に分割した国の富の全体をすでに有している人民と均衡を失することが(したがってまた、人民を抑圧することも、人民が同様の身分・権限・栄誉を獲得しないようその勤勉(Industry)もしくは長所を排除することも)できないからである。それゆえにコモンウェルスの富が、人々の勤勉の相異によって帰属するのでなく、投票によって配分されるというのであれば、それは不平等なのである[15]」。

「基本法(Fundamental Laws)とは、人が彼自身のものと呼びうるものが何であるかを、いいかえれば所有権(Property)を宣言するようなものである。そしてそれはまた、人が彼自身のものをそれによって享受する手段であるものを、すなわち、保護(protection)を宣言する。……それゆえに、オシアナの基本法もしくは、このコモンウェルスの中心は、農地法であり、投票である。農地法は、平等を所有権の均衡によってその根本において保存しているのであり、また、投票は、均しい〔機会の〕交替制(Rotation)により、平等を主権の部門もしくはその行使に移転するものである[16]」。

(1)　Judson, op. cit., pp. 381 et seq., esp. 412 et seq.

（2） ハリントンはいう。「例えば過去の君主制（国の支配権もしくは自由土地保有権の大部分が、より少数部分の者に属していても、彼ら人民が富裕であるのみならず、程度はさておき自由と権力をも有していた時代）において、人民は、三〇〇万の人々を平等化しようと考えたか。……支配権もしくは自由土地保有権を諸君が望む平等であれ不平等であれその均衡の下に置こうとも、諸君はこの世のはじめから人民が平等派になる例を見出せぬにちがいない……」と（Harrington, J., The Prerogative of Popular Government, 1658, in the Oceana and Other Works of J. Harrington, Toland, J., ed., 1747, pp. 264–265）。

（3） ハリントンの提案は、プロテクター政権の事実上の崩壊後召集された議会に提出された。リチャード・バクスターのこれらに対する反論などにふれる興味深い資料、Schlatter, R., ed., Richard Baxter & Puritan Politics, 1957, esp. pp. 16 et seq. 参照。

（4） See Gunn, J. A. W., Politics and the Public Interest in the Seventeenth Century, 1969, p. 325.

（5） Harrington, op. cit., Oceana, pp. 69–70.

（6） Ireton, H., Putney Debates, in Woodhouse, A. S. P., Puritanism and Liberty, 1951, p. 70.

（7） Harrington, op. cit., The Art of Lawgiving, pp. 432–433.

（8） The Instrument of Government, in Gardiner, op. cit., p. 411.

（9） Harrington, op. cit., A Discourse shewing That of the Spirit of Parliament, pp. 609–610.

（10） ditto, Oceana, p. 135.

（11） Ibid., p. 102.

（12） Ibid., p. 54.

（13） バルクおよびラヴロフスキー「一七世紀前半のイギリスの新貴族とヨーマンリの社会的基礎について」（山岡・木原編『封建社会の基本法則』（有斐閣、一九五六年）所収）参照。なお竹内、前掲論文「農業改良」六四頁以下参照。

（14） 竹内、右論文、六六頁の指摘はこの点で疑問がある。

（15） Harrington, op. cit., The Prerogative, p. 260.

（16） ditto, Oceana, pp. 101–102.

2　レヴェラーズとディガーズ

一六四一年八月まで、国王とパーラメント間の抗争は、一定の妥協の可能性を存続させていた。すなわち四〇年秋以降における長期議会が意図したことは、国会制定法を通じて王権の合法的抑止を行なおうとする点にあった。総じて、この間ではなお、マグナ・カルタの絶対的権威は維持されている。例えば、「臣民の自由・土地所有権・諸自由もしくは自由なる諸慣習」を侵害するゆえに、国王大権の制度的基底の一つたる「星室裁判所」は廃止されなければならないとする、「星室裁判所廃止のための国会制定法」(1)(The Act for Abolition of the Court of Star Chamber; 16 Car. 1, c. 10, s. 1)は、その根拠をマグナ・カルタに求めている。同様に「権利の請願」を引き「爾後これが実行されるようにとの人々の「祈願および願望」をのべた国会制定法は――例えば、「船舶税の違法性宣言法」(2)(Act declaring the Illegality of Ship Money; 16 Car. 1, c. 14, s. 2)――「古きよき法」におけるパーラメントの課税同意権の歴史的権威に期待している。人々の所有権の絶対性の保障が、こうしてパーラメントに期待されることを通じ、国王大権の発動の機会はしだいに縮減されることになった。逆にいえば、国王がこれを侵害しないことの制度的保障が護持される限り、王権は彼らにとってもはや桎梏を意味しなかったのである。(3)

実際、内戦への移行(一六四二年八月)は、現象的にもまさしくこうしたパーラメントの王権掣肘に対する国王側の反撃から開始したのであるが、これを直接の契機とした長期議会の合法闘争の終焉以後の歴史過程では、一般的・普遍的形式でのべられた「自由」および所有権の絶対性の主張の本質が、しだいに明らかにされていくことになるのである。レヴェラーズおよびディガーズが、こうした「自由」を中核とする基本的人権体系に対峙していく点にこそ、この革命の内実を明瞭ならしめる基本的関係が認められる。

一六四六年、国王の敗北の確定以降、革命はかくて第二段階に移行した。ブルジョアジーの脅威の対象は、以来国王にではなく、彼らのそれまでの同盟者にほかならなかったレヴェラーズに基本的に存在したのである。ウィンスタンリの聖ジョージ丘におけるディガーズ運動は、その規模においても、影響力においてもレヴェラーズのそれに比して、少なかったことが承認されるべきであるが、(4)ウィンスタンリの後述の諸〻の論議は、この革命の保守的形態が、何に起因するものであったかを明らかにする側面を有している。

(1)　Gardiner, op. cit., p. 179.

(2)　Ibid., p. 189.

(3)　See Allen, J. W., English Political Thought 1603–1644, pp. 363 et seq. なお本文中のべた制定法のほか、国王が議会を召集しない期間は三年以上であってはならないとした一六四〇年の「会期三年期限法」(The Triennial Act; 16 Car. 1, c. 1)や、「高等宗務官裁判所廃止法」(Act for the Abolition of the Court of High Commission; 16 Car. 1, c. 11)などがある。

(4)　この点では、Sabine, G. H., The Works of Gerrard Winstanley, 1941, Sabine's Introduction, p. 2 など参照。

一　パーラメントと法

クックは、さきに言及したように「ノルマン・コンクェスト」説、すなわち王権はノルマンの征服に由来するゆえに、人々の「自由」はこれとの抗争を通じてしだいに実現されてきたものにほかならないとする観念、にも依拠しながらその理論を展開した。すなわち、アングロ・サクソンの「自由」の復活がこれであり、彼は、それがマグナ・カルタを中核とするコモン・ロウの基本的部分、すなわち fundamental laws に体現していると説いたのである。ところが王政復古後のクックの忠実な承継者サー・マッシュウ・ヘイル(Hale, M.)においては、この理論は必ずしもそのままの形で継受されてはいない。ヘイルは何よりもノルマンの征服王は「剣によることなく」正当に王位の「相続者」となったのであり、サクソンの昔の「古来の法」は、そのことによって何ら変更されることなく現在に至っているとのべた。(1)「ノルマン・コンクェスト」説は、言及されなかったというよりも、言及されることの必要性が失われ、もしくはそうすることが、クックの時代とは異なる意味をもつに至ったからなのである。

かくて「征服説」に可能な限り触れることなく、「パーラメントおよび国王がコモン・ロウに最大限の考慮を払ってきた」という「事実」を、アングロ・サクソンの昔に――ノルマン・コンクェストの事実にかかわらず――遡及させることが、クックの承継者としてのヘイルの最大の使命とされたのであった。こうした理解の普遍化を期待して、ヘイルは、パーラメントと国王の共存関係とともにコモン・ロウの「超歴史的」な維持がなされてきたことに対して、以下の讃辞を贈っている。すなわち、このことこそ「王国の共通の利益(common interest)であり、生得権(birth-right)と考えられたのである(2)」と。

クックとヘイルに現われた右の外見的差異は、市民革命が両者の間に介在したことによることは説くまでもないであろう。しかしながら、市民革命の事実の消去・無視はヘイル理論のいま一つの特質であり、総じてその理由とされる点は、以下のことに深く関連している。

レヴェラーズの巨頭リルバーンによれば、「ノルマン征服王」の後裔たる国王と、征服者の子孫によりつくられた法こそが、コモン・ロウにほかならないと非難された。ここに至りコモン・ロウ絶対視の主張は、法の名の下に不平等の容認を行なうものにほかならないとされることになる。そしてまた彼は次のようにのべている。「彼らはその立法権によって新たな法を定立する権能を有しているが、イングランドの自由人の誰も、彼らがそれを宣言するまでは彼らの意図を知らされることがない(あるいは知りうべくもない)。……法とは結局、彼らの特権なのであり、彼らの胸中にのみとどまっているものにほかならないのである」[3]と。また同じくレヴェラーズの一人、ウィリアム・ウォールウィンは、一六四五年マグナ・カルタについて次のようにのべている。

「マグナ・カルタは、あなた方の評価ではその実際上の価値よりもずっと貴重でありました。それは人民に良かれとつくられているといわれますが多くの点で彼らはまだ耐え難い抑圧の下にあるのです」[4]。

このようにして国王に対する勝利が確定した後のクロムウェル麾下のニュー・モデル・アーミー内部の抗争点は、あげて所有権に集約されることになった。パーラメントとその定立する法の基本目的が、さきのように所有権の絶対性の制度的保障に存する以上、その「自由」の内容も一義的にこのような観点から整序されていくことになる。クロムウェルの独立派についていえば、国王・貴族院・庶民院三位一体の実定的諸制度の護持を行なうとともに、レヴェラーズが庶民院を優越させようとして構想した、新たな統治機構の定立の提案を峻拒する。これら既存の諸制度が、所有権の神聖性を支えることをその目的とするという彼らの理念からすれば、ここに認められる外観上の保守性は、彼らとレヴェラーズとの対抗関係における所有権の位置づけの相違に起因したものにほかならない。このようにしてまた独立派の観念は、王政復古政府への一定の接続過程において大きな客観的役割を果たすことになる。この点で、独立派の理念を代表する者は、さきのアイアトンであり、一六四七年一〇月二八日、パトニィ(Putney)の司令官会議で彼は次のようにのべている。

レヴェラーズの「人民協定」が支持できない理由は、「国王・貴族の身体同様その諸権利を、彼らが共通の正義(common right)に矛盾するものとならない限り〔換言すれば、王国の安全(safety)に、彼らが背反しない限り〕保存しようという契約(engagement)に、われわれが拘束されている」にもかかわらず、「協定」は、庶民院のみの単独の立法により、「何が法であるか」宣言しようと意図するものであり、これは、国王および貴族が、「王国の安全」護持に立ち返るまでの例外的事態についてのみ、パーラメントがわれわれに与えた権限を逸脱するものである、と。換言すれば、アイアトンは、「実定の統治構造」(positive constitution) に立ち返るのであり、法は「国王・貴族院」の「同意」なくして、「庶民院」単独にて制定されるだけでは、法に非ずというのである。(5)

革命を緊急の事態とみなし、現在を、元の原則への回帰とみなすアイアトンの思想を、レヴェラーズの主張に対決させることになったものは、後者の「平等選挙制」の要求と、そこに含意された「人民主権」の主張であった。(6) アイアトンによれば、彼らの主張は、「生得権の主張によって、私を自然法に挑戦させる」ものにほかならず、「最も基本的な法」すなわち、「人が彼自身のものと呼びうるものを何であれ享受させること」の破壊に通じる、とされた。これに対してレインバラは次のようにのべている。

「いや私の考えでは、あらゆる所有権をいっさい除去することなしに、自由を享有することなどはありえないということです。もしもそれが支配のために定立される必要があるというのであれば、いわれる通りであるにちがいありません。しかし、これまで兵士たちが一体何のために戦ってきたのか知ることができれば、私もこれに甘んじもしましょう。彼は、自分を隷属させ、金持たち、大地主たちに権力を与え、こうして自分を永久の奴隷にするためにたたかってきたのでしょうか」。(7)

一六四七年一〇月、レヴェラーズは、「真実にのべられた軍隊の主張」で宣言した。「あらゆる権限は、この国の人民全体に始源的かつ本質的に存する。……人民の最高の権限は、議会に集合したるところの人民の代表者もしくは庶民院に存する」(8) と。また、四八年九月一一日の「恭順なる請願」で、彼らは、この主張を繰り返すとともに、「人民の安全は、法を超越するものでなければならない」と明確に宣言した。(9)

以上に羅列的に提示した問題を、私たちは次のように整理することができる。

第一に、レヴェラーズの言及した「ノルマン・コンクェスト」説は、クックの場合と異なり、マグナ・カルタを含む既存の法の否定のために駆使された。このことは、クロムウェルの独立派とレヴェラーズ-ディガーズを区別する一つの標識である。「真正レヴェラーズの旗は進む」(一六四九年)でウィンスタンリたちがこの点に言及した時は、「ノルマン・コンクェスト」説を引く彼らの主張はアングロ・サクソンの法を復活させる意味を含むものとなっていた。(10)

第二に、レヴェラーズの「人民主権」論はその「平等選挙綱領」と不可分のものであったが、その集約的な結論は、パーラメントの定立する法の上位に、人民を置くことにあった。もっとも、そのさいの彼らの論理は、既成の国家機構を全包括的に否認した上で、「自然状態」から新たな国家機構を定立ないし創設しようと発想するまでには至っていない。それにもかかわらずその「平等選挙綱領」とともに、彼らの「自然権」論は、アイアトンのさきの言辞、すなわち革命を緊急事態とみ、それの終熄の目的を、所有権の絶対性の護持の別称にほかならないところの「安全」に求めた場合と決定的に異なり、革命をさらに高次の段階に移行させる根拠を与えることになった。

しかしながら第三に、独立派およびレヴェラーズの対決点が、歴史的シチュエーションにしばしば規定され、こうしてまたレヴェラーズの「自然権」の主張と、後述の彼らの「平等選挙論」に含意される一定の階級的意義との統一的説明も困難なものとなる。この整理は非常に抽象的であるが、革命の第二段階への移行が、アイアトンの立場からすれば国家機構の保全を意図することに通じ、レヴェラーズ-ディガーズからすればその改良もしくは破壊を企図することに通じたこと、およびそれらの理由とともに、さらに別の視角から考察されなければならない。換言すれば、独立派とレヴェラーズの対決のみを革命の本質に結びつけることは不可能なのであり、そしてまたその最も集約的な対決点にほかならない、所有権の具体的内容も、さらに総体的な視角から考察されなければならない、ということなのである。この点をめぐり次に言及する。

（1）Hale, M., The History of Common Law of England, 1713, Runnington C., ed., 6th ed. 1820, p. 108.
（2）Ibid., p. 52.
（3）Lilburne, J., Englands Birth-Right Justified, 1645, in Haller, W., Tracts on Liberty in the Puritan Revolution 1638–1647, 1965, vol. 3, p. 261.
（4）Walwyn, W., Englands Lamentable Slaverie, 1645, in ibid., p. 315.
（5）Woodhouse, op. cit., p. 88.
（6）An Agreement of People, Nov. 1647（第一次『人民協定』）の Letter to the Free-born People of England が次のように宣言することに注意されたい。「われらが何ゆえに人民との協定に加わり、彼らのために庶民院に請願するのでなく、これらをわれらの生まれながらの権利(native rights)であると宣言する……のであるか。〔それは〕いかなる国会制定法も、変更可能でなく、またそうありうべくもなく、しかして、もし他の議院が腐敗すれば……諸君もしくはわれらをこれから無害とするに十分な安全が保証されうべくもないからである。両議院は、その権限および信託を、人々から信託されたる範囲で受くべきものであるから、人民は、その権限および信託の何たるかを宣言すべきなのである。これが本協定の目的にほかならない」(Woodhouse, op. cit., p. 446)。
（7）Ibid., p. 71.
（8）The Case of the Army truly stated, in Haller, W. & Davies, G., The Leveller Tracts 1647–1653, 1964, p. 78.
（9）The Hamble Petition, in ibid., p. 148.
（10）The True Levellers' Standard Advanced, in Woodhouse, op. cit., pp. 379 et seq. また、Winstanley, G., A Letter to the Lord Fairfax, in Sabine, op. cit., pp. 282 et seq. 参照。

二　レヴェラーズ－ディガーズと市民革命

パトニィ会議におけるクロムウェル派とレヴェラーズの対決点が、所有権をめぐって顕著にあらわれた点にふれたが、レヴェラーズとディガーズの間にも、この争点は存在した。前者の「生得権」の主張がいかなるものであれ、そこにみられる共通の志向が、所有権と選挙権の直接的関係を断ち切るために、「自然権」をもち出すことに、主として存したことは疑いない。しかしパトニィ会議でのペティの次の発言は、これをいかに理解すべきであろうか。「彼らの生得権を喪失していない者は」とペティはのべた。「すべて選挙において平等の発言を有するべきである」と。またいう。「われわれが、徒弟・奉公人、もしくは施しを受ける者を〔選挙権者から〕除外するのは、彼らが、他の人々の意思に依存し、かつ〔主人たちの〕機嫌を損じることを恐れているからである」[1]。

さらにまた一六四九年四月一四日、リルバーン、オバートン、ウォールウィンが書いた「綱領」には次の文言がみえる。

「それゆえわれわれは人々の土地を平等化しようとかつて考えたことはなく、われわれの目的は結局のところ、……すべての人々は彼の所有(propriety)を享受するとともにまた安全でなければならないということである」[2]。

ペティのさきの発言とともに、リルバーンらの右の言辞を統一的に説明するためには、ディガーズと自らの差異を明瞭ならしめようとする彼らの主観が何ゆえに形成されるかをみなければならない。ここでもさきのアイアトンの発言とともに、革命期に内容豊富に展開された「安全」またはそれの包括的表現であるところの「公共善」(*salus populi*)の局面に考察を移すことが必要とされる。

アイアトンの「安全」観念は、次のことと不可分である。私はさきにパーラメントがその特性としての「代表」観念を通じ、しだいに王権に優越していく過程をみたが、その「代表」観念には一定の限定的内容が付与され、またそれを通じて一定の集団の個別的利益が全体的利益に転化されていく必然的過程をみたつもりである。このことは、アイアトンが、「永久かつ牢固たるこの王国に何らの利益も有さない者が選挙において発言するということは……彼らの自由を保存したいと望む者にではなく、それを放棄することを望む者の掌中に、選挙権をおくものである」とし、王国に恒久的な利害を有する者に選挙権を限定しようと意図したさい、彼が例示的にあげる者をみればより明瞭である。すなわち「自由土地保有権者」および「コーポレーション(都市)の自由民」が、その恒久的利害のゆえに「全王国の利益」を「包摂し(comprehend)うる」ものとするものである。(3)

レヴェラーズが「自然権」に依拠したのも、彼らの観念する「公共善」と不可分のものがある。さきのリルバーンらの「綱領」にみえる propriety および「安全」の含意は、あえていえば人々の身体における所有と人々の「自由」、もしくはペティにおけるその「自由意思」論を不可分一体的に把握するところにその特徴があり、彼らがディガーズを明瞭に意識してかかる「自由」に財産の所有を加えるさいに、その「自然権」思想はあらたに階級的利害を受け取ることになると思われる。それゆえ、さきのペティと右の「綱領」を統一して、「身体に対する所有」ならびに人々の「自己保存」の権利から「自由」を演繹し、他方その「労働による所有」論から私有財産制の根拠を導き出すロックの先例を、レヴェラーズに見出そうとする試みは、なお一面的であるといわなければならない。(4)

ロックの「公共善」観念については後述するが、レヴェラーズの主張との差異は何よりも後者における階級的利害の鮮明なる主張と、それゆえにまたその「自然権」論の普遍的なるのみならず特殊的主張の意義に注目する限り、明らかである。「平等選挙綱領」が「徒弟・奉公人……」を排する理由は、彼らの「自由意思」の主張と不可分であることはもとよりであるが、その具体性のゆえにそれはまた、彼らの階級的利害に整合的となるものにほかならない。

以上のゆえにレヴェラーズ運動は、その代表する都市小市民、すなわち彼らにおける解体されつつあったところの小商品生産者像の投影を物語るといえるであろう。すなわちこの時期に資本＝賃労働関係の推転が普遍的となりつつあったと想定することができるとすれば、彼らはこうした必然的過程において優越しつつあった資本主義的中産階級をではなく、むしろ彼らと対立しながら消滅過程にあった階層を代表するにほかならなかったのであり、したがって彼らはディガーズと自己との峻別を通じ、こうした必然的過程を遡及的に回復しようと求めるのである。したがって、レヴェラーズ運動の挫折は必然的であるが、彼らによって対置された観念は、その普遍的意義をいささかも縮減させることはない。なぜならば、彼らは「人民主権」論の対置により、擬似「代表」パーラメントの本質を明らかにし、その「自然権」論の主張により、「自由」が、階級的かつ個別的利益の自由に転じるのは、自由と財産権の不可分性が説かれる場合にほかならないことを明らかにする先例を自ら与えることになったからである。このようにみる限り「自由」を中軸とするイギリス近代基本人権体系およびその観念の形成過程におけるレヴェラーズの重要な役割は、明瞭なものがあろう。

次いでリルバーンの経歴に目を転じるならば、彼はさきの小商品生産者没落の必然的過程を自ら体現しているといえる。「十分の一税」と、租税・消費税(excise)負担は、「収益が減殺されるばかりか、経営の元本までが破壊される帰結を導き、こうして彼が離農した主要な原因となったのである。次いでロンドンその他の都市で営業を開始したところ、都市ギルドおよび独占的カンパニー(石鹸業者)により、締出しを食った。さらにオランダで「アドヴェンチャー」を試みたところ、マーチャント・アドヴェンチャー(冒険商人組合)の反撃にあった。(5)

こうしたレヴェラーズのギルドおよび初期独占に対する敵意は明瞭といえるのであるけれども、都市における資本家的製造業者は、むしろこの都市ギルドおよび独占カンパニーの組織の中枢を掌握することを通じ、レヴェラーズの運動とは質的に異なる成果を獲得した。すなわち、原料・市場の独占のみならず販路・製品価格の独占によって、人々の「営業」を全包括的に剝奪した冒険商人組合に対し対決を試み、「自由貿易」を主張した階級は、ギルド＝カンパニー諸規制をしだいに解体させ、資本活動の「自由」を獲得しつつあったのである。さらにシティにおける市長選挙民主化を求めて運動するレヴェラーズのエネルギーは、「新たに獲得した特権」強化のために彼らによって利用

された。(6)

ギルド民主化運動の展開は、必ずしも進歩的であることを意味しなかった。それは多くの場合「チャールズ一世の下で、多くの賃金生活者や親方たちの改善のために何らかの働きをしたであろう新たな団体形成のための便宜」に固執することを意味していた。それゆえに、この運動自体も資本家的製造業者にとっては利用の対象にすぎず、したがって王政復古以降の展開が「彼らの必要にギルド組織を応用しようとした賃金生活者」の利益に相反したことは当然なのであって、こうしてまた、彼らに対しかかる「脱出口すらもが閉鎖されたこと」を意味したにほかならなかったのである。この点でもマーガレット・ジェームズが、かかる自治団体組織の形成の志向が、次の「一八世紀の間に成長した近代的労働組合の端緒形態たる秘密結社」に帰結せざるをえなかった、と指摘することが興味深い。(7)

以上の総過程の意味したことについて、そしてまた、「平等選挙綱領」の本来の意味について、レヴェラーズのリルバーンは次のようにのべるのである。

「私の考えるところ、人々の善および福祉の利益に全く相反して、少数の者が議席を占める……現在の議会を鑑みるに、われわれの傷は新たに発見され、継続されるべき手段によらなければ、癒されることはないということになるだろう。……〔しかるに〕今や人民の自由(freedoms and liberties)が……彼らの間のみで唯一であるところのその享受、しかもこれに帰属する偉大なる地位……をともども打ち破る手段であると恐怖して……彼らはまず見せかけの適法なる権力を獲得し、次いでこれを、より狭隘な範囲、すなわち現在の彼らの粛清した庶民院に封じ込め、かくて彼らの贋の議会を支配する……ようになった」。(8)

次に私は、ウィンスタンリのディガーズの考察に移る。

ディガーズのいわば「農業綱領」の理解のためには、土地の圧倒的部分がすでにブルジョア的所有の下に移転し、このような土地所有の独占を通じ資本主義経営形態による「土地経営の独占」が、市民革命前に現出していたことを想起したい。このような一般的前提に立ち返ることは、ディガーズ－レヴェラーズのこの面での「綱領」の相異と、前者が真に対決したものが何であったかを考察するさいには、不可欠である。

レヴェラーズのさきの「恭順なる請願」は、「沼沢地もしくは他の共同地の最近の囲い込み地を開放し、もしくは、主として貧民の利益のみに、それを囲い込まなければならないとし、小農に対する囲い込みの自由の保障、および、小囲い込み地推奨についての自己の「綱領」を提示している。(9) また、彼らの「謄本保有権」の有償廃棄方式は、右の囲い込みについての彼らの「綱領」とともに、農民の支持を広汎にとりつけ、それを政治的方向に導くことを意図したものであった。(10) ブレイズフォードによれば、「ヨーマン創出」を企図したものといわれる一六四八年のレヴェラーズの綱領は、次のように宣言する。

「古くかつほとんど廃れた隷属のしるし、すなわちあらゆる単なる謄本、忠誠、臣従の誓、領主の恣意的な一時金による保有(それはまた人民に刻まれたノルマン征服王朝のしるしでもある)は取り去られるべきこと。かかる目的のため、一定の価格査定がなされ、かくのごとく保有されし土地のあらゆる占有者は、自ら自由土地保有権を買い取るものとす……」。

さらにまた購入しえない者に対しては「固定期限」経過の後、かかる諸々の奉仕義務をすべて一定額の地代支払いのみに、転換するものとしている。(11)

都市の小市民を代表するレヴェラーズが、謄本保有権の有償廃棄→自由土地保有権化に、その「農業綱領」を凝結させたことは、「自然権」もしくは「生得権」の基礎としてのさきの人々の「独立」もしくはその「自由意思」をこうして回復させようとすることを意味していたのである。右綱領が、「かくて、その従属的な保有のゆえに、彼らにのしかかっていたところの畏れ」が除去されることになろうと宣言する点を、この点で重要視してよい。しかしながら、これらの「綱領」は、すでに多く指摘されているように、たかだか、土地所有の細分、農民的分割地所有の復元に連続し、すでに推転しつつある土地経営とはむしろ逆行する方向を示唆したものにほかならなかった。(12)

ウィンスタンリも、謄本保有権は、ノルマン・コンクェストに由来したものにほかならず、征服者の後裔たる国王が打倒されることによって、これは当然に廃棄されるべきことになった、と主張した。(13) しかしながら、彼はその論理をさらに一歩進めている。ハリントンの『オシアナ』より四年も前(一六五二年)、彼は、ハリントンの「人民」より広義の「人民」を対置した。(14) クロムウェル宛の書簡「自由の法」で、彼はいう。「閣下の作物の根は人民の心の内にある。ところでその人民はといえば、国王の枷の下に呻いているのであり、また彼らはイングランドの大地で、コモンウェルスの自由を希求しているのである」(15)と。さらにまた次のようにも書いている。

「共有地が存在している教区において、ノルマンの自由土地保有者あるいは(もっと貪欲な)ジェントリが、羊や家畜で共有地を溢れさせ、それで小作人や貧しい労働者たちは、牛を飼養することができず、それを瀕死にしてしまったのである(16)」。

ウィンスタンリの「自由の法」の世界は、明らかに一つの理想社会にほかならないが、土地に対する私有制廃棄の主張が、この時点で主張されたことは最も注目に値する。それとともに、彼の「労働価値」説の最も萌芽的な形態、彼の理想社会における富の共同管理、そしてこの社会では「いかなる売買も行なわれず、何人も彼のために同胞を雇用することがない」とする主張は、彼の嫌悪した「ノルマン征服者よりも貪欲なジェントリ」の依拠する農業経営形態とともに、資本＝賃労働の推転の過程を全包括的に否定することになる諸帰結を導くことになったであろう。(17)

土地所有のいかなる法律的形態を、封建的土地所有の廃棄ののちに法認するかということは、資本主義的農業経営の優位のゆえに、市民革命前に事実上決定されていた。レヴェラーズによる「謄本保有権」→「自由土地保有権」への転換、すなわちその有償廃棄の方式は、自由土地保有権の私的所有権化のみに帰結する革命の封建的土地所有廃棄方式に整合的であるが、それはいささかも小農からの土地収奪一般の否定の手段とはなりえない。しかしながらウィンスタンリの土地所有の廃棄の主張は、これと全く異なる意義をもったはずである。それは第一に、土地所有の法律的形態を国有形態に移行させることを通じ、私的土地所有権の絶対性――誤解をおそれずにいえば地主制――を基礎とした、農業資本主義化より、相対的に進歩的な道を提示することに通じたはずである。

しかしながら第二に、ディガーズの支持者にブルジョアジーのいっさいが登場しなかったことに示されるとおり、農民層の早熟的な分解がむしろその「綱領」実現の阻止要因となっていた。換言すれば土地集積と集積された土地に対する資本主義的経営が、市民革命前に普遍的に行なわれていたことに、これは、原因しているのである。

ディガーズ運動の客観的意義を以上の点に認める限り、その敗北を規定した歴史過程は、一四九七年の農民一揆、いわゆる「西部の叛乱」にまで遡及できる側面を有している。フランシス・ベーコンは、この農民一揆の綱領が、「僭越にも」私有制のいっさいの廃棄を標榜し、かつ彼らの主張に「あまりにも多くを持ち、しかも怠惰に暮している者たちに、〔地代を〕支払っているのだ」という文言のみえることを嫌悪しながら、のべている。「だが彼らは、また次のようにもいった。すなわち彼らは自らの額に汗して得たパンを食べたいのであり、何人も彼らからそれを奪うことができない」と。しかし、ベーコンは、コーンウォールから発した一揆がケントに波及した時に、彼にとっては、都合のよい結果を見出している。「〔彼らは〕およそあらゆる理性や判断に反して、ケントの人々が彼らに加わってくれるであろうと想像した。……しかるに残念ながら、彼らがケントに侵入した時に、……ジェントリもヨーマンも彼らに加勢することはなかったのである」と。かくて、「人民は、彼らに加わるどころか、勇気づけを与えたりさえしなかった」と、ベーコンは満足の意を表明している。(18)

ここに認められるように、ベーコンのいう「人民」すなわちジェントリとともにヨーマンリの上層部は、蜂起した貧農に対しては決してその同盟者ではなかった。かくてまたこの萌芽的ディガーズ運動も、市民革命期におけると同様に孤立し、敗北していったといえるのである。

（1）　Woodhouse, op. cit., pp. 53, 83.
（2）　A Manifestation from Lilburne, Walwyne, Prince and Overton, in Haller & Davies, op. cit., p. 279.
（3）　Woodhouse, op. cit., p. 82. なおここにいう comprehend 観念につき Gunn, op. cit., p. 13 参照。
（4）　Macpherson, C. B., The Political Theory of Possessive Individualism, 1962, pp. 144, 157. なお Hill, C., Possessive Individualism (Review Article), Past & Present, No. 24, April, 1963, pp. 86 et seq. 参照。
（5）　Lilburne, J., The Legall Fundamentall Liberties, 1649, in Haller & Davies, op. cit., pp. 436–443.
（6）　James, M., Social Problems and Policy during the Puritan Revolution 1640–1660, 1st ed. 1930, reprint ed. 1966, p. 238.
（7）　Ibid., p. 223. なお以上の点につき、竹内、前掲論文「農業改良」参照。
（8）　Lilburne, op. cit., Legall Fundamentall, in Haller & Davies, op. cit., pp. 442–443. なおクロムウェルの次の発言に注意されたい。「あの平等化の原理は全てを一個の平等と帰してしまう傾向を有するのだ。……しかるにその企図は何か。それは、小作人を地主と同列に置くものではないか。ところで思うにそれが獲得されたとしても、到底長続きするものでは断じてない。その原理を信じるものは、自己の目的を達すればいち早く、所有権をほめそやすにちがいないのだから」(Cromwell, O., Speech to Parliament, September 4th 1654, in Hill, C., & Dell, E., The Good Old Cause, 1949, p. 453)。
（9）　The Humble Petition, in Haller & Davies, op. cit., p. 152.
（10）　浜林正夫『イギリス市民革命史(増補版)』(未来社、一九七一年)、二三七頁。
（11）　A New Engagement or Manifesto, in Brailsford, H. N., The Levellers and the English Revolution, ed. by Hill, C., 1961,

p. 440.

（12）竹内幹敏「平等派運動と資本主義の精神」（水田編、前掲書所収）、二二二頁以下。浜林、前掲書、二三一頁。

（13）Winstanley, G., An Appeale to All Englishmen, 1650, in Sabine, op. cit., pp. 410-443.

（14）Ibid., Sabine's Introduction, p. 58.

（15）Winstanley, G., The Law of Freedom in a Platform or True Magistracy Restored, in Sabine, op. cit., p. 503.

（16）Ibid., p. 507.

（17）Ibid., pp. 511-512, 597, 581, 507. なお労働価値論について、田村秀夫「ジェラード・ウィンスタンリとディガーズの運動」（水田編、前掲書所収）、二〇二―二〇三頁。

（18）Bacon, F., The History of the Reign of King Henry the Seventh, 1622, The Works, ed. by Spedding, T., vol. 6, pp. 177-178.

四 市民革命の終結と展望

1 市民革命の終結

革命の終結は、その形態においてまことに保守的である。革命期の政治的改革の側面は、事実上さきに言及した長期議会の一六四一年八月までの諸改革を越えるものではないといわれ、ハイド(クラレンドン卿)の政治手腕がこれに大きく貢献したともされている(1)。

名誉革命とともに、いわゆるピューリタン革命の処理は、「国民協議会」(Conventional Parliament)の方式によって行なわれた。ブラックストーンによれば、イギリス人の「英知」はこうして王位の相続の連綿たる連続を保つのであり、革命による空位は、「国家の受託者にして代表機関」と称せられる国民協議会の「処分権限」の行使の結果として救済されるのであるとされている(2)。この革命後の事態についていえば、その処理はまず国王チャールズ二世が一六六〇年四月四日宣言した「ブレダ宣言」から開始した。

「……国王チャールズは……挨拶する。すなわち現在全王国に広まっているところの一般的混迷および混乱により、あらゆる人々がこれらの傷、すなわち非常に長期にわたり流され続けた血を止めたいと望み、かつそれを待望していたことに気づくに至ったのでないとすれば、われらはその目的につき何ら公言することはできぬ。しかしながらわれらは、その長き沈黙の後にわれらがいかに多くそれに貢献することができるかを宣言することをもって、われらの義務であると思うに至ったのである。……かくて結局のところ、〔革命に対する〕処罰の恐怖は、すでに過去を自ら知る者に対し将来における彼らへの断罪がおよそ何ら役立たぬことを伝えているのみならず、国王、貴族および人民をともどもその正当の、かつ、古き基本的諸権利に復帰させるさいの、この国の静穏および幸福に反するものであるがゆえに、われらは、この現在の宣言により、自由にして一般的な大赦を宣言するものである」[3]。

大赦とともに、国王および人民の諸権利は「自由なる議会の解決」に委ねられた。換言すれば、革命の諸成果は、パーラメントの決定と、これを基本的に拘束する右宣言の「国王、貴族および人民」の「正当かつ古き」基本的諸権利保存の限度に、縮減されたのである。

他方、一六六一年「陛下の身体および政府を、大逆的なならわしや企図に対し、安全にし、かつ保存するための国会制定法」は次のように規定した。

「……さらに次のように宣言する。すなわち、通常厳粛な同盟および契約(the Solemn League and Covenant)とよばれる誓約は、それ自体として不法であり、かつ、この王国の基本的な諸法および諸自由に反し、この王国の臣民に課されたものであるということ、ならびに、諸〻の誓約、契約および約束を課すための、もしくは軍隊を召集するための、両議院もしくはその一方の命令、布告もしくは虚偽の命令、布告は、国王御自身もしくは委任による同意が、何ら明示的に与えられ、もしくは付与されたことはないので、それらはその最初の制定および施行の時点で、いかなる目的および企図についてであれ、無効で(null and void)あったし、かつ現在なおそうであり、また将来にわたってもそうであるものとすること、である」(第三条)。

同法は、別の箇所で、立法は、国王・貴族院・庶民院の共通の同意に基づかなければならず、これに反して行なわれた革命期の「政府の変更」の企図は否定されなければならないとも規定するが、これらは実質的に国王・貴族院・庶民院の混合統治(mixed government)ないしは、「制限君主制」の形式上の復活を期待したものにほかならない。しかしながら、他方また、パーラメントによる立法という最も基底的な原理、そのための議員の特権は、本法によっても次のように維持された。すなわちいわく。「本法もしくは本法に含まれるいかなる点も、議院のいずれから、もしくは、何人であれその議員から、以下のごときその古来の自由および特権(ancient freedom and privileges)を除去する効力を及ぼさぬものとする。すなわち……いかなる事項についても討論しうるということ、または古い法の廃止もしくは変更もしくは新たな法の作成または、いかなることであれ公共の災禍(grievance)を癒すことに関与する(touching)ということ、である」(4)と。

ここには明白に、国王・貴族院・庶民院の従前のままの「復活」とともにパーラメントの立法権の確認がのべられているのであり、さらに革命期を記録から削除しようとする意図は、さきにのべたごとく明確であった。しかしながら、このことによって、国会主権確立までの長い過程について王政復古政府が何らの役割を果たさなかったことを意味することにはならないのであり、その後の展開に示される通り、事実は、革命期の記録からの削除さえも、全て「架空の」建前にすぎなかったのである(5)。実際、国王・貴族院・庶民院の「古き基本的権利」の復活ということ自体、クックに認められるように、王権よりもパーラメントにとって有利な言辞を意味したものにほかならなかった。パーラメントに結集した人々は、革命に対する敵意を示しながらも、革命の諸成果を自己の有利に利用しようとする動機において、より強固に結束していた。とすればまた、チャールズ二世の場合には、多分に彼の政治的資質が卓越していたがゆえにこうした過程への反動を、王権の伸長という形式で行ないえたとしても、かかる反動の形式面のみを承継したにすぎなかったジェームズ二世の時代には、名誉革命はまことに必然的に帰結せざるをえなかったとする一般的理解も、必ずしも事態の歪曲には通じないのである。

（1） See Gardiner, op. cit., Introduction, pp. xxxi-xxxiv. 浜林、前掲書、三一〇―三一一頁。
（2） Blackstone, W., Commentaries on the Laws of England, 1765-1769, Book I, p. 233.
（3） The Declaration of Breda, in Gardiner, op. cit., p. 465.
（4） An Act for Safety and Preservation of his Majesty's Person and Government against treasonable and seditious Practices and Attempts; 13 Car. 2, stat. 1, c. 1; 8 St. at Large, pp. 1-5.
（5） Chrimes, op. cit., Const. History, p. 158. 邦訳書一七一頁。なお Gough, op. cit., pp. 190-191 はブラックストーンを引用しながら、名誉革命後の過程は、こうして確立した国会主権の内容の拡大の歴史であったとする。

2　重商主義とパーラメント

革命の処理における外観上の保守性にかかわらず、絶対王制の制度的基底の喪失は、この革命を画期的なものとするにほかならなかった。すでに若干のべたようにロンドン市を中心とする貿易カンパニーに代表される前期的資本の姿は、革命後にも認められる。さらにまた革命遂行過程においても、封建的土地所有の廃棄とともに市民革命のもう一つの課題となったこの反独占は、必ずしも成功した課題ではなかった。しかしながら、革命が絶対王制権力に対して全般的終了を告げさせる意義をもち、そのことにより、王権の産業規制のための強力の総体を解体させたことは疑いないのである。カニンガムはいう。「チャールズ一世の王制同様かくのごとく高度かつ積極的に組織化された行政政府が崩壊したことは、たんに統治構造における転回が帰結したことのみならず、あらゆる種類の産業の条件に対し永続的な効力が、具有されることを意味していた（1）」と。

革命期において、独占カンパニーおよび冒険商人組合に対する資本家的製造業者の攻撃は、その独占による「営業の自由」一般への侵害の事実とともに、その手段とされていたところの諸〻の法制的機構にむけられた。例えば、特権カンパニーが特許状によって有する権限は、パーラメントの諸準則および諸規制に代えられなければならないとする彼らは、その根拠を次の点に求めた。すなわち、あらゆるイギリス人は、国内であれ国外であれ共通の管轄権に属すべきであり、彼らのみの有する裁判所およびその法は廃棄されるべきということにである。(2)

名誉革命以降の展開で、国王の官吏の賄賂や汚職に対し、庶民院の統制が強められていった事実に、行政部と立法部の「抑制と均衡」(check and balance)の重要な布石を見出す憲法史家の一般的見解は、(3)必ずしもことがらの真の説明にはならないように思われる。庶民院は、こうした間接的形態によるよりも、むしろ直接的に行政部の専権の中枢を掌握しつつあった。フランスのコルヴェティズムに対して、イギリスの固有の重商主義を特色づけるいわゆる「パーラメンタリ・マーカンティリズム」の基点は、このことに存している。庶民院における常設の「貿易委員会」(Board of Trade)が、「枢密院」に代り経済政策の全般を遂行したことに、絶対王制期のそれに対しての、固有の重商主義国家の第一の特質が認められる。(4)

名誉革命後における固有の重商主義政策の展開およびそれに整合的な国家機構の成立は、こうした意味でも革命によって実質的に準備されたものにほかならなかった。換言すれば、絶対王制権力の諸〻の法的・政治的上部構造は、総体的に解体され、かくて資本制生産様式に照応するところの生産関係を創出・解放するとともに、それを保障するための法的・政治的上部構造が新たに創出されたのであり、このことに、市民革命としての画期的意義を見出すことができる。それにもかかわらず、私がさきのハリントンについて、すなわち土地所有に開始し土地所有に終る彼の理論が、市民革命の本質を伝えるとともに、その帰結を見透す意義を有すると主張する理由はなぜであるか。

そのことの理解のために、私はイギリスの固有の重商主義政策における一つの特質としてのいわゆる「連帯的保護制度」(system of solidarity)に若干の言及を行なうことにしたい。[5]

こうした表現においてさしあたり予定される点は、端的にいって、農・工統一的な保護主義の基調といえるが、いうまでもなくこの点においては、絶対王制期の重商主義政策も、必ずしもそれから排除されることはない。しかしながら、前期的資本の保護・育成――それはまた封建的土地所有を基盤とした絶対王制権力の本質に通ずる[6]――と封建的土地所有の維持＝崩壊の阻止、に貫かれた絶対王制期のそれとは決定的に異なり、固有の重商主義政策における「連帯的保護制度」は、農・工一体の資本主義化の強力的推進を行なう観点に貫かれているのであって、このことを何よりもまず承認しておかなければならない。

一六六三年「営業を奨励するための国会制定法」(An Act for the Encouragement of Trade; 15 Car. 2, c. 7)を例示するならば、それはその前文で次のように規定した。

「耕作の奨励が、特別の方法で考慮されかつ尽力されるべきものであるように、いかなる営業、職業(occupation)、手工(mystery)であれ、その営業者(users)に利得あるものとされるように、これらが促進され、かつ発展されるような確実にして、かつ、効果的な手段が……とられなければならない」。

大塚久雄氏によるダニエル・デフォウの研究によれば、イギリスの固有の重商主義政策の特質としてさらに、オランダと対比されるところの――すなわち後者の「仲継貿易型」に対しての――「内部成長型」の志向があげられ、その集約的表明が重商主義のイデオローグたるデフォウに看取されることが注目されている。[7] この農業生産からの余剰を出発点とする工業部門へのその循環および、各種産業部門の一定の比率と組合せによる独自の「再生産圏」の構想といったデフォウの体系は、名誉革命政府によって遂行された重商主義政策体系を一面において代表するものとされてよいであろう。すなわち、デフォウの構想は、富の原基形態を金銀それ自体の価値に求めるたんなる重金主義ではないことはもとよりであるが、さらにその「再生産圏」像に看取される土地所有を起点とした産業各部門の序列・配置の構想は、それなりに市民革命後の展開が彼によって見透されたことを示しているように思われる。

それでは、このような「連帯的保護制度」の起点が、土地所有とその資本家的農業経営に求められている点は、いかなる意義を有するものであるか。

デフォウによれば、農・工一体的発展によるところの、「営業」(trade)の、彼のいわゆるMechanickな部門を基軸とした「国民経済」の発展といった視角から、(8) その「協調的発展」の背後に予定される、ジェントリと商人階級の相互に他を前提とした特殊の結合関係が、その回答とされている。「興隆せる営業者のジェントリへの吸収、没落せるジェントリの営業への沈潜」、(9) この相互関係について彼は「生まれながらのイギリス人」(The true born Englishman)で次の讃辞を与えた。「家柄の古さと生まれは、何と不必要なことか！　それは厚顔なものであれ、貨幣が貴族をつくる」(10) と。また重商主義イデオローグとして、その特徴的な「国益」(national interest)または *salus populi* 観念を、彼も例外なく標榜しながら「自由と財産権」(liberty and property)が「非常に高価な」価値をもつものとして観念される「生まれながらのイギリス人」の徳を讃美する。(11)

デフォウのかかる立場からすれば、「自由」は「自由土地保有権者」に専属すべきものであること、すなわち、他の者であれば土地に対する従属的な権利のゆえに「服従」が当然なものとされるに反し、ただ「イギリスを占有する一つの権利」を疑いもなく有するゆえに(と彼はいう)、彼らに絶対的に帰属するものでなければならないとされて当然であろう。(12) 重商主義者の一人ジョン・キャリー(John Cary)は、また次のようにのべている。「オランダの営業の利益は、ただ単一の利益のみのものである。彼らはただ、売買のみで生きている。……だがイギリスでは、われわれは二つの利益を、すなわち自由土地保有権者と、営業者の利益を有しており、それらはそれ自体としては、異なる性格のものである」と。(13)

市民革命の延長に——より正確にいえばそれを画期ないし基点として——展開したところのイギリス重商主義政策は、一方では前期的資本の「商業の自由」に対し、産業の保護を基調とした保護政策の推進を行なうとともに、他方では、*laissez-faire* に一義的に推転されるその過程の実質的確立をもたらすことを、ともに自己の至上の使命としたのであって、このことに顕著なその特質を認めることができる。(14) だが、その過程は、「二〇年間にわたる自由なる地代、すなわち二〇〇エーカーもの優良な土地をこうした条件で彼らに配分」されている借地農(デフォウ)(15)とジェントリによる協働の、細分された土地の統合、すなわち囲い込みの急速な推進を看過して理解できるものではない。

デフォウは他の重商主義イデオローグと同様に、賃労働の不可欠性を説き、労働こそ富の源泉とする理論を展開するが、(16) 他方、低賃金の効用を論じ、言外にこの過程の正当化を行なっている。しかしながら、それはまた彼の「営業」の概念に特徴的な、生産手段の所有主体と労働主体の不可分一体的関係に整合的なものではなく、逆にこうした一体性の分離から形成されるにほかならない賃労働の広汎な存在の承認・創出を行なうことを前提とするものであり、それなくして、彼の「内部成長型」の「再生産圏」も構成されることはなかったであろう。(17)

とすれば、依然として大土地所有者の庶民院であり、それゆえにまた諸〻の政策が、彼らの有利に定立されざるをえない必然性を孕んでいるにもかかわらず、(18) 市民革命後の実質的な政策主体は、いまやブルジョア化した地主と、彼らへの土地集積を自己の利益とするに至るブルジョアジーの連合に、確定的に移行したことを、私はまずもって承認しておかなければならない。重商主義イデオローグの *salus populi* 観念を分析したガンは、そこに特徴的に個別利益の集合(a collection of individuals)が、彼らによって国家的利益と観念されるものの視角から、整合的に選択・配置されていることを析出しているが、[19] この点はいいかえれば、*salus populi* の支配すなわち *laissez-faire* へ向う物質的基盤の創出、を表象していることがらにほかならないといえるであろう。このことに、原蓄国家としてのこの段階の国家における固有の重商主義政策の画期的意義が認められると思われる。

(1) Cunningham, W., The Growth of English Industry and Commerce in Modern Times, 1st ed. 1882, vol. 2, Part 1 (The Mercantile System), 6th ed. 1921, p. 202.
(2) James, op. cit., pp. 406–407.
(3) 例えば Chrimes, op. cit., Const. History, pp. 170 et seq. 邦訳書二〇四頁参照。
(4) Cunningham, op. cit., pp. 406–407.
(5) この点については、小林昇『重商主義解体期の研究』(未来社、一九五五年)、一〇四頁以下参照。
(6) 前期的資本による「独占」は、絶対王制権力が自己に集中した経済外的強制の体系により付与するところのものである。それは一方で独立小生産階層における商品生産の「不自由」、すなわちその「自由競争」の排除を対極としつつ、他方前期的資本は、そのうえにのって諸〻の営業規制の体系を独占的に付与されることになる。それゆえに、これは、封建的土地所有と範疇的に同一のものである。
(7) 大塚久雄「重商主義における《Trade》の意味について」、同「経済史からみた貿易国家の二つの型」など(いずれも著作集第六巻『国民経済』(岩波書店、一九六九年)所収)。
(8) 大塚、右論文「Trade」一六八頁以下、なお Defoe, D., A Plan of the English Commerce, 1728, reprint ed. 1928, pp. 7–8, 192 参照。
(9) Defoe, ibid., p. 9.
(10) Defoe, D., The True Born Englishman, 1703, in Morley, H., The Early Life and the Chief Earlier Works of D. Defoe, 1889, p. 197.
(11) Ibid., p. 203.
(12) See Gunn, op. cit., p. 290.

(13)　Ibid., p. 262.
(14)　岡田、前掲書、一〇〇頁。
(15)　Defoe, op. cit., Plan, p. 15.
(16)　この点、大塚、前掲論文「Trade」一七四頁以下など参照。またデフォウはいう。「労働は富の基礎にして、かつ力の源泉である」(ibid., p. 139)。しかしその労働価値説は、未だ商品交換の平面からとらえられ、生産手段の所有を基底とする生産関係から把握されているわけではないこともとよりである。なお ibid., pp. 116 et seq. 参照。
(17)　この点につき、Furniss, E. S., The Position of the Labourer in a System of Nationalism, 1965, pp. 28 et seq. の分析が参照されるべきである。
(18)　一七一一年の庶民院の被選挙権を定める国会制定法は、土地所有をその基礎とするものでなければ「パーラメントの自由」は確保されないとする観念を顕著に示している(see An Act for the Freedom Parliaments by the furthur qualifying the Members to sit in the House of Commons; 9 Ann. c. 5)。
(19)　Gunn, op. cit., p. 326.

小　括——市民革命の歴史的意義

ここで私たちの出発点の問題に立ち返ろう。イギリスの市民革命に対するウィッグ的歴史解釈についていえば、市民革命は、王権対パーラメントの対抗関係において後者の勝利が確定していくまでの連続的な過程のたんなる一時期にすぎず、このようにしてその勝利の内実は、不断に成長していくものと把握されていた。しかるに私たちは、かかる「連続説」が必然化される理由を検証するにとどまらず、かかる理念の有する階級的意義に注目したつもりである。そしてまた、イギリス革命の形態上の保守性が、何ゆえに帰結したかを論じ、それとの関係でなおこの革命の歴史的意義を明らかにするために、イギリス資本主義形成の一定の独自的形態に注目してきたつもりである。

しかしながら、これまでの分析においてつとめて強調した、農業の資本主義化の先進的進展およびそれより帰結するところの土地所有階級への政治権力のほぼ完全なる独占的帰属を支えるものは、まさに資本＝賃労働関係の一義的展開であり、問題はかかる視角から再構成される必要がある。

ウィッグ的歴史解釈の物質的基盤を私たちが、こうした視角から再構成して論じるためには、さしあたり名誉革命のイデオローグ、ジョン・ロックの所論に注目する必要があるように考える。なぜならば、その歴史解釈の背後に、ロックに帰結し、また彼の理論を出発点として形成されたにほかならない、イギリスブルジョアジーの特有の観念の形成を認めることができると考えるからである。私はこれまでロック理論にほとんど言及することはなかったが、イギリス革命の本質把握のためにもこれを看過することは全くできない。

従来ロック理論によって、イギリス市民革命は、すぐれて理念化され、私たちの強調した革命の特有の妥協的形態は、ほぼ考慮の外におかれたと考えられる。ほかならぬ名誉革命のイデオローグとして彼を措定するさいには「自然状態」という最も純粋化された国家以前的状態から、人々の「自己保存」(self-preservation)の権利を演繹し、人々の身体に対する全包括的所有の理念を基軸として「自己保存」の手段としての労働から私有財産制の演繹を行なう彼の所論の中心点を、何よりも重要視すべきである。重要なことは、こうして国家の目的が、自然権としての所有権の擁護以上に出ないものとされることであり、そこから抵抗権の正当性も、したがって革命の正当性も、かかる演繹的論理の展開の過程で当然のものとして打ち出されていく側面である。またこれは、いわゆるピューリタン革命の勝利を不退転のものとしたブルジョアジーによって遂行された名誉革命の理念にまさしく適合的である。

しかしながら、彼のいう自然状態から市民社会への移行の基礎も同様に、この人々の所有権にある。彼の労働による所有論は、市民社会における人々の所有権を正当化するのにさきだって、まさにこの自然状態における「他人の共有権(the common right of other men)を排除する」さいに持ち出されることに注目しておかなければならない。[1] もとより、それは、彼の所有権論の中心的位置をしめる、「人々の身体における所有権」(a property in his own person)、換言すれば「彼の肉体の労働および彼の手の働き(The Labour of his Body, and the Works of his Hands)が本来的に彼のものである」という論理からの演繹である。だが、このような個人労働によって媒介された共有物と人々の所有権の分離・対立は、彼によればまさに *salus populi* を意味するものにほかならない。換言すれば、それは人間の神から与えられた「理性」に起因する、すなわち理性的人間の行動からの帰結である(II・二六)。

　このような「自然状態」における所有権の存在形態は、ロックによれば、人々の消費に限界づけられることなく所有の拡大を必然化させるところの貨幣により媒介されている。ロックの「利子・貨幣論」[2] とここに登場する貨幣とを整合させるものは、まさにこの点に含意される貨幣の性質に存すると思われる。「勤勉(Industry)の程度が異なるにつれ」と彼はいう。「しばしば人々はそれぞれ異なる割合の所有物(Possessions)をもつことになるのであるが、それと同様貨幣の発明は、彼らにこれを継続させさらにそれを拡大させる、機会を与えることになった」と(II・四八)。

　以上の点から私たちは何を明らかにしうるか。「利子・貨幣論」と、以上にのべたことがらを統一してみれば、彼の自然状態は、市民社会にのめりこんでいく——自然的に移行する——必然性を潜在させているといえるであろう。その経済社会が、貨幣に媒介されているといったことを強調したかったのは、さきの理性的人間として把握されるべき、商品交換を基軸とした独立小商品生産者の理念とロック理論との、整合性を示唆したかったためである。「利子・貨幣論」でロックは、「金・銀に想像上の価値(imaginary value)」を付与することに、人々が全員一致で同意したのは、それがたんに貴重なものであったからではなく、それの交換により、「平等に価値ある物を取得する」機会が獲得されることになったからである、とのべている。(3)『統治第二論』で、ロックが、貨幣の使用に人々が同意したと説く時も、その同意は、自然状態から市民社会への移行のさいの「原始契約」同様に、極めて政治的な合意を意味するものとされているように思われるのである(Ⅱ・二七六参照)。

かくてロックが自然状態から市民社会への移行を演繹したさいの論理は、名誉革命の正当化のために彼が非歴史的範疇である自然権をもち出した以上に、革命により確定されかつ普遍化されることになった経済過程に整合的な関係を包摂することになったといえるだろう。個人労働による共有状態の変化を *salus populi* であるとするかかる理念は、それゆえ人々の所有権を基軸とした自然状態における関係が「原始契約」によって確認されることの説明としても用いられるのである。こうしてまたこの理念は、市民社会と国家の不可分一体的関係を支える理念に必然的に転化していくことになる。換言すれば、国家と市民社会は、相互に理念的に排斥し合うものでなく、市民社会形成の動機に規定されて、その連続線上に国家が帰結することになるのである。(4)

クロスマンが指摘したように、自然権に普遍的性格を付与しながら、国家を支配する原理を多数決とするといったロックの二面性(例えばⅡ・八七・九五―九九)は、必ずしも彼の論理の破綻を意味せず、多数者に対する彼の絶対的信仰のゆえに、自然権侵害に対して全員一致が行なわれることは全く疑いないものと観念されていたことに起因したものであろう。(5)換言すればここに名誉革命の妥協的性格にもかかわらず、以降の歴史過程でそれが普遍的な、あるいは、不退転な価値をもつものとされるさいの、ロック理論の役割がある。

総じて以上から明らかであるように、ウィッグ的歴史解釈に、新たな基礎を与えたものはロック理論である。疑いもなくリヴァイアサン国家を嫌悪し、ブルジョアジーがそれに代えて定立した国家は、ロックの自然状態に対する経済的規定を受け取り、その *salus populi* 理念の実現を通じて以降の歴史過程を準備した。さらにロック理論に顕著に認められる、独立小商品生産者たちが、ロックの貨幣に含意させた一定の「営業」(trade)間の競争を通じ、また他方では彼の推奨によるところの囲い込み(例えばII・三七等)を通じ、彼以前において間断なく分解を遂げていた事実を承認するとしたらどうであろうか。

問題は私たちの最初の疑問、すなわちイギリス革命の保守的な形態の問題に戻ることになる。そして他方では、ロック理論の歴史を超越した普遍的価値の検出に立ち返ることになる。ロック理論は、いまだ小商品生産関係が推転される歴史過程に適合的な関係を有していたと思われるのであるが、そこには資本＝賃労働関係の推転が連続的に帰結していく必然性が内包されている。イギリス資本主義の先進性が、貨幣地代の全国民的規模での成立・維持により媒介され、かくて自営農民層の創出が行なわれると同時に、その全面的成立の背景を支えるものとして、資本＝賃労働関係の推転が行なわれ、農民層の両極分解が不断に遂行されていたことを承認しなければならない(6)。とすれば、ロック理論は、かかる分解基軸をすでに「自然状態」において見出しているともいえるのであり、彼の「貨幣」に対する観念の背後に予定される、かかる歴史過程を看過できないと同様、かかる過程を考慮に入れずして、さきの市民革命の妥協的性格を論じることもできない。

他方、彼の自然法ないし「自然状態」論は、出発点を人々の自然の共有に求めたことにより、何よりもその理論の普遍的・超歴史的価値を認められていくことになる。そしてまた、市民社会と国家との同時並行的な成立が、人々の自然権とそれの相互的保障を目的とする「原始契約」の締結に支えられ、これにより制約されるべきとされている点についても同様である。この国家に対する目的的制約とともに、人々の「自己保存」の権利の演繹の基礎は、ロックによればまさしく人々の「身体に対する所有」という自明の原理に求められている。人々の身体の「所有」とそれゆえの「自己保存」というロックにとっては自明の原理が、財貨に対する無権利の人々に継承される場合には、「自然状態」における人々の自然の「共有」というまさしくロックの論理の出発点が、「財産権と自由」を標榜する階級の主張に対置されていくことになる。(7)

したがって国家が「多数者」の支配に転化し、自然権は所有権といいかえられ、「原始契約」が国家の制定する法に転化するといったウィッグ寡頭制に適合的なロック以降における、それのウィッグ的承継は、ウィッグ的歴史解釈の意義を究極において明らかにするものであるとともに、彼らによるロック理論承継のさいの歪曲を示すものといえよう。それはなぜか。いうまでもなくそれは、ウィッグ的承継において「自由」といい「平等」といい後国家的なものと位置づけられ、それらは国家の政策との整合性を示す限りにおいて主張されるべきとする観念が、ロックの後に、あるいはロックの時代とともに支配するに至るからなのである。

ここで私たちは、さきのハリントンの言に立ち返ろう。彼によれば、コモンウェルスの法は「自由」の体現にほかならず、「自由」の中核は所有権に存している。「平等」は「人々の勤勉の相異」をそのまま承認した上で、かかる「自由」を通じて実現されるべきものとされるのであり、こうして「自由」と「平等」の理念は、相互的に他を前提とすべきものとして把握されることになった。

いわゆるピューリタン革命に立ち返ろう。レヴェラーズの「平等」の主張のその普遍的意義を認める限り、それはハリントンのいう「投票」による所有権の分割であり、所有権に対する国家的干渉を意味している。それゆえにハリントンの「平等」理念と対蹠的であり、したがってハリントンによれば「不平等」を意味するものにほかならないとされるのである。レヴェラーズの主張のさきの階級的意義にもかかわらず、否それゆえに、彼らとハリントンの間に介在するこうした対抗関係は、資本の原始的蓄積過程に恒常的に見出されるところの基本的対抗関係である。この長期にわたる過程を、土地所有者のパーラメントが媒介する。そこでは、レヴェラーズの農民的土地所有同様、ディガーズの綱領すなわち地主制廃絶の主張も、過去のものであるとされ、したがって両者の敗北が必然的に帰結したのであった。それらは、独立小商品生産者層の要求をほぼ完全に否定した点で、資本＝賃労働関係の推転に適合的な関係を確定した典型的な市民革命およびそれからの帰結であったものにほかならないのである。

したがって、イギリス革命について一定の独自性を主張する根拠は以上の点にある。それは、土地所有者とブルジョアジーによる連合を確定することを通じ、かの「土地清掃」を中軸とした小農からの土地収奪に、資本主義的発展の基底的関係を見出した先進イギリス資本主義の展開基軸を、確立したものにほかならなかった。このような「発展」過程に示される「自生的」要因は、イギリス資本主義をして先進的たらしめた諸〻の要因と不可分なものであるが、それの一義的推転の基礎は、多分に抽象的な表現であるけれども、ブルジョアジーの順調の発展と、それによる彼らの利害の不断の優越に求められる。ウィッグ的歴史解釈に、物質的基盤を与えるものは、まさにこの点であり、その階級的意義を認める限り、そこで説かれた自由と法および平等に関する所論の分析・追求も、まずこのような歴史過程とともにその物質的基盤を重要視して、行なわれなければならないことになろう。

イギリス近代基本人権体系の特徴ともいうべき自由を中心とするその体系的構成は、自由が財産権を通じた財貨に対する物質的支配の手段に転化し、そうした物質的支配の機会が均しく保障されるがゆえに、「平等」も実現されうるとする観念を前提とするものと思われる。レヴェラーズの「人民主権」と人々の生存に対する基本的権利を中核とする「人民協定」が、実定国家法のレヴェルにおいてついに実現されず、逆に革命の至上の目的が、「財産権と自由」の不可分一体性の護持におかれる理由は、革命が保守的であったからではなくまさに革命が小商品生産関係のほぼ完全な解体の途上に生起した、その画期を意味したものにほかならなかったことに起因している。換言すれば、レヴェラーズの主張した「生得権」ないし「自然権」の否定の過程は、そのまま生産手段の所有主体と労働主体の分離の過程を反映し、それに伴って「自由」は、実定国家法レヴェルにおける所有権の絶対性の保障のイデオロギーの宣明にほかならないものへと転化する。それゆえに、ロックにおける人々の「自己保存」といった自明の、かつ、何人も否定しえない原理からの所有権の演繹は、こうして「自然状態」ないしは「自然権」を素通りし、財産権を中核とする実定国家法レヴェルにおけるその保障を前提として、逆に帰納的に正当化されるべきものに転じていくことになるのである。

かくて人々の「自己保存」の権利とその保障は、ロックが「身体に対する所有」から「労働による所有」を導く場合には、何人によっても否定しえない自明の原理を意味したものであったにもかかわらず、そのウィッグ的承継においては、所有権の根拠は、人々のかかる「自己保存」から切断された実定国家法レヴェルに求められていくことになり、こうして「自由」の後国家的保障の形式が確定することになる。

それにもかかわらず、いわゆるピューリタン革命における諸ゝの階級的対立とその間に存したイデオロギーの相克の過程では、右の所有権の自由の保障形式は、必ずしも一義的に普遍化されることはなかった。さきに言及したように革命による政治的側面の変革が、国王大権の掣肘とそれの国家法による制限に集約されたにとどまった点を承認する限り、その自由の保障の形式は依然として中世的自由のそれに適合的な「古きよき法」からの演繹と、「権利請願」に適合的な「諸ゝの自由」(liberties)の個別的「請願」にとどまっている。ウィッグ史観に適合的な法と統治構造にかんする「連続論」もその限りで、かかる帰結に整合的である。しかしながら、さきに重商主義イデオローグについてみたように、それは彼らのいう *salus populi* 観念に媒介されることを通じ、漸次的に抽象的自由の名目によるところの所有権の優越により整序され、右に言及したような一般的帰結がもたらされることになった。

イギリスの固有の重商主義の展開は、かくて一方でトーリーの「自由貿易」(freedom of trade)に対置される保護主義すなわち、いわゆる freedom of industry but restricton of trade を追求し、他方でかかる *laissez-faire* へ向う物質的基盤創出のために、デフォウに認められる「内部成長型」の「国民経済」の形成のための暴力的槓杆を準備した。(8) いうまでもなくそれこそが、「産業の自由」(freedom of industry or industrial *laissez-faire*)の原則、すなわち資本＝賃労働関係の推転のための特定の「営業の自由」の追求であり、「所有権の自由」の行使としての囲い込みを意味している。その背後に存するものは、所有一般から排除される直接生産者の姿であり、「労働の自由」が所有権の演繹のさいに包括的概念として措定される原因であったところの、生産手段の所有主体と労働主体の混然一体的関係の否定およびその分離である。(9)

(1) See Locke, J., Two Treatises of Gorvernment, Book II, S. 27 (An Essay Concerning the True Original, Extent, and End of Civil Government, 1690), Laslett's ed., 1963, p. 306. なおロックの引用は、括弧内のIIは第二論、その下の和数字はセクションの数を示す。また以下の点につき、平井俊彦『ロックにおける人間と社会』(ミネルヴァ書房、一九六四年)参照。

(2) ditto, Some Consideration of Consequences of the Lawering of Interest and Rising the Value of Money, 1672(?), in the Works, vol. 5, Scienta Verley ed. これについてはなお後述二九九頁以下およびそこで引用の諸文献参照。

(3) Ibid., p. 22.

(4) この点に詳細に言及する余裕がないが、さしあたりロックの第二論第七章をみられたい。何よりもその標題が Political or Civil Society となっていることに注目したい。ただし念のため国家の目的的制約についてロックの言及を無視するわけでない。いずれにせよ詳細は、高柳、前掲論文「基本的人権」参照。なお後述二九九頁以下参照。

(5) Crossman, R. H. S., Government and Governed—A History of Political Ideas and Political Practice, 1952 ed. 邦訳書、小松春雄『政府と人民』(岩波書店、一九五五年)。

(6) この点でとくに、西洋経済史講座III『封建制から資本主義への移行 (一)』(岩波書店、一九六〇年)における高橋幸八郎「総説」参照。

(7) 以下のべる点の詳細については第III部とくに第二章を参照されたい。

（8）　岡田、前掲書、二五九頁以下参照。

（9）　なお、下山瑛二『人権の歴史と展望』（法律文化社、一九七二年）のイギリスについての考察視角は、基本的に私の同意しうる点であることをつけ加えておく。

Ⅲ　近代イギリス土地相続法の社会的基礎

一　問題の所在

1　問題の提起

私のここでの考察の目的は、資本制生産様式のもとで土地所有の私的独占がいかなる役割を果たすかということ、すなわち一般的にのべれば資本にとってそれが「外在的」制約原因であるといわれることがらについてその歴史具体的内容を解明することにおかれている。そして私はこのような点について、「近代的資本主義の典型的・先進的成立」のゆえに、土地所有の資本に対する外在的な制約原因が他国に先んじて順調かつ古典的形態で克服ないし縮減されてきたと考えられてきたイギリスについて、ひとつの事例的な研究を行なうのである。

もとよりイギリスにおいてこそ資本主義の発展が先進的になされたということ、したがってこの国における「資本の自由」の順調な展開が、土地所有を規定し、かつこれを自らに適合的な形態に変形せしめたと想定することは、ただちに否定されるべきことがらではない。私たちがこれから検討する「近代的土地所有権」についての一定の理論仮設は、このような仮定に着目されたものと考えることができ、したがってその高度に論理的かつ抽象的な「近代的土地所有権」論はすぐれて説得的なものであった。「序論」に示したとおり私は、その限りでのこの理論の有効性とともにその高度に理論的かつ実践的な内容を否定しようとするものでは決してない。

具体的にいおう。水本浩氏のかつての研究は(1)、イギリス資本主義の先進性と同様にその「典型性」を承認された上で、イギリス不動産賃借権法を主たる対象として「近代的土地所有権」についてのすぐれた理論仮設を提示されるものであった。端的にのべれば、イギリス不動産賃借権法が、所有権との関係において「優越」するということ、すなわち土地所有権に対する「利用権」優越の法的構造を析出することを通じて「近代的土地所有権」の原理的な法構造を導出するものであったのである。いうまでもなくこのような理論的モチーフは、主要には農業における資本主義的な経営の典型的な成立がイギリスにおいて看取されるとする理解から導かれるものである。すなわち、土地所有権の独占的性格によってその自由な展開が阻害されている限り、イギリスに認められたような農業における資本主義のあの順調かつ高度な発展の諸過程は示されることはなかったとする想定に立脚される。したがって水本氏は、イギリスの農業における資本主義の確立期、すなわち周知の三分割制(地主・資本家・賃労働者)確立に照応する一九世紀中葉の時期における不動産賃借権法の構造が、資本制農業経営に対して安定的な法的基盤を付与するものであったことについての実証的研究を行なわれた。いいかえれば土地所有権の「自由性」が、この利用権との関係において「制限」される法形態が確立されるということ、すなわち総じて土地所有権の私法的制約の諸〻の指標を提出されたのである。このような立場は、土地所有権法の構造のみに着目する見解、あるいは「近代的所有権」についての一定の論理的な抽象を行ないながらそこから「近代的土地所有権」の諸規定をも論理的に引き出そうとする方法の克服を意味するものといえるであろう。私はしたがって水本氏が資本制生産様式のもとにおける土地所有の特殊な意義に着目され、そこにその分析の着手点を求められた点はきわめて注目に価いすることがらと考える。この土地の「所有」と「利用」をめぐる「近代法的関係の歴史的現実像」[2]の解明といみじくも自ら表現された水本氏の方法に認められるすぐれて歴史的な分析の視点と、そこに含まれていたその実践的性格[3]が評価されるべきということについて、ここであらためて繰り返す必要はないであろう。ただ私の立場からここであらかじめ問題の所在を次に列記しておくことにする。

第一に、水本氏の方法は、資本制生産様式に対しての「外在的」所与である土地に対するたんなる独占に基づく所有が、資本の法則の貫徹を通じてしだいに制限されていかざるをえなくなることについての、すぐれた洞察を含むものといわなければならない。けれどもおそらく同氏も承認されるところと信じるが、このいわば理論的抽象によって、イギリス土地所有権法のその発展の諸過程を含むところの歴史的実体の分析ないし説明が、置きかえられていくことになってはならないであろう。このようにのべる理由については後述する。

第二に、資本制生産様式における土地所有のもつ特殊的性格、いいかえればその「外在的性格」は、「近代的土地所有権」についての水本氏の理論仮設、そのいわゆる利用権の「優越」の構造の成立にもかかわらず、決して消去されるものでないという点について言及しておくことにしたい。いうまでもなく有限のそして自然的所与としての土地に対する人々の「所有」と「利用」を通じた関係は、特殊に資本主義的な枠組みに規定されて一定の秩序へと整序されていくことになるであろう。それにもかかわらず、土地は有限のものであると同時にまた、人々の生存の基礎でもある。したがって土地所有の不公正な帰属が消去されない限り、この所有・利用の秩序は、つねに変動せざるをえないものである。私たちの当面の段階、すなわち「近代的土地所有権」の成立期についていおう。この段階が「所有」と「利用」の分離をその歴史的実体として含むものであると考えることができるとすれば、このような分離を起点として新たな「土地問題」が生起せざるをえなくなることも、十分予測されうることがらといわなければならない。「近代的土地所有権」の形態における土地所有が前提とされる場合においても、そこからは土地をめぐる「所有」と「利用」の新たな対抗関係が必然的に帰結せざるをえないことになるのである。そこには歴史的実体としての「土地所有」が起点に存在し、そして利用者間の激烈な競争を伴いつつ「土地利用」が新たな形態で再編され、そしてこのような過程を通じてやがて「利用権」そのものの「独占的」性格が問題にされざるをえなくなっていく、「土地問題」

の新たな展開、その基底的要因が認められるであろう。「近代的土地所有権」の成立の基礎を、資本制地代の成立という純理論的ことがらのみに求めるならば、すなわちそのような形態における土地所有の「外在的」制約原因の克服ないし縮減といわれることがらを一般的に前提とするならば、かえって「土地所有権」の存在が捨象されてしまうことにならないであろうか。

もとより水本氏は、「近代的土地所有権」の理論的範型を析出することを主眼とされたのであり、したがって資本による土地所有の規定性成立の法的表現形態を措定することに、その分析の目的があったとされなければならない。したがって私が右に概括的に示したようなことがらは、水本氏の意図を離れた問題の提出にとどまるものにすぎない。それにもかかわらず、私は、「近代的土地所有権」の範型を析出する側面において捨象ないしその視野の外におかれたことがらを以下示すように重要視したいと考える。なお、イギリス資本主義の先進性・典型性という規定についての少しく抽象的な理解が右の理論に反映されているといえないだろうか。すなわち農民層分解から資本制大借地農の形成という歴史的発展要因を、すでに実質的に市民革命期までにおいて確認し、そのことによって土地所有に対する資本の規定性の成立を、それ以降のいわば一直線ないし量的拡大の過程というようにのみその後の歴史的過程をとらえてきていると思われる研究史上の一定の問題性が、そこには反映されているように思われることである。あらかじめのべれば、土地所有のイニシアティヴないしはインパクトは一九世紀中葉以降においても依然としてなお強大であると予測しなければならない。私の別稿における考察は、その点についてのいわば傍証を示すものである。[4]

しかしながらここでは私の以下の分析において主要に扱うことがらに限定して、私の問題意識を示すことにしなければならない。そこで私はまず、イギリス資本主義の「先進性」ないし「典型性」という概念ないし規定をより実体的に理解しておくことにしたい。端的にいえば、この国の資本主義の「先進的」展開の理由ないしはその内容は、資本の原始的蓄積過程、とりわけ市民革命を経由して以降の、その本格的最終的過程における歴史的実体のうちにこそ求められるべきものと考える。

つまりこの歴史的過程における、水本氏のいわゆる「近代的所有権」の未成立または、土地所有権と賃借権の対抗関係において前者が優越し、それゆえに土地所有権の強大性が示されたと想定される歴史的過程において、いかなる土地所有が存在し、それによっていかなる関係が創出されることになったかを、歴史実体的に解明することを通じて、この国における「近代的土地所有権」成立の特有の構造とともにそれが必然的であったことを、論証したいと考えている。

もとより近代的不動産賃借権法の構造の「原理論的構成」を抽出することを主眼とされた水本氏の研究に、土地所有権それ自体についての分析が欠落していることを指摘したとしても、それは水本氏の研究の意図に反することになろう。それにもかかわらず、私が水本氏の「歴史的」分析に加えてあえて私の「近代的土地所有権」のイギリスにおける特有の歴史的個性をもったそれの成立の形態、およびそれの必然性についての分析、を加えようと考えた理由は、すでに「序論」において示したとおり、「近代的土地所有権」についての私の理解が存在するからにほかならない。なお私はここでの考察に続いて別稿において、(4)「近代的土地所有権」のイギリスにおける成立以降の歴史的過程を扱っている。そこでは、水本氏が「近代的土地所有権」のさきのような形態における成立を説かれるとき、地代論的に純化して示されたその土地所有権が、「近代的土地所有権」成立以降の歴史的過程において、その本質的に独占的ないし外在的性格を決して捨象されていず、不断にその独占的性格をいわゆる「土地利用権」に投影させていくことになる過程、およびそれの歴史的実体、を明らかにしたつもりである。私は、水本氏のその後の研究で、このような点についての理論的関心が決して失われていないことを知っている。したがってまた私の以下の論述も、決して「水本理論」への「ブランチ」を提示するだけのものにとどめられてはならないと考える。

ところで私の見解をさらに具体的に示すことにしよう。私は、「近代的土地所有」とは、いわば地代論的に措定された資本による土地所有に対する規定性の成立という純理論的な土地所有の形態を示唆したことがらにほかならないものと考える。したがって、この形態に最も近似する土地所有を生成・展開させたイギリスにおいても、その確立形態とともにその生成・展開の歴史的過程が、すぐれて歴史的個性を有するものと想定したく思うのである。それゆえにこのような歴史具体的な「近代的土地所有」の生成・展開の過程にあって、国家法はもとより慣習法的な諸要素に認められるイギリス的特殊性、あえていえばその特有な構造は、イギリス資本主義の先進性・典型的展開のレヴェルにおける夾雑物ないしは無視しうる要素にすぎないものと考えることは許されないことになろう。

「近代的土地所有権」の成立過程においては、この特有の構造の転換を含む歴史具体的な所有権法の変容の現象過程が重要視されなければならないように思うのである。かくて結論を先どりして「近代的土地所有権」論に関していえば、私はこのような問題意識から、水本氏の「近代的土地所有権」の成立形態とは相対的に別個な仮設を提出しなければならない。総じて「近代的土地所有権」のイギリスにおける成立過程とは、右にのべた純理論的形態における「近代的土地所有」が、所有権と賃借権の関係のレヴェルに、いかにそれに適合する形態一般として現象するかという問題と同じではなく、そこにおける賃借権とともに所有権の特有の構造がそのような法形態を含めて歴史具体的に把握されることを要請される問題のように考えるが、詳細はなお「序論」を参照していただきたい。

（1） 水本浩『借地借家法の基礎理論』（一粒社、一九六六年）。
（2） 同右書、一〇七頁。
（3） すなわち、大陸法とそれを継受した日本法における「寄生地主制の反映」を、イギリスとの対比において明らかにされ、逆にこの精緻な理論構成から「借地権の物権化」という実践的課題に迫ろうとされる、水本氏の一貫した意図である。
（4） 戒能「土地所有関係法の現代的展開」（椎名重明編『土地公有の史的研究』（御茶の水書房、一九七八年）所収）。

2 「遺言の自由」の原則とその歴史的内容

ところで「近代的土地所有」の展開の歴史的過程が、以上およびより詳細には「序論」で言及したように、資本制生産様式と土地所有との照応関係のさまざまな類型が推転されるプロセスを意味するものであると考える点は、「近代的土地所有権」の理解においても重要な視点を示唆することになろう。私はこの点に関連させて、フランス市民革命とその所産としての「ナポレオン法典」を分析された稲本洋之助氏の研究に注目することにしたい。

同氏は、「ナポレオン法典」が、土地所有権を範型として構成されたことをその制定過程において実証され、そしてそのような構成のゆえに同法典が、市民革命から産業革命期までの資本の原始的蓄積の本格的展開過程における「法」による最終的な経済外的強制の基底を構成することになった意義について説かれている。周知のように同氏の問題提起は、さらに一般的・包括的な内容を有しており、従来のわが国における「近代市民法」概念の「非歴史的」またそれゆえの「抽象的規範体系」に偏した理解に、一定の批判を加えられたものであって、したがって方法論に重要視された右の「過渡期」における「法の歴史的」分析の課題は、私たちの分析にひとつの重大な示唆を与えるものと考えられるであろう(1)。

私はここでとくにイギリスにおける「遺言の自由」の展開過程についてふれておくことにしたい。私が「近代的土地所有権」論のレヴェルでいえば一見傍論的と思われるこの土地所有の承継の側面に着目して以下の分析を行なうことにする理由を明らかにするためにも、右の点について言及しておくことにしたい。

私は、「遺言の自由」の原則がイギリス近代相続法制の基本原理とされたということを承認する。それにもかかわらずこの原理の「近代的」性格は、所有権の自由からの論理的帰結としての処分の自由から論理的に導き出されうるものとは考えない。「遺言の自由」の原則の「近代的」性格をイギリスを範型として論証しようとする場合、稲本氏が着目された相続の有する特殊な機能の側面が重要視されなければならないだろう。結論的にのべれば私は、イギリス近代相続法制における「遺言の自由」とは、外見的に特殊に前近代的な土地貴族による土地の有機的一体性確保につかえる制度、私のいわゆる「貴族的遺言相続主義」を擁護するためのイデオロギー的文言として表明されたものにほかならなかったと理解している。稲本氏のさきの研究は、この点でも私の研究にとり有力な示唆を与える。その理由を以下具体的に示そう。

土地相続法の変容過程分析に集約される私の研究において、右の稲本氏の研究を重視する理由は、外観的に特殊に前近代的な土地貴族による土地の有機的一体性確保につかえる制度、すなわち「継承財産設定行為」ないし「遺言」を通じてする土地の一括・単独相続制を保障する制度が、イギリスにおいて市民革命期以降、国家権力(主として大法官府裁判所)を通じて積極的に推進されることの意義に注目するからである。第一にこの制度の拡大・普遍化傾向は、以下のべるごとく土地貴族への政治権力集中という、「名誉革命体制」の政治形態の安定を担保する関係において、生み出されたものであり、その限りでそれは政治権力の担い手の形成・限定を必然化することにより、「名誉革命体制」の安定につかえることを直接の動機とするものである。第二に、このような相続形態が右のような関係を前提に制度的に確立するに至るまでに、これまでの考察[2]で示した自由土地保有権の事実上の私的所有権化と、その法的表象(一五四〇年「遺言法」)の展開、さらに一六六〇年「騎士土地保有態様等廃止法」によるその最終的・法的確認の一連の過程が存在し、このようにして封建土地法の論理体系の中心をしめる自由土地保有権の私的所有権化による封建土地法の漸次的弛緩が行なわれるとともに、またそのような法形式を通じ、封建土地法との一定の連続性、なかんずく「単純不動産権の承継準則」(コモン・ロウの相続法理)の維持・存続がなされるのである。(3) しかしながら、第三に、この制度は、物的財産権(不動産)に関する無遺言相続法ともいうべき右の準則の適用を、被相続人(英法独得の不動産法の構成原理(4)のゆえに、この概念がなじまない場合があるが一応このように規定する)の意思を通じて、これを適用回避することを前提とするものである。けれどもそのことは、一五四〇年「遺言法」において遺贈者の「自由な意思および希望に基づき」「遺贈の自由」の法認がなされたということ、すなわち、「ユースによる遺贈」の法認から帰結したものにほかならない。換言すればこの制度は「ユース法」の事実上の否定を前提として発展せしめられた自由土地保有権の複雑な土地移転手続き、なかんずく信託により媒介されることを不可欠とするものである。(5) したがって第四に、この制度に服せしめられる土地は、遺言者ないしは継承財産設定者の「自由な意思」に基づく所有権の「移転の自由」とそれに適合的な所有権内容の構成の自由を論理的前提とした上で、さきの無遺言相続法における単独相続形態と近似の規制に従わされることになるのであるが、それはまた、被相続人の「自由な意思」を介在させる限りで、無遺言相続法(6)とは別個の制度、すなわち抽象的規範命題たる「遺言の自由」の支配下にある制度と規定され、かつ、その限りにおいて、封建土地法の圧服の上に展開されたものと観念されるのである。私はこのような特色を有するかかる制度の内容を、以下「貴族的遺言相続主義」と総称することにしたい。

このように「貴族的遺言相続主義」の内容を概括的に提示するならば、それは、右に示したように、物的財産権に関する無遺言相続法の存続を前提とする意味でこれと不可分であり、それゆえにそのことが、イギリス近代所有権法における物的財産権(不動産)法と人的財産権(動産)法の峻別といった構造に何らかのかかわりを有しているとの想定

が、一般的に可能になると思われる。(7)

私が以下の分析で主として扱うこの「貴族的遺言相続主義」は、その内容においてさきに論じた「近代的土地所有」のイギリスにおける展開過程と不可分の関係を有するように思われる。すでに「序論」において示したように、「近代的土地所有」のイギリス的形態は、貴族的大土地所有をその実体的基礎としたものにほかならないのであって、したがって「近代的土地所有権」(8)の法形態の析出にあたっても、貴族的大土地所有の展開と不可分に結びついたこの慣行的相続形態が国家法を通じていかに媒介され、そしてついに国家法によりその構造を修正せしめられる過程の分析が重要となろう。それはいいかえれば、貴族的大土地所有の形成を通じて展開された「近代的土地所有」推転の歴史的過程が、それゆえにまた本来的に有さなければならなかった諸〻の政治的諸特権と土地所有の不可分一体の関係がしだいに喪失される歴史的過程を意味するだけではなく、この慣習的相続形態に適合的に構成された土地所有権法の構造の変容過程までもが含まれる、一定の歴史的過程であることを意味している。総じてイギリスにおける「近代的土地所有権」の成立が、このような歴史的個性を有したものであったことについてここで繰り返すことはしない。それにもかかわらず、「近代的土地所有」推転の歴史的過程が、そのまま資本の原始的蓄積の本格的かつ最終的過程であることを意味するものであったということ、したがって「近代的土地所有権」の法構造を分析するにあたっても、この歴史的過程が重要視されなければならないと思われることについては、ここでとくに強調しておくことにしたい。総じて産業革命をへて確立されるといわれる「近代的土地所有」とは、この過程において前提されつつ普遍化されたものにすぎず、それゆえ「近代的土地所有権」の法的構成も、多かれ少なかれかかる過程に色濃く規定され、特有の成立形態を示すものと仮定することが許されよう。

(1) 稲本洋之助『近代相続法の研究——フランスにおけるその歴史的展開』(岩波書店、一九六八年)、とくに「序論」、また同

「資本主義法の歴史的分析に関する覚書――現代における外国法研究の問題点」(『法律時報』三八巻一二号、一九六六年)参照。

(2) 前述八八―九八、一七五―一七九、二一七―二二〇頁参照。

(3) 前述とくに一一一頁以下、一二〇頁以下参照。

(4) 周知のようにイギリス土地所有法(物的財産権法)は、「エステイトの法理」と「テニュアの理論」(望月礼二郎「謄本保有権の近代化――イギリス不動産法近代化の一断面(一)」『社会科学研究』一一巻一号、一九五九年)、三頁以下参照)により、その論理体系を規定される。このことについてこれまで私は、封建土地法の漸次的弛緩に伴って「テニュアの理論」がその重要性を喪失するに対し、「エステイトの法理」は、かえってその重要性を増大すると指摘しておいた(前述一一四頁以下、一四七頁以下)。以下の考察における「貴族的遺言相続主義」は、権利の時間的平面における配列・分類としてその権利内容を規定する原理であるところの「エステイトの法理」を前提とするものであり、さらに、自由土地保有権と定期賃借権が、この原理によって規定されることからも、「エステイトの法理」がイギリス近代土地所有権法の構成原理として果たす意義を重要視しなければならないと考える。またこの関連でいえば、謄本保有権と自由土地保有権とを峻別する限りで、「テニュアの理論」の支配が重要な意義をもって存続されることが注目されなければならない。なお「総括」参照。

(5) 前述八八頁以下、一五七頁以下参照。

(6) 単純封土についての相続(財産)法(law of inheritance in fee-simple)が、何ゆえに、土地無遺言相続法の原理とされるかについては、内田力蔵『イギリスにおける遺言と相続』法学理論篇81e(日本評論社、一九五四年)、一一〇頁以下、なお前述一一一頁参照。

(7) 甲斐道太郎『土地所有権の近代化』(有斐閣、一九六七年)第一部「近代的所有権論の問題点」は、示唆に富む。甲斐氏は、水本氏のイギリス所有権法――土地所有権についての分析であると限定された上で――の歴史分析の意義を評価されながらも、近代所有権法の論理体系について川島武宜氏が『所有権法の理論』で説かれた近代的所有権の特質――「私的性質」「観念性」「絶対性」――が、イギリス所有権法に不可欠なものであったか否かは、大陸法系における画一的所有権規定と、英法の不動産法と動産法の峻別が何ゆえにもたらされるかの、「全体的法制度の発展史」の比較・検討から論じられなりればならないとされる(とくに三五、四六―四九頁)。イギリス所有権法におけるこのような峻別は、封建土地法の形式を大部分残存せしめながら、これに近代的内容を付与するという形態で、イギリス所有権法の「近代化」が遂行されることからくるものといえるが、私はこのような形態における所有権法の「近代化」過程が、いかなる関係の推進をもたらすかの視点から、以下の分析を行なうのである。なお私は別論文「相続法の歴史――近代社会・イギリス」(青山道夫他編、講座『家族』第五巻(弘文堂、一九七四年)所収)でもっと要約的に以下の点を説いた。

(8)　渡辺洋三『土地建物の法律制度』上(東大出版会、一九六〇年)「序説」の次の簡潔な要約はまた、水本氏のいわれる「近代化過程」の意義をしめすものである。「法律学の立場から、土地所有権制度の近代化過程を問題にするなら、それは、交換価値支配権としての自由な絶対的土地所有権の法的確認をもって始まり、土地用益権の土地所有権に対する優位の法的確認をもって完了する一連の過程である、ということができる」(五頁)。なお水本、前掲書『基礎理論』とくに一〇五―一〇七頁参照。この「近代化」二段階論的理解は、注目されてよい。なお前述一八頁以下を参照されたい。

3　考察の視角

ところで土地に対する私的所有権の定立は、それ自体としては資本所有・商品所有の法認と本質的に意義を異にするものである。なぜならば、土地は、本来的に人間労働にかかわることのない自然物であるからであり、それゆえ、土地もまた商品であり、所有権者によるその交換価値がなしうるという建前は、法律上土地の私的所有が認められることにのみ、その根拠を有するにすぎないのである。(1)もとより資本および資本制生産様式は、自らを展開するにあたり、このような意味での外在的・歴史的所与であるところの土地所有形態――その法律的形態がいかなるものであれ――を、自らに適合的な経済的形態に転化し、かくて自己の外部に剰余価値の一分肢形態としての地代(資本制地代)を措定することになるが、それはまた、自己と矛盾・対立する関係にある土地所有(その近代的(土地所有)形態といってよい)を外的・自立的に対置せしめてしまうということを、意味しよう。このように資本と土地所有との関係は、土地所有の資本主義に適合的な形態(近代的土地所有形態)においても、矛盾・対立の関係を包摂するものといってよいが、同時に、この両者は相互に他を条件とし合うものである。すなわち、資本制生産様式が、あらゆる経済的諸関係を、自己の法則に適合的な物的関係に転化していくにもかかわらず、本来的に人間労働にかかわることのない自然物たる土地に対立する場合、資本はこれを直接的に自己の規定の下におくことはできず、地代を成立させること、そしてこのことを通じて、直接生産者を土地から分離すること、こうしていわゆる二重の意味における「自由なる」労働者が創出され、このような迂回を辿ることにより資本が自己自身を増殖するという関係のなかに、以上の点は明示されているといえようか。(2)

土地に対する私的所有権の定立、すなわち交換価値支配権としての自由なる絶対的土地所有権の成立は、すぐれて市民革命期における帰結であり、さきの自由土地保有権の私的所有権化の意義もこの関係において理解されるべきである。すでにふれたように、自由土地保有権の私的所有権化は、現実の経済過程においても、その法的構成においても、定期賃借権に基礎づけられ、かかる契約関係を通じた人と人との関係として現象することになるのであるが、このような現象には市民革命を実質的に準備した経済過程における一定の資本主義的発展が、表現されていることに注目しなければならない。(3) 他方謄本保有権については、「マナー慣習」のコモン・ロウ化にかかわらず、マナー領主の所有権に従属するゲヴェーレ的土地利用を意味するにすぎないとされるその特有の構成は、さきの一六六〇年法の明文の規定にみられるごとく、市民革命を通過することにより、廃棄されないことが確定されるのである。(4) 以上の意味で一六六〇年法が、「平等な」コモン・ロウ適用を通じての自由土地保有権優位・謄本保有権消滅および、それにかかわる定期賃借権の優越の諸関係をもたらすために演じた不可欠の役割を看過することはできない。

以上のように謄本保有権のその自然的消滅を予定した自由土地保有権の私的所有権化が、封建的土地所有の唯一の残存形態(国王上級所有権廃棄)を通じて法認されえた(一六六〇年法)ことに示されているように、右の諸帰結は封建的土地所有の階層的編成＝《封建的ヒエラルヒー》の早期的弛緩、すなわち何よりも、身分的支配＝従属関係の早期的弱化の最も集約的な表現であるといえよう。かくて、市民革命によって定立された自由なる絶対的土地所有権は、国家権力主体の絶対王制権力からブルジョアジーへの移行という漸進的変革過程の延長に帰結することになり、また同時にそれは、以降における資本主義的関係の推進に不可欠の役割を果たすことになるのである。そしてまたこのことは、市民革命の段階で、土地という自然物に対する私的独占が、土地所有の所有権概念一般への包摂により、その資本所有・商品所有との本質的性格の差異にもかかわらず、私的所有であるがゆえに保護さるべきであるというブルジョア法の一般的・国家法的サンクションを獲得するということを意味したであろう。換言すれば、資本と土地所有者との矛盾・対立関係が、表面的には現出しない段階において、かかる矛盾・対立関係を内在させるところの土地に対する私的所有の法律的承認を積極的に行なうことは、資本蓄積の展開を推進する上での不可欠の通過点であった、とみることができる。そしてまたかかる土地所有権の法認のゆえに、「土地が共有でないこと、土地が労働者階級に、属しない生産手段として相対立するということ」すなわち、資本制生産様式における外在的・歴史的所与であるところの土地所有の私的独占が、その「恒常的基礎」となることが、帰結していくことになるのである。(5)

市民革命以降、自由土地保有権の私的所有権化の帰結として「囲い込みの自由」が遂行される結果、土地所有の私的独占一般ではなく、土地の個人への集中という関係が、体制的に推進される。このイギリスにのみ特殊に展開したかの「土地清掃」(clearing of estates)の意味するところを、これまでのべた点と関連させて示せば、土地所有諸関係およびその諸形態の、資本主義的諸関係への適応の早期的開始の表象として、交換価値支配権としての自由なる土地所有権の法認が行なわれ、かかる土地所有権の経済的内容が、資本制生産様式に適合的な形態に転化されていく過程で、右の「土地清掃」が推進されたもの、と要約できるであろう。実際、土地所有の近代的形態の創出過程、したがって農業における資本主義の成立形態は、資本主義各国において特有なものがあり、イギリス資本主義の先進的・古典的展開を可能にさせた条件として、資本制的諸関係が推進されたこの国の歴史状況の特殊性を看過してはならない。ついでまたかかる一般的問題のほかに、特殊的に農業における資本主義の成立問題にかかわる重要な論点が存在することに注意したい。すなわち農業においては、資本蓄積が同一の土地に対する集約的農耕という形態において独立になされることに限界があり、したがって、資本蓄積・経営拡大が、他の土地の使用を前提とし、かくて小経営の駆逐・合体が必然化するということである。(6) このことはまた、土地の存在形態(その有限性)の特殊性にかかわる点でもあるが、それは本論で考察する貴族的大土地所有の展開過程においても、「囲い込みの自由」に集約されて具体的に示されているともいえよう。

いずれにせよ以上の点を前提にするならば、イギリス資本主義の先進性・古典性の意義を、土地所有諸関係への資本主義的諸関係の早期的浸透という点に限定・集約して論じてきたこれまでの考察の延長に、以下の分析を行なうことの必要性が確認されうるように思われる。もとより土地に対する私的所有権の定立は、自然物に対する土地の私的独占を、法律的に承認するほかの意義を有していないが、しかしながら有限のかつ資本によって生産されえぬ土地が、かかる法律的承認を通じ、個人に集中されるさいには、ただこのことのみにより、労働者に対して土地が生産手段として独占され、彼らに対置せしめられることになる点が、注意されなければならない。こうして、土地所有の私的独占は資本制生産様式の「恒常的基礎」として不断に再生産されていくことになるのであり、また、自由なる私的土地所有権として確立した土地所有の経済的内容が、資本制的に適合的な経済形態に転化される過程においても、このことが前提とされることになるのである。繰り返すまでもなく、このような過程を法的に媒介し、しかもこれを経済外的契機により推進するものは、さきにのべたごとく、自由土地保有権の私的所有権化という法形態を通じての、土地に対する私的所有権の定立であって、それが演じた役割を見落とすことができないのである。総じて以上のゆえに、土地所有の私的独占とそれを保障するところの土地における私的所有権の定立との関係は、それを通じていかなる関係が推進され、それらの諸関係が相互にいかなる論理的連関の関係を有するものであるかを分析することによって、より実体的に解明されていかなければならないことがらと考えるのである。

(1)　渡辺、前掲書、四頁以下、マルクス『資本論』第六篇第三七章(大月全集版)、七九五頁。それゆえにマルクスが、近代的土地所有とは封建的なものであるというとき、かかる封建的な土地所有が資本家的生産により資本に適合的に転化せしめられることとともに、そのことがまた、資本と対立する土地所有を措定してしまうという意義を有するものであるということを、前提としている(マルクス『剰余価値学説史』(大月国民文庫版④)二六六―二六七頁)。
(2)　マルクス『資本論』第七篇第四八章「三位一体的定式」参照。
(3)　前述一五九頁以下参照。
(4)　前述第Ⅰ部第二章小括および第Ⅱ部第三章第2節参照。
(5)　マルクス『資本論』第六篇第三七章、引用の部分は同『剰余価値学説史』(大月全集版)、六七頁。
(6)　大島清『農業問題序説』(時潮社、一九五二年)、一三四頁。この点では、イギリスにおける農業の資本主義化が、大土地所有の形成をもたらし、しかも、それに基づく土地経営＝「ハイ・ファーミング」が「大不況」期に決定的に桎梏化してしまうにもかかわらず、かわって主張される小農創設の政策が成功せず、なお大土地所有の優位の続く事情が興味深い。

4　画期の設定

本論において私は、さきにのべた「貴族的遺言相続主義」それ自体についての具体的研究の画期の設定を、一九世紀前半・中葉・後半とりわけ末期に設定する。それは右にのべた点との関連を重要視するからであるが、現象的には以上の時期には、「貴族的遺言相続主義」の支配の下にある土地所有権の論理的構成が、所有権の「交換の自由」をその例外的属性とし、所有権内容それ自体が、そのようなものとして構成される前段階から、それの一定の論理的転換を伴う一八八二年「継承財産設定地法」、および、さしあたり一八九七年「土地移転法」における物的財産権と人的財産権の峻別を導くところの物的財産権の無遺言相続法(すなわち「代表の権利」における法定相続人への相続不動産移転)の一定の廃棄、の後段階へと移行し、その間に法形態の決定的転換が示されるからでもある。

総じてこの時期の土地所有関係法の分析を行なうことは、イギリスにおける土地所有の「近代化過程」が、さきにのべたごとく資本の原始的蓄積の本格的かつ最終的過程それ自体を意味するにほかならず、そこにおいて優位した貴族的大土地所有形態が、その限りで、近代的土地所有形態を意味するものであったことを理解する上に不可欠と思われる。すなわち「名誉革命体制」が擁護した貴族的大土地所有は、市民革命期における土地に対する私的所有権の確立を前提とし、土地所有の集中により、かの二重の意味における「自由なる」労働者の創出を推進するものであったのであり、したがってまた「貴族的遺言相続主義」は、この過程を推進する限りにおいて、すなわち最終的に特殊イギリス的な農業における資本主義の確立形態——所有と経営の分離に照応する大土地所有・大借地経営——を生み出すに適合的である限りにおいて、体制的に要請されたにほかならなかったとみることができる。

以上の点を論証するにあたり、資本蓄積を推進する限りで、土地貴族と産業資本家が一定の同盟関係を措定するという政治過程を重視し、とりわけその点を「名誉革命体制」の政治形態分析および、産業資本家のイデオローグによる「貴族的遺言相続主義」擁護論のなかから抽出することにした。この場合、いうまでもなくかかる同盟関係の歴史的推移が重要視されなければならず、さらにすぐれてイデオロギー過程分析に集約される右の試論は、かかる政治過程を究極において規定するところの経済過程分析から補完されるものでなければならないであろう。このようにして与えられた一定の結論からする限り、政治形態における土地貴族の支配の優位および、これを究極的に担保するところの彼らへの土地集中という経済過程におけるその支配的傾向は、資本主義的諸関係の推転を導く上に、不可欠であったものとみることができる。

このような前提的考察ののちに、右の画期設定を行ない、やや詳細に「貴族的遺言相続主義」の変容過程を扱うが、そのさいの私の問題意識は、資本と土地所有とが相互に対立しつつ、また、相互に他を条件とし合うという近代的土地所有形態の展開過程を重要視して構成されることになろう。結論的にいえばイギリスにおいては、かの「ハイ・ファーミング」の全面的展開の後に直面した一九世紀末葉の「大不況」期においてはじめて、すなわち、すぐれて資本主義的な矛盾を契機として、これを資本主義的に克服することのなかから、「貴族的遺言相続主義」の拡大・普遍化を通じて現出した土地貴族の土地所有権の特有な論理的構成が、土地の商品化の命題に適合的に転換せしめられ、かくて法律的にも、土地所有に対する資本の規定性が定立されるに至るのである。[1] さらにいえばかかる帰結は、さきの近代的土地所有権に関説したことと密接な関連を有するはずであり、また土地所有の特殊性ならびにイギリス資本主義の先進性・古典性ともかかわると思われるのであるが、以下本論において言及することにしたい。

（1）　近時の経済史家の論争は、この点で興味深い。椎名重明氏によれば、この「大不況」期の「土地所有の危機」は、本文にのべたように把握されており、私はこの見解に依拠している。これに対し、米川伸一氏は、地主＝借地農関係における地主の優越的地位と、借地制度それ自体のもつ資本主義的農業との矛盾的関係のゆえに、資本の土地所有に対する規定関係は、両者の「力関係」により決定されざるをえず、したがって、椎名見解と対立的に、かかる規定関係は、借地制それ自体の崩壊および「自作農創設」政策の確定という形態の「土地問題」として解決されなければならなかった、とされる（椎名重明「いわゆる『土地所有の危機』について——一九世紀末イギリスの農業恐慌の実態分析の一環として（一）（二）」（立正大学『経済学季報』

一八巻二号、一九六八年、二〇巻一・二号、一九七一年)、同『農業大不況』――その実態分析」(『土地制度史学』五〇号、一九七一年)(いずれも同『近代的土地所有――その歴史と理論』(東大出版会、一九七三年)所収)、米川伸一『ファーマーの歴史について の一試論」(『一橋論叢』五一巻二号、一九六四年)、同「一九世紀後半における地主対借地農関係の展開」(同五一巻五号、一九六四年)、同「『土地問題』the Land Question とイギリス議会一八六八―一九一一」(『歴史学研究』三三七号、一九六八年))。

二　一八世紀の土地貴族の大土地所有

ピューリタン革命期における王党派の土地没収の結果は、一六五一年「没収不動産売却のための国会制定法」(An act for sale of forfeiture estates)に示されるように、売却を通じた所有者交代をもたらしているのにすぎないのであって、したがってこのことが、ピューリタン革命の市民革命としての意義――土地変革の行なわれること――について、低い評価しか与えぬ所論の一つの論拠となっている。これに対してハバカクは、名門貴族層の債務超過の決定的進行に着目し、この面での彼らの土地喪失を実証している[1]。

ピューリタン革命期における土地立法が、領主権および謄本保有権の廃棄を含んでいないのは事実であるが、農村内部の階級的関係＝農民層分解、さらに領主権弱化が、かかる土地立法を超越して進行していたのであるとすれば、自ら結論は異なってくる[2]。封建的土地所有の廃棄に集約される市民革命の帰結が、かくて事実上先行して展開していたのであるとすれば、ピューリタン革命期における土地変革が法律による強制を伴わなかったとしても、この革命の市民革命としての意義の過小評価の理由とはならない。そしてまたもしこのようにいうことができるとすれば、国王上級所有権の否定を確認した一六六〇年「騎士土地保有態様等廃止法」をひくまでもなく、また、王政復古というその保守的帰結にかかわらず、市民革命がさきの先行する諸関係に体制的・国家的承認を与え、かかる体制変革を通じてピューリタン革命によって敷かれた道を不退転なものにしたことが、何よりも注目されなければならない。

一六六〇年法により確認されたところの国王上級所有権の廃棄は、所領経営の「計画性」「合理性」の保障に通じ、このことにより「囲い込みの自由」に集約される私的土地所有権の「自由」の展開基軸が設定されたとみることができる。こうして一八世紀末の「ウィッグ寡頭制」の基礎となった大土地所有およびそれと不可分の関係における「継承財産設定行為」の慣習の拡大が現出していく。(3)

このような関係が進展していくにあたり、前期的資本(独占的中継商業資本)と一部地主層の結託は、一六九六年全イングランドをおおった金融危機を必然化したごとく、なおかつ根強いものがあった。すなわち、マコオレイの表現をかりれば、ブリスコおよびチェムバレンといった「庶民院のロビーに毎日みられるせわしげな詐欺師」の手になる「土地銀行」設立案なるものは、産業資本家の拠点であるイングランド銀行の解体を狙うことにおいて、右のような不退転な関係に対するひとつの反動を意味するものであった。(4) けれどもジョン・ロックは、「土地銀行」の設立の意図が、その主張のごとく全イングランドに「パラダイス」をもたらすものでなく、それは畢竟、右の不退転の関係の進行に対処しえぬ者たちのために、「統治構造」(Constitution)を変更するよう要求しているものにほかならないと見抜き、(5) 次のようにのべている。

「土地所有者(landed man)は、彼の地代の低下により、また、その資産の縮減により、苦しんでいるのに、他方貨幣所有者は、その利得を保ちかつ商人は、営業によって富裕になる。これらにつき、彼[土地所有者]は、彼の所得が、彼らのポケットに盗みとられ、彼らの資産が彼の没落をもとでに築き上げられ、彼らの持分(share)に入る以上の国の富を独占するもののように考える。それゆえに、彼は、法により、土地の価値を維持しようと努めるのだが、……しかし無駄なことである。原因[についての考え方]が誤っているのであり、その救済策も同様だ。土地[の価値]を低下させるのは、商人の利得でも貨幣所有者のそれでもないのであって、それは、土地がいつも最初に感じるところの、法外な支出および悪い営業(mismanaged trade)により浪費された、貨幣の欠乏および財貨の減少によるものである」。

「利子率が四パーセントに引き下げられるべきである理由として『それにより、公租(public charge)の重荷を負うところの土地所有者が、いくらかの程度でも、利子率の低下によって安んじさせられるであろう』ということがあげられたと、私は聞いた。

この議論は、それが借り手を安んじさせ、そして損失を貸し手に負荷するというつもりであれば、正しいだろう。だが、あらゆる土地所有者が負債を負っているというように仮定するのでなければ、その議論は、土地一般にかかわるものではないのである。然るに残念ながら、土地を有するイングランドの人々は、他の人と同様貨幣を有しているのであり、さらに土地所有者たちは、他の人々と同様、節約とすぐれた耕作(good husbandry)によって、その収入に彼らの支出を調和させ、世間におくれをとらないようにし続けているのだ」(6)。

このようにしてロックによれば、土地の価値低落の原因は、「買い手(purchaser)に比し、売り手の多い」という土地需給関係に求められたし、土地所有者の負債が彼の売却を余儀なくするものであれ、そのことは、「彼らの資産を越えて生活しようとする者」の承認しなければならない、経済的法則の必然を意味するものである、と断言されるのである。

ロックのいう「劣悪な経営」の排除ということがらには、一七世紀末の政策体系との一定の照応関係が示されていると考えられないであろうか(7)。実際、ロックは、経営方法の改良を必須のものとみなし、それによる高地代の保障が地主のみならず社会全体の富を増大せしめるとのべるのである(8)。したがってロックのいう「劣悪な経営」に対峙するものは、富裕な借地経営であり(9)、そしてかかる経営に基礎をおく地主の改良投資をより促進させていく必要があるとするとともに、総じて高地代取得に媒介された彼らによる囲い込みの遂行を、事態に適合することがらと、彼はみな

18世紀における地主階層

		家族数	収入範囲(ポンド)	平均収入(ポンド)	イングランドおよびウェールズの耕作地所有比率(%)
大土地貴族(great landlords)		400	5,000〜50,000	10,000	20〜25
ジェントリ(gentry)	富裕ジェントリ	700〜800	3,000〜5,000		50〜60
	スクワイアー	3,000〜4,000	1,000〜3,000		
	ジェントルマン	10,000〜20,000	300〜1,000		
自由土地保有権者	上層	25,000	150〜700	300	15〜20
	下層	75,000	30〜300	100	

していると考えることができよう。

ロックが、「公共の観点から法が彼に許容しうる限りの好意(favour)と同様、多くの特権および富を享受」すべきものと規定した[10]地主層とは、以上のようなものである。「土地銀行」派の幻想が、かくて崩壊する理由はあらためて繰り返すまでもあるまい。このようにして一八世紀における土地貴族の政治的地位の安定と彼らへの政治権力の集中という帰結がもたらされるのであるが、しかしながら彼らのそうした「安定」の要因は、彼らが資本制農業の展開基軸に適応したという、総じて右に言及したことがらのなかに見出されるべきであると考える。

一八世紀における地主階層は、その後半期においてとりわけ、その「開放性」を喪失し、固定的階層に転化するようである。一七九〇年において確定したとみられるその社会的構成は、ミンゲイによれば、上記の表に示されるとおりである。[11] けれども土地を新たに購入するのに要する費用は当時すでに騰貴しており(例えば大土地貴族層に加わるために約一万エーカーの土地等を購入するには当時においてすでに一〇万ポンドを要した)、また一八世紀の政府形態の安定は、それ以前の時期にみられた他の階層の大土地貴族への栄進の道を閉ざすことになる。さらに、既存土地所有者の側では、「家族継承財産設定行為」(family settlement)および「譲渡抵当」に関する法的手段の発展を前提に、土地喪失の機会を回避したことも事実のようである。[12] 一七三八年における重要な事件で争われた遺言書から、この法的手段の内容を考察してみることにしたい。

「遺言者ジョン・ホプキンズは、莫大な物的財産権および人的財産権を所有していたが、その両方を遺言により処分し、そして彼の莫大な物的財産権については、受託者および彼らの法定相続人に、その者および彼らの法定相続人のユースのため、以下のそれぞれの信託に基づき(to the use of them and their heirs upon several trusts)遺贈した」。

以下その信託の内容を要約的に示すことにしたい。すなわち想定しうる遺言書は次のごとくである。

「私〔ジョン・ホプキンズ〕は、従弟ジョン・ホプキンズの長男サミュエルに生涯、その死後は『サミュエルの身体から生まれたるところの』(of the body of the said Samuel)長男および次三男〔現在未出生〕にその順次に生まれるところの順位に従って、さらに残余権を、かかるすべての息子たちの『身体から生まれたるところの』男子法定相続人にそれぞれ。以上の直系卑属欠缺の場合で、従弟ジョンにサミュエル以外の男子生まれたる場合には、彼または彼らにそれぞれの生涯〔その死後についてはサミュエルの例にならう〕。従弟ジョンにサミュエル以外の男子生まれざる場合には、従弟ジョンの長女サラの『身体から生まれたるところの』長男および次三男〔現在未出生〕にこの順位でそれぞれの生涯、彼らの男子直系卑属への残余権をふして〔さらに直系卑属が欠缺する場合には、従弟ジョンの次女メリーについてサラの場合と同様に、なお欠缺のある場合、彼女の妹について同様に〕。以上の従弟ジョンのすべての直系卑属が欠缺した場合には、私の従妹ハンナ・デアの長男および次三男に、この順位でそれぞれの生涯、以上の場合と同様の残余権(like remainders)およびそれ以外の近親者(relations)すなわち私自身の正しき法定相続人ら(right heirs)への残余権をふして」である。このような信託の実現のために、さきにのべたごとく、受託者およびその法定相続人に物的財産権が遺贈されるのであるが、この遺言書には、次の但書がふされている。「但書(proviso)。ここに、不動産権の限定される(be limited)いずれの者も、それの全体もしくは一部分についても、彼および彼らが二一歳に達するまでは、現実の占有(actual possession)をなしえず、その間、前記受託者より、教育費その他の相当の扶養料(handsome allowance)が支払われるものとする」である。なお人的財産権については、「私の遺言執行者は、私の債務支払い残余を、右の信託のための土地購入にあてるべし。その土地についても、右の信託が設定されるべきこと」と定められている。(13)

遺言書の内容は右のようなものであった。遺贈形式においては「ユース法」がその起点を与えたとされる「二重ユース」のそれ——unto and to the use of A in trust for B——が用いられており、これは、エクイティ管轄権の確立に一定の役割を果したといわれるものであったのである。本件において大法官ハードウィック卿(Lord Hardwick)はいう。

「(以前において二重ユース(an use upon an use)すなわちBのための信託においてAにそのユースのため(to A and to the use of A in trust for B)遺贈されるという形式では、『ユース法』により、Aがコモン・ロウ上の権利者となり、Bは何もえないというごとく、コモン・ロウの裁判官は考えていた。)

……この解釈について、エクイティは、当該〔遺贈者の〕意思が支持さるべきものと判示し、かつ、そのようにいってきた〔Aがコモン・ロウ上の権利者となるのでないこと、遺贈者の意思から明らかである〕。これに人間の理性が同意し、それ以後は、……不動産権移転(conveyance)のさいに〔二重ユース文言挿入のため〕三語がつけ加えられることになったにすぎない」。

こうしてハードウィック卿は、本件の場合についても、受託者がコモン・ロウの権利者となり、それゆえサミュエルの権利およびそれ以下の「未確定的残余権」が消滅するものでないとするのである。(14)

概括すればこれが主要な争点である。けれども、これによってもたらされる結果はいっそう重要な意義を有していよう。すなわち本件においては、最初の「生涯間権者」たる遺贈者より前にサミュエルが死亡したために「未確定的残余権」(contingent remainder)は当面誰にも確定しないことになるのではないか、という点も主要な争点を構成している。ハードウィック卿はまさにそのようにのべ、かかる形態の遺贈を承認する。要約すれば、次のようにいう。

「サミュエル死亡後は遺言書ではジョン・ホプキンズ〔従弟〕に生まれる他の息子たちに遺贈されるものである。しかもこの『限定文言』(limitation)のために受託者およびその法定相続人に、権利が限定されている。従弟ジョン・ホプキンズから子供が生まれるまで、またその出生後その者が死亡すれば今度はサラから子供が出生するまで……である」。

「こういって反対されるかもしれない。すなわちこうした『限定文言』によれば誰かが『生涯間権者』(tenant for life)となっても、遺贈者の限定は彼の死後もずっと続くのでないかと。その通りであり、しかもこれは、『継承財産設定行為』の普通の場合なのである」(15)。

ノッティンガム卿(Lord Nottingham)の頃(大法官在職一六七三―八二年)には、必ずしも完成されていなかったところの「継承財産設定行為」は、それでもその当時において、「最も評判の悪い」「夫婦合有不動産権」(jointure)の用意のためのものから始め、その設定地には家族扶養のためのさまざまな「負担」(charge, esp. rent charge)がついており、債権者の詐害の例も多かった(16)。けれども、右のごとくその完成された一つの形態をみるときは、そこにはノッティンガム卿個人が必ずしも賛同しなかった「生涯間権」の限定による「継承財産設定行為」(17)が、そのいわば一つの範型として、当時において、ごく普通に行なわれていた事実を知ることができると思われる。

「遺言の自由」「財産権帰属不当引延処分禁止の準則」(rule against perpetuities)「エクイティ上の受戻権」(equity of redemption)は、ポロックが、近代的土地法の発展基軸に数え上げたものである。しかもそれらは、王政復古以降、急速に発展したエクイティ準則の集約点を構成する。[18]

一七世紀末以来の国債発行の増加、イングランド銀行や東インド会社の株券への投資は、土地への投資より有利な利潤をもたらした。土地市場の閉鎖性は、さきの土地貴族の「安定」をもたらすばかりでなく、さらに彼ら土地貴族が、「譲渡抵当」によって調達した資金を、妻や次三男、娘への、「夫婦合有不動産権」「分与産」(portion)のため土地購入に投資し、かくて負債を増加させながらも所領規模を拡大するという関係が現出されていくことにも密接な関連を有していた。[19] 一七世紀末に比し一八世紀には、「譲渡抵当」の利子率は、六分から五分に低下しており、さらに大土地所有自体が信用源泉となり、こうして個人的信用を基礎とする低い利子率による借入も行なえたごとく、金融面からも土地貴族は利益を得たようである。[20] 地代についていえば、土地貴族の地代がもともと低くおさえられていたにしろ、一八世紀には、彼らの経営の改良により、かなりの上昇が示されたことも指摘することができる。[21]

総じて以上のごとく、土地貴族の「安定」は、一八世紀における彼らの経営の改良を除外して論じることはできず、ナサニュエル・ケントは、節約と勤勉により「よい借地農」を吸引しなければ、所領経営が破綻するとのべ、このことを確認している。[22]

土地貴族の「安定」の対極に、小農の没落が進行する。囲い込みは、国会のレヴェルでしだいに急速に促進される。同じく大地主への助言者であってもケント[23]と異なり、囲い込みの支持者であった、エドワード・ローレンスは、一七三一年には次のようにのべている。

「私は、貴族およびジェントルマンのすべてに対し次のように助言する。すなわち、その保有者たちが、その土地を、三代間マナー裁判所の記録の謄本により(by copy of Court Roll for three lives)保有しているならば、彼らが彼らの謄本を引き渡すのでなければ、それを数代の賃借権(leasehold on lives)に転換することにより、その保有態様を変更するため、彼らにその更新をなさせないようにせよと。この方法は、寡婦が謄本のなかで契約していないのに、ただ慣習によって要求しているのにすぎない謄本保有寡婦権(free bench)という、あの不合理な慣習に終了をつげさすことができるし、……こうして領主は、彼自身の望むがままに行なうことができるのだ(24)」と。

ローレンスの提案が、旧態依然たる封建領主の「恣意」のたんなる「再版」を意味するものではないことは、一七七七年ウォーリック(Warwick)で開かれた「巡回裁判所」(Assize)の例も示すとおりである(Roe on the Demise of Bree v. Lees, 96 Eng. Rep.(K.B.) 691 et seq.)。

事件は囲い込みの進行するなかで争われた。そして問題のオゥストレイ(Austrey)の六〇エーカーばかりの開放耕地も、その五一エーカーは囲い込みずみであり、四エーカーの休閑地と、五エーカーずつの二つの開放耕地が囲い込まれず残されていた。被告は一七六七年以来固定期限なく、聖マイクル祭および聖母マリア祭に支払われるべき旨の年四〇ポンドの地代で、開放耕地を耕作していたが、一七七六年の聖マイクル祭までその占有を継続し、地代の滞納もなかった。しかし、一七七六年一〇月、被告は領主より、次の旧マリア祭の日から立退くようにとの通知を受けた。

原告領主側の弁護士グロース(Grose)は、被告の賃借権は年期(from year to year)のそれにすぎないとし、解約には、農地であれば六ヵ月、家屋であれば三ヵ月前の通知があれば十分である、とする。そして被告が主張する次のような慣習、すなわち、三圃制から導かれるものであるが、固定期限の定めのない開放耕地の保有は、三年年期の保有(a holding from three years to three years)とみなされるべしとする慣習、の有効性については、「かかる保有がきわめて最近のものであるからして、その慣習が超記憶的(immemorial)でありうるはずがなく、かつそれは地主と保有者(landlord and tenant)間の古き政策(ancient policy)にも反するものである」とした。

被告側ヒル(Hill)は、右に対し、被告の保有は三年年期のそれであり、三年を越えて保有した場合は、次の三年間は当然に保有しえることになるのであるから、それ以前(すなわち三圃制に従う「ローティン」が終る以前)に被告を立退かすのは不当である、とする。

さらにヒルは囲い込みに関して言及し、それがなされてもなんらの割当地(apportionment)の配分がなされるはずがないことを考えると、被告は囲い込み地についても同じ地代で同じやり方で貸出しを受ける権利を有するとされるべきだ、とも主張しているのである。

右についてグレイ裁判官は、被告のいう囲い込み地の権利関係についてその否定を躊躇しながらも、「不確定期間のあらゆる賃借権は、任意賃借権であること一見明白である。そしてただ、年毎の地代が留保されているのでそれによりこれが、年期賃借権となるのである」とした。さらに、右の慣習についての原告の主張を承認している。

そしてブラックストーンは、裁判官として登場し、ヘンリー八世当時の囲い込みのほとんど知られざる時(と彼はいう)に比し、今や囲い込みの盛期を迎えている時期に、しかも三圃制がほとんど「富んだ諸カウンティ」では、過去のものとなっているこの時期に、「一般的な口頭による保有(general parol taking)が四年の定期賃借権とどうして解釈できようか。しかも『詐欺法』(Statute of Frauds, 1677 ; 29 Car. 2, c. 3)と矛盾しないように」と、[25] 被告の主張を一蹴してしまっている。

エドワード・ローレンスが望んだように、囲い込みは、必然的に「古き慣習」を打倒し、それに基づくさまざまな権利関係を、その主導者の望むままに再編・修正することを可能ならしめた。

右のような土地所有をめぐる権利関係の資本主義的変革が、農民層分解の急速な進行、および、それによって必然化する農村共同体の解体により準備されたことは、詳述しないが無視されてはならないことである。さきのエドワード・ローレンスは、共同体規制に基づく入会地利用慣行の否定を小農放逐の有効な手段として推奨することにより、この所与の事実の進行を是認している。(26)

こうして「すぐれた耕作」を基礎とした土地貴族の「安定」が、大土地所有・大借地経営の照応関係を生み出し、囲い込みと土地所有の有機的一体性確保の法的手段との結合は、かくて不可避的に進行する。土地所有秩序の可変的形態をではなく、その不変的形態を追求する「貴族的遺言相続主義」が、一八世紀のイギリスに急速に普及した背景には、概略以上のような事実が存在している。結論的にいえば、大土地所有形態が、経済過程における「自由なる」労働者の創出過程――小農放逐――を推進する上での体制的要請となっていた以上、その維持に仕える法的手段が法認されていくのは当然といえるのであるが、私は逆にさらに政治形態全般を把握することにより、一九世紀後半に至るまで延命を保障されていく、この私の分析対象の社会的基盤をより立ち入って分析することにしたい。

（1）　Habakkuk, H. J., Landowners and the Civil War, Ec. Hist. Rev., vol. 18, No. 1, 1965, pp. 132-148.
（2）　このような研究を、椎名重明「イギリス市民革命の土地問題」(『社会経済史体系』Ⅳ近世前期Ⅰ(弘文堂、一九五七年)所収)にみることができる。
（3）　Hill, C., Reformation to Industrial Revolution, 1967, pp. 115 et seq.
（4）　Macauley, T. B., The History of England from the Accession of James II, 1848, Everyman's ed., vol. 4, pp. 87-93. 関口尚志「名誉革命後の金融危機と土地所有――利子論争ならびに土地銀行企画の社会的背景」(『土地制度史学』五号、一九六九年)、石坂昭雄「名誉革命期における土地単税論――ジョン・ロックとイギリスの地租」(大塚還暦論集、高橋・古島編『近代化の経済的基礎』(岩波書店、一九六八年)所収)、二四一頁以下。「土地銀行」案とは、譲渡抵当設定権限を国立銀行たる「土地銀行」に集中し、銀行はこれを基礎に紙幣を発行、こうして地主に、「紙幣を完全に土地価値相等分」貸付つける、といったものである。

(5) Locke, J., Some Consideration of the Consequences of the Lowering of Interest and Rising the Value of Money, 1672(?), in the Works, vol. 5, (Scienta Verley ed.) p. 75.

(6) Ibid., pp. 73–74.

(7) Cunningham, W., The Growth of English Industry and Commerce in Modern Times, 1st ed. 1882, vol. 2, Part 1 (The Mercantile System), 6th ed. 1921, p. 387. なおロックの土地単税論と、重商主義政策との整合性については、石坂、前掲論文参照。

(8) Locke, op. cit., Some Consideration, p. 69.

(9) 関口、前掲論文、一八―二〇頁参照。

(10) Locke, op. cit., Some Consideration, p. 62.

(11) Mingay, G. E., English Landed Society in the Eighteenth Century, 1963, p. 26.

(12) Ibid., pp. 26–28.

(13) Hopkins *alias* Dare v. Hopkins, 1738, 26 Eng. Rep., p. 365 より要約したものである。煩瑣のため、逐語訳は行なわない。

(14) Ibid., pp. 371–372. 一部は要約して訳出した。

(15) Ibid., p. 375. なお本件の重要性については、Holdsworth, W. S., A History of English Law, vol. 7, pp. 73–75; Jenks, E., A Short History of English Law, 1st. ed. 1912, 6th ed. 1949, pp. 100–101.

(16) Yale, D. E. C., Introduction to "Lord Nottingham's Chancery Cases," vol. 2, Selden Society, 1961, p. 65.

(17) Ibid., p. 65, n. 2. この例証は、右判決録所収 Clap v. Palmer (Case 837)。すなわちノッテインガム卿の「継承財産設定行為」に対する助言は、「限嗣不動産権制限(dork)」つきである。

(18) Pollock, F., The Land Law, 3rd ed. 1896, pp. 132 et seq.

(19) Habakkuk, H. J., English Landownership 1680–1740, Ec. Hist. Rev., vol. 10, No. 1, 1940.

(20) Mingay, op. cit., p. 37.

(21)　Ibid., pp. 52 et seq.

(22)　Kent, N., Hints to Gentlemen of Landed Property, 1775, pp. 209–210.

(23)　Kent, op. cit. 不必要にただその経営面積のみを拡大する「資産家」に敵意をもつ(pp. 9 et seq.)ケントは、「大農場の増大は、一般的に悪しき傾向を有す」とし、それによって小農がいかに迫害され、ついには農業労働者化されねばならないかをのべている(pp. 211–212)。地主、保有者および労働者の相互の利益が相互に守られるべしとするケントが(p. 259)、こうした小農への迫害の進行する理由として、ジェントルマン等土地所有者の「自由土地保有権」への執着と、謄本保有権、一代賃借権の排斥、をあげている、とする点(pp. 224–227)には注目すべきものがある。これは、彼の「小農保護論」の別の表明、すなわち被救恤民の増加に伴う救貧税負担の増大を避けるため、彼ら貧民に土地を再配分すべきとする主張(pp. 259 et seq.)、と結合しているのである。

(24)　Lawrence, E., The Duty and Office of a Landed Steward, 3rd ed. 1731, p. 39, in Bland, Brown & Tawney, English Economic History, 1914, p. 527.

(25)　「詐欺法」すなわち「詐欺および偽証の阻止のための国会制定法」(An act for prevention of frauds and perjuries; 8 Statute at Large, pp. 405–410)はその第1条で次のように規定している。

「あらゆる賃借権、不動産権、自由土地保有もしくは数年間の権利、または、いかなる屋敷地(messuages)、マナー、土地、保有財産もしくは法定相続財産(hereditaments)の、における、に対する、もしくはそれから生じる(of, in, to or out fo)いかなる不確定の権利(any uncertain interests)も、それがたんに占有引渡(livery and seisin)のみ、もしくは、口頭(parol)によってのみ、つくられもしくは創設されており、かつ、書面にされ(put in writing)……当事者もしくはそうすることについて書面により適法に権能を付与されたその代理人、により署名されていない場合には、任意の(at will)賃借権もしくは不動産権の効力ならびに効果(force and effect)を有し、かつ他のいかなるそれ以上の効力ならびに効果を有するものと、コモン・ロウまたはエクイティのいずれからも、みなされ、または、考えられてはならないものとする……」と。ただし第二条により、「三年の期間を越えないあらゆる賃借権」(all leases not exceeding the term of three years)で地主に対する地代支払義務の存するものは、第一条の例外とされている。

(26)　Lawrence, op. cit., p. 81, in Scrutton, T. E., Commons and Common Fields, 1887, pp. 122–123.

三　一八世紀の政治形態

一八世紀の政治形態を分析するにあたり、私は次のように問題を限定する。すなわち私の以下の分析の念頭には、「名誉革命体制」の思想的次元への反映を分析することにより、かかる体制により推進された国家政策の一端を明らかにしたいという意図が存する。端的にいってそこからは、一八世紀における土地貴族への政治権力集中が、経済過程における小農からの土地収奪、または、そうした形態における「資本の自由」の展開過程に適合するのみならず、その推進にとって積極的意義を有していたことが明らかにされることになるであろう。しかもまた、この過程を媒介するものは「財産権と自由」、すなわち、私有財産に基礎をおく「自由」の絶対的擁護論であり、国家および法はその保障の機構である限りにおいて、全き安定をえなければならないものとして措定される。また、一九世紀の「法改革」、とりわけベンタミズムに唱道される「改革」の内実は、かかる前提を基本的に維持することから出発しているとみなすことができるのであり、こうしてその「法改革」なるものの本質も、自ら明らかとなってくるように思われる。

それゆえ、私の分析は、何よりもまずブラックストーンから開始される。「名誉革命体制」の矛盾の全き是認のまま、その絶対的擁護を説く彼の体系が、ベンタムによって全面否認されたとみなすことができず、したがってその間において一定の継承・連続関係が認められることになるとすれば、ベンタミズムに規定される一九世紀「法改革」の、さきの意味での本質把握の出発点に、以下の分析が位置づけられなければならないことになろう。

1　ブラックストーンと「名誉革命体制」

「独立の不動産権と資産を有する者、すなわちこの国においてかなりの一団の人々であるとともに、また最も有用な人々」に「捧げられる」ブラックストーンの体系は、したがって、「その財産のゆえに、陪審として奉仕することによって権利を確定し、損害〔賠償額〕の評価をなし、告訴を行なうとともに、また時には、彼らの同輩を処分する責任がある」と規定される「ジェントルマン」に与えられる(I・八)[1]。ジェントルマンに職能的に与えられた権限はさらに、「治安判事」となることであり、そうして「近隣によき秩序を維持する」ことである。すなわち「放縦な者、怠惰な者を処罰すること」により、である(I・八)。

「ジェントルマン」は、ブラックストーンによれば、「治安判事」として法の執行者であるのみならず、さらに国会に代表者として選出される者(I・八―九)であり、したがって、彼らこそ「イギリスの統治構造の守護者であり、イギリス法の作成者・廃止者・そして解釈者」として位置づけられる(I・九)。また「ジェントルマンについて一般的にのべられたことは、……同様に強く、あるいはより強く、この王国の貴族についてもいわれなければならない」(I・一一)。

ブラックストーンは、のちにベンタムの批判するところとなった「国家法」(the municipal law)の定義の後、これを二つに区分する。一つは、「不文法」(the *lex non scripta*)すなわち、コモン・ロウであり、他は、「成文法」(the *lex scripta*)すなわち、「制定法」(statute law)である(I・六二)。コモン・ロウは、「一般的諸慣習」(general customs)「特別の諸慣習」(the particular customs)「一定の特別諸法」(certain particular laws)の、慣習法の体系を構成するが、「慣習の有効性は、それが記憶の外の時間にわたり行なわれてきたことに求められる……」(Ⅰ・六七)のであり、しかもそれは合理性・継続性・確定性・強行性の統一的基準により、国家法体系の一部を構成するものとして位置づけられ、かつ、整序されていくことが、特徴的である。「特別の慣習」に言及する箇所で、「謄本保有の不動産権」(copyhold estates)についてふれ、「謄本保有者」の「一時金」(fines)納入義務は、その納入額が領主の恣意によって決定されるために「不確定」であっても、国家法の承認する「有効な」慣習と論じるブラックストーンの論法は、詭弁に近い(2)(Ⅰ・七八)。一六六〇年「騎士土地保有態様等廃止法」に言及する箇所で、彼が、「謄本保有権」は「封建制」における唯一の「奴隷制」(slaveries)の残存を意味すると規定する(Ⅳ・四三八―四三九)のは、「謄本保有権」の「解放」を志向するためではなく、これを「隷農」と規定し、彼の「自由土地保有権の体系」から除外する(Ⅱ・九五)ために必要とされたからにほかならない。その権利の基礎たる慣習が統一的基準により国家法レヴェルに一元化され、さらに右の「奴隷制」の残存という一般的規定を受けとるならば、「謄本保有農」の法的地位は、他の権利者のそれに従属するものとして構成されざるをえないことになろう(3)。

古い観念を新しい制度に適用するその性癖と、それによってもたらされる「統治構造法全体にもちこまれた言語および思想の救い難い混乱」のゆえに、ダイシーの非難(4)を受けたブラックストーンの体系は、しかしながら一義的にたんなる「時代錯誤」と規定することはできない。右の謄本保有権の把握についていえば、ブラックストーンはクックと異なり、「国家法」としての「特別の慣習」に、その権利の基礎を求めたのであり、この「特別の慣習」が、領主所有に従属するものとして構成されるべきであることを、明白に宣明している。このことこそ、第二次囲い込みの過程で謄本保有農が駆逐されていく主要な原因である(5)。さらにその農業革命肯定論が、事態適合的に構成されることは、後にもみるとおりである。

以上の彼の体系の構成の目的(すなわちジェントルマン・土地貴族のための法理論の構成)と、「現状分析」の対象とされる「国家法」——それは「自然法」(the law of nature)と「神の法」(the law of God)とともに「法」の構成部分である——についての彼の定義[6]とに着目するならば、その描き出すところの政治形態が、自ら明瞭になってくる。ベンタムの『英法釈義注解』(A Comment on the Commentaries)は、ブラックストーンの「国家法」の定義にふれ、「その精密な定義によって次のことが要約されるにすぎない。すなわち国家法とは、それを遵守する者のため、……しかもまたそれを規定する者によって、定立されたところの彼らの行動の一準則である、ということである」と批判する[7]。さらにまた、「国家法」(「市民法」(civil law))と、とりわけ「自然法」との間には、ベンタムののべるごとく、差異を認めることが困難である[8]、むしろ「自然法」(それは、「創造主」の意思によって規定される)(I・三九参照)と「国家法」が、不可分であるとすることにより、後者が、その定立者の「意思」の外、神の認知を受けることとし、こうしてそれを絶対的に正当化するのが、彼の意図であったとさえいえる。

ジョン・ロックが、「自然状態」と「市民社会」を区別し、「自然状態」における「自然法」の「執行権力」として国家を描いたさいには、人々の同意と信託が、国家定立の基礎を構成していた[9]。国家による統治は、この国家定立の目的により制約され、絶対的ではありえないものとして、描かれる。それゆえ、ロックは、統治が「内部から解体される」一つの例として、「立法府が変更される場合」について書いたのである。すなわち人民の「同意と指名」(Consent and Appointment)が、立法府とその定立する「法」の基礎であり、その前提が失われる時、「人民は服従の義務がなく……再び隷属状態を脱し、かつ、自らのために、その最善と考えるごとくに新たな立法府を選定する(constitute)ことができる」のである、と(Ⅱ・二二二)[10]。

ブラックストーンが、このロックの「抵抗権」論を否定していく前提には、その「現在統治」への、無批判的「讃美」が存在する。すなわち彼は次のようにいう。

「しかしこの島国のわれわれにとって幸いなことに、イギリスの統治構造は、長く維持されてきたのであり、また私は、……長く存続することになるであろうと確信するのである。なんとなれば、われわれにとって法の執行権限(executive power of the laws)は、一人の単一の者に付与されているのであり、最も絶対的な君主制に見出されるような力と配分のあらゆる有利さを有するから、である。さらに、この王国の立法権は、三つの異なる権限に託されており、またそれぞれが互いに独立しているから、である。すなわちまず国王であり、第二に、聖職および俗界の貴族すなわち、彼らの敬虔、生まれ、賢明、勇気、財産のゆえに選ばれた者たちの貴族的集会である。第三に、庶民院であり、人民によって彼らの間から自由に選出されそのことによって一種の民主主義が行なわれる。かかる集合体が、異なる精神により動かされ、異なる利益と結びつき、イギリスの国会を構成し、すべてのものごとについて最高の処分権を有しているから、である。これらの三部門のいずれかによって不都合が企てられることはありえないのみならず、他の二部門のどれかがこれを妨げよう。すなわち、それぞれの部門は、その不利と考えるいかなる改革をも斥けるだけ十分の拒否権(negative power)で武装しているのである」(I・五〇―五一)。

「……他のいかなる形においてであれ、統治の三つの大きな性質が、このように、しかも幸せに結合している例をわれわれは確かに見出すことはないだろう。……この島国の立憲的統治は非常に賞讃すべく調和され複合されているので、何ごともそれを危殆におとしめることをえず、また傷つけることをえないだろう。……」(I・五一)。

こうした「讃美」を通じた後に、ロックの理論を「行き過ぎ」と規定する(I・五二)彼が、その「抵抗権」を否定する論理は、それ自体として彼によって維持・存続されるべきとされた支配体制を明瞭に示すものがある。すなわち次のようにいう。

「ロック氏の理論によれば、そしてまたそれは社会をほとんど自然状態に帰してしまうものであるようだが、それは、名誉・地位・役職そして財産によるあらゆる差別を平等化してしまうものであろうし、主権を壊滅せしめ、その結果、あらゆる実定法(positive law)を廃止してしまうようなものである」(Ⅰ・二一三)と。

ロックの「自然権」思想に依拠せざるをえない――それゆえ、「原始契約」論が、現われたり消えたり全く一貫しない[11]――にもかかわらず、その本質的部分に至れば、これを全面的に否定するブラックストーンの所論の矛盾した構成の原因は、そのいわゆる「原始契約」の「明文化」の理論からするものとみることができる。「明文化」とは、一六八八年に召集された「国民協議会」による「権利の章典」(the Bill of Rights)および一七〇〇年「王位継承法」(Act of Settlement)にこれを求めるべく[12]、しかも、「現在の」政治形態をその市民革命の所産として意識する彼は、国家権力のあらゆる発動の機会に、かかる「原始契約」が「自然および理性において……含意されている」(Ⅰ・四七)との一つの「拡張解釈」を行なうのである。

それゆえ、「市民社会」(civil society)と「(市民)国家」(civil government)は、彼によれば同義である。「個人の欲望と恐怖」は、「市民社会」の基礎を構成し、「人々の脆弱さと不完全さ」のゆえに、「社会」が形成されると同時に、かかる動機に基づく「人々の結合の行為それ自体」が、「市民国家」の成立原因をもたらす。かくて「市民社会」の形成の同時点で、「かかる社会を整然と守護し、かつ、保持するために必要であるとして」国家が、「当然に帰結するのである」(Ⅰ・四七―四八)。

ロックの議論でも、人々の国家への服従の義務が要請される(Ⅱ・九六―九七)のであるが、しかし彼はまた、人々は、自然状態において有した権利以上のものを何人にも、したがって、国家定立の「原始契約」によっても譲渡しえないとし、そのことにより、国家活動の目的的制約を意図する(II・一三四—一四二参照)のである。その限りで理論的には、国家の定立後も「自然状態」「政治社会または市民社会」(Political or Civil Society)および、「国家」または「コモンウェルス」、の相互の区別が存在していなければならないことになる。けれども、右にふれたように、ブラックストーンは、これら全てを混同するのである。

以上に示された、現在統治の絶対的擁護をもっぱらとするところのブラックストーンの政治哲学は、ベンタムの批判を待つまでもなく、多くの事実誤認に陥っている。さきの「立法府」の「讃美」についても、国王と貴族院とが庶民院の選挙を牛耳っている時代において、「三位一体」の「安定」を説くこと自体、かかる「現状」を肯定するほかの意味をもちあわせていないといえる。[13] しかも、彼はまた、「国王大権」(royal prerogative)に両院の勢力均衡の調節機能を委ね、こうして現実の政治過程を支配しつつあった「内閣」制の登場に何ら言及することなく、国王に「執行権力」を全面的に帰属させる(I・五一)という誤りを犯している。[14]

「封の世襲的継承の通路」(the feodal path of descents)によって規制される(I・一九三)「王位の相続権」(the right of accession to the throne)の連綿たる連続性は、ブラックストーンによれば、サクソン王から間断なきものであり、ピューリタン・名誉の両革命によっても、それは中断していない。それを実証するためにブラックストーンが理論構成するさいには、彼の法理論構成の才能が、遺憾なく発揮される。[15]

政治形態についてはほぼ右のように説くブラックストーンが、すでにのべたように「名誉革命」体制の擁護者であるとすれば、かかる擁護論はまことに貧弱なものであるといわなければならない。けれども「名誉革命」体制擁護のために、必然的にロックの「原始契約」論を否定しなければならなかったその論理的帰結は、彼の所論の破綻にもかかわらず、最も注目されるべきことがらである。このことの理解につき一般的に次の点を前提としよう。ロックの「原始契約」論は、名誉革命遂行過程においてはその「抵抗権」論と不可分であった。しかしいったん革命の帰結として「名誉革命体制」が現実化するとともに、ロックの美しく描き出した「自然状態」における「自然権」は、統治によってその全き保証を与えられるものとしての、後国家的権利として位置づけられることになる。ブラックストーンによれば、「原始契約」の「明文化」がそれであり、それは一方における、彼の「所有権」論に明瞭な、私的所有の絶対化と、他方におけるその「不自由」、すなわち小農の土地からの放逐を、両つながら意味している。このような意味において名誉革命は、ブラックストーンののべるような「統治構造の不変」を意図したものではない。したがってそこには、「自由」の相対立する主張がみえ、その一方が他方に優位していく総過程が展開するのである。したがってまたブラックストーンにおける「市民社会」と「市民国家」の同一視は、それなりにこのような帰結を表現しているもの、ということができるのである。

だとすればより内容的に、彼の「所有権」論の若干の検討を行なう必要がある。彼は、「法は合理的な科学」でなければならない、として、「所有権」の論証を試みている。すなわち「先占」(occupancy)によってのみ、土地の排他的所有は、その正当性を担保される、と。ここではすでに、ロックによる「労働による所有」の思想は、「あまりにもスコラ的であって」顧みるに価いしない、と排斥されている(II・八)。さらにまたそれに続く注目すべき叙述において、ブラックストーンは彼の「先占による財産権の取得」論を展開して次のようにいう。

「先占による財産権のこの種の取得について個人間に混乱や不和がしばしば起こるものであるので、国家の主権者に、あるいはその代表者として指名されかつ権威あらしめられた者、すなわち通常はマナー領主に、これらの物を授与することによって、法は、不和の根源を賢明にも除去してきたのである」と(II・一四―一五)。

農業革命の進行について、彼が論じたのは、右の点と、「動産と同様土地における別々の所有権が、ある個人に授与されることがなかったら、世界はいつまでも森……のままでいなければならないだろう」(V・七)と、素朴にその効用を論じる点だけであるが、右の論述は、荒蕪地囲い込みの正当性を肯定するものとして、重要視されてよい。したがってまた、「先占」にのみ、所有権の正当性を求める彼が、次のような脈絡の下に、ロックの「労働による所有」をもち出すことについても、以上のことを前提としてみなければならない。ブラックストーンのこの点の論述についてのべる前に、ロックによる「労働による所有」の内容について言及しておこう。

ロックによれば人間の労働こそ人々の所有権の基礎であった(II・二七)。それは、人間の「自己保存の権利」(a right to their Preservation)から認められるものであり(II・二五)、それゆえにまたそれは、そのために必要な「消費」によって、限界づけられるものである(II・五一)。しかしながら貨幣の使用の開始とともに、その限界を越える蓄積が現われる。それとともに、「私有財産の不平等」(an inequality of private possessions)が開始するのである。すなわち、土地の「永続性」(lasting)と「稀少性」(scare)のゆえに、人々の消費の限界を越える土地所有権の拡大は阻止されていたのであるが、貨幣所有にはこの特殊な性格がなく、したがってその蓄積は際限なく行なわれ、かくて貨幣を通じた土地所有の拡大が必然化するのである。しかしながら、貨幣にこのような価値を付与することは人々の同意によるところのものであるから、それによっておこる所有の「不平等」も、人々の同意に基づく帰結とされていく(II・四七―五〇)。

ブラックストーンがこの「労働による所有」の理論に依拠しながらその論旨をすすめている箇所は、ロックと対照してみると興味深い問題を示唆することになるであろう。「人類がその数、その技能そしてその野心において増大の傾向」を示したとき、と彼は書いている。「個々人の専有に移されるべき(appropriate)ものが、たんに彼がただちに使用するものだけでなく、使用すべきものの実体(*substance*)そのもの」までにも及ぶものとされていったのであると(II・四)。このようにして彼は、個々人が「共有物」に対する使用を開始するのに従って、彼らのその物に対する使用をより安全な基礎にのせるために「一種の恒久的な所有権」(a kind of permanent property)が存する方が、より利益と感じられるようになったとのべるのである。したがって、「所有権」の発生は、彼によればこの「共有物」に対する第一次的取得者の権利を侵害不能なものとすることによって、「共有物」の取得をめぐる争いを未然に防止するという人類の英知を示していることがらにほかならないもの、とされることになる(II・四―五参照)。

「労働による所有」の理論が言及されるのは、右のようなコンテクストにおいてである。ロックにおいてこの理論が、「所有権」の弁証のための絶対的基礎とされたのと異なって、ブラックストーンにおいては、これは「排他的所有権(an exclusive property)がその物について存することに対しての、最も公正でかつ最も合理的な権原(the fairest and most reasonable title)を示す」ものにすぎないとされるのである。したがって所有権の存在について、ブラックストーンにおいてはその必要性の側面からその「効用」が指摘され、逆に所有権の正当性を弁証する側面は、彼の論述においては副次的な地位を占めていくことにならざるをえないことになろう(II・五―六参照)。このようにして「労働による所有」の理論を前述したようにスコラ的なものと規定し、「先占」論に多くのスペースをさく彼の理論が導き出されていく。

ブラックストーンについての若干の分析から次のことが明らかとされたであろう。すなわち彼によって絶対的に擁護された社会制度とは、土地所有の私的独占とその集中とによって支えられた政治形態であって、それはいいかえれば、国王・貴族院・庶民院の勢力均衡状況である。けれどもこの統治機構の総体は、所有秩序における「不平等」を前提に、その拡大を遂行するうえに適合的なものであって、そしてその総過程をジェントルマン・土地貴族のための彼の「国家法」が媒介するのである。

ところでブラックストーンの体系は、名誉革命とそれによってもたらされた政治形態の正当化それ自体に及んでいく側面を、稀薄にしか有していないように思われる。いいかえれば彼の理論は、かかる政治形態に対しての「現状肯定」にその主眼点があり、この政治形態が推進していく諸関係は彼によっては明確に把握されていないと思われることである。もっとも彼が統治の目的について、「政治的および市民的自由」一般を確保することに存するとし、そしてかかる「自由」は、「公共」の利益のためにのみ与えられる(I・六)とする点には、萌芽的にせよエドモンド・バークへの一定の連続性が看取されるが、それにもかかわらず、この「自由」の価値について彼が言及していることがらと、彼における土地所有の不平等についての全き是認論とは、整合的に構成されえていないと考えられる。私は次に、この点をめぐって展開されるバークとその反対者の理論を分析してみることにしたい。

(1) Blackstone, W., Commentaries on the Laws of England, 1765–1769, Lewis's ed. 以下の引用はこの版によって示された原著の巻数および頁数によって行なう。括弧内のIは巻数、その下の和数字は頁数を示す。

(2) すなわちいう。「確定されうるところのものは、確定的であるから(*id certum est, quod certum reddi poiest*)有効な慣習である」と(I・七八)。

(3) なお前述一三七頁以下参照。

(4) Dicey, A. V., Introduction to the Study of the Laws of the Constitution, 1st ed. 1855, 9th ed. 1950, pp. 7–8.

(5) 前述一七一頁以下。椎名重明『イギリス産業革命期の農業構造』(御茶の水書房、一九六二年)、三一一—三二〇、三五一—三五六頁。

(6) ブラックストーンの定義とは、「国家法とは、国家における最高の権限によって規定されたところの、正しきことを命じ、不正なことを禁ずる、市民的行動の準則である」(I・四七)というものである。

(7) Bentham, J., A Comment on the Commentaries, A Criticism of W. Blackstone's Commentaries on the Laws of England,

1774(?), Everett, C. W. ed., 1928, p. 71.

(8)　ベンタムはいう。「国家法が命令もしくは禁止を発するという。けれどもかかる命令もしくは禁止は、すでに自然法によって発せられているにちがいないのである」と(ibid., p. 71)。

(9)　高柳信一「近代国家における基本的人権」(東大社研編『基本的人権』1総論(東大出版会、一九六八年)所収)参照。以下ロックの理解につき、本論文に依拠するところが大きい。

(10)　Locke, J., Two Treatises of Government, Book II, S. 212 (An Essay Concerning the True Original, Extent, and End of Civil Government, 1690), Laslett's ed., 1963, pp. 425-426. なおロックの引用は、括弧内のIは第1論、その下の和数字はセクション数を示す。

(11)　Bentham, J., A Fragment of Government, 1776, Harrison, W. ed., 1967, pp. 35 et seq.

(12)　すなわちいう。「一六八八年の国民協議会にあって、彼らは、国王ジェームズが、国王と人民との間の原始契約を破棄した、と宣言した。けれどもこの原始契約という用語は幾分議論されたので、……かかる契約は、明白に確実にされたのである。それゆえ、原始契約は全く終了し、とりわけ、一六八八年以来統治しているすべての国王に関してそうなのである」(I・一三三)と。

(13)　Bentham, op. cit., Fragment, p. 72.

(14)　Macauley, op. cit., vol. 4. p. 43; Dicey, op. cit., p. 9.

(15)　王位継承の「中断」について彼は、さきの「国民協議会」すなわち「国家の受託者にして代表機関」への「空位」の「処分権限」の付与と、その受託者の行為の結果として、「王位の継承」の連続性は保たれたとし、こうして、人民による「新たな国家組織」の樹立という選択(ロック)はなかったとする。すなわち革命によっても「統治構造は不変であった」(I・二一三)とするのである。

2　エドモンド・バークと「不平等」理論の体系

エドモンド・バークとともに、市民社会と法の相互の関連は、「もしも市民社会が契約(convention)の所産であるとするならば、かかる契約は、その法であるにちがいない」との、単純明快な規定を受けとることになる。バークの説く、市民社会成立の動機は、「誰も彼自身の訴訟事件(Cause)において裁判官たるべきでない」ということであり、こうして人々は、「彼自身の統治者(governor)たるあらゆる権利を放棄する」とされている。すなわち「いくらかの自由を確保するために、その全てを信託において(in trust)放棄するという形式においてである」[1]と。

リチャード・プライス博士は、フランス革命に鼓舞されて、人々の統治者を選出することについての本源的権利を説いた。けれどもバークは、「その生命と財産を賭して、その実際上の主張に抵抗する」イギリス人の権利について、書いている(一四)。その主張する、イギリス人の権利概念につき、バークは次のように説いている。

「私がいかに人間の諸権利(real right of man)を理論において否定するどころか、実際において(in practice)与えることを拒もうとするのではないことか！　……もし市民社会が人間の利益(advantage)のためにつくられているとするなら、そのためにつくられているあらゆる利益は、人間の権利となる。それは恩恵の制度であり、法それ自体が準則によって働く恩恵にほかならない。人々はその準則によって、生きる権利を有する。すなわち彼の仲間が、公の職能にあろうと、通常の職業によってであろうと、彼らの仲間の間においてそうであるような正義を行なう権利を有するのである。彼らは、彼らの勤勉の成果に対し、かつ、彼らの勤勉を成果あらしめる手段に対し、権利を有する。……

しかし、彼は共同の資本(common stock)の生産物について、平等に分配される権利を有するのではない。そして各個人が国家の運営において有すべき権力、権威、および指令の分け前についていえば、私はそれが市民社会における人間の直接の本源的権利(the direct rights of man)であるということを否定する。なぜなら私は市民社会の人間のことを考えているのであって、そのほかの者を考えているのではないのだから」(五六—五七)。

イギリス人の「自由」の系譜は、営々として築きあげられた統治と法に体現され、こうして「原始契約」は、市民社会の法となり、人々を拘束する存在に転化する。けれども、「統治」が「自由」の抑圧機構ではなく、「自由」の連続的な拡大とともに築きあげられたものである以上、つねに「高度の抽象的完全性(abstract perfection)」において、「自然権」(natural rights)は「統治」と「全く独立に」存在していることになる。こうして、今や「自由」の抽象的主張を行なうことから離れ、「統治」によっていかに人々の欲望が充足されるかを論ずることが、バークの最大の関心事となったのである(五七—五八)。

バークが、プライスのフランス革命における「人および市民の権利宣言」[2](一七八九年)に依拠した王制廃棄の主張を否定したのは、以上の理由からであり、これを「漠然とした思弁的な権利」(vague speculative right)として排した時、同時に、彼は、イギリス人の権利とは、一個の「限嗣相続財産」(entailed inheritance)であり、破壊しえないものであるとして、これに対置させている(三一)。

一六八八年「権利の章典」すなわち、「臣民の権利および自由を宣言し、王位の継承を定める国会制定法」(An act for granting the rights and liberties of the subject and settling the succession of the Crown; 1 Will. & Q. Mary, c. 2)[3]が、「王位の継承」と人々の権利および自由とを同時に定めたことについてふれる[4]バークは、「緊急の事例を法の支配に換えてしまうことにいかに全く反対であったかを示し」た、イギリス人の「知恵」を賞讃している(一五)。「統治」の連綿たる連続性は、「名誉革命」のさいにこうして人々が、統治者の選択の権利をそれ以前に有していたとしても、「彼ら自身およびその後裔について永久に、最も厳粛に、それを拒否し、かつ、放棄した」(一八)ことにより、十全の正当化の理由を与えられることになった、とバークは説いている。

トーマス・ペインは、バークの「世襲的諸権利」と、統治構造の連続性に関する議論が、イギリスの統治構造の不変を意図することから発していることを見抜いている。彼は、「原始契約」が、その後の世代をも拘束するという、(5)バークの所論の中に、最も完全に「自然権」の否定が行なわれたことを知り、これに対して次のように説いている。

「何から、どこから、バーク氏は、その後裔を永久に拘束する人間の権利を証明しようというのか？　彼は彼の条項〔「権利章典」〕を提出した。しかし彼はそのような権利が存在していたことについての彼の証拠をまた提出しなければならないのだ。……しかしバーク氏は、政治におけるアダムといったものを打ち立てた。彼にあらゆる後裔が永久に拘束されるというのだ。それゆえにバーク氏は、彼のアダムがそのような権限あるいはそのような権利を有するということを証明しなければならないのだ」(一五)。(6)

「ある世代につくられた法がそれに続く世代を通じて効力を持続することはありうる。だがそれが持続するということは、それらの法が生存者の同意からその効力を引出しているからなのである」(一五)。

「人は前より悪くなるためにあるいはまた彼が前に有していたものより少ない権利を有するために社会に入るということはなく、ただこれらの権利をよりよく確保するためにそうしたのである。彼の自然権は、彼のあらゆる市民的権利の基礎である。……すべての市民的権利は、個人に先立って存在しているところのある自然権にその基礎を有するのである」(四四)。

「自由の諸原理を定立するために、……統治は、統治する者と統治される者との間の契約であるといわれてきた。

けれどもそれは真実ではない。……というのは人は統治より前に存在するからであり、必然的に統治の存在しなかった時があったからである。……事実は次のごとくである。すなわち諸個人が彼ら自身で各〻彼個人の人的なかつ最高の権利で、統治をつくりだすために相互に契約を締結したのである」(四七)。

ペインはこうして、人々が蜂起することにより現在の統治構造の基礎を破壊し、新たな政治形態を創造しうると説くのである。これはまた、産業革命の進行とともに根絶されつつあった小農と、小生産者の「失われた権利」の回復を志向する主張を含むものであるといってよい。こうした運動は、何よりも彼らの「統治」からの疎外の原因除去を出発点としなければならないが、それは、かつてレヴェラーズの辿った運命と近似する帰結をもたらしたにすぎないと思われる。(7)

バークは、彼ら小農・独立小生産者らの没落とその「統治」からの疎外とを推進するために、「統治」理論の科学的でなければならないことを説いた、とみることができる。「それ〔統治〕は、先験的命題によってではなく、ただ経験によってのみ、その効果を現わす」(五八)。「コモンウェルス」を構築したり改革するということは、「実践的科学」(practical science)の問題であり、抽象的権利を論じたところで、何が優れた「統治」であるかの回答は与えられない(五八―五九)、等々である。

バークの「統治論」は端的にいえば、あらゆる「エスタブリッシュメント」の絶対的擁護論である。「既成の(established)君主制、民主制」は、現存するその混合形態において、かつその現存の量的比率においてのみ、「われわれが、維持しようと決意」するものである(八八)というように、である。この「エスタブリッシュメント」存続のためには、何よりもまず、「限嗣不動産権」やその他諸〻の世襲財産を、浪費する権利が否定されなければならない、と(九一―九二)。こうしてその理論的帰結は、「財産の獲得と保存という結合された原理によって形成された財産の特徴的な本質(characteristic essence)とは、不平等だということである」(四八)という明快な議論に、端的に集約されるのである。(8)

「原始契約」と「自然権」の理論により、内容豊富に「市民革命」の意義が説かれた時代は、こうして終焉する。デヴィッド・ヒュームが、トーリーとウィッグの対立にふれ、神授説と「原始契約」説をめぐって両者が対立抗争する時代の終焉をつげたのは、バーク以前のことである。そこでは、「統治」は、全て権力奪取か、征服に基づくとされ、政府の樹立について、人民の「同意」は存在したことがなかったと断言されている(一三一)。(9)「名誉革命」も同様であり、革命の成果を「原始契約」論で正当化するのは、この体制への服従を拒む者に対する処罰を合法化する以外の意味をもっていないのである、と説かれている(一三三)。

『道徳原理に関する探究』(An Enquiry concerning the Principles of Morals)(一七七七年版)で、ヒュームは、個人の幸福と自己保存に社会の必要性を求める「原始契約」思想を排し、「自己愛」(self-love)について書いている。「自己愛」は、人間の本性であり、それはまた他の人々のそれと必然的に衝突するものであるがゆえ、「公共」は、それの調整者として立ち現われなければならず、かくて「統治」は、この目的にとっていかに有効かの「有用性」(usefulness)のみに、その存在根拠を有するものである、と。(10)

かつてハリントンが説いた「理想国家」のモデルがヒュームに継承される時、ハリントンが、「人民の統治」(Popular Government)を唱道したさいに説いた、「農地法」(Agrarian Law)は、ヒュームの体系からは脱落する。(11)「農地法」は、「コモンウェルスの価値のモデル」たる「オシアナ」の「主たる欠点」の一つであり、「他人名義による占有」(possessions under other peoples' names)(「信託」!)によって、それは、無効とされたのである、と。(12)

「原始契約」論否定の支配的傾向とともに、こうして、「統治」の安定の基礎は、土地所有とその拡大とに緊密に結びつけられることになる。この過程にあって、イギリス「人民の特権」は、「衰退の一途を辿っていた」ヨーロッパの他の国に比し「過去二世紀間」拡大するばかりであったとヒュームが説く時の、[13]その「特権」の内容は、もはや贅言するまでもない。

アバーディーン大学のウィリアム・オウグルヴィ(William Ogilvie)は、一七八一年匿名で、「土地における財産権に関する一考察」(An Essay on the Right of Property in Land)を発表し、[14]動産所有の私的独占と異なり、土地所有のそれは、「不平等」所有を正当化されるものでない、と説いている(二九)。「ロック氏および彼に続く人々によって、土地における財産権に関し推進されてきたことが何であれ……土地における平等な所有というこの原始的権利のみが、言及され」てきたのである、と。さらにまた、「この平等な権利は、国家法に先立つものであり、それによって廃絶されてはならないのであり、土地所有権の基礎は、『諸個人の労働』にのみ存する」という(三九)。

土地所有の私的独占は、なかんずく借地農の改良投資を妨げ、それによる価値上昇分(accessory or implied value of the land)の全てを、地主が我がものとする(四三―四五)。[15]こうして彼は「土地単税論」を説くが、その提唱は、「自作農創設」(彼のいう independant cultivater—五一参照)のみにとどまる(八九以下)。けれども、この「平等論者」の目には、それすら実現させない「現在の」政府は、「上層階級の利益同様下層階級のそれ」を考えぬものと映じ、その政策は「公共の利益」と反対に、土地所有の独占の擁護をもっぱらとするもの、と判断されている。

「名誉革命体制」の支配的イデオローグとその反対者との間で行なわれたこの土地所有の「不平等」をめぐる抗争は、しかしながら前者の勝利とともに「古き生産関係」の「復活」をもたらしたものではない。さきにブラックストーンが、領主を謄本保有農の制約から解放しようと意図した時、それはまた、彼の市民革命観と不可分であった。市民革命の帰結の延長には、かくて、大土地所有・大借地経営の優位が素描され、「名誉革命体制」擁護論は、この過程の進行を所与のものとして、全面的に展開する。すなわち問題はまさしく逆である。政治形態における国王および貴族院の絶対的支配という形態は、このような新たな土地所有秩序を創出するための経済外的強制として働いたのである。

「平等化！——あらゆる財産権の破壊！　彼らは一体どこからそれを学んだのか？——それを何によって獲得できるというのか？——それを彼らに教えこんだ者がかつてあったであろうか？——それは一体誰のための利益なのか？……一体どこにその持てる全てを各々が喜んで捨てさろうというそんなにもたくさんの人々がいるというのか？……それはコベットでないか？　しかし彼の異常、その偏向そしてその無定見にかかわらず、彼がかつて、財産の平等の分割——換言すればその壊滅——というような教義を彼らに教えこもうとしたことがあったろうか？[16]」

「一七八九年フランス革命における『人および市民の権利宣言』第二条『すべての政治的団体の目的は、人の自然の、かつ、破壊することのできない諸権利を保全することに、存する。これらの諸権利は、自由・所有権・安全および圧政への抵抗である』。……より混乱している——より無意味だ——通常無意味であることは、危険な無意味性を有している。……統治の起源が契約からするというのは純粋に虚構である。あるいは他の言葉でいえば嘘である。……あらゆる統治は、慣習によってしだいに設立されその後力によって形成されたものである。……契約がその拘束力をひき出してくるのは統治からでないというのか？　契約は統治から生じるものであって、統治が契約から生じるのではない」。

「自然はすべての人にすべての物に対する権利を、法が存在する以前に、また法が欠缺している場合に、与えるのであるという。この権利の名目上の普遍性そして真実の空想物こそ、自然が法の欠缺にさいし実定的に定立し、さらに、法のもとにすなわち法が存在するにかかわらず、永久化せしめられるところのものである。そしてそれをフランスの託宣が支持するのである。これらの無政府的な諸権利は、……民主主義的な方法が打倒しようとするのであるし、破壊しうるものとして宣言するところのものである」[17]。

長い引用を行なったが、ベンタムは、「平等」およびフランス革命について、以上のように論じている。ベンタムの膨大な体系をこの発言で要約するのは誤りがある。けれどもここには、バークの継承が疑いもなくみられる。ヒュームの統治についての一定の理論的寄与と、バーク的「人権論」は、ここに合体される。

このようにして私は一定の前提をえた。一八世紀における政治形態とその擁護のために、構成されたこれらの思想に支配的なものが、中産階級のイデオローグ、なかんずくベンタムに一定の意味において継承されるとき、そこには「原始契約論」からする統治についての説明は、もはやみられない。「自然権」はまたその抽象性のゆえに、峻厳に拒否される。法に付与される「計算可能性」すなわちその「合理性」のゆえに、法は「自然権」に対して優位する。「名誉革命体制」以降においてしだいに築かれた統治論は、後述するように、このように観念される法と不可分の関係において位置づけられる。フランスにおける「市民革命」とほぼ同時代的に進行したイギリスの「産業革命」の政治思想における帰結は、このようなものであった。だとすれば私は、イギリス産業革命期についての若干の考察を行なった上で、ブルーム卿の演説にふれ、このような帰結を再構成して論じなければならない。

(1) Burke, E., Reflection on the Revolution in France, 1790, Everyman's ed., 1910, p. 57. なお本書からの引用は、括弧内の和数字で頁数を示す。

(2) この研究については、稲本洋之助「一七八九年の『人および市民の権利宣言』」(東大社研編、前掲書『基本的人権』3歴史Ⅱ所収)がある。

(3) この翻訳は、高木・末延・宮沢編『人権宣言集』(岩波文庫、一九五七年)に田中英夫訳がある。なお Williams, E. N., A Documentary History of England, Pelican ed., 1965, pp. 107 et seq. 参照。

（4） Macauley, op. cit., vol. 2, p. 371.

（5） ただしロック（II・九五―一二一・七三）などを参照するならば、土地の相続とともに子は父の服していた統治に服さなければならないとしていることは、明らかである。もっともロックはその場合にも、子は成年に達したときに別々にそれに服することに同意しているのである（I・一一七）とするのであるが、バークがこの一方を絶対化していることは明らかである（see Maitland, F. W., Sketch of Liberty and Equality as Ideals of English Political Philosophy from the Times of Hobbes to the Time of Coleridge, Collected Papers, vol. 1, p. 45）。

（6） Paine, T., The Right of Man, 1791, Everyman's ed., 1915. なお本書からの引用は、括弧内の和数字で頁数を示す。

（7） Hill, C., Puritanism and Revolution, 1958, pp. 101 et seq.

（8） もっともバークが、ジョージ三世の国王大権発動（なかんずく、大ピット辞職勧告）に対抗し、「権利章典」に基礎をおく「イギリス人の自由」を主張したのは、彼の以上の前提の下における国王権力との対抗として、ペインによっても次のごとく評価されている。ペインはいう。彼は国王権力の侵食を世人に明らかにしたことにより、「彼の大義にでなく、彼の国に貢献した」のである、と（一四）。なお、それはまた、「名誉革命体制」を絶対的なものとするバークの立場からすれば当然であろう。

（9） ヒューム、小松茂夫訳『市民の国について』上（岩波文庫、一九五二年）、一二四頁以下。なお本書からの引用は、括弧内の和数字で頁数を示す。

（10） Hume, D., An Enquiry concerning the Principles of Morals, Selby-Bidge ed., 1966, p. 218.

（11） ピューリタン革命の原因を、土地所有のバランスに照応しない政治形態に求めるハリントンは、とりわけ修道院解散後における人民による土地所有の増加と、その結果としての「貴族によって保有される土地」の減少、すなわち両者のバランスの喪失により、革命は必然化したと説いている（Harrington, J., The Act of Lawgiving, in the Oceana and Other Works of J. Harrington, Toland, J., ed., 1747, pp. 388 et seq.）。なおその「農地法」とは、こうして必然化した「民衆の統治」を、中産農民層の土地所有の固定化をはかる立法により安定させることを意図するものである（ibid., pp. 32 etc.）。なおこれらにつき、田中浩「ホッブスとハリントン――体制の危機認識における二つの立場」（水田洋編『イギリス革命――思想史的研究』（御茶の水書房、一九五八年）所収）参照。

(12)　Hume, D., Political Discourses, 2nd ed. 1752, Discourse xii, Idea of the Perfect Commonwealth, pp. 283 et seq.
(13)　Ibid., Discourse xi, Of the Protestant Succession, p. 266.
(14)　彼とともに、トーマス・スペンス、トーマス・ペインを論じなければならないが、ここでは彼にのみ言及することとする。なお他の二人の論文とともに本論文は、Beer, M., ed. the Pioneers of Land Reform, 1920 に収められている。なお本書からの引用は、括弧内の和数字で頁数を示す。
(15)　彼は土地の価値とは、さらにその「原始価値」(original value of the land)と未確定もしくは改良可能価値(contingent or improvable value of the land)に分けられるとする。そしてまた地主はこれらをすべて独占し、第二のものは借地農の、第一、第三のものは土地をもたざる人々の貧困の原因であるとする(六五注1)。
(16)　Bentham, J., Works, vol. 3, pp. 475–476, in Benthamiana, ed. by Burton, J., 1843, p. 86.
(17)　Ibid., Burton ed., pp. 65–69, Works, vol. 2, pp. 497–504.

四　一九世紀前半の「法改革」の基調

1　ブルーム演説期の時代的背景

一八二一年から三二年にかけ、イングランドを騎馬で調査したウィリアム・コベットは、一八二六年一〇月一八日付の日誌に、ニューフォレストのネットリィ・アビィ(Netley Abbey)の荒廃を描き出している。かつて「快楽の地」(*Laetas Locus*)といわれたこの地では、ヘンリー八世の修道院解散以来何人もの所有者交代があり、今では、アレキサンダー・バーニングなる高利貸が、ボーニング公から土地を買い上げ、小農の収奪を行なっている、と。コベットの、旧時代讃美の誇張的筆致では、宗教改革と名誉革命およびそれ以降は、「旧きよき時代」否定の一連の過程であり、そうした前提で、その「現在」が描き出され、かくて進行中の所有者交代は、すべて「旧きよき時代」の全面的な終了を告げさせるものとして、憎悪されるのである(1)。

また彼は、一八二六年九月一日には、ウィルシャアのウォーミンスタ(Warminster)の谷あいを抜けていくにつれ、半分餓死しかかった農業労働者に出会ったことを記録し、「フォーテスキュウが後の時代のフランスを描写」した状況との近似を説いている(2)。

コベットの思想(3)に明瞭な多分の復古趣味は、その文学的表現にもかかわらず、それだけ彼の時代の変化の激烈さを明瞭に描き尽しているように思われる。その描写におけるところの一八二〇年から三〇年代の前半にかけて、農村内部では、新興地主・大借地農―旧地主なかんずく土地貴族と、新興地主・大借地農―農業労働者の対抗関係が全面的に展開し、この過程に小農の没落の進行という支配的傾向が現われているとみることができるのであるが、(4)何より重要視されなければならないのは、小農の没落を規定するものとしての、大地主層・大借地農の小農に対する一定の同盟関係に、コベットが注目していると思われる点である。

このような時代的背景の下で、一八三〇年、農業労働者の「最後の一揆」が起きた。ケント・ヘラルド紙は、脱穀機導入前には、「貧民救済を要しないでおられた」小屋住農のラッダイトから、この一揆が端を発したと書いている。やがて、それは、農業労働者の賃金引上げ要求として広汎に展開される。(5)メイドストーンから起こったこの一揆は、テムズ川南の諸州をほとんど席捲し、バッキンガム公をして「もしもこの不穏が三日ないし四日にわたるなら、ほとんどいかなる権力も、その手のとどかぬところになろう」といわせるほどの、全国的危機にまで拡大した。(6)

一揆は、整然とした秩序をもって展開された。小農の没落はすなわち被救恤民の増大をもたらすという支配的傾向のなかで、農業労働者に没落した彼らの賃金引上げ要求は、他の階層からも支援されることになった。(7)コリングウッド(Collingwood)なるバトル(Battle)の治安判事は、彼らの運動の正当性と、「彼らに好意的とならざるをえないほどの」彼らの「熱情」、そしてその「敬うべき振舞と知性をもって行なわれた行動」に、深い賛同の念を表明した。(8)

しかしながら、支配者階級は、峻厳さをもってこれに答えている。選挙法改正のための政権交替(一八三〇年一一月)により、政権を握ったウィッグのグレイ内閣は、これへの弾圧を自らの政治的使命とした。(9)裁判のための特別委員会が各地におかれ、かかる弾圧政策の期待を担った後のウェンズレーデイル卿パーク裁判官は、ソールズベリで、厳粛に次のように宣言した。

「もしも本法[An act for malicious injuries to property, 1827; 7 & 8 Geo. 4, c. 30]が正当なる確固さで運用され

ることやみ、人々が彼らの諸権利に対する安全のために、それを無為なるものとせんか、われらの富および権力は、たちどころにして終焉し、かかる法がより尊敬されもしくはより強行されるがごときより平和なるある国に、われらの資本および産業は移ってしまうであろう[10]」と。

一揆は、三名の死刑、四五七名に及ぶ流刑、約四百名の投獄といった弾圧により終了した[11]。「このような狼狽からする残酷さは、反ジャコバン精神が政治の領域から除去され、そして『改革』が、国王の大臣たちの相言葉となった時でさえ、社会の誤った認識の溝が、いかに上級階級と貧民との間を分断しているものであるかを、示したのである[12]」。一揆への弾圧策に対しての、右は一つの見解である。他方クラッパムは、一八二〇—二一年以後の物価低落後において、賃金一般の購買力は、対仏戦争当時のそれより断然大きかったとし、産業革命に対する「悲観論」者が、このことを無視していると論難している[13]。産業革命をめぐる周知の論争にふれるのが、ここでの目的ではない。私は、この一揆の帰結のなかに、コベット的歴史観の否定、彼の「旧きよき時代」におけるいわば共同体的な「人的融和観」の否定[14]、を見届けておくことにしたい。

破砕された旧秩序の上に、国家権力機構のブルジョア的再編が展開する。一八三四年「救貧修正法」(4 & 5 Will. 4, c. 76)がもたらした、「中央委員会」(Central Board)制による救貧行政の中央集権的運用への移行が、その一例であり、ブルーム卿によれば、同法は、「産業ほどに安全でない」所有権擁護のため、しかも、一部治安判事の「優柔不断」除去のため、全支配階級の同盟に基づいて定立されなければならないもの、と性格規定されたのである[15]。

一八三三年の「農業の状態の調査のための庶民院特別委員会の報告書」は、三三年当時の救貧税の増加の原因を、小農没落による労働力供給過剰に求め[16]、かつ、「最近惹起した財産権についての大きな変化」について次のように説明する。

「最近の戦争〔対仏戦争(一七九三―一八一五年)〕の時期の高物価は、土地購入、改良、そして囲い込みに対する投機を導いたのである。すなわち、父祖の不動産をもとでに、このような性質の投機を行なうために金が借り入れられ、しかも同時に、それが、無思慮から出たものとは考えられなかった。物価が暴落したにもかかわらず、金銭債務はなお残ってしまった。……

そのような固定した土地負担(incumbrances)が重い上に、さらに、戦時の収入に基づいた家族継承財産設定(family settlements)が、なお機能している場合には、地代の大なる減額は、必然的に最も深刻な破局を生起させないではいなかったし、また、こうして生み出された結果は、すなわち、王国を通じての所有権者の広汎な交替ということであった[17]」。

救貧税負担の増大は、それが土地収入への地方における一般課税を意味するものであるがゆえに[18]、地主一般の「負担」増をもたらすと理解するのが自然であろう。けれども、「スピーナムランド制[19]」(Speenhamland System)として知られる労賃不足分の教区からの補償(「手当」(allowance))の制度の拡大は、大借地農インタレストの優位を物語り、かつ、小農没落のいま一つの原因となる。一八三四年「救貧法に関する王立調査委員会」の報告書は、これを次のように説明した。

「救貧税納税者が、働く人々の直接の雇用主である場合には、彼らは、彼らが実際に欲する以上の労働者を雇用することによってか、あるいはまた、より質のよい労働者が獲得しうる場合であっても教区民を雇用するかによって、救貧税を低くおさえることがしばしばあった。……彼らの負担がもっと重くなるにつれ、近隣の教区かもしくは、わずかな抵抗しかできない彼らの教区の同輩に、なんとかして、その負担を転嫁しようという主たる救貧税納税者の要求が増すことによって……この種の間接的な、かつ、記録されない、損失が大いに増したように思われる[20]」。

「被救恤民の雇用者たちは、彼らに次のことを可能ならしめるところの一つの制度〔スピーナムランド制〕、すなわち彼らの日毎のそして一時間毎の要求にさえ従って、彼らの労働者を解雇しかつ再雇用すること、未婚の男子を扶助するのに最低限のところに労賃を引き下げること、さらに、労働者によって実際に受けとられる労賃の一部、しばしばその大部分、そしてそのほとんど全部をすら、他の者たちに転嫁しうるといったことを可能にする制度、に執着している[21]」。

「救貧監督官は、その救貧税未払いにより、小農らを召喚するに、彼らが、家のなかに何らの糧食も何かを買うための何らの金も、もっていないことを知るのである。ところで他方で、彼らは、自ら努力すれば職につけるであろうこと疑いなきような人々に救助を与えなければならなかった[22]」。

こうして多数の労働者を雇う借地農が、労働者に生活賃金を支給せず、あまつさえその不足分を救貧税から支払わせることができたことは、地代収入にほとんど何の関与もしない小農に、その「救貧税」支払いを通じるところの負担転嫁がなされることを意味している[23]。地代と労働者の低賃金およびその固定化を通じての地主＝借地農の一定の同盟関係は、このような意味でスピーナムランド制度と不可分である[24]。そしてまたこのような帰結の上に築かれる土地貴族の政治的地位の安定とは、究極的に農業労働者の低賃金と、まさに三三年報告書のいう「労働力供給過剰」の原因それ自体、すなわち小農の放逐によって立つのである。このような時代的特徴を背景になされたブルーム演説の基調が、かかる帰結を前提に構成されるということをひとまず前提としうるのでなかろうか。次に彼の演説の内容にふれ、その点を考察することにする。

（1）　Cobbett, W., Rural Rides, 1853, Everyman's ed., vol. 2, pp. 190–191.

(2) Ibid., vol. 1, pp. 178–179.

(3) Ibid., vol. 2, p. 70. コベットはその旅行記の中でしばしばバイロンの詩を引いている。その「青銅時代」の一節はよくコベットの思想的立場を代弁している。「然れどもかの楽しき居酒屋は今やいずこにあるか？ しこたま蓄えた小作人は、その没落を知らざりしか？ もはやその手に農場は残されぬ。土地改良にかの湿地まで加えられしか？ 期限切れのリースをじっとまって、二倍の地代を取り立てるのか？ なんという悪魔の平和よ！ 鋤き働く人々に褒賞を与えようと、庶民院がその愛国的な法を通過させようと、すべては無駄無駄というものだ。土地の権利（この小節の土地ということばはとって理解した方がよい――コベット）、土地の自らなる利益は、四方八方であたかも貧しき人々にその豊饒さが享受さるるをおそれるがごとく、うめいているようだ。上げよ上げよ汝の地代を！ 汝の高名さを高めよ！ 然らざれば、大臣は汝らの投票権を奪わん！ さらに愛国主義よ、なんと繊細なる素晴らしさよ……その長衣は、〔農作物の〕市場価値を引き下げてくれる！」(cited in vol. 2, p. 167)

(4) 例えば ibid., vol. 1, pp. 113–114, vol. 2, pp. 196–197.

(5) Hammond, J. L. & B. H., The Village Labourer 1760–1832, 1st ed. 1911, reprint ed. 1967, p. 245.

(6) Ibid., p. 243.

(7) Ibid., p. 253.

(8) Ibid., pp. 253–255.

(9) Ibid., p. 320.

(10) Ibid., p. 275.

(11) Ibid., p. 308.

(12) Trevelyan, G. M., Illustrated English Social History, 1st ed. 1942, Pelican ed., vol. 4, p. 29.

(13) Clapham, J. H., An Economic History of Modern Britain, vol. 1 (The Early Railway Age 1820–1850), 1st ed. 1926, reprint ed.'s Preface to the Print of 1939, pp. vii–x. なお Trevelyan, op. cit., vol. 4, p. 48 参照。

(14) 戸塚秀夫『イギリス工場法成立史論』(未来社、一九六六年)にこの表現がみられる。

(15) Hansard, Parliamentary Debates, 3rd S., vol. 25, Cols. 213, 240. ブルームに従って、一八三四年法の他の特徴を性格規定

するならば、旧救貧法の下における労働力需給関係調節→低賃金労働力創出→産業の発展という政策体系の破綻からの政策転換の延長に同法が帰結したこと(Cols. 253 et seq.)、そこに導入された新原理とは、親族相互間扶養義務の第一義的強調であり、院外救助の停止であること、そしてまたそれゆえの「エリザベス救貧法作成者の知りうべからざるマルサス主義の導入」によるものであること(Cols. 228, 254)、等である。

(16) I.U.P.'s Series of British Parliamentary Papers, Agriculture, vol. 2, pp. iii et seq.

(17) Ibid., pp. ix-x.

(18) 救貧税は、動産および土地収入から査定されるが、救貧監督官(overseers 治安判事が任命)は、動産収入に対する査定の困難から、ほとんど土地に限って査定を行なうのが通常であった(Halévy, E., A History of the English People in 19th Century, vol. 1, England in 1815, English Trans. ed. by Watkin, E. I. & Barker, D. A., 1924, 2nd ed. 1949, pp. 377-379)。

(19) この簡潔な説明として、新井嘉之作『イギリス農村社会経済史』(御茶の水書房、一九五九年)、三九七頁以下参照。なお「スピーナムランド制」から新救貧法体制への移行の意義および前者の資本主義に適合的な労働政策としての意義についての研究として、戸塚、前掲書、とくに三七一頁以下参照。

(20) Report from Her Majesty's Commissioners for inquiring into the Administration and Practical Operation of the Poor Laws, 1834, p. 54, in English Historical Documents, vol. xx(1), 1833-1874, p. 697.

(21) Ibid., p. 59, in Hasbach, W., A History of the English Agricultural Labourer, 1920, p. 184.

(22) Ibid., p. 25, in Hasbach, p. 187.

(23) Trevelyan, op. cit., vol. 4, p. 26. なお Hasbach, op. cit., pp. 184-187 参照。

(24) ハモンドは次のようにのべている。「地主たちにとって、スピーナムランド制は二つの方向で安全弁であった。借地農たちは安価な労働力をえ、かつ労働者たちは扶養を獲得し、かくて、双方の階級が高い地代および彼らの支配者の社会的名声に甘んずることが希望されたのである」と(Hammond, J. L. & B. H., op. cit., p. 170)。

2　ブルーム演説

産業革命の終了に伴う新たな社会秩序の生成の局面において展開した法改革は、総じて国家権力機構の再編を担保するものとして位置づけられるとともに、また土地貴族に集中したかの政治的特権の中産階級への拡大という目的に適合的に構成されるという改良的傾向を示すものということができる。こうした基調を、ベンタムの立法技術論に求めるならば、それは、彼のいわゆるパンノミオン、すなわちその立法論の実験場における「幸福計算の原理」(happiness-numeration)の理解にかかわってくるといえるのではなかろうか。

ベンタムの「パンノミオン断片」(Pannomial Fragments)において、法の定立の「固有の全包括的目的は、全コミュニティの最大の幸福」でなければならないとされるが、その場合の法は、この目的に従って「最大多数の幸福を少数者のそれに優先させていく」ものでなければならない、とされている点に注意しなければならない。(1) 「自然権の主張」を「政治的権利(political right)を欠缺する者の主張」にほかならないとし、それを常に社会に対する攪乱因であるとすること(二一八)とそれは、無縁ではないのである。「権利は法の果実であり、ただ法のみから生ずる」のであって、「法に先行する権利は存在しない」(二二二)と説かれる点についても同様である。

ベンタムにおける「自然権」論の否定は、法の定立に含意されるところのさきの大目的から導かれるものである。したがって法が、「コミュニティにおける可能な限り最大多数」の幸福を実現している限り、人々の「服従」は、論理必然的なものとされて疑われないことになる(二一九—二二〇)。(2) しかも、この法の定立の大目的と、個々人の利益との調整は、彼のいわゆる「安全確保の原理」(3)(security-providing principles)ないし「失望阻止の原理」(the disappointmentpreventing principles)により具体化され、そこでは、「個々の所有者」の利益が最大限考慮されるのである(二一三)。

このようにベンタムを瞥見する限りでも、その「最大多数の幸福」の実現とは、所有にひきなおしていえば、個々人の私的所有の差異を消去して「幸福計算」を行なうということにほかならず、こうして一方では「最大多数」を占めるとされる人々は、所有権の全き安全を得、他方所有から「自由」なる人々は、「自然権」の名の下に統治を攪乱する者にほかならないと規定されることになる点に、気づくことになるであろう。いうまでもなくそこには、産業革命を通じて築きあげられた中産階級の所有の拡大を法認し、しかもそのいっそうの拡大を、法に基づく権利として構成する意図が、示されているとみることができる。

ダイシーは、ベンタミズムの特徴として、次の点をあげる。第一に、「自らを最大多数の利益と同一視するだけ十分に多数であり、かつ理性的であると考えられていた一階級の手中への政治権力の移譲」、第二に、「博愛主義の促進」、第三に、「個人的自由の拡大」、第四に、「あらゆる市民の平等な諸権利の保護のための十分な法的装置の創造」、である。(4) しかし、その第一の特徴とされるものが、他の論理的前提であることに注意しなければならない。(5)

ブルーム卿(Lord Brougham, H.)は、ベンタミズムの旗手であり、最も忠実なその理論の実践者の一人といってよいが、その提唱した「法改革」は、後にみるとおり「画期的」なものと評価することはできない。そのベンタミズムの継承において多分に形式的であり、かつ、現実に妥協的である。(6) それにもかかわらず私が、次に、彼が一八二七年二月七日およびその後にわたり庶民院で行なった演説を紹介し、そこに一九世紀「法改革」の特徴の一つを見出そうと試みるのは、それなりの理由がある。

端的にいってそれは彼の演説がトーリーに対する痛撃を意味するのみならず、(7) コモン・ロウ裁判所改革論を通じていする国家法＝コモン・ロウ優位の制度的保障獲得を意図するからである。彼は演説冒頭部で、次のようにのべる。

「われわれの父祖によって形成され、その子孫によって保持されたあらゆる制度(establishments)は、人と人との間で裁判が正当に司られるようにと、発明されかつ主として維持されてきたものなのである。そして私の考えでは、かつて次のように、すなわち、われわれの周囲にみる国王、貴族院、そして庶民院、すなわち全国家機関、組織のあらゆる装置およびそのいろいろの働きは、結局のところ、たんに一二人の良識ある人々を箱に入れる〔陪審のこと〕ことにすぎないとのべた人は、何の誤りもおかしていない……のである。そうしたことが――〔すなわち〕裁判が――政府の樹立の原因であり、それがまた政府の効用なのである。〔そして〕ただこの目的のみが、自然的自由(natural liberty)を正当に制約することができるのであり、ただこれのみが、人々の諸権利や財産への継続的な介入の理由となるのである」(一三一―一三二)。

右の一般的命題は、法への「計算可能性」付与ないしはその「合法則性」の追求といった、ベンタミズムの別の表現である、といって過言でない。

それではより具体的に、ブルームの追求するコモン・ロウ裁判所改革論の前提、すなわち、その現状への批判の内容は何か。それは、「三つの偉大なコモン・ロウ裁判所」、すなわち「王座裁判所」「人民訴訟裁判所」(Court of Common Pleas)「財務裁判所」(Court of Exchequer)間における事件処理のアンバランス――「王座裁判所」への事件集中――であり、それをもたらした原因についての批判である。当時におけるこの点の「改革」は、「王座裁判所」の首席裁判官(Chief Justice)および普通裁判官(puisne judge)を二ヵ所に分け着席させ、ここに集中した事件の分配による処理、また「単独判事による巡回裁判」制度(*nisi prius*)(8)の負担も負っている「王座裁判所」の開廷期縮減、の試みがあるにすぎず、ブルームによればそれらは、皮相的な「改革」にすぎないと排せられる(9)(一三一)。

彼によれば、現状の不備は、「ウェストミンスター・ホールの扉が内閣に対して開かれている」ことにあるとされ、なかんずく「王座裁判所」裁判官任命における政党支配が除去されなければならない、とされる(一四二)のである。裁判官選任において「その資質同様にその党派が考慮されるごとき法を超越する一つの慣習」、すなわち、「思うに『遵守されることよりも違約されることを引き受けている』(more honoured in the breach than the observance)ごとき慣習」が存在する(一四二)のであって、「王座裁判所」の管轄権の増大のゆえに、その裁判官はますます重視され、こうして裁判官は「現在の政府の指導原理」に全く委ねられ、その地位の安定は虚偽となるのである(一四四)、と[10]。

さらにまた、裁判の「公開性と厳粛性」(publicity and solemnity)(一三八)、「人民訴訟裁判所」にみられるような一部少数者によるところの弁護権の独占(Serjeant すなわち特権法廷弁護士制度)などのいっさいの法曹内「特権」排除(一三九)、ウェールズにみられる巡回区固定による裁判官と地方のジェントリ・治安判事等との結合の排除(一四七)、があり、こうして「裁判官の独立」とは「彼がその資質のみによって法律専門職(legal profession)全体の中から最も優れた者として選任されるということにほかならない」と端的に要約されることになる[11](一四二―一四三)。

「治安判事」についても同様である。その大法官任命という形式にかかわらず、実際上は、州の軍事代官(Lord Lieutenant)が、首席治安判事(*Custos Rotulorum* ほとんど軍事代官兼任)として「その単独の意思および希望において各州の全部の治安判事を指名している」のであるから、彼らと治安判事は緊密な結合の関係にあるのであって、治安判事は、彼らの利益を第一義的に考えるのである(一六二)と[12]。しかも、治安判事は、「許可の付与もしくは取消」の「特権」行使という重大な権限を有するのであるが、それにもかかわらず、彼らはかつてその「許可」もしくは「取消」の理由を示したことがない(一六四―一六五)。そしてまた彼らが一団となって四季治安判事裁判所(Quarter Sessions)に着席する場合には、「彼らは自由および財産権という最も重要な権利について決定をなす」のであって、彼らによる「ほとんど無制限の拘禁、鞭打ち、罰金のみならず七年から一四年の流刑」の宣告が行なわれることを考えるならば、もはや彼らを地方的利害と近接させることはできないとすること、等々である(13)。

以上から私は次の点を明確にしえたように思う。ブルームにみられたコモン・ロウ裁判所現状批判を通じての「改革」論の提示とは、端的にいってさきの彼の前提的命題、すなわち、「自由」および「財産権」に対する国家の介入の必要条件の整備に集約されていると思われることである。この必要条件の整備においては、法の目的が「自由」および「財産権」の擁護として前提され、この目的は、その運用主体である裁判官の国家からの自由の制度的保障によって担保されるとの立論を読みとることができるのである。

以上のような前提からすれば、法は運用主体である裁判所の恣意性から解放されるものでなければならないことになり、かつ、それ自体として「合目的性」「予測可能性」を担保するものとして位置づけられねばならないとされることになろう。ここでは私の課題との関係で、土地法制に限定してブルームののべる点を要約することにする。

第一にそれは、土地の商品化の貫徹を阻害するものの除去でなければならない。彼の表現を借りれば「それによって財産が保有される保有態様における、またそれによって財産が移転される……諸準則における差異」の除去である(一七一)。

具体的に示すならば、第一に、相続におけるケント州および東部イングランドの一部にみられる「均分相続制」(gavelkind)、西部イングランドの一部にみられる「末子相続制」(Borough English)と、コモン・ロウの「長子相続制」との間の差異を排除することである。また第二に「謄本保有権」の権利内容上の差異の廃止である。すなわちその「自由土地保有権」化ではなく、まさに「マナー慣習」の国家法による統一として、その遺贈、「謄本保有寡婦権」(free bench)「相続上納物」(heriots)およびその他の領主に対する「奉仕」の面でのその画一化をはかることである(一七一―一七二)。「謄本保有権」について特に示すならば、ベンタムが「ハンフリーの物的財産権法典」に示したような、かの「幸福計算」、すなわち、「謄本保有権の自由土地保有権化は甚だ望ましいが」しかし同時に「不可避的に面倒であり不快なものである」とし、「マナー領主」すなわち「この国の貴族」の「幸福計算」を提案したごとく、[14]ブルームもまたその「解放」を提唱することはない。それゆえ彼はその土地の商品化の命題を次のように内容的に提示する。

「これらのあらゆる地方的特異性は、土地の不動産権の不動産権移転(conveyance)および改良の両方に対する妨害物を増大させる。それらは、大なる程度に、財産の流通を妨げ、また、他の場合であったら右のような保有財産の所有者がそれを担保としてえたであろうようなその価値にみあう金銭を調達する機会を減少させる。……この場合において採用されるべき明瞭な救済策は、財産権についての同一の諸準則を、この国のあらゆる地方につくりあげることである。それゆえ私は、物的財産権におよぼされる諸法の同化が、イングランド全土を通じ、与えられた期間、すなわち二〇年ないし三〇年で、しかも既得権(vested rights)について干渉することなく、なしとげられるよう提案する」[15]と(一七二)。

「既得権」保護を前提とした上での法改革という右の基調は、彼が「貴族的遺言相続主義」の改革を提唱するときに、最も明確にその本質を明らかにしてくるといえる。

すなわち第二に、「貴族的遺言相続主義」についての彼の一般的評価についていえば、そこでは次の点が所与の前提とされるのである。

「土地財産権の処分について、イギリス法は、あまりの厳格さとあまりの寛容さとの間に、非常に幸いにも正当な媒介物を思いついているように、私は考える。すなわち財産権帰属不当引延処分(perpetuities)、永久の継承財産設定行為、に対する十分な諸制約が、農業の利益およびわれわれの『混合的な統治構造』(mixed constitution)

のための緊急の要請と両立するよう、土地の自由取引を許すために規定されている一方で、所有権の細分を阻止し、そして、政府の貴族的な部門〔貴族院〕を保持しうるよう、家族に不動産権を加えていくできるだけ大きな権能が与えられている、ということである」(一八一)。

したがって彼は、「私たちの限嗣相続の法の内容に干渉しようとの欲求を有」さないのであり、ただ後に詳細に論じる「馴合不動産権回復による不動産権譲渡」(Common recovery——以下「馴合不動産権回復・譲渡訴訟」と称す)等の手続き面の不合理を救済するという意図を明らかにするにとどまる(一八二)のである。妻の不動産権、なかんずく寡婦権(dower)を廃除する(bar)手続きについても同様であり、この点でもたんに「夫および妻を共通の不動産権移転(common conveyance)に参加させ」、その手続きのさい、妻側の近親者(男子)を後見人とし、その同意を、かかる不動産権移転の要件とするなど(一八三)の、極めて手続きの簡素化に限定された改革論が提起されるにすぎない。

すでにふれた「未確定的残余権」(contingent remainders)の保護の目的で、「継承財産設定行為」においてつくられてきた「架空の信託」の除去を提唱する彼の意図についても、同様のことがいえる。それは、彼のいうように、限嗣相続法の建前の堅持、限嗣不動産権者の処分権の減少の回避という現状維持よりも、結果において「継承財産設定行為」による土地の有機的一体性確保を、より強度に担保する性格のものである(一八四参照)。この点も詳細は後述の「馴合不動産権回復・譲渡訴訟」についての法改革を扱うときに言及する。

ブルームについて以上に要約した点は、ついでより本質的な問題とかかわってくる。すなわち、右に支配的なものは、私的所有に基礎をおく「自由」の擁護であるとともに、また土地所有の絶対的独占をも所与のものとして肯認するにほかならないものであるということである。それゆえにまた、一八世紀来の「自由および財産権」の不可分一体の関係は、その保障の機構、すなわち、土地所有の独占を基礎とするところの政治形態とともに、彼の法改革論に継

承され、かつ、包摂されたのである。(16)

一九世紀前半期における「法改革」の起点に位置づけられるべきブルーム演説に注目し、コモン・ロウ裁判所改革と不動産権法改革の二点に集約されるその「改革」の基調を右のように整理するならば、そこにはベンタミズムの特徴が極めて限定されながらも、本質的に最も忠実に、反映しているとみることができる。すなわちブルームにおける既得権擁護を前提とする改革の基本路線とは、土地貴族に集中したかの政治権力を、「最大多数」と擬制される中産階級に対して拡大することを意図するものであって、そして産業革命期を通じて築きあげられた中産階級の所有の拡大と、それのいっそうの蓄積を、法に基づく権利として再構成しようとする意図から導かれたものといえるであろう。この意味で、産業資本確立期に展開される「自由放任」政策は、国家および国家法の社会関係への介入をたんに消極的に予定するにすぎないものとみることはできないことになるのであって、産業革命を通じて資本蓄積の推転に適合的に構成された社会関係を所与のものとして前提とし、そのことにより「資本の自由」の展開基軸を設定するという、すぐれて過渡的な段階における国家政策の一つの貫徹の形態およびその発現を意味すると規定されるべき性格のものである。このことを私の課題に関し論じるために、以下の考察を行なうことにする。

(1) ベンタムは、その Pannomial Fragments, in Works, vol. 3, pp. 221. et seq. において(なお本書からの引用は、括弧内の和数字で頁数を示す)、法は「慣習によるにせよ、他によるにせよ他の成員」が合致して行動することが予定されるところの「コミュニティに属するある者、および、ある成員により表明された準則(rules)」と定義する。それゆえに、その合致を担保するものは、「最大多数者」の「幸福」に、少数者のそれを従属させることであり、そのため、「幸福計算の原理」により、「幸福計算」を行なうことが必要になるという(二二)のである。

(2) この点ヒューム、前掲書『市民の国』一三〇頁以下とベンタムの類似性に注目されたい。

(3) 「幸福計算の原理」の具体化されたもの(「公理」(Axiom)――ベンタム)の一つであり、「安全確保の原理」は、「失望阻止の原理」により担保される関係にあると説かれる(二一三)。
(4)　Dicey, A. V., Lectures on the Relations between Law & Public Opinion in England, 1st ed. 1905, 2nd ed. 1914, p. 185.
(5)　土地貴族に集中した政治的特権の中産階級への拡大を志向する一方、労働者階級に対してはかかる拡大を峻拒するのは、ブルームにおいてより明瞭である。彼は、一八三一年一〇月七日、第一次選挙法改正案否決後における暴動にふれ、次のようにのべた。「暴徒が存在するというのであれば、人民もまた存在するのである。私は今や中産階級のことを、すなわちこのコミュニティにおいて最も多数であり、かつ、とび抜けて最も富裕である階層のこれら何十万人もの尊敬すべき人々のことを、のべているのである……」(ibid., p. 185)と。
(6)　ブルーム演説は、コモン・ロウ裁判所改革を、エクイティと切断して行なうというものであり、また改革のための委員会設置提案を行なうものにすぎないが、内務大臣ピールは、この改革案をさらに縮減する。すなわち、コモン・ロウ裁判所関係、財産法改革関係の、別々の委員会設置を提案し、右の「切断」の度合をいっそう強めていくのである。一九世紀法改革の起点に位置づけられるべきブルーム演説のかかる特徴と、右の帰結は、後述の一九世紀における漸次的法改革の原因となるごとく思うが、ここでは割愛せざるをえない。
(7)　法務次長ティンドル(Tyndall)は、いう。「私はまた次のようにいわなければならない。すなわち私は、イングランドの法を、われわれが父祖から継受してきたのと同じ内容をもつものとして、後裔に伝えたく切望している、……」と(Hansard, op. cit., 2nd S., vol. 18, Col. 861)。なお本議事録による引用は、括弧内の和数字で欄(column)数を示す。
(8)　各カウンティを巡回する巡回裁判官に民事事件について一般的管轄権を与え、ウェストミンスターに召集しなくても、その地で民事事件を行なえるとする制度であり、The Statute of Westminster II, 1285; c. 30 に基づく。Hanbury, H. G., English Courts of Law, Home Univ. ed., 1949, p. 109.
(9)　なお「王座裁判所」への事件集中の解決については、その雑務、なかんずく「裁判官私室事務」(chamber business)縮小などがあげられていた(一三七—一四〇)。
(10)　また彼は次のようにもいう。すなわち、「人民訴訟裁判所」および「財務裁判所」の管轄権が小さいということは将来においていかなる結果を生むかということについて。「もしも裁判官が政治的影響力によってつくられるとすれば、さらにその者がその役職をよく行なうこと能わざる者であることが知られようとも、その者を支持する者は次のようにいおう。すなわち

『然り。彼を財務裁判所に送り込むのであれば、さしつかえないであろう。なぜならば、そこにはなすべき何らの仕事もないのであるから』と」(一三五—一三六)。

(11) このほか彼がのべる裁判制度の改革は、ウェールズにおける巡回裁判制度の変則性(すなわち担当区の固定化)を廃すべきこと(一四七—一四八)。裁判所の開廷期——Hilary, Michaelmas, Easter, Trinity の各 Term ——の固定化(一四八—一四九)。教会裁判所および海事裁判所からの上訴裁判所としての国王代理裁判所(Court of Delegates)が、裁判官の構成上その機能を果たしえていないことに対する批判(一五一—一五四)。さらに重要なのは枢密院(Privy Council)の改革、すなわちそれが植民地の裁判所を統括する最高の裁判所であるにかかわらず、枢密院には植民地に行なわれる種々の法を熟知する者が少なく、また以前にその植民地の総督であった者もあり、買収の行なわれることも稀なことではないとし、その裁判の停滞および訴訟費用の高価さにも非難を加えている(一五四—一六一)。以上の点は重要であるが、本論との関係で右のような紹介にとどめねばならない。

(12) 「私はたんに原則を処理しているのであり……私の省察は一般的なものであって、個人的なことがらについてではない」と皮肉に弁解している(一六二)ことに示されるごとく、庶民院の議員の多くが、軍事代官・治安判事の地位を占めていたことが注意されてよい。

(13) 治安判事はこうして地方的利害に近接することで、「金銭相当分をえているのである。安上がりの正義は大変よいことがらである。しかしながら費用のかかる正義の方が、安上がりな不正義よりずっとましである」(一六七)とブルームは説く。これに対してさきのティンドルは、四五〇〇人というイングランドおよびウェールズの治安判事が、その職務を統一的に遂行していることを評価せよ、といい、また「王座裁判所」にその判決等の可否を争った事件が皆無である、とのべる。そしてまた、州の軍事代官による指名制についても、誰も彼以外に治安判事としての適格性を知りうる者がいないと論じるごとく、旧態依然たる観念を示すのである(八四二—八四三)。

(14) Bentham, J., A Commentary on Mr. Humphrey's Real Property Code, Works, Bowring, J. ed., 1962, vol. 5, p. 391. それゆえ彼は「全コミュニティ」からのマナー領主に対する補償を考えよ、という。

(15) さらに次の点、すなわち「謄本保有権」が特定債権の執行の対象とならない法理(すなわち領主に所有権が存在するがゆえに)に反対するとともに、土地一般についていえば、自由土地保有権が単純捺印契約による金銭債務(simple contract debt)

の執行の対象となるべきと主張することに注意されたい（一七二）。

(16)　この点について、Dicey, op. cit., Opinion, pp. 128 et seq. におけるベンタムについてのダイシーの評価を参照されたい。

五　産業資本の確立と「貴族的遺言相続主義」

1　チャーティズム崩壊の背景

コベットの産業革命の帰結の素描に、すでに看取されえたような土地貴族の政治的・経済的地位の安定の崩壊のきざしは、何よりもその時期における大衆運動の昂揚から導かれたものとみなされるべきである。それは一九世紀中葉を画期として、総じて二つの流れを示し、最終的にはリチャード・コブデンの主導する「反穀物法連盟」(Anti-Corn Law League)の勝利に終る一連の過程を辿る。一八三四年の救貧法に反対する貧民の暴動、一八三二年の最初の選挙法改正から起った中産階級の議会改革運動、労働者の労働組合、賃金引上げ要求運動が絡み合い混然と展開した他方の潮流、すなわちチャーティズムは、産業資本家の「穀物法」廃棄運動と時に交錯し、両者は明瞭に区別される動きを示さなかった。(1)

アレヴィによれば、チャーティズム敗北、ないし、それの反「穀物法」運動への吸収の理由は明確である。ファーガス・オウコナー(Feargus O'Connor)、すなわちチャーティズム指導者の反労働者性、(2)チャーティズム自体の共産主義との異質性、(3)そしてまた以上のゆえの産業資本家による労働者階級の運動利用の可能性、その結果としての土地貴族に対する産業資本家の一定の勝利と、労働者階級の敗北という図式による説明が、それである。(4)いうまでもなくチャーティズムは、普通選挙権獲得を巨大な運動のエネルギーまたはその支柱とするものにほかならなかったものであって、それゆえに必然的な運動形態における理念的な側面を否定することはできないであろう。しかもまた、右の二つの運動の潮流が、「穀物法」の廃棄をめぐる闘争の一点において土地貴族に対峙する運動として合同していき、かくて労働者の階級としての未成熟が、産業資本家の勝利に終る以上の総過程を媒介しているように思われることに、注意しなければならないだろう。恒常的飢餓の状態で、しかも小麦の価格が一八三六年の一年間だけで一クォーター当り三八シリングから八〇シリングに高騰したといわれている時期において、フリー・トレイド論者の「安いパン」の約束が、普通選挙綱領に自らの主張を観念化するチャーティストより、労働者の心をとらえたことは想像に難くないであろう。そしてここにもチャーティズムが、その鋒先を土地貴族に向けえても、ついに産業資本家に向ける機会が失われていく背景が示されているように考えられる。(5)

ウェズリ派メソディズムの急速な浸透は、アレヴィ見解のいま一つの基礎である。しかも運動の総過程は、急進的ユーティリタリアンが支配し、その議会工作と理論とが、産業資本家の勝利と労働者の体制内化を必然的にした、と論じられる。(6)

以上のようなアレヴィ見解は、総じて労働者階級の反革命性に、チャーティズムの限界を求めるという顕著な傾向を示している。しかしながら、労働者階級に対して、その行動をではなく、「諦観」を呼びかけるウェズリ派メソディズムが、チャーティズムの巨大なエネルギーを減退させたことは否定できないが、それをもってこの時期の労働者階級の運動の全体の性格を規定するのは誤りである。重要なのは、運動がつねに産業資本家により全般的に掌握され、彼らの土地貴族に対する勝利とともに、転じて彼らによる「反革命」が進行することになるという点である。

第一次選挙法改正以来、「民主主義的」粉飾を施したイギリスの政治形態を支配したものは、まさに「所有」であり、この「所有」のゆえに土地貴族と産業資本家は、一定の同盟関係を構築する。(7) それゆえにまた、チャーティズムの敗北は、一義的に産業資本家の勝利を意味していないのであって、土地貴族と結合した彼らのプロレタリアートに対する「反革命」の勝利を意味するものとされてよいのでなかろうか。

一八四八年――すなわちチャーティストの三度目の「憲章」の否決のなされた年――チャーティズム急進派ブロンテア・オブライエン(Bronterre O'Brien)の流れをくむジュリアン・ハーニイ(Julian Harney)とアーニスト・ジョーンズ(Ernest Jones)は、オウコナーと訣別しチャーティズムの新基軸を打ち出した。ハーニイは、「普通選挙権獲得運動ないし憲章運動は、民主主義の運動によって獲得さるべき大きな政治目標である。しかしかかる政治的諸権利は、社会的諸権利(social rights)の承認、すなわちとりわけ、あらゆる者が自由な労働によって、また自由な土地において生きる権利の承認を、強いるために用いられるべきである」として、チャーティズムの本来的目的を、社会主義革命の実現と規定した。[8] 彼の主幹した『赤い共和主義者』ならびに『人民の友』の両誌は、こうした前提に立ったチャーティストの行動綱領を収録している。

一八五一年の「行動綱領」(Programme of Agitation adopted by the Chartist Convention held in London)は、政治的諸権利の獲得以上に、「土地国有化」による人々への土地配分要求にみられるごとき、ハーニイのいわゆる「社会的諸権利」の獲得を前面に出している。「憲章」要求は、あらゆる被抑圧階級の解放の手段であり、チャーティズムはそれ自体を自己目的として追求するものではないとの立論を、そこに読みとることができるのである。

「土地はすべての人類の不可譲の相続財産である。……〔したがって〕土地の国有化が、国民の繁栄の唯一の真実の基礎である。そのプロセス、第一、農業委員会(Board of Agriculture)の設置、第二、教会、国王の土地の人民への回復、その貧民への配分と彼らがこれを保有するに対しての国への地代負担支払義務の明示、第三、テナント・ライト補償、狩猟法(Game Law)の廃止その他、第四、国の強制土地買収制、第五、国から配分された土地の譲渡禁止、第六、国の土地優先買収権の明示、第七、以上の実現のため、国は、法の手続き、死亡によって、また主として謄本保有権の放棄(surrender)が行なわれるなどによって、一時的に権利者を欠く土地が生じた場合は、その回収を行なうべきである」[9]。

またアルフレッド・ウォールトン(Alfred A. Walton)は、「一方で最も価値のある土地の大部分が、現在の封建的な保有によって閉鎖されている時に、社会改革を完全に実行することは不可能である。これらの封建的妨害物は除去されなければならない。またこの土地問題の正しい解決は、その私的所有の全き廃止と、それ全体を国家的所有とすることによってする以外にはない」として、右の「綱領」の意図を明確に説明している[10]。

けれども、この「土地国有化論」は、ファーガス・オウコナーの「土地組合」[11]の破算とともに事実上実現の可能性を喪失していた。しかもさきの「綱領」の具体化については、その提案者の内部においてすら混乱を示し[12]、加えて「穀物法」廃棄の獲得とともに、今や政治権力の支柱を握るに至った産業資本家にとっては、ブルジョア的土地国有論ですらも、「過去のこだま」にすぎず、土地貴族への攻撃は、アイアランド地主への「救貧税」の課税問題ほど興味を引く問題といえなかったのである[13]。綱領が、議会権力による「土地国有化」を画策しても[14]、それへの彼らの対応が極めて冷淡であったのは、したがって当然であろう。

それにもかかわらず、チャーティズムの短期間であれ、その運動の継続とその運動方針の転換をもたらしたものは、運動主体が、「憲章」獲得運動弾圧の真因を深く認識したことに原因しているとされるべきでなかろうか。この点は、「生きる権利」を起点とする彼らの運動の再編という意図に、端的に現われているように思われるが、土地貴族と産業資本家は、それゆえにこそ、彼らへの弾圧を開始する。アレヴィのいう労働者階級の反革命性ないしはその体制内化とは、労働者階級の運動の、一方における熟練労働者の労働組合運動と、他方におけるラディカルな「社会主義的」

運動の「両極分解」という前史[15]に規定された現象であることはいうまでもないが、チャーティズムの最後の「遺産」が、この時期における土地貴族と産業資本家の一定の同盟関係を逆に強化し、運動方針の転換にもかかわらず、それが、敗北することによって、産業革命期を通じて進行したかかる関係が、確定することになった点に注目しなければならない。私は次に、より具体的に、かつ、私の課題にそくし、この点を確認しておくことにする。

（1） Fagan, H., Champion of the Workers, 1959. 邦訳書、大前朔郎『労働者のチャンピオン――自由を求めたイギリスの人びとその2』(岩波新書、一九六〇年)はこの問題にふれた最も情熱的な書である。

（2） Halévy, op. cit., vol. 3, The Triumph of Reform 1830–1841, 2nd ed. 1950, pp. 293 et seq. オウコナーけ、アイアランド地主出身であり、その出自のゆえの保身的行動は終始一貫していた、とアレヴィは説いている。

（3） Ibid., p. 323.

（4） Halévy, op. cit., vol. 4, Victorian Years 1841–1895, 1st ed., 1951, p. 241.

（5） Ibid., pp. 302, 309 et seq.

（6） ditto, op. cit., vol. 1, pp. 417 et seq., esp. pp. 423 et seq. には、イギリスにおける革命の阻止要因としてのメソディズムについてのアレヴィの集約的な見解が示される。またさらに vol. 3, pp. 150 et seq., esp. pp. 159–164, 333 et seq., vol. 4, pp. 376 et seq. などを参照。ただし、この点については、ホブズボームの適切な批判が存するところである。(Hobsbaum, E., Labouring Men, Studies in the History of Labour, 1964. 邦訳書、鈴木幹久・永井義雄『イギリス労働史研究』(ミネルヴァ書房、一九六八年)第三章参照)。総じてアレヴィ的見解はチャーティスト運動を「飢餓からする盲目的暴動」とみる点(vol. 3, p. 323)では首肯しがたいが、それにもかかわらず産業資本家とラディカル・ユーティリタリアンとの結びつき、客観的には運動の総過程が、ベンタミズムに掌握されることの分析は、圧倒的な説得力を有する(とくに vol. 2, p. 332)。むしろこのことから出発し、チャーティストの最もラディカルな部分すら、すなわち土地解放を要求するオブライエン一派すら、地主による土地独占の排撃という点でその利害を共通にする「自由貿易論者」によって利用されるに至ることを分析すべきである。

（7） エンゲルス「イギリスの状態」(『マルクス・エンゲルス全集』大月書店、一巻所収)。なおホブズボーム、前掲邦訳書、二一一頁参照。

（8）　ハーニィの一八五一年一月二五日付 The Friend of the People への投稿文より。以下 The Red Republican & The Friend of the People からの引用は、Saville, J., edition (1966, London) による。Saville's ed., vol. 2, p. 50.
（9）　一八五一年四月一二日付『人民の友』誌。Saville's ed., vol. 2, pp. 158-159.
（10）　一八五一年五月三一日付『人民の友』誌。Saville's ed., vol. 2, p. 115.
（11）　エンゲルス「チャーティストの土地綱領」およびエンゲルス「ブリュッセルの自由貿易会議」およびマルクス「自由貿易問題――一八四八年一月九日、ブリュッセル民主主義協会の公開会議での演説」（『マルクス・エンゲルス選集』大月書店、二巻下所収）。
（12）　さきのウォールトンは、チャーティスト陣営内部における国有化論の混乱を整理して示している（一八五一年五月一七日付『人民の友』誌。Saville's ed., vol. 2, pp. 198-199）。
（13）　Halévy, op. cit., vol. 4, pp. 162 et seq., 182.
（14）　オウグルヴィのさきの土地国有化論のチャーティズムへの影響と、一八三二年、原著者名によるさきの書物の公刊の事情について、さらに Laski, H., Political Thought in England, From Locke to Bentham, 1937, Home Univ. ed., pp. 156-157 参照。
（15）　この点について、岡田与好「一九世紀前半の社会」（岩波講座『世界史』近代5（一九七〇年）所収）、三七六頁参照。

2　マカロックの相続法論

財産の自由に基礎をおく個人の自由と原理的に対立するものとしてではなく、その必然の帰結として不平等な富の社会的存在形態を弁護したブルームは、「貴族的遺言相続主義」およびこれによってもたらされる貴族的大土地所有をもまた、右のことのゆえに擁護する自らの立場を鮮明に打ち出していた。マカロックの相続法論は、かかる「貴族的遺言相続主義」擁護論を産業資本家の立場から展開しているものと考えられてよいだろう。したがってここでは、産業資本家のイデオローグが、土地貴族の政治的・経済的地位の「安定」を何ゆえに希求するかの分析を、主眼とすることにしたい。

マカロックは、一八四八年に出版された「死亡によって空白になった財産権の相続についての一論説」(A Treatise on the Succession to Property Vacant by Death)で次のように書いている。

「ほかはどうであっても、このイングランドにおいては、貴族とジェントリとは、孤立したもしくは余計なものではなく、共同体の統合された、かつ、不可欠の部分である。彼らは国王もしくは人民の側における、いかなる不当な権力の増大によっても、その影響をも重きをも、失うのである[1]」(六〇)。

右のように説く彼の立場に近似するものは、さしあたりさきに紹介したバークの所論である。バークにおけるかのエスタブリッシュメントの絶対的擁護、すなわちなかんずく名誉革命以来歴史的に存在するものをそのことのゆえに絶対視する所論は、すでにのべたように、土地貴族への土地集中を所与のものとして前提することから出発している。バークはそれゆえその最も有効な手段として、「限嗣相続制」を堅持すべきとし、フランスにおける「均分相続制」をこれに対する破壊要因として、その対極に位置づけている。これは、バークの次のような言に端的に表現されている。

「われわれの財産をわれわれの家族の内に永続させる権能は、財産に属している最も価値のあるかつ興味深い事情の一つであり、しかもそれは、社会それ自身を永続化する傾向を最ももつのである。……家族の富および世襲的占有に伴う地位の占有者たちは、……この伝承に対する自然の保証人である[2]」。

けれどもマカロックのさきの論述は、いわゆるユーティリティ理論に基礎をおいているとされてよいであろう。土地貴族への富の集中と、その政治的地位の安定および、「その浪費癖は、彼ら自身にとって有害ではあっても、他の階級の才能および企図にとっては、力強い刺戟となる」とすること(三三)や、より理論的には次のような叙述に、その点が表現されているように思われる。

「それゆえわれわれは、抽象的ないしは空想的な諸原理に言及することによって、限嗣相続(entails)の政策もしくは否定の政策(the policy or impolicy)について決定することはしないのである。われわれは、その現実の機能とそれが社会に及ぼす実際的な影響の調査によって、決定するのである。ここにおいて、われわれは、……他のすべての場合と同様に功用(utility)の基準(test)に従わなければならないのである」(五七—五八)。

マカロックは他の機会にもしばしば強調しているが、[3]「社会進化」の起動力を富の「不平等」に求めるという一貫した主張を行なう論者である。本論説でも彼は、現在富裕ならざる者はその潜在能力(potentialities)を信ずべきであり、それへの信仰こそが社会の発展をもたらすと随所に説く。いうまでもなくこのことに、彼の土地貴族擁護の理由が存するが、ここではひとまず彼の言を借りて、その「貴族的遺言相続主義」弁護の理由を知るにとどめておく。すなわち彼は次のように説いている。

「けれども、もしかかる富裕な階級が存在しなかったとすれば、〔富裕となる潜在能力を有する〕人々は、能力の発揮のこの拍車を有さないであろうし、かつ、彼らが彼らの周囲の者のレヴェルに達したとしても、満足することはないであろう。かくてそれゆえ、不可避的に次のこともいえよう。すなわち長子相続の慣習が、斥けられ、そして、土地をもったジェントルメン(landed gentlemen)の不動産ならびに財産が、平等に分割されたならば、現在これほど多くまたこれほど力強い次のような動機はともに、すなわち次男以下の息子たちが野心および事業の領域に入り、しかもその能力の限りをつくすというがごとき動機は、……失われよう」と(三一—三二)。

右には、「貴族的遺言相続主義」の本来の目的が、土地の単独・一括相続にあり、このことによる次三男のプロレタリアート化が、「社会進化」の起動力たりうるとの、さきの彼の単純な理論の適用がみられるのだが、それ以上に彼が、かくして土地の集中が担保される結果、農村過剰人口の都市への流出が促進されるとの一般的傾向の是認を行なっている(五二)点に、注目しなければならない。

それならば彼は、以上のような前提から土地貴族への土地集中を補完する「貴族的遺言相続主義」を、自らの理論体系の内にいかに整合的に位置づけているのであろうか。

第一に彼は、「貴族的遺言相続主義」における不平等相続を「遺言の自由」の帰結とみている。それゆえ逆に、「貴族的遺言相続主義」により慣習化された「長(男)子相続制」は、封建制の下におけるように長男の権利を前提とするものではなく、たんなる慣習に基づくものにほかならないと規定される。この理解によれば、後述する不動産権における「無遺言相続法」の存在、なかんずくその「長子相続制」が「遺言の自由」によって緩和されているとの認識が前提とされ、そしてこの法に基づく当然承継人である「法定相続人」(長男)の単独相続権と、かかる慣習との整合関係が重要視されていくことになるだろう。実際、マカロックはこのような論法によって、「貴族的遺言相続主義」が「長子相続制」と類似の帰結を生み出していることを承認しながら、これを封建制の残滓とみる見解を排斥していくのである(三九)。

そしてマカロックは、「遺言の自由」の機能について、言及する。それは家父に対する長男の「不始末」(misconduct)や不従順を阻止する機能をもつだろうと。この家父の「遺言の自由」に認められる絶対的権能は、しかしながら彼によれば、私的所有権の「処分の自由」からの論理的帰結であると考えられているのである。それにもかかわらず、さきの「無遺言相続法」を均分相続主義によって変更することは、彼によれば否定されなければならないとされる(三九―四〇)。

「遺言の自由」をこのように一方で私的所有権の「処分の自由」からの論理的ないしは必要的帰結とみなしながら、[(4)]

他方で右のように「無遺言相続法」の変更を排斥するという点は、しかしながら彼によれば何ら矛盾するものではない。なぜならば、均分相続制を結果させるような「遺言の自由」は、「公共の利益」(public interest)に反するため否定されなければならないと考えられているからであり、そしてこれが、彼の「遺言の自由」論の前提だからである。さらに彼は次のように書いている。

「遺言の権能(the power of willing)に干渉することなく、あるいはこのようにして長子相続制の慣習(the custom of primogeniture)のためになるように、一般的にその既得権益を侵害した上で、無遺言死亡者のあらゆる種類の〔土地を含む〕財産を、子供の間で平等に分割するよう、法が変更されるべきであるということは、もちろんいわれている。けれども、それは、直接的にはこの慣習〔長子相続〕に干渉するものではないけれども、そのような変化は、必然的にそれを非常に強大な間接的影響に服させるものである」(四〇)。

このようにして「貴族的遺言相続主義」をイギリス近代相続法に特徴的な「遺言の自由」からの帰結として合理的に説明しようとする彼は、けれども右の論述におけるように、かかる遺言相続が、無遺言相続法における「長子相続制」に支えられていることを、肯定せざるをえなかった。けれどもこれも、それ自体として、矛盾を含んではいない。なぜならば、彼の所論に明らかなように、「遺言の自由」の結果が、「単独相続制」を廃することは全然予想されていないのであり、そのことのゆえに、遺言によって慣行的に形成・維持される「長子相続制」自体ではなく、まさにその結果、すなわち土地の有機的一体性確保を、さきにのべたように、「公共の利益」の観点から推進すべきものとすることが、彼の真意と考えられるからである。したがってもはや多言を要するまでもなく、長男によってであろうと、次三子によってであろうと、土地が分割されず一括的に相続されることに、「公共の利益」と合致する関係が見出されていくのであって、かかる一括相続の観念が、無遺言相続法の均分相続制への転換によって弛緩することを、彼は懸念していると考えることができる。逆にいえば、ここに明瞭に、「貴族的遺言相続主義」における「遺言の自由」が、無遺言相続法と不可分一体のものとして構成される根拠があり、後にみるように相続法改革案が敗北する一つの理由も、この点にかかわっていくことになるのである。

第二に、それにもかかわらず、彼は右のように説くとともに、「貴族的遺言相続主義」を何らかの国家的政策の下におくことを意図している。それは、左のような前提的論述に、端的に表現されている。

「限嗣相続の法(law of entails)は、法律家によって、次のことに基礎をおいているといわれている。すなわち、誰でも彼自身の財産を処分する一つの自然権(a natural right)を絶対的に有している……という市民法の公理(the maxim of the civil law)に。けれども……『継承財産設定行為』および死後の財産の遺言による処分(testamentary dispositions)は、純粋に市民的権利(civil right)であり、また、どこでも、それは法によって与えられ、規制され、かつ制限されているのである」(五七)。

右にみられるように「遺言の自由」も、国家法から発するものにすぎないと説くのは、ベンタミストである彼の立場からすれば当然である。また彼が、「貴族的遺言相続主義」における限嗣相続慣行も、同じく「国家的利益」(national interest)のもとにおく(四〇)のも、その当然の帰結であるが、この点についてはさらに次のことが注意されなければならない。

彼のユーティリティ理論が次三男のプロレタリアート化と、またそれ以上に、土地流通機構の閉鎖による農村過剰人口の都市への流出という形で表現されていたことについては、すでにみた[5]。それゆえ、「貴族的遺言相続主義」も、この「国家的利益」に合致する限りで、これが肯定されることになる(四〇)。逆にいえば、このような前提が喪失すれば、国家法によって、いつでもこれに制約を加えることができるということを、暗黙に承認していることになろう。

以上のゆえに総じて彼の所論は、土地貴族の土地の有機的一体性確保をも、産業資本家の階級的利害に従属させ、その限りでこれを肯定したものとみることができる。

第三に、彼は、以上の帰結から財産権に基礎をおく土地貴族の政治的支配の物的基礎として、「貴族的遺言相続主義」を論じるのである(六二)。そしてまたこの場合における「遺言の自由」の特殊な内容を、私的所有に基礎をおく「公的諸自由」(public liberties)一般によって正当化するのである。すなわち次のごとく説かれる。「公的諸自由は、権限もしくは特権がその最下級の程度のものに至るまで、財産と結びつき、またそれに基礎をおくのでなければ決して十分に確固たるものではないだろう」と(六三)。かかる公的諸自由は、土地貴族の政治的支配の別称にほかならないが(六二)、マカロックは、むしろその支配「権限が他者に渡る」(六五)ことを阻止するために、「貴族的遺言相続主義」は維持されなければならない、とするのである。

右に明らかであるように、彼による「貴族的遺言相続主義」擁護論の基礎には、一定の「公序」観念が存在している。総じてそれは、財産の自由に基礎をおいた個人の自由一般によって構成される社会ということになろうが、それにもかかわらず、この自由の体系には、土地貴族の大土地所有とそれに基づく彼らの政治的支配という関係も包摂されているといえるだろう。マカロックの所論は、したがって究極的には土地貴族と産業資本家との一定の同盟関係を予定しているものと考えられなければならない。しかしながら、これを土地所有関係についていえば、土地貴族のかかる政治的特権にとって必要とされる限りでの土地の有機的一体性確保のみが、産業資本家の許容するところであり、国家的介入によるその強制的保存は、その代弁者マカロックにおいて、否定されていることが注目されなければならない。

右の点に関していえば、彼は次のようにいう。第一に、「限嗣不動産権を一人もしくは一連の法定相続人」に設定することによる「継承財産設定行為」は、「その最後の被指名者(nominee)の死後二一年の終了で運命は停止し、そして不動産権は、通常の不動産権移転捺印証書(an ordinary dead of conveyance)……により処分される」(この点後述)。したがってかかる設定行為は、国家法によって永久化されるのではなく、逆に「公共の利益」から制約されている(四八)。

第二に、土地を担保に金銭債務を負う場合についても、「貴族的遺言相続主義」に、これをなすための「不自由」は存しないとされている。すなわち、「継承財産設定行為」における「特定法定相続人」(specifed heirs)が、「彼らの当該設定財産の彼ら自身の権利(interest)の限度」を越えて、すなわちその生涯を越えた債務負担を、設定地上に課すことができるようにするために、通常、相続人に対しても効力を有するような「定期賃借権」の設定権能(powers)がその者に対して付与されること、またこの者に対して、「当該設定地の交換および売却をさえ」(exchange and even sale of property)許容し、その価格(price)をさらに他の土地へ「再投資する」(re-invest)権能が付与されていること、そして以上のためにそれらの権能を特記する文言が「設定証書」に挿入されているのであるから(四八―四九)、土地の商品化と「貴族的遺言相続主義」とは矛盾することがないとするのである。

このようにして、「貴族的遺言相続主義」が、土地商品化と矛盾するとする反論を説得する一方、彼は、かかる土地の有機的一体性の存在が、その物理的存在形態のゆえにではなく、信用に媒介されて価値化する側面を重要視する。すなわち彼は、土地の担保価値が増大することに着目し、次三男および娘たちを扶養するための物的基礎がそれによって与えられるとみるのである。しかしながら、継承財産設定地自体に、父のこれらの者のための用意(provision)を負担させる(burden)こと、いいかえれば抵当利子支払いを怠って設定地自体を手放すようなことはできないため、不可避的に父の節約が必要となり、それは「公共の利益」となる、とするのである(七三―七四)。このことについては、なお後に言及するが、このような父の「意思」とその「節約」が存在しない場合、それは、直系卑属間の「不平等」を結果させるが、それもまた全く家父たる彼の「過失」(fault)に帰せられるべきことである、とすることも注目されてよい(七四)。総じてこのような構成のなかに、「貴族的遺言相続主義」の近代的形態を認めることのできること、後述するとおりである。

最後に、このような「貴族的遺言相続主義」と、土地改良について彼の言及するところをみよう。この点について彼は、それが全面的に農業改良を阻害することは疑いないと肯定しつつ、しかしかかる「継承財産設定」を行なう者は、農業の当事者と無関係であり、「彼は、執事(steward)もしくは管理人(factor)を選任するのに少しの困難もなく」かかる意味での土地所有と経営の分離のゆえ、彼は無責であるとする。したがってスコットランドにおいてイングランドよりも厳格な限嗣相続が存在し、あまつさえ、定期賃借権の設定の開始期においていわゆる「スコットランド式手付」(Scottish *grassums*)をとるという慣習の存したごときは、いうまでもなく農業改良をさまたげるが、それは、限嗣相続を永久的なものとするイングランドのそれと異なる制度に根ざすものであって、限嗣相続制それ自体の否定の根拠にはならない、とするのである(六五―六七)。

このように一般的には、限嗣相続制が農業改良と関係をもつようにすることは避けるべきであるとする彼は、そのためには、借地農の改良投資を補償せしめることによって、改良が借地農主導により進行すべきであるとする。そしてまたその例として、一部スコットランドの「開明地主」が、限嗣相続制にかかわらず改良された土地を有することに、何よりも注目するのである。

マカロックの所論における以上の「貴族的遺言相続主義」についてのいわば近代的再構成の側面を、重要視してよいだろう。総じてそれは、さきにのべた彼の「公序」観から導かれているものであるが、それにもかかわらず「貴族的遺言相続主義」が土地の商品化と矛盾する側面を、資本の利害を優越させていく視点から「克服」しようとしていることが、注目されてよい。そしてこの矛盾は、マカロックによれば、より高次の段階すなわち「公序」のレヴェルで「解消」されるべきものとされているのである。いいかえれば、土地貴族は、資本主義的経営から排除もしくは疎外された「浪費階級」にほかならないとされ、そして彼らに帰属する政治的支配権力は、それゆえにまた当然に義務を伴うものと構成されるのである。いうまでもなく、このようなマカロックの所論には、土地貴族に専属する権力を、産業資本家の利害に従属させて行使させることについての、産業資本家層の自信に満ちた感情が表明されているといえよう。

(1) なお戒能、前掲論文「土地所有と相続㈠」二三三頁の『エディンバラ・レヴュー』誌のそれもマカロックの手になる(see Prefatory Note. p. v)。なお括弧内に引用頁数を示す。

(2) Burke, op. cit., p. 49.

(3) McCulloch, J. R., Observation on the State of the Country, and on the Proper Policy of Administration, 1830, p. 26, in Jones, E. L. & Mingay, G. E., ed., Land, Labour and Population in the Industrial Revolution, 1967, p. 107.

(4) マカロックは本文引用書一〇頁で、生前処分の自由(he disposes it during his lifetime)と同義の「遺言による遺贈をする能力」(the ability to make testamentary bequests)についてふれ、「この権能なくしては、人は、彼自身の資産の主人ではない」とする。

(5) George, H., Progress and Poverty, 1884, pp. 70–71 はこのような彼の立場を「苛酷な適者生存法則の讃美者」と規定する。

六 「貴族的遺言相続主義」における「遺言の自由」

1 一九世紀の「法改革」と「貴族的遺言相続主義」

マカロックについてみたように、遺言相続による土地の単独相続と、無遺言相続法における長子相続制とは、その経済的機能においては同じであるにもかかわらず、前者が、「遺言の自由」の行使の結果であり、後者が、法の効果であるとされることによって、両者の法理論上の峻別の建前は、維持されているとみることができる。このようにして観念された遺言相続と無遺言相続の峻別を基礎として、逆に両者が不可分一体の関係を保つことに、イギリス近代相続法の一つの特徴が存在する。もっともこれは多分に抽象的かつ逆説的ないい方であるが、内容的には後述することにし、ここでは論述の抽象化を避けるため、若干の例示を行なうにとどめる。

第一に、「継承財産設定行為」が、無遺言相続法への均分相続制の導入により、その基礎を失うと説く論者の存在したことについては、別の機会に考察した。[1] 第二に、逆に無遺言相続法の側面から、ブロドリックが次のように説く。

「長子相続の法〔土地についての無遺言相続法〕の直接の効果は、……多分それほど大したものではないであろう。けれども、遺言者もしくは設定者の心理に及ぼす間接の効果は、どんなたしかなものさしによってもはかることはできないのであって、理性と類推からしてそれこそが、長子相続の慣習〔遺言もしくは「継承財産設定行為」による長子相続〕を維持した階級の当の感情を形成するにあたっての、最も力強い動機である、とわれわれを確かに信じさせるに至るのである」(2)と。

それゆえ、「貴族的遺言相続主義」における「遺言の自由」と、無遺言相続法における「長子相続制」との対比でいえば、前者は後者の不合理を隠蔽しながらも、前者の展開の総過程は、後者により媒介されている、とみることができる。もとより、このような建前は、相続財産における物的財産権(不動産)と人的財産権(動産)を峻別し、そのそれぞれに対して全く対蹠的な承継準則が定立されていることに基づいている。逆に、このような建前が維持される限り、両財産権に関する法一般の差異は消滅しない(3)。

右の差異を人的財産権に関する無遺言相続法というべき、一六七〇年「無遺言死亡者の遺産をよりよく清算するための国会制定法」(An act for the better settling of intestates estates ; 22 & 23 Car. 2, c. 10) (22 St. at Large, pp. 347 et seq.) (以下「遺産分割法」とする) から検出しておくことにする。

同法によれば、まず第一に、遺産分割前に「消極財産」の処理が先行するのであるが、さらに第八条が次のように規定していることに注意すべきである。

「……前述の権威によりさらに次のごとく制定される。すなわち債権者に対し相当な考慮が払われるよう、無遺言で死亡したいかなる者の動産の分割(distribution)も、無遺言者の死亡後一年が完了するまでは、なされず、かつ、その者に対していかなる者であれ分割分および取分(distribution and share)が割当てられる前述のまたすべての者は、無遺言死亡者(Intestate)に真実に帰属する金銭債務(debt or debts)がいかなるものであれ後に訴訟提起されかつ回復され……るべきものとされても、彼および彼女に対し前述のごとく割当てられた部分および取分(part and share)から、分配額に比例させて右の金銭債務および訴訟費用を遺産管理人に返還する旨を保証する捺印債務証書(bond)を教会裁判所に提出することを要する」。

第二に、右のような条件で「積極財産」の遺産分割がなされるのであるが、その点については第五―七条が規定する。

第五条は、無遺言の被相続人に子がいる場合の規定である。すなわち「本法により無遺言で死亡したいかなる者であれ、その者の遺産の残余(surpluage)〔積極財産〕の分割をなすことのできるあらゆる教会裁判所裁判官(ordinaries)およびすべての他の者は……前記残余財産の三分の一の部分を無遺言死亡者の妻に分割し」かつその残余の三分の二は「子供に対しかつその間で平等の割合(equal portions)により分割」すべきものとする。また子供について代襲相続が適用され、いずれかの子供が死亡している場合「法的にかかる子供を代表する」(legally represent such children)子供が代襲相続する、としている。ただし以上の子供の場合について、彼が「無遺言死亡者の『継承財産設定行為』によって」財産をえて、または「無遺言死亡者の生前に(in his life time)前払されて(be advanced)」、いる場合、それが彼の分割分に相当する場合においては、彼は分割にあずかれないとする。また同様に、それが彼の分割分に不足するときは、不足分のみの分割が行なわれるとする。ただし、「法定相続人を除く子供」について、である。こうして法定相続人(長男)を除く子供の間で「算定される可能な限り近似」(near as can be estimated)の均等分割が行なわれると規定するのである。

最後に法定相続人(長男)については、「世襲的承継(descent)によりもしくは他により」いかに多大に土地を相続していても、それにかかわりなく他の子供と平等に配分されることができる旨、規定される。

ついで第六条は、「子供もその代襲相続人(legal representative of them)もいない場合」の規定であり、半分は妻に、のこり半分は「等しい親等であるすべての最近親(nexts of kindred)」およびその代襲相続人間で均等分割される旨を規定する。

さらに第七条は、代襲相続は兄弟姉妹の子供までしか許されないとした上で、妻のない時は、子供(およびその代襲相続人)の間で均等分割が、子供のない時は、等しい親等の最近親および右の条件での代襲相続人間で均等分割が行なわれるべき旨を定めるのである(なお本法は第一〇条により、七年間継続すべきものとされたが、後に Jac. 2, c. 17 (1685)により効力の継続が規定される)。

同法の骨子はおよそ以上のごとくである。[4] 要するに、動産については純粋積極財産の相続人(子)の間の平等な分割として、無遺言相続が行なわれるが、それには被相続人の債務に対する相続人の無限責任が前提され、かつ、相続人が被相続人の生前において有していた受益もしくは被相続人の死後においても「継承財産設定行為」において受益をえた場合にはそのそれぞれの受益が考慮され、遺産分割分はその分減少するように定められている。そしてまたこのすべての場合について、長男による不動産権(土地)の無遺言相続は、子供の間の「均等分割」を達成するという同法の大目的の考慮の外におかれている。

この一六七〇年法の帰結が、ロンドン市およびヨーク大僧正管区における古来の慣習に類似していたことは注目されなければならないが、[5] ここでは債権者と同様に相続人が、動産の遺産に対する「請求権」を有するにすぎないと構成されていることに、注意すべきであろう。ホールズワースは、このような相続人の権利の構成をもって「近代的」であると規定するが、[6] この「近代的」という規定の意義について、私なりに再構成して論ずるためには、さしあたり一八九七年の「土地移転法」(Land Transfer Act, 1897; 60 & 61 Vict., c. 65)の理解が、その不可欠の前提となる。

結論的にいえば同法は、物的財産権(不動産)における無遺言相続(不動産の「法定相続人」による世襲的継承)についてだけではなく、遺言相続についても規定する重要な法である。さしあたりその第一条一項は次のように規定している。

「……死者の人格代表者(the personal representative)はそれに対して法により受益的に(beneficially)権利を有する者のために受託者として、物的財産権を保有する(hold)ものとし、かつ、これらの権利を有する者は、人的財産権に対して受益的に権利を有する者がかかる人的財産権の移転(transfer)を請求することについて有するような物的財産権についての移転を請求する同様の権能を、有するものとする」。

そしてまた第三条一項によれば、「いかなる土地の所有者の死後」においても、彼の遺言による受遺者(devisee)または「法定相続人」は、彼の「人格代表者」から土地を「不動産権移転」(convey)されるものとして構成される。ここに右一六七〇年法と同様の観念が示されている。

このようにしてホールズワースの「近代的」という規定の内容は、総じて相続人の権利が、「受益的権利」(beneficiary interest)として構成される場合についてのものであることを、知ることができる。そしてまたこれとは矛盾するものとして、不動産権に対する無遺言相続は、一八九七年法に至るまで「法定相続人」の「代表(の権利)による」(*qua representation*)世襲的継承として、構成されていたとすることができるのである。

それゆえその「近代的」という意義を次のように確定しえよう。すなわち、第一に、相続財産における物的財産権と人的財産権の承継の観念を、人的財産権におけるそれによって統一することがその大前提である。「法定相続人」による世襲的承継は、これに対しては「前近代的」と規定されることになろう。第二に、それにもかかわらずこれだけでは、何ゆえにこのような構成が「近代的」であるのかの理由は、明らかでない。一六七〇年法をこの意味でひとまず理解の前提におくならば、個人的所有権レヴェルでの純粋積極財産の分割として相続が観念されていることが、重要であろう。いうまでもなくこのような建前が、物的財産権において完全に確立されるためには、さきの「法定相続人」による世襲的承継が廃止されなければならないのであるが、ここではこのような建前の確立を阻害する要因として「貴族的遺言相続主義」が積極的に機能したことをあらかじめ指摘するにとどめることにする。

もっとも以上のような相続の近代的構成と、イギリス近代相続法の特色とされる「遺言の自由」の関連は、必ずしも明確にされてこなかったといえる。すなわち、不動産権についての無遺言相続法の不合理を排除するための必要かつ不可欠の手段として「遺言の自由」が機能していたことを、重要視するにとどまり(7)、土地の有機的一体性の確保について「遺言の自由」が果たした機能は、しばしば看過されてきたといえる。あえていえば、その限りでは「遺言の自由」は、封建制以来の超歴史的存在とみなされざるをえず、したがって、「遺言の自由」によって規制されるところの私的所有の被相続人の意思による変動・規制の現実の過程は、その視野から脱落しているとみることもできる。それゆえ、「遺言の自由」の確立が、一九世紀中葉において行なわれることの特殊歴史的意義も看過されるのである。

「貴族的遺言相続主義」については、そこにおける「遺言の自由」とは、遺言によって、あるいは、「継承財産設定行為」によって、土地の有機的一体性が保たれるというその現実の発現形態を承認した上で、これをすぐれてイデオロギー的に説明するための文言にほかならない。したがってまた法理論の建前上は峻別されるにもかかわらず、土地の無遺言による承継準則が維持されることが、かかる「遺言の自由」の本来的な前提であることに、注目しなければならない。

このような「貴族的遺言相続主義」において観念される「遺言の自由」は、イギリス近代相続法の特徴であるところの「遺言の自由」とは別個の異なる原理を前提とするものであるとするのは、正当と思われない。なぜならば、このような「遺言の自由」をも包摂して、イギリス近代相続法の特色を「遺言相続主義」と規定することはしばしばみられるからであり(8)、さらに後にものべるとおり、一九世紀後半において「貴族的遺言相続主義」が集中攻撃に直面したさいには、J・S・ミルは、「遺言の自由」を私的所有権の属性として唱道するとともに、同じ刃でその制限を説いていることが注目されなければならない(後述)。いうまでもなくそこには、マカロックとの決定的差異が看取されるが、両者に共通する立場は、「遺言の自由」による私的所有の変動・規制を、その現実の機能と直結させて、公序に照してそれが適合的であるか否かを論じるところにあるとすることができる。

要するにこの場合における「遺言の自由」は、土地所有の集中を所与の前提とし、かつ、それにとって適合的な手段である場合にのみ、絶対的でありえたとすることができるものであるが、しかしながら、後述するごとく、一九世紀全体を通じて「貴族的遺言相続主義」に特有のかかる「遺言の自由」が、イギリス近代相続法の範型または指導原理にかかわるものとして、積極・消極の両様の意義で前提とされていることを、重要視すべきである。その限りでかかる「遺言の自由」は、土地所有に対する資本の規定性を前提とするものにほかならず、このような認識を欠落させて「遺言の自由」の一般的定義を試みることは、不毛に近いといって過言でない(9)。

(1) 戒能、前掲論文「土地所有と相続(一)」一三六—一三八頁におけるホープ発言参照。この点についてはなお後述する。
(2) Brodrick, G. C., English Land and English Landlords, 1881, p. 96.
(3) Maitland, F. W., The Law of Real Property, in Collected Papers, 1911, vol. 1, p. 171.
(4) 内田力蔵「英米の相続法」(中川善之助編『註釈相続法』下(有斐閣、一九五五年)所収)、三七三—三七五頁にも詳細な解説がある。
(5) 内田、右論文、三七五—三七六頁においてこの意味が言及される。
(6) Holdsworth, op. cit., H.E.L., vol. 3, p. 561.
(7) 四宮和夫「近代的相続法制の成立とその背景」(『家族問題と家族法』Ⅵ「相続」(酒井書店、一九六一年)所収)、四四頁以下。内田、前掲書『遺言と相続』四三頁以下、とくに七〇頁では、「遺言の自由」が「比較的新しい自由」であると適切に指摘されながら、その理由についてはふれてはおられない。
(8) Maitland, op. cit., Real Property は、こうした支配的傾向に対する、またその政治的意義に対する、批判の論文であることが注目されてよい。

(9) Laski, op. cit., p. 16 は、一八六八年の「選挙法」改正に至るまで、土地貴族の政治的支配力は喪失しないとのべている。この政治形態における貴族的土地所有「安定」の標識も、重要視されるべきである。

2　一八三三年「馴合不動産権回復・譲渡訴訟等廃止法」

「貴族的遺言相続主義」の具体的内容を明確にせず、一般的・包括的にその性格規定を行なってきたが、ここでは以下の叙述との関係で、私の考察する時期におけるその内容を明らかにしておくことにする。

すでにブルーム卿が、「限嗣相続の法」の根幹を維持したまま、手続き面で、その目的適合的に、手続きを簡素化するとの提案を行なったことにふれたが、それは以下の一八三三年「和解譲渡もしくは馴合回復訴訟による不動産権譲渡を廃止し、より単純な不動産権移転捺印証書にかえるための国会制定法」(An act for the abolition of fines and recoveries, and for the substitution of more simple mode of assurances; 3 & 4 Will. 4, c. 74) (73 St. at Large, pp. 691 et seq.) において、実現されている。同年七月三〇日、法案の段階で、大法官エルダン卿(the Earl of Eldon)は、貴族院で演説し、本法の技術的側面での大改革の意義を説き、地主階級への注意を喚起している。[1] また、同年二月一日、庶民院で法務次長は、「かかる法において利益を享受する者で、土地階級(landed interest)ほどのものはない」との評価を行なっている。[2] 右のような評価は、ともに正当であり、本法の本質をついている。すなわち「継承財産設定行為」は、すでに若干言及したように、「限嗣不動産権」の設定をもって土地の有機的一体化を保つことを大目的とするが、本法は、世代毎の限嗣設定の廃除——単純にいえば、これによって、「限嗣不動産権」が「単純不動産権」に転換せしめられる——の手続きを簡易化したにすぎないものと断定することができる。すなわち一般原則上は、「限嗣不動産権」は、成年に達した「限嗣保有権者」により、その「限嗣設定」が廃除され、かかる設定のない「単純不動産権」に転換される——そのために「馴合不動産権回復・譲渡訴訟」「和解譲渡」などがなされる——建前が存在するが、現実には「残余権者」たる「限嗣保有権者」——通常長男であって、父の死亡後「現有の限嗣保有権者」となる——は、「現有の限嗣保有権者」——通常父であり、現有の生涯権者である——の同意を得なければ、かかる「限嗣設定廃除」を行なえなかったのであり、ブロドリックによれば、本法は、このような現実を承認し、これを立法により一般原則化したにすぎないものとされている。(3)

右のことは、本法について次の点を検討することからも明らかに知ることができる。すなわちまず第一五条は、次のように規定している。

「……さらに次のごとく制定される。すなわち現有においてであれ、残余権においてであれ、未確定的残余権においてであれ、もしくはその他においてであれ(whether in Possession, Remainder, Contingencie, or otherwise)、すべての『現有の限嗣保有権者』(actual Tenant in Tail)は、限嗣設定された土地(the lands entailed)を、……あらゆる者に対して[有効に]『絶対的単純不動産権』(Estate in Fee Simple absolute)もしくはそれ以下の不動産権にするために処分する完全な権能を有するものとする。ただしかかる処分がそれに関してなされる『限嗣不動産権』に優先する(prior to)あらゆる者の不動産権に関する諸権利はつねにこれを除外するものとする」。

右にみられるように、これは次のような場合を前提としている。本法第一条によれば、右のような権能を有する「現有の限嗣保有権者」は、「継承財産行為」の第一次被設定者(通常は父)の死亡時に、その者にかわって「現有の限嗣保有権者」となり、かつ右のような処分をなしうる成年者であることを要するごとくである。したがって、右の規定から、「継承財産設定行為」における限嗣設定が、「現有の限嗣保有権者」の単独の行為によって、廃除されうるように定められた、とすべての場合についていうことはできない。すなわちこのような単独行為による限嗣設定廃除は、右のように極めて稀有の事例を前提としているにすぎないのである。しかもなお、土地の有機的一体性を確保するための継続的な設定行為において、かかる処分のなされることは、その設定目的に対し非本来的なものであるがゆえに、本条の適用されるのは、稀有の事例に属すると推量せざるをえない。

それならば、限嗣設定それ自体が、被設定者から廃除されうる他の場合があるであろうか。この点について第三四条は次のように規定するのである。

「……さらに次のごとく制定される。ある継承財産設定行為の下にある土地の『現有の限嗣保有権者』であるが、彼の『限嗣不動産権』の終了時にあたり直ちに期待しうる無限定世襲の残余権もしくは復帰権に対して権能を有さないいかなる者も、彼が本法に基づき限嗣設定された土地の処分をなそうと望むような場合には、右の継承財産設定行為の保護者(protector)があるものとする」。

そしてこの「継承財産設定行為」の「保護者」の同意がない限り、さきのような「単純不動産権」またはその他の不動産権への自由な転換はなしえず、また、もしその同意なしになされたならば、それは「下級の単純不動産権」(base fee)の効力しか生じないとするごとくである。そしてまた、この点につき第一条は「『下級の単純不動産権』とは、……〔右の場合のような処分をなした者の〕限嗣的直系卑属(Issue in Tail)は廃除する(bar)が、残余権もしくはその他により不動産権を請求する者は廃除しない……単純不動産権」であると規定するのである。

さらに第三六条は、右のような「下級の単純不動産権」は、同法規定の処分権能を行使するにさいし、つねに右「継承財産設定行為の保護者」(Protector of the Settlement)の同意を要するとするのであるし、また第三七条は、「一つの継承財産設定行為の保護者をそれによって規制しようとするいかなる工夫、変造、もしくは企図(Device, Shift, or Contrivance)は、……無効であり」、またあらかじめの合意によりこの同意権を行使しないということをとりつけても、それは無効であるとする。そして、「継承財産設定行為の保護者は、彼の同意の権能に関し、一人の受託者であるとみなされてはならないものとし、かつ、衡平裁判所は、彼の同意の権能の行使を控えさせるよう規制しもしくは干渉することも、また、彼が同意を与えることを信託の違反としてあつかうことも、しないものとする」としている。

以上みたように、かかる「限嗣保有権者」は、「継承財産設定行為」において設定者によって指名されるところの「三人を越えないかつ外国人に非ざる」「継承財産設定行為の保護者」(第三二条)の「同意」なくしては、「単純不動産権」に転換することは、できない。そしてまた第三二条前段の規定するところによれば、かかる「保護者」は、設定者の右のごとき指定のない限り、次のようである。

「……一つの継承財産設定行為に基づいて土地の『限嗣保有権者』があるものとされた場合において、同一の継承財産設定行為に基づいて同一の土地もしくはそのいかなるものにおいても、一人の生涯もしくは数人の生涯の終了のさい(on the dropping of a Life or Lives)終了しうる当該『限嗣不動産権』に優先する数年間の不動産権、もしくは、〔数年間の不動産権に非ざる〕それ以上の不動産権が、いかなるものであれ、存続すべきものとされているならば、当該優先順位の不動産権(the prior Estate)もしくはそれが一つ以上存在するならば、……右の優先順位の不動産権の第一順位の不動産権の所有者(the Owner)……が、右の優先順位の不動産権が存続すべき土地に関する限り、継承財産設定行為の保護者であるものとする……」。

本法の際立った特色は、右にみた「継承財産設定行為の保護者」の制度の導入である。その同意がない限り、「限嗣保有権者」による限嗣設定の廃除は、たんに彼の直系卑属に対する限嗣設定の廃除の効力しか生じない。すなわち簡単にいえば、それは、「単純不動産権」と異なり、右の「継承財産設定行為の保護者」の同意をつねに前提としなければ処分しえないところの、不動産権にすぎないものになる。しかもまた右にみたように、かかる不動産権は最初の「継承財産設定行為」によって彼に対する限嗣設定と同時に設定される残余権等の付着した不動産権であるがゆえに、その処分により実現する経済的価値は、いちじるしく減殺されてしまうことになろう。

それでは、このような「継承財産設定行為」の「保護者」の権能は、いかなるものであるか。この点で例えば、第二二条の後段に従えば、「当該継承財産設定行為に基づく一つの優先順位の不動産権」の所有者にすぎない――そしてまたそれゆえに、かかる権利を再び当該土地に設定したり、債務の支払いに地代および収益(Rents and Profits)をあてるごときも、以下にのべる本法の規定に従わなければならないという意味での「所有者」にすぎない――のであり、かくて本法の理解に関し、次のようにいうことが可能になるのである。

すなわち総じて本法は、「継承財産設定行為の保護者」に、「継承財産設定行為」の基底をなす限嗣設定の廃除を阻止する絶対的権能を委ね、彼と「限嗣保有権者」との「意思」の合致という形式を通じ、「貴族的遺言相続主義」における強制的な限嗣設定を、合意を媒介とするがゆえに、近代的なものという形態で、維持したものといえる。このような「合意」において、限嗣設定を廃除しうる成年に達した「限嗣保有権者」の「自由意思」は、さきのような関係においてあらかじめ擬制されていることが、注目される。このようにして「継承財産設定行為」は、土地の有機的一体性保存のため、世代毎に反覆・継続されるさいの、法的根拠を獲得することになる。しかもまた本法は、「馴合不動産権回復・譲渡訴訟」や「和解譲渡」と比較にならぬほど、安価かつ簡易な右のような手段により、これを保障したとすることができる(4)。

この点に関しては、ジョシア・ウィリアムズが次のように書いている。

「不動産が一世代から他の世代へと保たれている家族においては、継承財産設定行為は数年毎にこの目的のために作成される。かくて婚姻の場合には、生涯の不動産権(a life-estate)のみが夫に与えられ、妻は、婚姻の継続中、化粧代(pinmoney)のための手当(allowance)を与えられ、かつ、もし彼女が夫より長生きした場合には、その生涯、夫婦合有不動産権(jointure)の方法により、地代負担(rent charge)または年金(annuity)を有する。この夫婦合有不動産権およびその婚姻〔から生まれるところの〕娘たちもしくは次子以下の『分与産』(portions)のために合意されたような金額の支払いの制約内で、その婚姻より生まれるかもしれない長男が、継承財産設定行為によって限嗣不動産権者となるのである。彼が直系卑属なく死亡した場合には、次男ついで三男が同様にして限嗣不動産権者となるよう定められるのである。

こうして不動産は、ある限嗣不動産権者が二一歳に達し、彼が彼の生涯権者である父の同意をえて限嗣不動産権をそのあらゆる残余権とともに廃除できるようになるまでは、縛りつけられる。こうして支配権が再びその財産におよぶのであるが、その支配権は、次の世代への再設定(re-settlement)において、通常は行使されるのである。そしてこのようにして、財産は、家族に保存されるのである。

それゆえイングランドの土地階級(landed gentry)の間で獲得されたような長子相続制は、慣習にすぎず、権利でないのである。もっとも、この慣習は、限嗣封土権(estate tail)を廃除することができなかった時代に、長男が彼の父の法定相続人として享受した権利に起源をもつことは疑うすべもないことであるが[5]」。

またポロックは、本法第一五条にみられるように、父の死亡後成年に達している長男が単独で「絶対的所有権者」となる機会をうることができても、主として土地貴族おかかえの「弁護士」(counsel)(通常、事務弁護士(solicitor)がこれに当ることは当然予想される)や家名の維持などからする拘束が優先し、そのような機会に、「継承財産設定」が廃

棄されることはほとんどありえない、とのべている。(6)

さらにまた以上の点は、本法の成立の年に「財産権帰属不当引延処分禁止の準則」(rule against perpetuities)が、ヘンリー・ベンゴォ(Henry Bengough)の驚嘆に価いする遺贈をめぐって争われた事件で、その長い確立の歴史を終了したこととも密接に関係している。

ベンゴォは、チェシャアの簡潔な整理をかりて要約すれば、彼の死後において開始し、その後一二〇年で終了するという条件で、その邸宅・保有財産・放牧場などを、銀行家を含む四人の受託者とその法定相続人などに遺贈した。ただし、甥のジョージ・ベンゴォなど二八名を指定し、その者たちがすべて一二〇年間の終了まで生存することを要する(一二〇年経過前二八名の者がすべて死亡すれば、一二〇年経過前であっても、そのとき終了する)とするのである。さらにまたその後の二〇年間すなわち一二〇年の経過後の二〇年間、または二八名のうち最後の生存者が死亡してから二〇年間、についても同様に、右の受託者に対する遺贈の効力が持続するものとした。

こうしてベンゴォは、彼の死後も、その財産によって、妻が余生を送れるよう、また子供を設けることができなかったので、妻の死後も受託者たちが適当にこの財産を管理してくれるよう、望んだのである。

かかる遺贈の有効性をめぐって争われた貴族院の判決において、最も重視されたのは、財務裁判所裁判官ベイリイ(Bailey, B.)の意見であったようである。ベイリイ裁判官がとくに強調した点は、次のようである。

「遺贈将来権の導入およびそれによって遺言者に寛恕が許されるにあたっては、その遺贈の目的物であるところの財産権が、合理的な時間を越えて拘束されないよう、またあまりにも大きな譲渡の制限(restraint upon alienation)が許容されないよう、注意が払われているのである」。そしてその合理的な期間とは、「生存する一人の生涯もしくは数人の生涯の〔権利の〕消滅後二一年間」というようなものである。(7)

こうして確立された準則の効果は、しかしながら右の「継承財産設定行為」の世代毎の反覆・継続、すなわちその「再設定」により、極めて巧妙に、かつ、いわば合法的に、回避されることになろう。

ついで、第七一条の規定するところは次のようである、「自由土地保有権であれ、定期賃借権であれ、もしくは、他のいかなる保有態様であれ、売却されるべき(to be sold)土地は……本法のあらゆる目的のため譲受けられるべき土地(Lands to be purchased)」と扱われるものである、と。[8] すなわち、同条は、「継承財産設定行為」における「売却の権能」(power of sale)を前提とするものであり、通常は受託者が「生涯間不動産権者」として設定土地の占有を開始している「限嗣保有権者」(tenant in possession)の同意を得て、設定土地の一部もしくは全部を売却し、その取得金(purchase money)を他の土地の購入に、または、譲渡抵当その他の債務の支払いに、充当することが行なわれていたようであり、このことからみれば、同条は、かかる慣行の法認を意味するにすぎないであろう。[9] けれどもこれは、これまでのべてきた「貴族的遺言相続主義」の他の特徴と密接に関連している。すなわち、土地の有機的一体性が保たれることと、「継承財産設定行為」によるこれら「売却の権能」は不可分の関係にあり、このような諸〻の「権能文言」の挿入により、土地の価値的把握が可能となり、そのことのゆえに、さきのマカロックの言にあるたんなる「長子相続制」と異なる、近代的粉飾が施されるということである。

けれども、かかる形態における「継承財産設定行為」の永続性の保障は、第二一条が規定するところの「譲渡抵当」設定などのための限嗣設定の廃除[10]を含め、すべての土地貴族の遺言相続主義を護持するために画一的に働くとは限らない。すなわち逆に、本法はあらゆる「継承財産設定行為」を画一的基準に従わせることによって、結論的には、一部土地貴族が今や「経済的競争」の外界から「自由」でなかったことの帰結を示すのである。

一八三三年法についてアンダーヒルは、低い評価しかしない。この点に関し次のように書いている。

「遺言や継承財産設定行為に……明文の諸権能が含まれていないと(もっともそういう例は少ないが)、生涯間権者は、それがどんなに望ましくとも設定財産を売ることも交換することも分割することも、できなかった。栄誉において実りあるものでも地代はからけつの貧しい田舎の所領がほとんどであれば、また、とりわけ次子以下の子供たちへの分与産がそれに重くかぶさっている場合には、彼はしばしば『有害な遺産』(*damnosa hereditas*)としか思わないのである。分与産の権利への支払いにあてられたのちの地代は、彼の不幸な生涯のために施し物を残すほどのものにすぎなく、また、彼による当該土地の改良など全く望めないくらいのものに……なってしまうのである。さらに実際改良に費やしたところで、そういう金は、次子以下の子供たちへの賠償〔すなわち相続分の補償〕のための不動産にすいとられるだけだ。

……ある継承財産設定行為では、諸権能が、明文で挿入され受託者をして、このような賃借権の設定や交換や売却、分割を可能にしている。けれどもしばしば、遺言の場合にはとくに、このような諸権能は書かれてなく、そしてそのような場合には、土地に対して正義を行なわせる唯一の手段は、私的国会制定法〔a private act of parliament〕……である。けれどもこのような制定法は、金のかかるぜいたくなもので、金持のためにだけ開かれていて、中位の田舎ジェントリのほとんどの手のとどかないものなのである」[11]。

以上の三三年法を中心とした考察を前提としながら、一九世紀中葉以降の相続法改革の特徴を検出していくことにする。その前提として、なお「貴族的遺言相続主義」において観念される「遺言の自由」につき、ふれるべき点があるが、それは、以下の分析の中で扱うことにする。

(1)　Hansard, op. cit., 3rd S., vol. 14, Col. 91.
(2)　Ibid., vol. 15, Col. 653.

（3） Brodrick, op. cit., pp. 65–66. なお戒能、前掲論文「土地所有と相続㈠」二三四頁引用の「物的財産委員会」の理解も、こうした観点からなされうることについては、Pollock, op. cit., p. 169 参照。

（4） Hansard, op. cit., 3rd S., vol. 15, Col. 656 における法務次長の言によれば、「和解譲渡」もしくは「馴合不動産権回復・譲渡訴訟」のためには、ほぼ二〇に近い手続きをふまなければならないごとくであり、またさきのブルーム演説（一八二八年二月七日 Hansard, op. cit., 2nd S., vol. 18, Col. 181）では次のようにのべられている。「……これは、一年の一定の時期に、人民訴訟裁判所をとおしてなされなければならない」。すなわち「ミカエル開廷期の第一日目に行き、和解譲渡手続きを行ない限嗣的直系卑属の期待権を破壊するか、または馴合不動産権回復・譲渡訴訟の手段によって、これらの権利のほかあらゆるその上の残余権をとりのぞけるのである」と。

（5） Williams, J., Principles of the Law of Real Property, 23rd ed., 1920, pp. 104–105.

（6） Pollock, op. cit., p. 9.

（7） 以上につき、Thomas Cadell v. Palmer, 5 Eng. Rep. 745 et seq. また Cheshire, G. C., The Modern Law of Real Property, 1st ed. 1925, 9th ed. 1962, p. 240 参照。

（8） 第七一条は、さらに「当該売却から生じる金銭」が、「土地の譲受に投資される」べきとされる場合、すなわち「いかなるものであれ、その者が、（譲受けた）土地に『限嗣不動産権』を有するであろうように設定がなされ、かつ（当該金銭が）この土地の譲受に投資されるべきものとされている場合」について定めている。そして、このような売却を予定された土地は、新たな土地の取得のために投下されるべきものと扱われるのである。したがってまた土地のみならず、同様の制約の下におかれる金銭、すなわち、「土地が譲受けられたら、いかなる者であれ、その者が、それに『限嗣不動産権』を有するであろうように設定された土地の譲受にそれが、投資される、というように制約される金銭」もまた、「譲受けられるべき土地」と扱うと定める。

（9） Brodrick, op. cit., pp. 67–68. さらに第四一条が、二一年を越えない定期賃借権の設定を大法官府裁判所への不動産権移転証書の登録なくしてなしうることを間接に認めていることにも注目しなければならないであろう。

（10） 第二一条は、「土地の限嗣不動産権者が、本法に基づき、譲渡抵当によってもしくは他のいかなる制限された目的のために一つの処分をなす場合は、……かかる処分は、それによって創出された不動産権の範囲で」限嗣設定の「絶対的廃除」をなしたものとみなされるとしている。

(11) Underhill, A., Changes in the English Law of Real Property during the 19th Century, in Select Essays in Anglo-American Legal History, 1909, vol. 3, pp. 676-677.

3　一八三七年「遺言法」等の意義

ブルーム演説を一応の起点とするところの一九世紀前半期における「法改革」の実現点について、若干言及してきたが[1]、ここで「貴族的遺言相続主義」における「遺言の自由」の内容をより明確にするという視角から、その他の具体的な改革の実現点を検討することにする。

一八三三年には、物的財産権に関する法の重要な改正が行なわれている。例えば、さきの「馴合不動産権回復・譲渡訴訟」であり、また二〇年の「一般訴訟期限」(a general limitation)を設け、それまで、「訴訟」(suit)の態様によって、「出訴期限」がばらばらであったものを統一し、この間の占有によって権原の取得をなしうる旨を定めた「物的財産権出訴期限法」(Real Property Limitation Act, 1833; 3 & 4 Will. 4, c. 27)がある。またさらに、「寡婦権法」(Dower Act, 1833; 3 & 4 Will. 4, c. 105)および「相続(財産)法」(Inheritance Act, 1833; 3 & 4 Will. 4, c. 106)等がある。

これらの改革の意義について、一八三三年二月一四日、法務次長は次のように説いている。

「これは、まことに重大な意義を有しているのに、ほとんど議員諸氏によって注意を払われることがなかったのは、残念なことである。……私は、当議院および国家の注意が、この問題に向けられ、民衆が、彼らの代表機関の行動についてこれ以上苦情を訴えることがないようにしたいと考えている。すなわち彼らは、あらゆる階級に明るみに出されている財産権に関する法の現在の状態について、彼らの代表機関が、その弊害を除去しようとしないことに、大いに不満をもっているのである。チャールズ二世の治世以来、イングランドの物的財産権に関する諸法について、何らの変更もなされてこなかったのであり、その当時に存在したあらゆる不都合が、今なお存続しているといえるのである。それればかりではない。それは、その間の社会状態の変化によって、悪化していさえするのである」。

ここに強調されているように、その改革の規模は大きく、その基調において、「古い制度」の残滓の一掃を意図するものということができる。具体的に、右の「相続(財産)法」についていえば、次のようにその改正点が言及されている。

「現在存続中の法によれば、父は、彼の息子を通じて相続する(inherit)ことはできない。これはまことに馬鹿げたことである。けれどもそれは、もし法がこのようでなかったら〔相続財産が〕常に世襲的に承継され(descend)上昇する(ascend)ものではないという『引力の原理』(the principle of gravitation)に反することになるであろうという根拠に基づいて正当化されてきたのである。さらに、兄弟は、もしその兄弟が半血(the half-blood)であれば、他の兄弟を不動産相続(inheritance)において、相続することができないのである。

……それゆえに、父が彼の息子から不動産相続することができるようにし、半血の兄弟が半血の兄弟からそうすることができるようにするのが私の意図である」。

またさらに右「寡婦権法」についての説明は次のようである。

「現在存続中の法によれば、妻は、彼女の夫の死亡のさい、夫が結婚以来いかなる時期においてでも有していた土地について、その土地がどんなものでも、夫が『相続不動産権』(estate of inheritance)をそれについて有していた場合には、その三分の一について権利を有するのである。しかしながら、この分野の法は、現代的な『結婚継承財産設定』(marriage settlement)の慣行によって、継続的に回避され、かつ、不用にされているものである。けれども、寡婦権についての法は、その機能のゆえに、土地の財産権の売却を阻害する傾向を有する。現在の慣行によれば、土地の譲渡(the purchase of the land)のさいに、寡婦権は廃除されているのであるが、もしこのことがなされないと、譲受人(the purchaser)は、その支払いの責任を負うことになる。

私は、寡婦権についての法は、夫が死亡したときに占有する土地についてのみ効力を生じるものとする、というように提案するものである。……私は既得権(vested rights)を保護するように考えているのであり、……婦人への補償のために、私は、彼女らが、エクイティ上の不動産権(equitable estates)から生じる寡婦権にも権利を有するものとする、とするように提案したい。その場合、夫が立ち入り、現実にそれを占有しているか、いないかということとは無関係なのである」。

以上二つの改革は、(2)これまでしばしば言及したところの物的財産権に関する無遺言相続法の重要な改正点というべきである。「寡婦権法」については後述するが、「相続(財産)法」にみられるところの承継の「上昇」準則の確立は、封建的土地法以来の「コモン・ロウの相続法理」の部分的否定を意味している。さらに、一八三三年には、夫の「鰥夫権」(curtesy)に関する改革も行なわれている。(3)もっとも、一六七〇年「遺産分割法」を検討したさいに明らかにしたようなイギリス近代相続法の相続についての観念、すなわち、個人的所有権レヴェルでの純粋積極財産の分割という観念は、物的財産権については未だ生じていない。このことに関し、言及しておくことにする。

すでにふれたように遺産における「単純捺印契約による金銭債務」(simple contract debt)部分については、一九世紀前半において、たんに「人的財産権」(動産)のみが、責任財産とされていたことを注意してよい。すなわち、このような状態について、アンダーヒルは、次のように書いている。

「一八〇一年において〔すなわち彼は一九世紀における法改革を整理するために、一応このように説いている。正確にいえば、さしあたり一八九六年までは、である〕『単純捺印契約による金銭債務』に責任を有すると認められる死者の唯一の財産権は、『一般人的財産権』(general personal property)であった。その金銭債務を彼の物的財産権に負担させる(charge)ことがなければ、法定相続人および受遺者は『譲渡抵当による金銭債務』(mortgage debts)『国王への金銭債務』(crown debts)『判決および債務支払い誓約つき金銭債務』(judgments and recognizances)および法的相続人(heirs)が、明文で捺印証書において列挙したことに基づいて生じる金銭債務を除いたあらゆる金銭債務の負担から解放されたその物的財産権を取得するのである。……『譲渡抵当による金銭債務』の場合においてすら、法定相続人および受遺者は、ひどく不公平にも、死者の『一般人的財産権』から、〔その分を〕補償される権利を有していたのである」[4]と。

このような建前からする不合理は、一八三三年「遺産管理法」(Administration of Estates Act, 1833; 3 & 4 Will. 4, c. 104)により部分的に救済された。同法によれば、遺産における物的財産権を、あらゆる種類の金銭債務の支払いに充当することにしてもよい旨が、定められたのである。けれども、それはみられるとおり強行規定ではない。さらに右の「譲渡抵当による金銭債務」が、遺産における物的財産権を承継した法定相続人および受遺者によって、遺産における人的財産権部分に支払い責任を転嫁されえたことについては、さらに後に至るまで改革がなされなかった。「『利益を享受すべき者は、不利益をも享受すべきなり』(*Qui sentit commodum, sentire debt et onus*)の原則に基づいて」、この点が改革されたのは、一連の「ロック・キング法案」とりわけ、一八五四年「物的財産権負担法」(Real Estate Charges Act, 1854)(なおその後一八六六年と七七年に同短称(short title)の制定法 30 & 31 Vict., c. 69; 40 & 41 Vict., c. 34 が制定されて改正されたが、内容的に変更がなされたわけではない)以後におけることである。[5]

さらに、以上の結果、総じて遺言によって物的財産権（とくに土地）が負担つきにされない以上、[6] 少なくとも、一八三三年までは、人的財産権のみから、被相続人の金銭債務の支払いがなされ、法定相続人または受遺者は、不合理なかつ特権的な利益をえていたものとすることができるのである。

以上のゆえに、さきの一八九七年「土地移転法」の意義が想起されるべきである。すなわち、物的財産権についても、遺産は、ひとまず「人格代表者」に帰属し、この「人格代表者」は、遺言者が、土地に「負担」を賦課していたといなかったとにかかわらず、自らの権限に基づいて、土地から金銭債務の支払いをなしたり、支払いのために当該土地を売却したり、「譲渡抵当」を設定したりすることが、できるようになったからである。[7]

端的にいってそれまでは、土地法の領域における「封建的残滓」に対する決定的打撃は加えられていなかった、といえるのである。そしてまたそのことは、右に示したように、物的財産権が、「法定相続人」(遺言によれば「受遺者」)によって世襲承継されたことによるものである。さらにまたこれまでの考察においてしだいに明らかにしてきたように、一八三三年以降における法改革にもかかわらず、一九世紀末葉に至るまで、「貴族的遺言相続主義」の安定が保たれ、それゆえにこれらの改革の内容が、総じてかかる遺言相続形態に適合的に構成されるという推定を行なうことができるように思われる。したがってまず、一九世紀中葉における相続法改革をめぐる論議において重要な素材とされるところの、一八三七年「遺言法」の検討から始めることにする。

一八三七年二月二三日、貴族院で、ロングデイル卿(Lord Longdale)が行なった説明にそくして、この「遺言法」(Wills Act, 1837; 1 Vict., c. 26)の内容をみていくことにする。[8]

同法は、一八三二年の「教会裁判所に関する委員会」(Ecclesiastical Commission)の勧告、および、「物的財産権に関する委員会」(Real Property Commission)の第四報告書に基づいている。その後庶民院の「特別委員会」(Select Committee)に付託され、ロングデイルおよびティレル(Tyrell)によって修正された法案となり、一八三七年に至ってようやく国会を通過したものである。このような長い制定過程をたどった理由は、同法が極めて重要な法であったからであるのみならず、遺言検認(probate)等に関する管轄権を有する裁判所(教会裁判所)が無数に存在し、そのため裁判所制度の改革と不可分にこれが論議されざるをえなかったからでもある。(9)

ところで、ロングデイル卿の示した同法の大目的は、遺言書作成もしくはその撤回と修正についての画一的な法の定立と、「しばしば破られる」適法な遺言者の「意思解釈」についての、一定の準則を確立することである。またさらに「この国の政策によれば、人がその遺言により処分しうる財産は、彼が有していたあらゆる財産、すなわち、彼の生涯を越えて存続すべきものとして有している権利(interest)」でなければならず、そのため彼の遺言による処分をなしうる財産権の範囲を、拡大しなければならないということである(九六四―九六五)。

その結果、第一に、「慣習的自由土地保有権」(customary freeholds)および、「謄本保有権」に関するコモン・ロウ上の不動産権の遺贈の法認が言及される(九六五)。右一八三七年法は、けれども、謄本保有権と自由土地保有権との差異を終了させてはいない。以下そのことをみよう。

第四条によれば、かかる保有権の遺贈は、「同様の権利が保有されるについてのマナー慣習によって、一つの遺言のユースのため(to the use of a will)放棄される」という周知の謄本保有権の遺贈形式――「放棄」と「容認」――が、前提されているようにみえる。けれどもまた第三条によれば、かかる保有権を「遺言者が、彼の遺言のユースのために、同様の保有権を放棄しなかった」場合、また受遺者が「容認される」ことがなかった場合、さらにまた、このような「放棄と容認」による遺贈慣習が存在しないマナーにおいても、右のような保有権の遺贈が法認されるとしている。規定のしかたは、以上にみるように極めて複雑である。けれども謄本保有権の遺贈は、遺贈者が、その遺言のユースのため、領主から再び授与がなされるという「受遺者の容認」の信託において、「放棄」されるという形式によるのが通常であったものが、右にみたように、このような慣習が存在しない場合であっても、また遺贈者によって右のような形式の「放棄」がなされなかった場合や、領主の「容認」がなされなかった場合にも、遺贈が法認されるようになったことは、非常に重要な意義を有したであろう。その限りで、一八三七年法は、「放棄」と「容認」による遺贈慣習を、国家法レヴェルで承認し、あらゆる遺贈の場合に、この慣習の存在を推定することにしたということができる。

けれども他方、第四条は、かかる慣習によってマナー領主が得た利益、すなわち、これらの保有権の遺贈にあたって彼らに支払われる印紙税(stamp duties)、手数料(fees)、および金銭(sums of money)の存続をも認めている。このようにして、「謄本保有権」等に対する領主所有権は、完全に廃棄されていない。第四条はしたがって、かかる遺贈は、右のマナー裁判所記録(court roll)に登載されることを要する——ただし右のような信託の内容の記載は必要ではなく、信託の下にあることのみの一般的記載で足りる——とする。さらにまた一八三七年法に基づいてはじめて遺贈を法認されることになるある種の保有権については、「一時金」(fines)や「相続上納物」(heriots)等の支払いが、受遺者からなされなければならず、これらの支払いがなされないとき、領主は、あたかも「世襲的承継(a descent)の場合の慣習的法定相続人(the customary heir)に対して」執行する場合と同様に、受遺者に対して執行することをうる、としている(第四条)のである。

以上の結果、謄本保有権に対する領主所有権の残滓は、一八三七年法においてもなお顕著に認められる。謄本保有権は、このようにして自由土地保有権との差異を終了しえなかった。すなわち一九世紀におけるそれの「解放」の漸次的法認と、(10) 最終的には一九二五年「財産権法」——一九二二年「財産権法」および一九二四年同「延期法」に基づく(Law of Property Act, 1922. s. 128 ; Law of Property Postponement Act, 1924)——における謄本保有権の廃棄に至るまで、謄本保有権に対する領主所有権の残滓は、消滅することがなかったのである。

第二に、「他者の生涯間保有の不動産権」(estates for other lives, estates *pur autre vie*)の遺贈の法認、第三に、「未確定権および将来権」(contingent and future interests)を例外なく法認する点である。

第三点は、重要視されなければならない。ロングデイルの例示によれば、それは次のような場合における遺贈の法認を想定するものである。

すなわち遺言によって、不動産権が、AB二人の姉妹、および、そのどちらか「生き長らえた者」(survivor)とその者が遺言によって指定するCに、というように限定された場合、ABいずれが生き長らえるかは、不明であるため、二人のどちらかが死亡するまで、ABはともに右のような遺言者の意思にそって、遺贈をすることができない。そこで、このような場合にも、ABのいずれかが、survivor として、その生存中に、遺言書を作成〔Cを指定〕し、実際に survivor となったとき、その処分が現実に効力を発生するとするように、改正するのである(九六三)。

この点に関し、一八三七年法は、「いかなる物的もしくは人的財産権であれ、それのあらゆる未確定的、将来未確定条件発生的、もしくは将来的諸権利(all contingent, executory, or other future interests)」を遺贈することもできる、と規定している。すなわち、遺言者がその遺贈の対象者を確定しえない段階においても、右のように一定の条件の成就とともに効力を発生するものとして、遺贈をなすことも適法である、としているとみることができるのである。

その他の重要な骨子については、以下箇条書的に分析していくことにする。

(1) 一五四〇年「遺言法」および一六七七年「詐欺法」等に関する改正点

この点に関しては、第一に、遺贈は、その遺言書作成時点において遺言者が有していた財産(ただし不動産)に限局された効力を生じ、それゆえ、彼がその後に取得した財産については、それぞれ別に遺言書が作成されなければ遺贈しえないことになる一五四〇年法の不合理が、救済されている。すなわち「彼の死亡の時点で、彼が権利を有するあらゆる物的財産権」の遺贈が認められたことである(「物的財産権に関する委員会の勧告」に基づく)(一八三七年法、第三条)(九六六)。

第二に、遺贈をなしうる年齢を、二一歳以上としたこと、である(第七条)。第三に、遺言書の形式的要件に関する改正点である。

第三点についていえば、総じて遺言書の様式の画一化であり、それはまた、遺言が財産の処分行為のうちでも「とりわけ重要なもの」であるということに相応しい「様式(forms)と儀式(ceremonies)」を伴う必要があるということと、「略式および偽の」(informal and spurious)遺言書を無効とするものでなければならないといった前提に立っている(九六八―九六九)。

このような「様式」および「儀式」とは、一八三七年法第九条が、遺言は書面によることを要するとしたこととともに、「遺言書の末尾もしくはその終りに(at the foot or end thereof)遺言者によって、もしくは、彼の出席の下に他の何人かにより彼の指令に基づいて、署名される」ということであり、そしてまた、「かかる署名は、二人もしくはそれ以上の証人の出席の下に、遺言者によりなされ、もしくは、彼により承認されるものとし、かつ、かかる証人は、遺言者の出席の下に、当該遺言書を証明し(attest)また確認署名する(subscribe)ものとする」ということである。ロングデイルによれば、このように形式的要件を画一的にする理由は、人的財産権の場合にかなりの程度、「教会裁判所」が独自に略式の遺言書を認めていたことを排除しなければならなかったからであり、さらにまた、一六七六年の「詐欺法」(前述)が規定する物的財産権に関する遺言書の様式の一方における厳格性と、他方における不明確性を、[11]

緩和しなければならなかったからである(九六九―九七二)。

以上のような形式的側面における改革は、しかしながら、きわめて重要な意義を有するものといえる。なぜならば物的・人的両財産権についての遺言書の形式的要件を統一した結果、何よりも「大きな家族」(a large family)に恩恵が与えられたとのロングデイルの指摘が、端的に一八三七年法の本質をついていると思われるからである。より詳細に次のように説かれる。すなわち物的・人的両財産権を豊富に有する「大きな家族」では、「あらゆる子供のための用意」の目的から、しかも子供の各〻の特性に応じてその用意をなすことが行なわれた。そしてそのために、一定の遺産部分を法定相続人に設定し、残余を売却し、その売却金(the produce)を次三子間で分割するよう、遺言者が彼に対し指令し、かつ、その分割のさいに、一部の子には土地を、他には一定額の金銭を与えるように、命じておくのが通常であった。そしてこのような場合、遺言者は、その複雑な遺言書作成を、人的財産権の遺言書作成の手続きでなすことが多く、したがって多くの場合、物的財産権についての遺言書作成手続き違反のゆえに、このような遺贈自体が無効となる。その結果、法定相続人が全物的財産権部分を取得し、次三子への右のような「用意」がなされないことになる。一八三七年法は、両財産権の遺言書の形式的要件を統一したことによって、このような不合理を救済したのだ、と説かれるのである(九七一―九七二)。

(2) 遺言書の撤回

このことについては、遺言者の結婚などにより、遺言書が撤回されるべき(to be revoked)としていた従来の準則が、一定程度改正されたことが注意されてよい。ただし、「有夫女」(婚姻継続中の妻(married woman))については、一八三七年法第八条にもみられるように、遺言の権能が認められないので、この準則もまた維持されるべきものとされている。ただ、夫に関しては、「継承財産設定行為」にみられるように、再婚する妻もしくは、将来生まれるかもしれない子に対して遺贈をなすのが、通常のことであるので、将来のこの「事情変更」によって、遺贈が撤回されなければならないとするのでは、彼の意思とは全く逆の結果になる(九七六―九七七)。そこで一八三七年法第一九条によって、次のように改正される。すなわち「いかなる遺言書も、事情変更の理由に基づくいかなる意思の推定によっても」(by any presumption of an intention on the ground of an alteration in circumstances)撤回されないものとするのである。

(3)「指定権能」(a power of appointment)の遺贈の法認

遺言書において、遺贈がAの指定する者に対してなされるというように定めることができるのであるが、一八三七年法第一〇条により、このような「指定権能」が、遺言書の指定に従って執行されることができると定められたこと、これが、改正の大原則的帰結である。そしてまたさらに重要なのは、第二七条である。(12) すなわち同条は、「物的財産権の包括遺贈(a general devise)」についての規定であるが、「指定権能」が付着した物的財産権も、包括遺贈の対象とすることができると規定するものであり、その結果、包括受遺者に、この「指定権能」も、遺贈されるという結果が生じる。このような結果は、もとより右の大原則的帰結に反することはない。けれどもこのようにして、指定対象が特定されない場合の「指定権能」(general power という)は、受遺者にとっては、誰に対して遺贈してもよいという意味で、ほとんど所有権(ownership)と異ならないものと観念される結果になろう。(13)

(4) 最後に、一八三七年法による最大の改革といってもよい点にふれる。すなわち遺贈における「限定文言」(words of limitation)に関するものである。同法前における事情を、ブラックストーンによってみれば、次のようである。

「『法定相続人』という語は、『世襲的封土権、すなわち、相続不動産』(a fee or inheritance)をつくるための、授与もしくは贈与において必要とされた。というのは、もし土地がある人に永久に、かつ、彼および彼の譲受人

(assigns)に対して永久に、というように贈与されても、かかる贈与は、『生涯間不動産権』(an estate for a life)を与えるものにすぎない」。また遺贈の場合に、かかる「限定文言」(words of limitation)の必要性は緩和されたが、それでも、「彼および彼の譲受人」というのみで、「永久性の付加文言」(annexing words of perpetuity)を欠けば、やはり、「生涯間不動産権」しか遺贈しなかったという結果になったのである。(14)

そこで、同法は、第二八条で、「物的財産権がいかなるものであれ、限定文言を欠き、ある者に遺贈されるべきとされる場合には、かかる遺贈は、単純不動産権を移転する(pass)、と解されるものとする……」と規定し、その必要性を廃したのである。

以上のように一八三七年法は、第一に、物的財産権と人的財産権との遺言の要件を画一的にし、その結果、ロングデイルが指摘したように、「大きな家族」への恩恵は多大なものとなる。またさらに、そのことにも示されるように、両財産権を一括して一つの遺言書によって遺贈することも、きわめて容易になったであろう。(15)

第二に、一五四〇年「遺言法」(16)において、なお顕著に残された封建的占有(seisin)の観念は、一八三七年法では消去されている。(17)この結果、遺言書作成後において遺贈者が取得した財産(不動産、とくに土地)をも遺贈することができるようになり、端的にいって、死亡時における遺産の全部の清算という、近代的相続観念への接近が、少なくとも遺贈の場合に、実現したことになる。

しかしながらまた第三に、以上の結果実現した「遺言の自由」とは、右に「指定権能」について、また、各種の「将来権」の「遺贈の自由」についてみたように、「継承財産設定行為」に基礎をおく「貴族的遺言相続主義」を範型とし、て構成されていることが、注目されなければならないであろう。遺言書撤回に関する準則の修正点も、そのような観点から構成されている。総じてかかる構成のゆえに、被相続人の最終意思の効力は、その死後における相続人側の処分権能の剝奪の「自由」として、存続・実現を保障されることになる。「貴族的遺言相続主義」の本来の建前が、所有権秩序の固定化にあるとすれば、その過程を媒介するところの「遺言の自由」が、この目的に適合的に構成されなければならないことになるであろう。この点につき、のちにふれる「貴族的遺言相続主義」解体論の旗手、ジョセフ・ケイは書いている。

「これらの遺言書および捺印契約書が、目的的に、財産を、地主の死後長い長い年月にわたり拘束するために作成されるのであるから、受託者や生涯間権者に対するところの多くの指令(directions)が挿入されることが必然的となり、……これら『諸権能』(Powers)と呼ばれる指令は、……〔それゆえに〕これらの財産についての所有権の正確な状態を確認することさえ不可能なものとするほどである(18)」と。

もっとも、以上のように「遺言の自由」が「貴族的遺言相続主義」を範型として確立されたことの意義をさして重要視しない立場からするならば、「遺言の自由」とは、家族的制約からの「自由」、すなわち「誰でも好きな者(家族以外の者)に遺贈する自由」と抽象的に定義され、唯一の家族的制約、すなわち、さきの「寡婦権」の制約から解放された時点で、「遺言の自由」が、完全に確立したのであると説かれることになる(19)。

この点に関しては、例えば、イギリスにおける「遺言の自由」は、つねに、家族的制約と調和していた——家族成員外の者への遺贈の自由は、完全に成立したことはないという意味で——と説く、ウンガーの所論が注目されてよい。ウンガーによれば、一八三七年法は、「家族の観点からして遺言の権能が有利な効果を発揮したということについてその絶えることなき信念」を確認したものにすぎないとされる。そしてまた総じてイギリス人の「国民性」(national character)のゆえに、パラドキシカルにも、無遺言相続法の改革は、遺言の権能に対する制限の排除によって先行されるのである、と説かれている(20)。

右の論者と結論的に対立して「遺言の自由」の確立を、家族的制約からの解放の時点に求める立場は、右の一八三七年法について論者が強調するところの「遺言の自由」の現実の機能を消去して、これを近代的所有権の「自由」の論理的帰結とみることからするものである。けれども、それは第一に、イギリスにおける「遺言の自由」の確立が、何ゆえに右一八三七年法の時点においてなされるかの歴史的経緯を無視するものであり、それゆえ第二に、この時点においても、物的財産権の無遺言相続法が、対蹠的であることからする、「遺言の自由」の自律的展開の意義をみないものである。ウンガーののべるように、このような背景の下に確立する「遺言の自由」とは、主として物的財産権に関する無遺言相続法を、被相続人の最終意思の選択によって、その適用を回避し、その「意思」のみによって遺産の処分をなしうるようにしようとする傾向を、一般的に指称するものにすぎない。そしてまたそれゆえにこそ、「貴族的遺言相続主義」にみるような、相続人または受遺者からの処分権能の剝奪によるところの遺産に対する家産的拘束の設定もまた、かかる「遺言の自由」からの帰結とされるのである。この場合における被相続人と相続人の関係を図式化していえば、前者においては、いかなる承継順位を定めることについても「自由」、いかに相続人の「処分の自由」を剝奪しても「自由」ということであり、相続人は、このような相続財産に対する目的的制約のための、すなわち被相続人の「最終意思」を実現するための、受託者的立場におかれている。そしてまたこのような関係を前提として確立された「遺言の自由」は、近代的所有権の「自由」からの本来的帰結であるのではなく、むしろそれの否定の上に成立するものであることが、のちにものべるとおり、「貴族的遺言相続主義」解体論者の、主要な論拠となる。これらの点について検討するのが次章の課題であるが、最後に、この「遺言の自由」の確立期をどの時点に求めるかについて、論者のあげた「寡婦権法」に言及しておくことにする。

一八三三年「寡婦権法」の第四条によれば、「いかなる寡婦も、彼女の夫によりその生存中に、もしくはその遺言により絶対的に処分されたるところのいかなる土地からの寡婦権に対しても権利を有さないものとする」とされる。また第六条は、「寡婦が、彼女の夫のいかなる土地からの寡婦権に対しても権利を有さない」場合を規定する。すなわちそれは捺印契約書(deed)によってかかる土地が夫に不動産権移転される(such land was conveyed to him)さいに、その捺印契約書のなかに、「かかる土地からの寡婦権に対し、彼の寡婦は、権利を有さないものとすると宣言される」場合なのであり、また、第七条によれば、夫がその遺言書のなかで、「彼女が、寡婦権に対し権利を有さないという彼の意図(intention)を宣言する」場合なのである。このようにして第八条では、「寡婦の寡婦権についての権利は、前述のように適正に執行される彼女の夫の遺言書により宣言されるものとされるいかなる諸条件、諸制約もしくは諸指令(any conditions, restrictions, or directions)にも制約される」とされるのであり、かくて「遺言の自由」に対する寡婦権の制約は、事実上最終的に廃棄されるに至るのである。

けれども、「寡婦権」が、「遺言の自由」に対する唯一の家族的制約として、それほど大きな位置を占めていたかは、大いに疑問である。この点について、ブラックストーンが、次のように説いていることを、注意したい。

「……寡婦権を廃除する最も通常な方法は、『夫婦合有不動産権』(『寡婦産』)(jointures)であり、それは、ヘンリー八世治世第二八年法律第一〇号(『ユース法』)によって、規定された。『合有不動産権』とは、厳格にいえば、『合同の不動産権』(joint estate)であり、かつ、夫および妻両方に限定されているものを意味するのであるが、しかし妻だけに限定された、『単独の不動産権』(a sole estate)にも、拡大されることが、普通に了解されていた。……その制定法(『ユース法』)前は、イングランドの大部分の土地は、ユースのため、不動産権移転されていた。土地の財産権もしくは占有は、ある者に帰属し、そのユースや収益は、他の者に帰属した。……〔ところで〕夫は土地についての絶対的な単純不動産権のユースを有しても、妻はそれに寡婦権を有さない。なぜなら夫は、その土地を〔ユースのため不動産権移転しているため〕占有していないからである。そこで、結婚のさい、明文の捺印契約書で、夫および妻のユースのため彼らの生涯、ある特別の不動産を、『合同保有』(joint-tenancy)で、すなわち『合同不動産権』として、設定するのが通常となった。このような『継承財産設定』は、妻が夫より生き長らえた場合には、彼女に対する『用意』(a provision)となったであろう。

とうとう『ユース法』が、制定され、土地についてのユースを有する者は、……その土地自体を占有しているものと評価された。その結果、あらゆる妻は、彼女らの夫のユースのために保有されているような土地について寡婦権を有することになるであろう。……けれども同制定法は、結婚前妻に対してそのような合有の不動産権が設定されている場合には、彼女は、寡婦権を永久に阻止されるとした[21]」。

ブラックストーンがのべているように、「寡婦権」が jointure の方法により廃除されていたことが重視されてよい。またさきの法務次長の法案説明にみられるように、コモン・ロウ上当然に生ずる妻の「寡婦権」は、「継承財産設定行為」で廃除されるのが通常であったことも、承認されてよい。それゆえ、この一八三三年法は、さきのブルーム演説にみられるように、この「寡婦権」廃除の手続きを簡易化した以上に、さらに大きな意義は有していないように思われる。

もっとも、なぜこの時点まで「寡婦権」が残存したのかの理由は、必ずしもはっきりしない。クリーブランドは、封建制の時代には土地が唯一の富であり、人的財産権(動産)の価値が低かったため、妻の「生計費」として、どうしても「寡婦権」は必要であったのに比し、一八三三年の時点では、土地よりも動産の価値が上がり、もはやこのような建前を維持する必要がなくなったからである、としている[22]。もしそうであるとすれば、右一八三三年法は、「遺言の自由」に対する「唯一の」家族的制約の最終的廃棄を行なうものとする所論の根拠は、より不明になってくる。

私はこの一八三三年法もまた、「貴族的遺言相続主義」を範型として定立されたとみなされるべきである、と考えている。すなわち「貴族的遺言相続主義」は、つねに「寡婦権」に対しては敵対的であり、それゆえ、通常はそれが廃除され、妻の生涯扶養は、土地の価値的把握によって(すなわち金銭支給として)なされることが、同法においても重要な前提を構成したのであり、そのことからすれば一八三三年法は、当然のものであったといえるのである。さらに一歩進めて、イギリスにおいて「遺留分」制度が存在しなかったとする説は、その逆の表現として「遺言の自由」を家族的制約からの「自由」として定義づけているが、この点に関しても、はたして「遺留分」に代替するものが、イギリスには存在しなかったといえるかが、疑問となってくる。「遺留分」制度は、法定相続制度にのみ固有であるのではなく、「遺言の自由」の結果として、慣習的に反復・継続されることによっても、それは、制度的に、確立しうるのである。

以上のような考察を前提として、一九世紀中葉における無遺言相続法案をめぐる論争過程を素材に、これまでの問題を集約的に検討することにする。

(1)　ブルーム演説のコモン・ロウ裁判所改革提唱のその後の法改革への継承について、本稿は論じることができない。これらの点でなお一八七三―七五年の「最高裁判所法」については内田氏の丹念な研究(「判例というものの考え方」一―四一(『法学セミナー』日本評論社、一九六二年六月―六六年七月))が存在する。なおブルーム提案との関係では、Hansard, op. cit., 2nd S., vol. 22, Cols. 680 et seq. が重要である。また内田、右論文、第七回、五一頁以下にブルーム卿への言及がみられる。

(2)　以上はすべて、Hansard, op. cit., 3rd S., vol. 15, Cols. 656-659 によっている。

(3)　Ibid., Cols. 657-658 によれば、夫が婚姻から生まれる子が存在しようとしまいと、妻の全財産に対し夫が生涯間権(curtesy)を有するとし、妻に前夫の子があれば、それと共有できるようにするものである。

(4)　Underhill, op. cit., p. 691.

（5） Ibid., pp. 691–692.

（6） もっともそのような「正直な遺言者」(honest testation)も、その土地負担をどのように執行させるかについて、「指令」(direction)文言を遺言書に挿入しないことがしばしばであり、その結果遺言執行者(executor)は、当該土地を授与されているわけではないので、それを執行しえず、受託者に移転されても、受託者へのその執行についての遺言者の「指令」がない以上どうしようもなく、結局は、大法官府裁判所によって救済されざるをえなかったのである。ただし一八五九年の「財産権法修正法」(Law of Property Amendment Act, 1859 ; 22 & 23 Vict., c. 35)が、「信託における受遺者」制度(通常「遺言執行者」)を設け、この不合理を救済した(ibid., p. 692)。

（7） Ibid., p. 692.

（8） 以下は、Hansard, op. cit., 3rd S., vol. 36, Cols. 963–984 によっている。なお本議事録による引用は、括弧内の和数字で欄(column)数を示す。

（9） この点は、内田、前掲論文「判例」第二〇回以下参照。なお De Villiers, J. E. R., The History of the Legislation concerning Real and Personal Property in England, 1901, pp. 105 et seq. が要領のよい説明を行なっている。

（10） その「解放」は、相続のレヴェルでの謄本保有権に付着する自由土地保有権と異なる準則の排除を伴いつつ進行するのであり、その例を一八四一年の Copyhold Act に見出すことができる。すなわち 4 & 5 Vict., c. 35 s. 79 によれば(81 St. at Large, p. 176)、「本法……に基づくいかなる『解放』(Commutation)の場合にも……当該の土地は、『末子相続』(Borough English)および gavelkind〔主としてケントで行なわれた均分相続の慣行〕の慣習……に制約されることをやめるものとし、『世襲的承継』(Descents)もしくは『寡婦権』(Estates of Dower)もしくは『イングランドの鰥夫権』(Estates by the Curtesy of England)に関するあらゆる法にして、当面『自由にして普通の鋤奉仕』(Free and Common Soccage)において保有する土地に対し及ぼされ(effect)かつ適用されうる(applicable)あらゆる法が、以後、すべての右の解放に含まれる土地に、及ぼされかつ適用されうるものとする」とされているように、「謄本保有権」の「自由土地保有権」化は、同時に、その慣習的存在形態の廃棄を意味していたことに注目してよい。

（11） 「詐欺法」第五条(8 St. at Large, p. 406)は、証人は「三人もしくは四人」の「信用しうる」(credible)者と、不明確に規定していたので、争訟が絶えなかった(九七二)。またこの場合証人全員の出席を定めているとも解せられないゆえの、「不明確性」については、(九七五)参照。

(12) ロングデイルによれば同条の効果は、次のようである。すなわち遺言者が教区Aに単純不動産権のほかかかる「指定権能」を有する土地aをもっている場合であって、同時に、彼が他の教区Bに同様の「指定権能」を有する土地bを有しているような場合、遺言者が、ABの教区の彼のすべての土地を包括受遺者に遺贈するというようにすれば、「指定」はかかる受遺者に対して行なわれたことになる。したがってAにおけるa地は、Aにおける遺言者の土地ではないとはいえ、当然にその包括遺贈の文言に含まれて受遺者に移転されるべし、とされることになる(九七八―九七九)。

(13) Sanger, C. P., The Rules of Laws and Administration relating to Wills and Intestancies, 2nd ed. 1925, pp. 24 et seq.

(14) Blackstone, op. cit., Book II, pp. 107–108.

(15) ただしこの点は、コモン・ロウ、エクイティ、マナー慣習等の統一を前提としている。謄本保有権の遺贈、(コモン・ロウでは単純不動産権の遺贈と同じく扱われた)他者の生涯間保有権の遺贈、将来権の遺贈についてもそうである。これらについては、De Villiers, op. cit., pp. 105 et seq. 参照。

(16) 前述一二〇頁以下参照。

(17) Hayes & Jarman, Concise Forms of Wills with Practical Notes, 1st ed. 1835, 16th ed. by Shebbeare, C. E., p. 817 は、一五四〇年法によれば、遺言者がその遺言書作成時に having している財産のみの遺贈が認められているにすぎないとし、それは、根源的には、封建法の seisin の観念に原因していた、とする。また一八三七年法は、遺言書作成時でなく死亡時の財産の遺贈を認めることによって、かかる封建法の観念から訣別したのであるとする。なおこの点についてはまた、Holdsworth, op. cit., H.E.L., vol. 7, pp. 364 et seq. 参照。

(18) Kay, J., Free Trade in Land, 1833, pp. 37-38. なお、さらに、「未確定的残余権」および「遺贈将来権」について一八五九年の Law of Property Amendment Act (22 & 23 Vict., c. 35) 第八条がその差異の最も大きな点、すなわち、コモン・ロウとエクイティの差異のゆえに、「未確定残余権」については、それに先行する「部分不動産権」(particular estate)の終了までに確定していなければ、かかる権利は無効とされるに比し、「遺贈将来権」による「未確定的利益」(contingent interest)は、そのようなことがなかったという点、を除去している。すなわち同八条によれば、「先行自由土地保有の不動産権(preceding estate of freehold)の終了」等にかかわらず、「未確定的残余権」は効力を有するとするのであり、この結果「継承財産設定行為」

において通常みられた「未確定的残余権」保護のための受託者の設定の必要性はうすれることになる。もっとも同法の不備な点がどのように救済されるに至るかについては、なお Sanger, op. cit., pp. 26–27, また contingent remainder と executory devise の差異については、Challis's Law of Real Property, 3rd ed. 1911, p. 76 が簡潔に説明している。

(19) 来栖三郎「Dower について――イギリス法とアメリカ法」(末延還暦記念『英米私法論集』(東大出版会、一九五三年)所収)、一八〇―一八一頁参照。ただし来栖氏の場合、「寡婦権」が「結婚継承財産設定」で阻止されることも言及されているが、「遺言の自由」の確立を、「寡婦権法」の成立に求められる点については、後にのべるように私は疑問である。なお内田、前掲書『遺言と相続』七〇頁の「遺言の自由」の定義も同様の立場に立つものである。

(20) Unger, J., The Inheritance Act and the Family, Modera Law Review, Dec. 1943, pp. 222, 216–218.

(21) Blackstone, op. cit., Book II, pp. 137–138. なお「寡婦権」の起源や歴史的展開については、来栖、前掲論文が詳細に論じている。

(22) Cleveland, A. R., Women and the English Law, 1896, pp. 171–173. なお来栖、前掲論文、一八四―一八五頁参照。

七　一九世紀中葉の無遺言相続法改革法案

一八三六—三七年、マンチェスター選出議員ユーアト(Ewart)によって提出された、物的財産権の無遺言相続法改革法案は、その後ロック・キング(Locke King)に引き継がれ、一八五〇—六九年にかけて繰り返し庶民院で議論された。この「物的財産権無遺言相続法案」は、「ユーアト法案」の場合と同じく、無遺言死亡者の物的財産権(不動産)を人的財産権(動産)と同様、「人格代表者」に帰属させ、動産における場合と同様の、純粋積極財産の相続人間における均等分割という、法定相続準則の確立を意図するものである。(1)

もっとも、このような「ロック・キング法案」は、不動産の遺言相続について、何ら干渉を意図するものではない。当時もなお遺贈された不動産は、動産の遺贈が行なわれた場合と異なり、ただちに受遺者に帰属した。法案は、無遺言相続のみについて規定するものであって、したがって当然のことながら、このような差異を解消する意図を当初から有していない。さらにまた租税法面で土地の一括相続に恩恵を与えた制度、すなわち、相続人が単純不動産権を無遺言相続した場合にも課税評価は生涯間不動産権として査定され、なおかつ彼がそれを割賦払い(to pay by instalments)できたことについて、何ら手を加えようとするものでもない。(2)イギリスにおいて、「遺産(不動産)相続税」(the estate duty)というべきものが課されるようになったのは、一八九四年の「財政法」(Finance Act, 1894; 57 & 58 Vict., c. 30)以来のことである。論者によっては、「貴族的遺言相続主義」とそれによって保たれた土地の有機的一体性(integrity of an estate)に決定的打撃を与えたことにおいて、この一八九四年法以上に「革命的」なものはないとされているが、(3) これも右のことからするならば、全く誇張であるとはいえない。

それにもかかわらず、「ユーアト法案」「ロック・キング法案」は、ともに「貴族的遺言相続主義」擁護の陣営から峻拒された。「ユーアト法案」に対し、サー・ロバート・イングルズ(Sir Robert Inglis)は、直截に次のようにのべている。

「法案の目的の一つは、立法府の一部門を無力化しようとするものである。そうであるがゆえに……現在のその問題は、貴族院が転覆されるべきか否かということである。……私が当議院に入って以来、このような問題が、しかもこの庶民院で論議されたことを知らない。私は、庶民院が、この動議を拒否するであろうと信じている(4)」。

両法案の論議の過程にしばしば看取されるかかる感情的・直感的反撥は、多くの場合非論理的であり、重要視するほどの意義を有していないが、「貴族的遺言相続主義」と貴族院との直接的関係に短絡させて、同法案を貴族院に対する挑戦と受けとめている認識が、何に起因するかを検討する価値はあるだろう。

逆に、「ロック・キング法案」支持の陣営からは、バックストン(Buxton)が、法案の間接的に意図するところにふれ、次のようにのべている。

「この法案が疑いもなく提起している問題は、イギリス法が、土地の財産権(landed property)をより大きく分割しようという立場に立つか、あるいは、ますます少数の者へのその累積を促進しようという立場に立つか、ということなのである。

もとより本法案は、人々の慣習に突然の暴力的な衝撃を加えるようなものではないであろう。その直接の機能は、比較的少なくそしてまたさして重要でない事例に限局されているにすぎないものであろう。けれども長い間には、土地の不動産権が少数の者の手に過剰に累積されることを阻止することについて、それは大きな影響を与えるであろう。しかしそれは、世論(public opinion)への漸次的な、かつ、おだやかな影響を通じてするものなのである[5]」。

右には明瞭に、一九世紀全体に貫かれているところの法改革の基調、すなわち人々の慣習に対する法を通じての間接の影響により、はじめて改革の実質的効果がもたらされるとする、法改革論者の一致した観念が示されているといえる。個別的な法改革が、このように長期的展望からする一定の政策の漸次的実現の手段として構想されることは、総じて一九世紀全体を通じるところのイギリスにおける法改革の特徴とされるべきである。そしてまたそうであるとすれば、私たちは、「ロック・キング法案」をめぐる審議が、必然的にかかる法改革の背後に存する政策次元の論争に移行することを、とりわけ重要視しなければならないであろう。右バックストン発言にみられるとおりそれは、「貴族的遺言相続主義」弱体化もしくは解体によるところの貴族的大土地所有解体をもたらすべきか否かをめぐる抗争であると、端的に要約することができる。

法案提出者キングは、一八世紀末に活躍したサミュエル・ロミリィ(Romilly, S.)の後継者をもって自認し[6]、その提案にかかる改革は、さきにのべたようにその若干部分については実現する。すなわち、土地を単独相続した相続人が、「譲渡抵当による金銭債務」を遺産の動産部分に転嫁しえたことに対する前述の改革等が、それである。この改革点について、キングの表現を借りれば、「その不正義の改革の結果に対して、国会においてはその後誰からの反対も聞か」ないほどの、成功を収めたものといわれる。キングによれば、本法案も一般的にはかかる「不正義」の除去の一環であり、さらにそれはまた、「いかなる種類の継承財産設定行為にも干渉をなさず」通常そのような設定を行なっていず、また無遺言で死亡する場合の多い「小さい財産権」(small properties)の所有者のために「動産について、非常に正義にかなっている」と考えられているところのさきの、一六七〇年「遺産分割法」の原理を、不動産の無遺言相続の原理として導入しようとすることを、その骨子とするのであるとされる[7]。

　このキングに対し、正面から、しかもそれなりの理論的根拠をもって答えた者は、おそらくセルボーン卿(Lord Selborne, Sir Roundell Palmer)をもってその一人と考えてよいであろう。当時法務長官であり後の大法官(さらに一八七三―七五年の「最高裁判所法」推進者)である彼は、一八六六年六月六日、次のような法案に対する反対演説を行なっている。

「財産の所有者は、彼らの生前は捺印証書により、また死後において効力を生じる遺言書により、彼らの希望するように正確に、その財産を処分することが許されているのである。それゆえに、何らの苦しみも感ぜられることはない。……もしもかかる法の政策(policy of the law)が、不正であるというのならば、そのような不正義は、遺言が不測の事態によりなされなかった場合におけると同様に、遺言や継承財産設定行為にも、その影響を与えよう。しかし実際には、われわれが考慮しなければならない問題は、『公序』(public policy)についての問題なのである。そしてまたこの公序の問題において『挙証責任』(the burden of the proof)は、特別の制度を提案しようという者の側にある。私は、法の状態を調査することに反対はしないし、また、長子相続の法は不便宜ではないと主張する〔こうして『挙証責任』のあるキング側は、この主張に対し、反証しなければならないというのである〕。……土地の財産権が、一体的に保たれることによって、かなりの恩恵が、つねに生じているように、私には思われる。この手段によって、財産の義務は後の世代に伝えられ、よりよく遂行される。……土地の改良は、長期的見通しに立って行なわれる。……土地所有者から構成される一つの階級が、国王と下層階級の間に立って、……この国の王位と上位の諸制度(the higher institutions)を支え、そして同時に、彼らより下位の者との間に、素晴らしい関係を保つ」。

改革法案に対して保守の側が常套手段として用いるところの「挙証責任」転換論が、右に看取されることは指摘するにとどめる。ここで注目されなければならない点は、これに続く彼の次のような演説と、右の「公序」にかかわる彼の認識との、直接的な関係である。すなわち続いて彼はいう。

「小規模の保有が、大規模の保有に成長していくことは、全く自然の見解からするものであり、これほど満足すべき事柄はない。諸君は、この法案によって、すべての小土地保有を必然的に売却せざるをえなくしてしまうのである。このようにしてそれは、遅かれ早かれ大所有者の手に移り、これらの小土地所有者は、大法官府裁判所の仲介で、負担を課せられてしまい、その土地を何の価値ももたないものにしてしまうのである(8)」。

農業の資本主義化の過程で、大土地所有形成が決定的に進行するのは、イギリスの場合の特殊性であるが、セルボーンはこのような過程を必然的法則ないしは一つの自然法則によるものとすることで、その「公序」論の前提を構築する。こうしてまた、「公序」とは、それ自体として政策定立の原理であり、そこには抽象的な正義・不正義の命題が直接的に適用されるものではないとされるのである。これまでの考察で示したように、このような論理形式を通じての「貴族的遺言相続主義」擁護論こそは、何よりも、原始的蓄積の本格的かつ最終的過程に優位・普遍化されたところの、土地貴族への土地集中を、「公序」であるとする所論の最も集約的な表現であり、私がセルボーン演説を重要視する理由は、この点に存する。換言すれば、土地貴族による土地所有の集積と、これを補強・補完する「貴族的遺言相続主義」または、その構成原理であるところの「遺言の自由」が、その自律的展開を保障され、そのいわば「私的自治」が、政策次元における「公序」との適合関係を刻印されるのは、原始的蓄積の最終的かつ本格的過程における国家政策の反射的効果からするものであるといえる。

このようなセルボーン卿の論議が、一九世紀中葉の時点で主張される場合、それはまた歴史過程を逆に辿るものであり、したがって決して歴史的展望を与えるものでないとされて当然であろう。ジョン・ブライト(Bright, J.)(コブデンとともに、「穀物法」廃棄運動の主導者、バーミンガム選出議員)は、次のようにセルボーンに対する反論を行なっている。

「私は、まずいおう。法務長官〔セルボーン卿〕の論議は、この問題についていつもわれわれが聞かされているものである、と。……〔そしてまた〕法務長官は、何が正義か不正義かの問題としてではなく、まさに公序の問題として、論議すべきであるといわれた。……けれどもこの法〔現行無遺言相続法〕を支持するあるすぐれた法律家は、経済政策(political economy)の問題およびその原理から論じる場合には、この法は、非難されなければならないといわれたのである。そうである。われわれは貴族制および王制よりも道徳と正義を選択する。……反対派の諸君は、自分たちが壊滅させられるのではないかと想像している。……彼らは、われわれが、地主や大不動産権の所有者に敵対していると信じきっている。けれどもわれわれは、諸君のためにより利益が加わるように考えているだけなのである。われわれは、この問題を論議する場合に、人およびその子供の間に、また国家と、それによって統治される者との間に、真実の経済政策の高度な原理を適用すべきなのである。……〔それゆえ〕われわれは、いつの日かそれもまもなく、庶民院および立法府が必ずこの法案を採用する時が来ると信ずるものである」[9]。

セルボーン－ブライト論争は、このように、一方における「公序」と他方における「経済政策」とにそれぞれ対蹠的内容が付与されることによって、鋭い観念の対立を示していく。セルボーンにとって「公序」が伝統的な貴族的大土地所有と、それによって保たれる政治形態を意味するとすれば、ブライトの「経済政策」は、彼が「ランカシャアの人は誰でも、大工場と同じように小工場がその義務を果たしていることを知っている」とし、「一体どこに大工場のみを維持するような法があるであろうか」と説くように[10]、「自由放任」の政策を意味している。そしてまたこのような結論を導くに至るブライトは、「貴族的遺言相続主義」がそれ自体として彼の political economy に反するとする理由を、次のことに求めているとみることができる。すなわち、かかる遺言相続形態においては、被相続人および相続人間の個別的関係は、つねに総体として国家法レヴェルに反映され、こうして被相続人の個人的意思を通じてする他の相続形態を予定しないところの普遍的な相続形態が、強行的に整序されるということである。このような点につき、法案反対者側からは、当時の法務次官、のちの大法官ケアンズ卿(Lord Cairns)が次のように最も詳細に、弁解・擁護の論陣を張っている。

「立法府の義務はすなわち、土地もしくは他のいかなる種類の財産の所有者の、遺言によるのであれまたその生存中においてであれ、その処分についての可能な限りで最も自由なる権能を備えるということなのである。……〔その結果〕遺贈の方式は簡易化された。そしてまたいわゆる『その後に獲得された財産』(after-acquired property)を遺贈する権能も付与された。簡単にいえば、随時示唆されてきたところの欠陥を救済することき努力が、なされてきたといえるのである。だが現在論議されようとしている問題〔ロック・キング法案〕は、可能な限りで最も自由な分割の権能が与えられているまさにこの国の法の原理および政策が、何らの処分もなされてこなかった国〔フランスを指す〕のそれであるべきか、ということなのである。……世襲的承継に関しての現行法は封建的政策の忌わしい残滓であると〔ロック・キングは〕いうのである。然り。それは確かに封建時代にその起源を有しており、かつ、封建時代より前には、この国では、これは、未知であった。だがその起源が何たるかについて、私は気にかけることはない。それが封建時代に起源を有すると、私も承認するであろうが、だからといって、われわれが封建制度の下では有さなかったような最も自由なる処分権能を伴うことによって、それがこの国の現在の感情に合致しているということを示せば、これに反対のしようはないのではないか。かかる自由なる処分権能を伴わずして、物的財産権を長男に移転するような法があるとしたら、疑いもなくそれは、ひどく悲しまるべきことがらである。しかもこの法に伴って、その性格を全く変えてしまうがごとき二つの事情が、生じてきたのである。すなわちこの自由なる処分の権能および、それによって次子以下の子供に対する用意をなすことのできるほどの、封建時代には知られなかった人的財産権の累積である。そしてまた以上によって法は次子以下の子供に対する用意を実際なしているのである。

法が社会にある一定の感情を生み出したのであるが、また、そのように生み出された感情の状態が代わって今度は法を正当化することになった。しかしながら、それを政策の問題としてみれば、この法から流れ出てくる諸結果は何であるか。第一に、それは、世襲的君主制および世襲的貴族制と調和したのである。第二にそれは、その法の原理に関していえば、たんに無遺言の場合の遺産に関しての処分に影響を与えたのみならず、限嗣不動産権と『継承財産設定行為』に関するこの国の慣習に明らかなるごとく、たんに富を有するにすぎない貴族階級と区別されるこの国の一つの階級を維持する傾向があるのである。……

……さらにこの法は社会的見地からも重要なのである。それは、家族の長を保護することによって、家族を一体的に維持したのである。……[11]」と。

すなわち「貴族的遺言相続主義」の最も包括的・体系的な擁護論によれば、「貴族的遺言相続主義」における「遺言の自由」は、一方における所有権の自由の、他方における封建土地法固有の長子権排除の、一定の帰結として展開されたものにほかならないとされ、その限りでこれまで繰り返し言及したところの、かかる「遺言の自由」の特殊に有するイデオロギー的性格の消去が行なわれる。それゆえ逆に、この論旨はまた、私のこれまでの考察において一つ一つ論駁を加えたところの、かかる「遺言の自由」のイデオロギー的擁護論と同様に、それの「公序」との不可分一体の関係を示すことに、最大限の考慮をおいて構成されているとみることができる。

ケアンズが示したように「遺言の自由」が、生前処分の自由の論理形式を通じて、被相続人による相続人の選択と、相続財産たる土地の配分の自由をもたらすものとすれば、彼が封建土地法の場合と異質の「感情」を肯定した上で、土地については少なくとも世襲承継が行なわれてきたし、行なわれるべきであるとするのは、それ自体としては背理である。それにもかかわらず、ケアンズ演説は、さきのセルボーンの場合と同様に、法案提出者側には最も痛撃を意味している。

「ロック・キング法案」の破産は、「大土地所有者の集会」(貴族院・庶民院)に、小土地所有者のための特別立法を用意したという、提案者側の形式的意図に集約的に表現されているところの、その戦術的失敗に原因する。(12)第一に、その推奨する人的財産権の無遺言相続法は、法案提出者側のいうほどの「正義」を意味せず、「分割」手続きに要する多大の費用を排除するため、当時においては通常、子供の一人にまず一括相続させ、その者から分割が行なわれるという慣行が承認されていた。(13)第二に、右の「特別立法」という形式それ自体である。いうまでもなく、このような提案形式は、法案提出者側の「貴族的遺言相続主義」弱体化・解体の、さきの主観的意図を隠蔽するために、戦術的に選択されたものといえるが、反対論者の反駁は、そのことのゆえに逆に容易となる。(14)もっともこのような形式を通じたことについては、他の推定が可能である。それは一つには一九世紀法改革が一般的に示したさきの基調の一環を、本法案が構成したということであり、二つには、より本質的に、土地貴族・産業資本家の一定の同盟関係の維持・存続を前提としたという、法案提出者側の限界からするものといえる。

第三に、法案における不動産と動産の過度の峻別である。すなわち両者の区別が明瞭に行なわれず、しかもそれぞれに対蹠的な無遺言相続準則が定立されていることに、「貴族的遺言相続主義」がその支柱の一つを見出していたとすれば、同法案の「骨抜き」は、それだけ容易になる。本法案は、一八七〇年、政府提出法案に採用されたが、それは、適用不動産の除外規定を多数設け、実質的には同法案の適用対象の縮減を通じて、これを無内容なものにするものであったといわれる(15)。第四に、セルボーン-ケアンズ演説にも示された、土地の有機的一体性確保が政策としても望ましいとする所論への反駁が、法案提出者側の前提に欠落していることである。法案反対者側は、土地の有機的一体性確保を通じて、二つの「恩恵」が、すなわち第一に農業経営上の利益――大土地所有・大借地経営の資本制農業としての適合の形態――および第二に、次三子への相続分の実質的保障の、慣習を通じての制度的確立が、もたらされるとしている(16)。

後者の具体的に意味するところは、一八五九年三月二日の庶民院におけるサー・ジョージ・リュウイス(Sir George Lewis)による次の発言から知ることができる。

「ある人が継承財産設定行為もしくは遺言をなすときは、彼の物的財産権から次子以下の子供になされる彼の用意はどんなものであっても子供にコモン・ロウが与えるであろうものに、彼らの利益の何ほどかをつけ加えるのである。もし大きな分与産が長男に与えられ、より小さい分与産が次男以下の息子や娘たちに与えられるとしても、不正義の感情は起こらないのである。なぜなら、次子以下の子供のために、通常の『結婚継承財産設定』に基づいて与えられる分与産は、コモン・ロウに従う世襲的承継(descent)によって彼らが有するであろうものに非常に多くをつけ加えているからである。……

けれども、もしこの法案が、法となれば、右のような感情は全く逆転しよう。現在の『結婚継承財産設定行為』の制度に従って『結婚継承財産設定』をなした者は、コモン・ロウが与えるであろう諸権利を次子以下の子供から奪ってしまうであろう(17)」。

右の論議は、さきのケアンズ卿と同様の観念を前提としている。「遺言の自由」が、土地の有機的一体性確保のために慣習的に要請されてきた特殊な承継方式（「継承財産設定行為」等）を被相続人の「意思」を通じて実現していく場合、相続は次のようなものとして観念されていくことになったであろう。すなわち、相続は、被相続人が生前において有した相続財産の動産部分の価値的配分と観念される一方、他方ではその不動産部分（なかんずく土地）に対して、土地の帰属決定のこの特有のシステムを実現させていくための、不可欠かつ必然的帰結であると考えられているのである。(18)

しかしながら右の点に、かかる包括的な単独相続が、封建法の長子権に基づくそれと、対蹠的なものと観念される原因が存する。すなわち、相続財産の帰属決定のさいに、被相続人の意思を通じて、相続財産の不動産部分・動産部分の分別が行なわれ、不動産部分の価値的把握を前提としないそれの長子への直接的移転が行なわれる場合にも、相続に一定の共同性が観念され、次三子に対する土地収益からの実質的相続分保障が、「遺言の自由」という包括的な法形式の不可欠の内容として観念されることになるから、である。

「ロック・キング法案」破産の以上の諸原因の個別の検討を離れ、さきにケアンズ反論が、法案提出者側に痛撃を意味したとのべたことに関説すれば、一般的には右にのべた点が妥当する。なぜならば、法案提出者側が形式的に意図した不動産の無遺言相続準則への均分相続制導入が、その主観において「貴族的遺言相続主義」の漸次的弱体化・解体をもたらすために主張されたのであるとすれば、その唱道にかかわる形式的「正義」は、次三子への「分与産」設定など、ことに「貴族的遺言相続主義」に関する限り、慣行的に貫徹しているとするケアンズのような反論が、一般的には可能となると思われるからである。この間の事情につき、ブロドリックは次のように指摘する。

「現在の限嗣相続および『継承財産設定行為』の法を修正するためのさまざまな提案において、さらに重大でかつ困難な論点が生じている。これらの提案は、通常その原理において全く異なっている二つの形式のいずれか一つを想定している。一つは、われわれが、ナポレオン法典にならってわれわれの土地制度の再建を企図すべきとするものであり、二つは、不動産権が、生存中のある者の生涯または数人の生涯とその後二一年間にわたり一括することができるようにしている権能を、端的に制約することだけを志向するものである」(19)と。

「ロック・キング法案」はいうまでもなく、ブロドリックのいう前者に属する改革案である。これが結局破産する理由は、もはや繰り返すまでもないだろう。問題はなおかつ包括的・一般的視角から再構成されるべきだからである。その場合、すでにセルボーン－ブライト論争に示された「公序」ならびに「経済政策」の内容的前提が、私の以下の考察の場合にも出発点である。そこにはすでに土地貴族・産業資本家の一定の同盟関係の、産業資本家からする終熄が、主張されている。いうまでもなく「ロック・キング法案」が、「小土地所有者」に対する「特別法」という形式をとるのは、土地貴族・産業資本家の一定の同盟関係を究極的に維持・補完するところの小農の分解基点を、この時期に新たに設定しようという――均分割制導入による小農保有の創出という――意図からするものとみることもできるが、そうであるとすればそれはいっそう、歴史過程に遊離するものであり、さらにこのような形式を通じての「貴族的遺言相続主義」弱体化・解体論は、産業資本家の直接に唱道するものとなりえない(20)。それゆえ、外観的には迂回するものであっても、ブロドリックのいう後者の改革案こそは、次のケイの主張にもみられるとおり、「貴族的遺言相続主義」の産業資本家の立場からする克服の、最も適合的な形態となる。ケイはいっている。

「そして最も大切なことは、……土地の巨大な累積が『長子相続制』に起因するとの観念を取り除くことが絶対に必要だということである。これほど不正確なものはない。『長子相続制』とは、土地の所有者が、その土地を設定したり処分したりする捺印証書(deed)もしくは遺言書を作成することなくして死亡したときに、そのような場合の土地が彼の適法な『法定相続人』(legal heir)にすべて行くということである。……捺印証書や遺言のない場合にも、大きな不動産を一括しておくことがありうるが、けれどもわずかな範囲のものにすぎない。

第一に、捺印証書や遺言書を作成しないほどおろかな地主はほとんどいないのである。第二に、そのような場合がおこる場合においてすら、legal "heir" は、それを売りもしくは贈与するという彼の完全な権能に対する何らの制約、もしくは制限もなく、その土地を取得するのである。……私は、いわゆる『長子相続制』の法は廃すべきものと考えるが、主として非難されるべきものはこの法ではなく、捺印証書や遺言書によって、土地を非常に長い年月にわたり、縛りつける(tie up)ことを所有者に可能ならしめるところの諸法なのである。……

他の誤りは、……地主に彼らの土地を縛りつけさせ、かついわゆる『永久に』(in perpetuity)すなわち換言すれば将来にわたってそれを市場から隔離し続けるということを、法が許しているとすることである。これは迷妄にすぎない。……捺印証書や遺言書が作成されたときに現実に生存していたいく人かの人々の生涯およびこれらの人々のある一人の未出生の子が、成年に達するまでの期間を越える期間、それを売ることができないよう、土地を縛りつけることを、誰も法によって許されていないのである。ただ地主は、非常に長い期間にわたり、その土地を貸し出すことを許されており、それがある場合には、ある人の当該土地に対する統制を全く阻むことがある。……

ついでは、通俗には『限嗣相続』諸法(entail laws)とよばれているものに加えられているあらゆる非難にある。実際多くの限嗣保有の不動産権は『限嗣不動産権』を創設する捺印証書や遺言書によって市場に入るのを阻止されている。あるいは、より正確にいえば、所有者の誰も、非常に長い年月にわたり、売ることができないというような規則のもとにおかれているのであるが、『限嗣設定』される不動産権(an estate which is entailed)は必ずしもつねにそのような地位にはない。限嗣設定された不動産権の所有者は、もし彼が望むなら、彼の選択するいかなる者にも、その土地を売りもしくは与えることができるという地位にあるかもしれないし、そしてしばしばそのような地位にあるのである。もっとも、それは例外的なものである。すなわち彼にこの権能を与えるような事情が生じる前に、他の捺印証書が作成され、こうして所有者から長い長い年月再びあらゆる売却の権能を奪ってしまうのが、一般的であるからである」(21)。

このような認識を通じて構成されるケイのブルジョア的土地国有化論の内容の紹介を行なうなら、以下のごとくである。彼のいわゆる「自由なる土地」(free land)は、「貴族的遺言相続主義」の下にある土地の、所有権の一定の論理的構成および、それを担保するところの法の総体を、これに対立するものとして措定することから造成されるものとされている。この場合、さきの不動産の無遺言相続法をはじめ、遺言もしくは「継承財産設定行為」ならびに、譲渡抵当に関する諸法の体系が、かかる一定の所有権の論理的構成——所有権の「交換の自由」をその例外的属性とするための、所有権内容それ自体のかかる目的に適合的な構成——の維持・存続のために定立されているものとされるのであって(22)、こうしてこの「自由なる土地」の唱道は、一方で土地の商品化の主張に直結するとともに、他方で次の文脈の下で、土地国有化論にその究極の論拠を見出すことになる。すなわち、「自由なる土地」は、「いかなる法であれあらゆる法から解放された土地、すなわちそれを占有しもしくは保有するに十分なだけ強い者」すなわち「国家に帰属」した土地とされる(23)。こうして土地貴族による土地の集中を否定し、あるいは、彼らが土地の有機的一体性確保のために構成した手段＝「貴族的遺言相続主義」を、土地貴族から剥奪することの一環として、土地国有化論が主張されることになる(24)。

このようにみる限り、この時点で産業資本家のイデオローグは、彼らの土地貴族との一定の同盟関係の終熄を予定して、「貴族的遺言相続主義」の自らにとっての桎梏化を主張しているにすぎないといえるのであり、「自由なる土地」唱道の背後に存在するかかる階級的意義を看過することはできない。したがってまた、ケイがクリフ・レスリィの言を引用し、「貴族的遺言相続主義」なかんずく「継承財産設定行為」の場合の弊害は、そのような設定行為を行なえる権能それ自体が原因でなく、それによる被設定者からの所有権の剝奪にあり、それより結果するところの「譲渡の自由」への侵害にあるとするのも[25]、そのような弊害と対蹠的な土地の商品化の命題に服する所有権の論理形式の定立を通じ、「貴族的遺言相続主義」の弱体化・解体を意図する彼の階級的立場の表明にすぎないものといえる。

このようにしてすべての素材は用意された。一九世紀中葉の相続法改革案の論議の過程で、すでに潜在的に前提されたところの産業資本家からする土地貴族との同盟関係の終熄は、ケイの「自由なる土地」の唱道において、明確に観念されている。しかしながらそれはまた、「貴族的遺言相続主義」の弱体化・解体のための法改革の形式とは相対的に独立の、一定の政策定立をめぐる抗争を予定するものであって、したがってこのような観点を欠落するならば、以降の法改革の歴史的規定性に関する理解が不可能になると思われる。私は、その一つを「ロック・キング法案」の形式と内容とについて例示した。以下このような視点から、私たちの最終的結論を導いていくことにする。

（1） これについては、戒能、前掲論文「土地所有と相続 (一)」二三四—二三九頁で若干紹介した。
（2） Brodrick, op. cit., p. 78.
（3） Orwin, C. S., A History of English Farming, 1949, p. 126. 邦訳書、三沢嶽郎『イギリス農業発達史(新版)』(御茶の水書房、一九七八年)、一五三頁。なお内田、前掲論文「相続法」三三一—三三三頁参照。
（4） Hansard, op. cit., 3rd S., vol. 32, Col. 906 (1836. 4. 12. Commons).
（5） Ibid., vol. 197, Col. 1850 (1869. 7. 14. Commons).
（6） Kenny, C. S., The History of the Law of Primogeniture in England and Its Effect upon Landed Property, 1878, p. 67. な

お戒能、前掲論文「土地所有と相続(一)」二四一頁、注9参照。

(7)　Hansard, op. cit., 3rd S., vol. 183, Cols. 1975–1979. 戒能、右論文、二三五—二三六頁で訳出しておいた。

(8)　Ibid., Cols. 1990–1991. なお以上にみられる政治における「挙証責任」論が、保守党の用いる常套手段であったことについては、ギンズバーク、戸田・西村訳『法と世論——二〇世紀のイギリスにおける』(勁草書房、一九七一年)、六九頁参照。

　また、Kenny, op. cit., pp. 54–55 は、ヨーマンにおける単独相続慣行と、それを維持するための彼らの負債の増加を分析している。なおこの点については、「農業委員会」報告書について前述した。なおケニィが、土地の有機的一体性が保たれる結果、土地市場では、小土地売買しか行なわれず、その結果、それらの土地の価格が上昇し、いったん土地を失ったヨーマンは、もはや土地を再購入することができなくなった、と指摘していることが注意されてよい。

(9)　Hansard, op. cit., 3rd S., vol. 183, Cols. 1992–1997.

(10)　Ibid., Col. 1994.

(11)　Ibid., vol. 152, Cols. 1136–1138 (1859. 3. 2. Commons).

(12)　Brodrick, G. C., Political Studies, 1879, pp. 437–444.

(13)　Kenny, op. cit., p. 67.

(14)　セルボーンはこの点をついて、「法は全体に適用されなければ」法ではないとしている(Hansard, op. cit., 3rd S., vol. 183, Col. 1789)。

(15)　Brodrick, op. cit., English Landlords, p. 78.

(16)　Hansard, op. cit., 3rd S., vol. 152, Col. 1144 (1859. 3. 2. Commons) におけるロウ発言。「誰でも、自然に彼の次子以下の子供に対し用意をしようと望むものである、……『継承財産設定行為』や、よく書かれた遺言では、『期間権』(terms of years) をつくり出すこと(creation)により、また、不動産権を一定額の金銭に換えることによって次子以下への用意がなされるのである。そしてしばしば、長男は、次子以下の子供のための受託者にすぎないのである。大方によって、それが家族にも、農業の利益にも恩恵を与えていると感じられているために、財産は一括されるべきとされているのである。そしてまた次子以下に用意がなされなければならないとも感じられているのである」。

(17)　Ibid., Col. 1126.

(18)　「継承財産設定行為」の場合の「遺言の自由」が、一定の血縁関係の枠に制約されることはむしろ当然である。というよりもそれは、集積されてゆく土地所有を不断に自己の承継の枠組みに包摂してゆくしくみというべきものであり、そのためにはあらかじめ承継範囲が明示的に限界づけられることを必要不可欠とする。とすればその限界づけは、血縁関係を通じて行なわれざるをえないであろうし、それ以外の非血縁的要素が介在するためには、承継順位の固定化はたかだか一代限りにとどめられなければならないであろう。実際土地ではなく動産のそれ、すなわち「人的財産権継承財産設定行為」(personal settlement)は、売却によって金銭に転換せしめられるよう指定された土地(それは「人的財産権」として扱われる)および動産を、受託者を介して売却するために行なわれるものであり、こうして取得した金銭を、夫婦と子供の間で分割することだけが目的とされる。したがってそこには権利の承継の要素が含まれることはない。もっとも後述のとおり一八八二年「継承財産設定地法」(Settled Land Act; 45 & 46 Vict., c. 38)が、継承財産設定地の第一順位の被設定者(「現有の生涯間権者」)に対し、ついに「土地元本」に関しての処分権能を付与した結果、以降の土地の「継承財産設定行為」は、動産のそれにいちじるしく近似・接近していくことになるが、その時以降は、土地所有の散逸防止傾向そのものが、しだいに否定されてゆくのであり、それゆえ「継承財産設定行為」の変質(その自由処分性の出現)がみられることに注意したい。

(19)　Brodrick, op. cit., Political, p. 439.

(20)　さらにまた前述の「ロック・キング法案」等がついに成立するに至らなかった(これについては、Brodrick, op. cit., English Landlords, pp. 77-78 参照)点に言及するケニィは、法案と現状との間には隔絶が多いとし、とりわけ、分与産設定などを制定法によって法制化する中間的法案の必要性を説くごとくである(Kenny, op. cit., p. 69)。

(21)　Kay, op. cit., Letter II, On Some Fallacies and Misconceptions (1877. 12. 27), pp. 22-25.

(22)　Ibid., Letter II, or Letter III-V. また彼のあげるかかる法の体系とは、第一、土地所有者が遺言書や捺印証書により、その土地の売却、贈与、分割等をその死後においても阻止することを可能ならしめる法、第二、長子相続の法、第三、その土地を売却せずに九九―九九九年という長い期間賃貸することを可能ならしめる法、すなわちすでに若干言及した譲渡抵当権の設定等である。さらに、また以上のゆえに、かかる「われわれの法が地主に与える権能は」たんに相続のレヴェルでの絶対的権能(相続財産帰属のレヴェルでの)を意味するのみならず、同時にそれは、土地経営方法についてですら、その死後においても統制を加えるところの絶対的権能でもある、としている(see pp. 33, 55)。

（23）　Ibid., p. 22.

（24）　Ibid., p. 25.

（25）　Leslie, C., Land Systems of Ireland, England, and Continent, p. 199, cited in Kay, op. cit., pp. 36–37.「……土地の将来の所有者が占有を始める前に、彼がその所有権について何らの経験を有さぬ前に……そしてその父祖が死後においても及ぼそうと望んでいる偉大さや力の支配に彼が多分服することになっているのに、彼は、撤回不可能な処分を受けており、またそれによって彼は彼の将来の財産に対する所有者の諸権利と永久にお別れしているのである……」。

八　土地貴族の大土地所有崩壊と「貴族的遺言相続主義」

1　一九世紀末の「大不況」と「貴族的遺言相続主義」

ジョセフ・ケイが唱道した「自由なる土地」創出運動は、「貴族的遺言相続主義」に対する直截な干渉を企図している点で、「ロック・キング法案」と質的に異なる画期的内容を含むところがあった。その「土地の商品化」の主張は、究極的にはブルジョア的な「土地国有化」をもたらすための前提ないし手段として位置づけられたものにほかならない。けれども、このような主張において目的とされていることが、「貴族的遺言相続主義」における法技術的構成を修正することを通じて、それによって維持されてきた貴族的大土地所有を弱体化ないしは解体させようとすることに求められていると考えられることに注目しておくことにしたい。もとよりこの運動は、土地の私有制の廃止を求めるものではない。けれども逆にそのことのゆえに、そして貴族的大土地所有に対するこの運動の敵対的な主張のゆえに、これはすぐれて産業資本家のイデオロギーと適合する内容を示していくと考えることが許されよう。

イギリス資本主義は、一八七三年来継起的な「大不況」に直面する。しかもかかる不況「克服」には長期を要し、一定の困難が伴うことになる。(1)こうしてまたかかる「克服」過程において、貴族的大土地所有をめぐる論議が熾烈になっていく。以下のべるこの時期の「貴族的遺言相続主義」をめぐる論議も、さしあたりこのような過程で展開した不況「克服」の政策をめぐる論議の一環を占めるものであり、私たちは何よりもすぐれて特殊具体的なかかる論争経緯に注目しておかなければならないであろう。

サー・ジェームズ・ケアード(Sir James Caird)によれば、この不況を通じ地主・借地農・労働者のいずれもがその所得を減少し、一八七六年から八六年の間、その総額は四二八〇万ポンドに達したと推計されている。(2) かかる例証によるまでもなく、一九世紀末の「大不況」は、イギリスの農業の資本主義確立期に普遍的にみられた「ハイ・ファーミング」(資本制的高度集約農業)の桎梏化を表現したものといえる。(3) 土地貴族の高い生活水準や、それを可能とする彼らの高地代取得が、不況の原因であるとする後述の「リッチモンド委員会」における多くの証言は、この点を最も忠実に物語っているといえるであろう。さらに土地から出て再び土地に環流する資本の運動を表象するかのように土地貴族の豪奢な振舞が遍く見られていたとすれば、「大不況」は、これにもひとつの終焉を、しかも急速にもたらしていくのであり、この決定的趨勢に対する土地貴族の超越は、もはや不可能となる。土地貴族への土地集中に伴うところの彼らによる政治権力の独占が、産業資本家の許容するところであり、こうして土地所有と政治権力の不可分一体の関係が維持されてきたといえるとすれば、この時期における大土地所有制の矛盾は、政治過程にも直接的に反映されることになる。さらにまた、かかる前史のゆえに、「大不況」を契機とする資本制生産様式の矛盾一般が、もっぱらかかる大土地所有制廃棄のみによって揚棄されうるとするイデオロギーが支配する根拠が与えられる。「ハイ・ファーミング」終焉の過程に示される、以上のイデオロギー状況はまた、私の以下の考察の前提となるものである。

イギリスの資本制農業が、一九世紀末の農業「大不況」に直面したとき、こうして「大不況」は、土地所有に対する土地貴族の「信仰」と同様に、ブルジョアジーの彼らとの同盟という「神話」にひとつの終焉をもたらした。前述のように、土地所有の土地貴族への集中が、土地貴族の政治権力の基礎であったとすれば、「大不況」は、この土地所有の「神秘」をも、決定的に否定した。今や、土地貴族は、イギリスにおける農業の「危機」を、いかに救うかの

「卑俗な」問題に直面せざるをえなくなった。(4) けれども土地貴族は、この「土地所有の危機」に対し、何よりも自己の延命策を重視し、この決定的趨勢に、依然として超越しようと努めるのであるが、彼らの「没落」は不可避的なものであった。一九世紀末の「土地所有の危機」(5)なるものは、総じて以上のような内容を有するものといえる。

「王立農業委員会」(Royal Commission on Agricultural Interest)(委員長リッチモンド侯(The Duke of Richmond and Gordon))、すなわち「農業の不況状態を調査し、かつその原因が、恒常的な性質を有しているのであるか、そしてそれがいかなる程度に立法によりもたらされているのであるか、あるいは、立法により救済しうるものであるか」という争点(issue)調査の勅命を受け、一八七九年に発足した委員会は、後にみる一八八二年「継承財産設定地法」の貴族院における審議中に、その「最終報告書」(Final Report)および「証言録」(Minutes of Evidence)を提出している。

この「報告書」は、不況の原因が悪天候、外国との競争の激化に存し、立法によっても、これは緩和しえないものであるとすることにおいて、最も顕著に現状維持的傾向を示している。のみならず、八二年「継承財産設定地法」の画期的意義を強調し、地主への非難集中をそのことによって回避しようとする特徴をも有するものである。すなわち一八八二年の同委員会「最終報告書」は、次のようにいう。

「農業不況(agricultural depression)の原因について、また、示唆することのできるその救済策において、当委員会の内部における意見の相異にかかわらず、農業共同社会(agricultural community)にふりかかっている不況の広汎さとその強さについて、完全な意見の合致が存すると主張することができるのである。所有者と耕作者(owners and occupiers)は、同様に、それにより苦難を蒙っている。世襲的不動産権者および生涯間保有権者(the owner in fee and the life-tenant)と、大保有にしろ小保有にしろ……耕作者(借地農のほか小農を含む)は、全く差異なくこの一般的な災禍にまきこまれてきた。このことが明確に理解され、立法の変更を示唆するさいに不当な威圧が加えられることがないようにしなければならない。それ〔立法〕は便宜的なものであってもなくても、現在の不況に対しては、何ら直接もしくは即刻の関連を有していないのである。

この不況に関与する最も顕著な原因とは、悪天候と外国との競争である。……」(6)。

一般的前提は、右のようにのべられている。すなわち「不況」は何よりも農業コミュニティにおけるあらゆる階層を、同様に差異なくその猛威の下にさらしたものであるがゆえに、地主のみが責任を負うべきではなく、彼らもまた「被害者」的立場にあるものとすることによって、地主への非難集中を回避しようとすると同時に、それにもかかわらず、土地法(Land Laws)に関して次のように説くのである。

「当委員会は、すでに、自己の土地において、大資本を運用しているところの世襲的不動産権者が、生涯間保有権者あるいは、通常の契約書(ordinary covenants)に基づいて保有している耕作者より少なくではなく、同様に苦難を蒙っていることについて注意を喚起した。それゆえに、当委員会が一定の提案されている改革に言及しても、土地保有および占有の異なった状態〔の改革〕が、最近の不況の深刻さおよびその再発の阻止の緩和に役立つということを示唆するものでないというように理解されることを望んでいる。

『継承財産設定地法案』すなわちケアンズ伯によって貴族院に提出されている法案は、……当委員会は、大胆であり包括的であり、そして最も価値ある方策であると思っている。生涯間保有権者に授与される広い権能のゆえに、かりに同法案が法となるとすれば、イギリス土地法の現行体系に加えられてきたところの非難の多くを回避することができるであろう。

いろいろの示唆が、この土地法に関して多くの証人から出されているが、それはまた、この『継承財産設定地法』の範囲に含みえぬものである。それは、当委員会の目的の範囲を越えるものである。

小農所有(a peasant proprietary)の創設を奨励しようという見解をめぐり、〔同法案の〕一定の変更の示唆がなされたことはもとよりである。……当委員会は、土地移転を促進し、かつ、それを安価に行なわせることは非常に便宜であると考える。けれどもこの国の人々の慣習もしくは農業の状態に弊害をもちこむものであるがゆえに、〔右のような〕人工的にその成長に促進要因を与えるような特別の手だてが与えられるべきでないというのが、また当委員会の意見である(7)」。

右に明確に示されるように、一九世紀末の「農業大不況」は、「イギリス土地法」の領域における改革を不可避とした。それにもかかわらず、その「改革」は、現在の農業「大不況」とは無関係であり、その「改革」によっても、「大不況」は「克服」しえないであろうと説くこの委員会の主張は、次のことを意味している。

第一に、「改革」は、現在の所有権秩序を変革するという前提には立っていない。すなわち「土地移転を促進し、かつ、それを安価に行なわせる」ということが、その「改革」の具体的内容にほかならない。そしてまたかかる「改革」の域を出て、国家的強制によるところの小農創設を行なうことは、「改革」の範囲を越えるのみならず、「人々の慣習および農業の状態」にそぐわぬものであるとされるのである。この主張に含まれる基調は、さしあたり地主的「改革」を意味するものといえよう。すなわちそこには、「貴族的遺言相続主義」に対して加えられるであろうところの攻撃に対し、地主自らが、その攻撃を先取りし、自らによる「改革」を説くとともに、そのことによって攻撃者から提起される改革提案を否定するという、際立った特徴が示されるのである。けれども第二に、かかる地主的「改革」が行なわれることを通じて、現在の所有秩序のみならず農業における一定の生産関係の維持・存続がはかられるとする「報告書」の基本的立場を、右から読みとることができる。かかる立場は、一方でさきの「ハイ・ファーミング」の資本制農業にとっての桎梏化——何よりもその生産費の増大のゆえの(8)——を否定するものであり、他方でそのことを通じ、「大不況」と「貴族的遺言相続主義」に基礎づけられるところの貴族的大土地所有制との直接的な因果関係を、否定しようと意図するものであるといえる。

それにもかかわらず第三に、かかる地主的「改革」のみならず、土地所有関係法改革一般が、現在の「危機」克服の直接の手段となりえないとする「報告書」の基調に注目しなければならないであろう。それはたんに「地主的」改革と対置されるところの改革を否定するために説かれるものであるばかりではなく、現在の「危機」が私有制一般の「危機」に発展することを回避しようとする、委員会の一致した認識から帰結するものといえるのである。それゆえにまた後述のごとく、かかる地主的「改革」が、支配階級間の妥協の一定の結節点を構成することにもなる。

以上のゆえに、私は、かかる地主的「改革」をめぐる一定の対抗関係、すなわちより具体的に示せば、かかる地主的「改革」を必然化させたところの他方の「改革論」と、右の地主的「改革」との対抗関係を解明することから考察を開始しなければならない。このような考察の意図は、さしあたり、八二年「継承財産設定地法」の本質把握のためであるが、そのことにより、右の対抗関係の一定の妥協点に、八二年法が位置することが論証されることになるであろう。

このような視角から、八二年「王立農業委員会報告書」および同「証言録」を分析し、右の対抗関係の具体的内容を示すことにしたいと考える。

（1）ジョセフ・アーチ(Joseph Arch)すなわち「全国農業労働者組合」(The National Agricultural Labourer's Union)委員長の証言

ジョセフ・アーチの農業労働者組合運動について、トレヴェリアンやアレヴィは、その挫折と、影響力の少なさを強調するにすぎない。[9]けれども、ウォーリックシャアから発した運動が、彼の参加をえて全国的な労働者の組織にまで発展し、そのことが、労働者の雇用条件改善に寄与したことは承認されなければならないであろう。彼の挫折とは、慢性的失業のゆえに、低賃金労働力の供給源が借地農に――「大不況」期においてはいっそう――保障されていたということと、労働者の「共済」を中心として組織化されたという、組合組織化の欠陥からするものである。「共済」組織形態は、労働者内部の利害対立を必然化したであろうし、実際、組合は何度も分裂を繰り返していく。しかもアーチ自身、「大不況」期に至りいっそう急激に増加していく農業過剰労働力の国外流出という国家政策に助力を与え、国外移民を組合の方針とすることにより自滅の道を辿るのである。彼の運動の成功と挫折とが、こうして、当時の農業労働者運動の限界を示すことに、私たちは注目しておくことにする。[10]

アーチ証言においても、この労働者運動の限界が示されている。例えば、彼は、小農創設に賛成するが（五八六三七―五八六三九・一〇頁）[11]、労働者のため「立法によって」「小屋」(cottage)と「割当菜園地」(allotment)を地主に強制的に保障させるのは、「私の示唆するところではない」とするのであり、当面、「あなた方地主が、借地農にテナント・ライト[12]を補償するのであれば、労働者にも、その小屋について一定程度、テナント・ライト」を補償すべきであるというにすぎない（六〇三三一―六〇三三三・八四頁）のである。

「継承財産設定行為」について、アーチはまた、委員会側の強弁に直面する。すなわち「資本投資の阻害」（六〇三七六・八六頁）と所有者からの処分権能の剝奪のゆえに、そのような「継承財産設定行為」は反対であるとアーチが主張したにもかかわらず（六〇三九一―六〇三九四・八六―八七頁）、委員会側は、それは「限嗣相続」(entails)に対する非難にすぎないと断言した。[13] そしてまた、それゆえアーチののべるような弊害は存在しないのであると説く一方、このような前提からアーチの承認をとりつけ、「その意見をよしとしたい」（六〇三八七・八六頁）と論じるほどである。アーチの主張は、このように多分に委員会側の論理に翻弄されているの感がある。

これに比し、ベッドフォードシャア選出議員ジェームズ・ハワード(Howard, J.)と、ケントおよびサセックス農業労働組合書記アルフレッド・サイモンズ(Simons, A.)の証言は、アーチとほぼ同様の立場に立ちつつ、委員会側の論理に一定の対決を試みているとみることができる。

リッチモンド委員長「不動産を限嗣設定する制度が、ある程度この不況の一つの原因であるように考えているか」。

ハワード「私は一定程度においてそうであると考えている。『継承財産設定行為』の制度は生涯間権者が貧しくもしくは悪質である場合にはとりわけ非常に有害である……」(五八六八二・一二頁)。

委員長「人間の本性からして、父親が彼自身の子供、すなわち息子や孫たちの福利を、……何らの血縁のない者より優先して考えるのは自然ではないであろうか」。

ハワード「その通りである。しかしある者が何人もの家族成員をもつ場合、彼は彼の家族の全体を面倒みなければならないという人間の本性からしてのあらゆる紐帯によって拘束されるのである。そこで、不動産の所有者はしばしば次のような結論に達するものである。すなわち彼の長男は不動産を占有することになり、それゆえ十分に彼に対しては用意がなされよう。そこで彼の生涯の目的は、不動産を占有することのない他の家族成員のために何らかのものを除外して、はじめて見通されることにならなければならない、と。私は、この『継承財産設定行為』の制度によって、彼が不動産のどの部分であれ、金銭に換えることが許されないというところに弊害があるように考えている」。

委員長「自由があるではないか、ないというのか。不動産を設定するという権能は強制的な権能ではないのであって、それは父親と息子が、全く任意的に締結する一つの協定(arrangement)ではないのか」。

ハワード「私はその見解には全く同意できぬ。すなわち若者が成年に達し、または結婚しようというときに、彼は実際には父親の手中にあるのである」(五八六九二―五八六九三・一二頁)。

「若者が成年に達し、もしくは結婚しようとする。そうすると、彼のために用意をすることが必要となり、そして彼が当該財産に関する諸権利もしくは諸義務がどんなものであるかを知る前に、彼は不動産を再設定するという合意(agreement)をなし、そして、彼が現実に何をなしたのかということについては、多分多くの歳月をへなければ、それがただ不動産を処分するという権利を手放したにすぎなかったのだということに、気づくことはできないのである。私はそれが有害だというのだ」(五八六九五・一二頁)。

右のハワード―リッチモンド論争は、そのハワードの証言部分において重要である。「継承財産設定行為」は、まさしくハワードがのべるように、被設定者からその処分権能を剝奪するのみならず、このような設定行為の反復・継続を、「合意」を通じて世代毎に行なわせることを予定している。しかもこのような「合意」が、通常は「継承財産設定行為」の保護者の制度を通じて強制されることについては、さきに論じたところである。

ついでサイモンズは、「継承財産設定地」における高地代のゆえに、借地農が労賃引上げ要求に応じない、と証言している。この「きまりきった」対応は、サイモンズによれば、地主が土地を一体的に維持するために、これを売却せず「土地負担つき不動産権」(estates which are encumbered)とすることからくるものである。その結果、地主は、借地農に高地代を要求し、借地農は労働者に対し低賃金労働を強要する、というのである(五九二〇一・三七頁)。リッチモンド委員長の反駁(五九二〇三・三七頁以下)にもかかわらず、土地貴族の高地代取得は、この「大不況」期に、その矛盾を最も鮮明に露呈していくといえる。そしてまたこのように説くサイモンズの真意は、土地の流通を阻害する土地貴族の「遺言相続主義」を非難することにあり、それはまた次のような証言に現われている。

「限嗣相続の問題は、労働者の労賃において直接に影響を与えるものではないであろう。しかしそれは細分を阻止することで他の方向において労働者に影響を与えるのである。そこで私が他の問題すなわち労働者の土地の獲得ということにこのさい言及するならば、この限嗣相続は、これに影響を与えている。すなわち細分阻止のゆえに、〔労働者の買いうるような〕小地片が市場に登場することがないのである」(五九二〇六・三八頁)。

この「継承財産設定行為」(「限嗣相続」といっているが、内容的にはこれである)と、小農経営の関係は、後にのべるように重要な論点である。

(2)　アーサー・アーノルド(Arthur Arnold)すなわちソールファド選出議員、後の「自由土地連盟」(The Free Land League)会長

アーサー・アーノルドは、非常に興味深い人物である。彼は、『自由なる土地』(Free Land)という著書で、次のような提唱を行なった。第一、「長子相続制」の廃棄、すなわち無遺言相続法における不動産と動産の法理の差異の除去および動産法についてこれを統一すること(「ロック・キング法案」とその意図は同じである)。第二、謄本保有権の廃棄。第三、土地の限嗣相続および継承財産設定の廃棄、ただし寡婦ならびに未成年の子のための信託は例外とする。第四、タイトルの強制登記制の実現。以上のようである(六三一四六・一八八頁)。

また彼は、「地主としての貴族」(The Lords as Landlords)という論争的な論文で、土地貴族攻撃の論陣を張った。「長子相続制、限嗣相続、継承財産設定行為の法および慣行」は、彼ら土地貴族の土地所有の独占の基礎であり、このような階級的独占を、強行的に維持した貴族院(彼によれば「生涯間保有権者の集会」である)こそは、「経済的法則」(economic laws)の貫徹の阻害者である、[14]と。そしてまた次のように説いている。

「かの議院の基礎は土地にあり、〔土地独占により〕この議院は、地方に多大な影響を有する人々を集めるが、その立法者としての欠陥は、人民に対しては何らの代表的性格を有さず、また直接に責任を負う立場にないことに

存するのである。彼らはただ、彼ら自身の財産および同じ階級の利害についてのみ代表者であるにすぎないのである」と。[15]

このように土地貴族攻撃の最も精力的な論陣を張るアーノルドが、八二年「継承財産設定地法」について反対して証言を行なうさいには、彼のブルジョア的土地国有化論者としての立場が明確に示されていく。彼はいっている。

「私の同法案および『継承財産設定行為』に対する反対の理由は、それが他の側面の問題すなわち、土地についての公共の利益(the public interest in the land)に十分な考慮を払っていないことにある。私は、制限所有権者(the limited owners)が彼らの土地を処理する権能を有することをもって十分としない。公共が所有権者を処理する権能を有するように望むのである」と(六三一六六・一八九頁)。

右のアーノルドの証言は、土地に対する私有制の廃棄を意図するものではない。次にみるように彼は、動産と土地との私有制の区別を説き、しかもなお土地に対する私有制については、「公共の利益」からする一定の土地分配を構想した上で、私有制自体の維持は、そのためにも「絶対的に必要」な条件と位置づけるにすぎないのである。リッチモンド委員長の質問に答えて彼は次のようにのべている。

委員長「そのような区別〔土地と動産の私的独占の区別〕の理由につき正確にのべてほしい」。

アーノルド「公共の利益から私はそれを区別しているものである。……土地とは、人民がその所有権者とともに一種の潜在的な合同の利益(joint interest)を有するところの財産である」(六三三三・一九二頁)。

「人民の合同の利益は、動産については存在しない。〔しかしながら土地についていえば〕五〇〇人であろうと五〇〇万人であろうと五〇〇〇万人であろうと、何人の所有者の手に土地があるか否かにかかわりなく、土地所有それ自体は、ひとつの独占にほかならないのである。しかもなおかかる独占は人類の生存にとって絶対的に必要なものであるがゆえに、〔土地所有権を考慮するのでなく〕あらゆる既存利益を適正に考慮し、土地の所有および占有について、何が最も利益のある規則であるかを考慮することが、国家の義務なのである」(六三二三四・一九三頁)。

アーノルドのこのようなブルジョア的な「土地国有化」論が、さきの彼の「体系的」な貴族的大土地所有解体の究極の論拠であるとすれば、そこには貴族的大土地所有を否定しようとするその「主観的」意図以上に、画期的意義は見出せない。それにもかかわらず、アーノルドの所論に注目するのはさしあたり、貴族的大土地所有の維持・存続より結果するところの、土地の商品化と矛盾する法制が部分的にせよ鮮明なものとされているように思われるからにほかならない。この点で注目されるのは、貴族的大土地所有の存在それ自体が、「権原(タイトル)の強制登記」制導入という、一九世紀土地法改革の、重要な一環をしめる改革の実現を阻害してきたとする彼の指摘である。

アーノルドによれば、この論理的な関係は、次のように示される。すなわち、「継承財産設定行為」における「生涯間保有権」(life tenancy)の廃棄なくしては、「権原の強制登記」(compulsory registration of title)は実現しえないとするのであり(六三三〇九・一九七頁)[16]、かかる「生涯間保有権」の廃棄を通じての貴族的大土地所有の維持・存続を担保するところの「貴族的遺言相続主義」の実質的解体によりはじめて、土地の商品化のひとつの前提が与えられるとすることである。

実際、イギリスにおける土地登記制度の発達の阻害要因は、貴族的大土地所有の維持・存続にあるものといえる。この登記制度未確立の理由についてのほかの論点の摘示は、最近の研究に譲ることにするが[17]、以下若干の点について言及しておこう。

「権原の強制登記」がこのように、「貴族的遺言相続主義」または、それに主要な支柱を求める貴族的大土地所有と、一定の因果関係を有しているとすれば、そのことは、不動産と動産に関する法を峻別し、その対立を止揚することなく、「相互関連せぬ」非体系的な法改革が構想されることと無関係ではない。なぜならば、すでにしばしば言及したように、このようにして不動産と動産に関する法の峻別がなお依然として維持されることにより、それが何よりも「貴族的遺言相続主義」の維持につかえるということになるからである。こうしてまた一九世紀後半を通じ、数度試みられる「権原の強制登記制」導入が、ついに貫徹せずに終ることも、他の土地法の領域における諸々の法改革が、いずれもこの峻別の建前に決定的打撃を加ええなかったことと無関係ではない、といえるのである。[18]

実際、土地取引のさいに、譲受人や譲渡抵当権者がそれ以前の当該土地の取引の「純粋の結果」を、「タイトルの概要記載書」(abstract)によって直ちに示されることが、「権原の登記」制度の根幹をなすにもかかわらず、その制度化を阻止するものは、一八五七年「土地の売買および譲渡に関しての権原の登記に関する委員」(the Commissioners on Registration of Title with reference to Sale and Purchase of Land)による「報告書」が示すごとく、地主的利害であるといえる。同委員会は、「権原の登記」に反対して次のようにいうのである。[19]

「権原の強制的調査は、登記に先立って必要とされるにすぎないものであっても、必ずや強く反対されるであろうし、われわれはそうすべきよう勧告しないのである。……彼らの権原を公にすることに非常にためらいをみせるであろう土地所有者が、それを不快と思うであろうし、また、効力を失った権利に基づいたり、不当な根拠に基づく主張が、これを奇貨とすることにより、多くの訴訟が引きおこされることになるであろう。そしてそれが実現したとしても、彼らの不動産を売却しようとしている者を除いては、誰にも実際的な恩恵を与えないであろう。……」。[20]

それゆえにアーノルドの指摘が重要となるのである。彼は、「われわれの現在の不動産権移転の制度、その複雑なそしてまた『土地譲渡捺印証書』(deeds)およびその保管を伴う」制度(「権原の強制登記」によらぬ、私人間の『不動産権移転捺印証書』の授受による権利関係の調査)[21]にあっては、土地を所有しない「貧民」(poor man)の土地取得は不可能であり、このような制度的構成によって益するのは、土地を手放さないでおられる「富者」のみであるとする。そして、「権原の強制登記」という近代的形式は、まさにこのような「競争」社会からの土地貴族の不当な超越、すなわち擬制的に土地流通阻止を行なうことによる彼らの安定、の廃除なくしては、ついに実現不可能であるとして、さきのように説くのである(六三二九四―六三二九七・一九六頁)。

アーノルドの「土地国有化論」と、このような土地商品化論は、土地貴族に対する攻撃の一点において、論理的に統一され、不可分一体の関係を構成する。そこでは、「土地国有化」の本来の目的が、小農への「土地分配」(the distribution of land)にあるものとされ、土地の商品化とは直截に、土地貴族の「競争」世界(商品交換社会)からの超越の要因除去もしくは、彼らへの経済法則の適用を意味するものとされる。このようにして彼らの土地が、商品として市場に登場し、しかもそれが「市場価格」において流通・移転するならば、労働者の土地取得が可能となり、こうしてまた右の「土地国有化」と同様の目的が達成されることになると構想されるのである。

右の理論はあまりにも単純であり、そして何よりも、土地の私有制それ自体が労働者からの土地収奪の原因であることを意識的に無視することにおいて、すぐれてブルジョア的な発想に規定されているものにほかならないといえる。それにもかかわらず、このような「土地分配」の提唱が、「国会の全党派によって無視しえぬ」ものになっていたのであり、[22]「貴族的遺言相続主義」は全くそのことにより、最大の危機に直面することになる。詳細は後述するが、このような主張が、後述のJ・S・ミルや、さきのジョセフ・ケイの「継承者」を自認するアーノルドから、提出されていることに注目しておく必要がある。

（3）ショウ・ルフェヴル(Show Lefevre)すなわち「自由党」の小農(自作農)創設政策の最大の旗手、レディング選出議員

ルフェヴルは、産業資本家のインタレストを最もよく代弁しているといえる。そのため私は、彼の証言部分に言及する前に、以下で若干の点をめぐり、一八八二年段階における地主＝借地農間のインタレストの相克およびその対立の内容を考察しておくことにする。

第一に、「テナント・ライト」補償、すなわち、借地農交替の機会に現実化する借地農投下資本(いわゆる「残された価値」(unexhausted value))補償[23]、をめぐる争点である。当時の地主＝借地農間でこれは最も激烈に抗争されたのであるが、一八七五年「農業用保有地法」(Agricultural Holdings Act, 1875; 38 & 39 Vict., c. 92)の「テナント・ライト」補償方式をめぐってこの抗争は新たな展開を示したのである。同法は、地主がこの補償を行なうか否かを「契約の自由」に委ね、法による強行的保障を行なうことを否定した。その結果、地主が補償を行なわないことも「契約の自由」の帰結として正当化されてしまうことになったのである。ルフェヴルは、このことにつき次のように論じている。

「……〔一八七五年法は〕地主がその〔テナント・ライト補償を行なうべきとする同法の〕適用除外をうける旨を、彼が通知することができるとする誤った原理に立脚しているのである。……すなわち〔借地契約〕当事者に法の適用除外を許容することによって、『契約の自由』(freedom of contract)を保護するといった性格のものなのだ。……しかしそうすることによって同法は、地主に対して法の適用を排除する権限を与えてしまうことになったのである。〔それゆえ〕私によればそれは、『契約の自由』を保護するものではなく、それをはるかに越えるものである。もしそれが『契約の自由』を保護するというのであれば……〔契約〕両当事者が適用除外について合意したものでなければならないはずであるのに、同法は、一方当事者のみでそれができるといっているにすぎないのであ

る……」(六四一三九・二三五頁)。

このようなルフェヴルの意見は、八三年「農業用保有地法」(Agricultural Holdings Act, 1883; 46 & 47 Vict., c. 61)における「テナント・ライト」補償は、国家法の強制するところとなり、このような法の適用を「除外する」ことができるという、地主の「契約の自由」は否定されたのである。「テナント・ライト」とは、借地農の投下資本を、彼の「財産」であるがゆえに償還するという「至極あたりまえな」原理の導入を意味するものにほかならない。それにもかかわらず、このような側面での土地所有に対する資本の規定性の法的レヴェルでの表現は、以上にみたように、最も資本主義的な大土地所有・大借地経営の照応する段階においては完全に現実化されず、逆にそうした経営形態――なかんずく「ハイ・ファーミング」――の終焉の開始期に実現されることになるという、パラドキシカルな過程を必要としているのである。[24]

第二に、「自救的動産差押権」(distress)をめぐる問題が存在する。[25] この沿革と内容とにつき言及するクックは、リトゥルトンの注釈書で、「金銭債務訴訟より簡単で確かな救済であり」、それはあらゆる債権者に優先して、しかも「土地に対して――それが保有者の手にあろうとなかろうと――」行使されるものであるといっている。[26] いうまでもなく、彼がこのように説くのは、封建土地法の下における賃貸借関係を前提とするからである。[27] すなわち、地代収取権が、土地領有に本来的に含まれるものと観念され、したがって地代支払い義務は、このものに対する所有を媒介とするところの、直接生産者に対する人格的支配の表現とされる封建土地法の前提からするならば、クックのいうように「自救的動産差押権」は、「領主権」という「最高の権原」の効果にほかならないものである。[28]

それにもかかわらず、この段階においてなお、この封建土地法の残滓が地主＝借地農の相克の重要な内容を構成していることは注目に価いする。一八八二年三月一日、ブレンナハシット(Blennerhassett)議員は、次のようにこの点について非難の論陣を張っている。

「私の確信は、この法〔law of distress〕が、完全にコミュニティにとり弊害であり、かつ、有害であり、除去されるべきということにある。……それはとっくの昔に過ぎ去ってしまった事態の奇妙な生き残りなのである。……封建制が消滅して以来、この国の社会組織において完全な変化が起こったのであり、そして地主と保有者の間に完全な契約の関係が確立してきたのである。……この法は〔それにもかかわらず〕地主を地代の回復にかんして、債権者間における特権的地位(chartered libertine)におくものである[29]」。

一八八三年以来、この点についても漸次的な改革が行なわれている[30]。にもかかわらず、ブレンナハシットへの地主の反駁は次のようなものであった。すなわち彼らは、「人の性質」を信用して土地を貸し出すのであるから、借地農に対する人格的支配は当然認められるべきものであるとしたり、「銀行家は……われわれと共通の知識を有しているのである。すなわち彼らもわれわれと同様に、その者の性質に担保をおいているので、借地農に金を無担保で貸しつけているのだ[31]」とした。ここに認められるように、かかる人格的支配の手段として、地主は「自救的動産差押権」を固守する姿勢を少しも崩していないといいうるであろう。そこにはまた、近代的借地関係の拡大・普遍化にもかかわらず、土地の社会的存在形態の特殊性のゆえに、それへの前近代的残滓の付着が容易に克服されなかったことの例証が、明確に示されているように思われる。

以上に示した地主＝借地農間の相克は、土地をめぐる所有諸関係のレヴェルに、地主インタレストが未だなお色濃く反映されていることのひとつの表現であることはいうまでもない。しかしながら、私たちは、当面の段階の土地所有が、このような歴史具体的な属性を伴うものであったことに注意しておかなければならないであろう。それゆえ、経済過程における「近代的土地所有」の成立は、同時的に「近代的土地所有権」の成立を意味しないことになる。右に示したことがらはこのような意味で、土地所有に対する資本の規定性が、法形態に直ちに表現されないということを、内容豊富に表現しているものとみることができる。それゆえに逆に、新たな法の定立にあたり、かかる地主インタレストの除去が志向されるのであるとすれば、それはまた経済過程においては必然的であるところの土地所有に対する資本の規定性を補完し、かかる関係をより急速に推進させることになるであろう。

一八七八年、ルフェヴルが、八二年「継承財産設定地法」を意識して提出した「継承財産設定行為」についての「法案」は、さしあたりこのような意図からするものとみることができる。すでにみたように「継承財産設定行為」についていえば、それは、「貴族的遺言相続主義」の枢要の手段とされたものにほかならなかった。そして「ルフェヴル法案」は、かかる貴族的大土地所有の維持・存続に結びつく「継承財産設定行為」の排除を通じ、「貴族的遺言相続主義」の弱体化・解体を構想しているのである。

ルフェヴル法案(一八七八年)

「物的財産であろうと人的財産であろうと、以下の者もしくは者たちの子供に対し、息子の場合はその成年に達した場合、娘の場合は成年に達した場合もしくは婚姻の場合、において一定の残余権を付して、財産を複数受託者に以下の信託において授与する(vest)のは適法であるものとする。すなわち、平等割合であろうと、両親の一方もしくは両方が、捺印証書(deed)もしくは遺言書で指定する(appoint)割合であろうと、右の財産についての収入をある者もしくはある者たちに対し、またはそのために、生涯支払うという信託において、である」(六四一六四・二三七頁)。

ルフェヴルは、右の法案によって「継承財産設定行為」を一定の形態に整序しようと試みた。このとき、彼の念頭には、「売却のための信託による継承財産設定行為」(settlement by way of trust for sale)と表現される「人的継承財産設定行為」(personal settlement)が所在したように思われる。[32]「人的継承財産設定行為」は、すでに言及した人的財産権の無遺言相続法の論理を反映するものといえる。すなわち最終的な分割が終了するまで、目的物(the subject matter)に対する権利(legal interest)は受託者に帰属するものとされ、分割分を取得すべき相続人は、その時点まで「受益者」(the beneficiaries)とみなされることになる。またその時点までの彼の権利は、受託者に対する分割請求権として構成されるのである。このような過程において、エクイティ上の「擬制転換の準則」(equitable rule of conversion)が支配する。すなわち、目的財産の性質の如何を問わず――それが土地であるか動産であるかを問うことなく――売却および金銭への転換が設定者により指令されたその時点から、かかる財産は、「人的財産権の性質を刻印される」ことになるのである。[33]

このような「ルフェヴル法案」は、さきのジョシア・ウィリアムズの起草によるものといわれる(六四一六四・二三七頁)。ウィリアムズにおける既存の「継承財産設定行為」に対する非難は、次のようなものであったことを想起したい。すなわち、通常婚姻のさいに行なわれる「継承財産設定行為」においては、設定者(家父)が、自己の長男(もしくは娘)の結婚から生まれることが予定されるその長男およびその直系卑属に、土地を「限嗣設定」し、その次三子に対しては、「分与産」を設定し、かくして右の長男が、このような承継順位の固定化と次三子に対する「分与産」負担により、いかに事実上、その処分権能を剝奪されるに至るかが、ウィリアムズの非難の骨子であったということである。ウィリアムズがしたがって、未出生の子に対する「限嗣設定」を禁止することによって、設定者による被設定者からのかかる処分権能の剝奪を回避しようと意図することは、十分予想されるところであり、実際「ルフェヴル法案」は、かかる彼の意図を反映したものといえるのである。

「ルフェヴル法案」の狙いはまた、自由党の小農創設の政策に適合的に、「継承財産設定行為」を一定の形式に整序しようとしたところに認められるといえるのである。すなわち、「法案」の具体的内容についてさらに言及するならば、「継承財産設定行為」に必ず「指定権能」(the power of appointment)を挿入すべきとし、また、未出生の子に対する「分与産」設定を禁止し、こうして「指定権能」を有する者に、完全かつ自由なる処分(complete and free disposition)の権能を付与しようと意図する点(六四二九六・二四四頁)が、この関係で注目されよう。「指定権能」の法制化についていえば、それはさきの不動産の無遺言相続準則の適用排除を意図するものにほかならないものといえるのである。設定者の意思が数世代後をも拘束し、したがって被設定者がかかる拘束のゆえに、自ら被設定財産の処分を行なえないという関係は、不動産の承継を直系系列に固定化するかかる無遺言相続準則に従って設定行為がなされる限り永続的に必然化していくことになるであろう。いいかえればこの準則に従って設定者が、目的財産の「限嗣設定」を行なうことに、被設定者からの処分権能剥奪の右の諸関係が帰結してくることの原因が求められるのである。したがって逆にこの連続下降的な承継順位の連鎖の環が、被設定者への「指定権能」の付与により切断されることになるとすれば、かかる設定者の意思は、建前上一世代限りに限局されることになるであろう。こうしてルフェヴルによれば、既存の「継承財産設定行為」にみられるような、「残余権者」の権利――それも数世代後のそれ――は、「指定権能」を有する者の意思の介在により、喪失せしめられなければならず、かくして土地の流通のみならず、その改良および分割を阻害する「貴族的遺言相続主義」の弊害が除去されなければならないとされるのである(六四一五七・二三六頁、六四三二八―六四三三八・二四五頁等)。このようにして「ルフェヴル法案」は、さしあたり「継承財産設定行為」の前提を、土地の有機的一体性確保ではなく、逆にその処分・分割に求め、そのことを通じての土地の商品化により、土地分配の条件を獲得しようと意図するものにほかならないといえるのである。(34)

以上のような「地主的改革」と区別される「改革論」に、理論的根拠を与えているJ・S・ミルは、「遺贈の権能」

(power of bequests)についていっている。すなわちそれは、「財産権の属性(attributes)の一つ」であり、「ある物の所有権(ownership)は、死亡時もしくは生存中に、所有者の随意にこれを贈与する権能を伴うのでなければ、完全ではない」と説くのである。けれども彼は、「財産権とは目的に対する手段であり、目的そのものではない」という前提から、同時に、「遺贈の権能」を結果的に制限する必要性を説いている。「貴族的遺言相続主義」について、彼の説くところは、重要である。

「あらゆるほかの財産権(proprietary rights)と同様に、しかも、大部分の財産権よりは大きな程度においてさえ、遺贈の権能は、人類の恒久的な利益と衝突するように行使されることがある。遺言者が、ある不動産権をAに遺贈することで満足せず、Aの死亡のさい、それが彼の長男に、さらに、その息子にというように永久に、移転していくべきように定めるようなときには、そうである。……私が、現にある意見や感情を考慮せず、私にとってそれ自体として最良であると思えるところに従って、一つの法典をつくるとすれば、私は、ある者が遺贈してよいものではなく、ある者が遺贈や相続によって取得することを許されるべきとされているものを、制限する方法を採るだろう。……」(35)と。

この論理を再構成するならば、マカロックの場合との決定的差異を認めることができる。マカロックは、「貴族的遺言相続主義」弁護のために、これを私的所有の帰結として強弁したが、ミルにはこのような立論はもはやみられないのである。すなわち、「貴族的遺言相続主義」は、「財産権の濫用」であり、生産のための手段にすぎない私的所有それ自体の自己目的的累積を行なうものであって、「遺言の自由」の本来の目的に反するとされているのである。

このようなミルの主張は、いうまでもなく、彼の「経済政策」論の一環をなすものである。「労働による所有」論、すなわち「人々が彼らの労働によって生産し、その節約によって蓄積したものを確保せしめる」ことが「財産権の原理」であることを説く彼は、「土地所有が正当であるのは、ただ、土地所有者が、その土地の改良者(improver)である限りにおいてである」というのである。

このような前提から、イングランドにおいて、また、アイアランドにおいてはいっそう「地主こそ最大の『土地負担』(burthen on land)」であると、彼は断言したのである。[36] 彼の「自作農」(peasant proprietors)推奨も、以上のことに起因していよう。[37]

ミルが、一八七〇年その会長に就任した「土地保有態様改革協会」(Land Reform Association)は、かくてその目的を次のように掲げ、ミルの主張を政策のレヴェルに持ち出すことになった。

「国家の利益を要求するために、地代についてその将来の増加分(それが確定しうる限りで)もしくは、たんに人口および富の成長を通じてするにすぎず、所有者による何らの努力もしくは費用負担のない継続的に起るところのその騰貴分の大部分を、租税により差押えるべきこと。立法者によりこの原理が採用されたならば、その時点でそれが取得されるような市場価格において。ただし所有者が彼らの財産を国家に対し譲渡する選択の余地を留保すべきこと」。[38]

このようにミルは、資本に対してつねに制約を意味する土地所有の排除の手段を構想している。マカロックにおいて、土地所有の私的独占が、その「自由放任」論と適合するものであると構成されたときには、それは、産業革命期を通じる地主・産業資本家の同盟の推進基軸として、是認されたものにほかならなかった。したがって、右のようにミルが、その過程から導かれたところの大土地所有制を限局された意義においてであれ否定しようとする場合には、いうまでもなく、かかる同盟関係の否定をも前提とすることにならざるをえない。「遺言の自由」についての両者の理解の相異も、こうした観点から把握されなければならないであろう。

けれども、ミルの運動は、「協会は、土地が私有財産(private property)となることを許容」するのであり、かつ、「国家は自らに対しかかる〔土地〕収入を獲得することを控えるべきである」とする限界を示している。すなわち、「協会は、土地所有者のその過去の獲得物を侵害せず、ただその将来におけるそのようなあらゆる獲得物に対する国家の権利を主張する」にすぎないのである。[39]

ホワイティカーがミルのこのような主張を将来の「不労所得(増加)」(Unearned Increment)――その趣旨は右の「協会」の目的の一つに看取されうる――に対する特別課税と限定を加えて整理している点は正鵠をえており、そこにはヘンリー・ジョージとの一定の断絶が存在しているとみなされるべきである。[40]

「ミル氏の将来の『土地の価値における不労増加分』の国有化のプラン、すなわち、あらゆる土地の現在の市場価値を固定し、かつ、その価値における将来の増加分を国家に充てることによるところのそのプランは、現在の富の分配の不正義に対し何らのものもつけ加えないのみならず、それを救済することもできないであろう。……このプランに関していえることは、ないよりはましであるということにすぎぬ」。

ジョージはしたがって、右のように痛烈にミルの主張を論難し、ミルがこのように地主の「既得権」(vested rights)を擁護するのは、時流のマルサス的見解から彼が脱却しえていないからだ、と断定している。[41]

ヘンリー・ジョーンの成功は、ミルと異なり、一八八〇年代の恒常的「不況」の原因を、地主の土地所有の独占の一点にのみ求めたことに起因する。「コモン・ロウは」とジョージはいっている。「理性の極致であるといわれ、そして確かに地主はその決定に対し文句をいうことはできぬ。なぜならばそれは、地主に属し、地主のために築き上げられた世界なのだから[42]」と。また「一つの階級として、地主は、産業の敵対者、自由と進歩の敵、世界の文明の妨害者といえるのであり、他人の労働の果実により生活し、それにもかかわらず、それのみが彼らに富を授けているかかる労働を憎悪する者」[43]なのだと彼は地主階級をきめつけるのである。

ジョージのこのような主張は、さして目新しいものとはいえないであろう。けれども「大不況」が資本主義の矛盾を露呈するとともに、人々の目は、貴族的大土地所有にむけられた。その廃棄、すなわち人民による「土地と自由」(Land and Liberty)の獲得こそ、「つくることのできるはずはなく、成長し(grow)なければならない」「社会主義」の第一歩であるとするジョージが[44]、このような時流にのって成功を収めたことは想像に難くない。けれどもその限りなのであって、彼の思想は、結論的にいえば、「コブデンおよびブライトの真の継承者」たるに適合的なものであるにすぎない[45]。なぜならば、彼は、ほかならぬ「土地単税論」の主張者であり、土地所有の経済的価値の削減によって、産業の発展が行なわれるという、産業資本家のイデオローグの立場を貫くだけだからである。彼はそれゆえ、次のようにいっている。

「私は、土地の私有財産の譲受を行なうことも没収を行なうことも提案しない。……彼らをして彼らの土地と呼ばせておけばよい。彼らをして売買し遺贈させておけばよい」。

「それゆえ私の提案するところは、労賃を上昇させ、資本収益を増加させ、救貧および窮乏を絶滅させ、望む者誰にも、利益のある雇用の機会を与え……るであろうところの単純ではあるが至高の救済策としての、租税による地代の獲得である」。「地代もしくは土地の価値への租税は、われわれが他の租税を廃棄することができるほどに増加されなければならないがゆえ、われわれは、この提案を実際的な形にするために、土地の価値に基づく租税以外のあらゆる租税を廃止することを提案する[46]」。

以上の考察を再構成し、若干の中間的小括を行なうことにしたい。すなわち私は、一九世紀末の「改革」の基本路線の一つの傾向を、「貴族的遺言相続主義」についてみる限り、「貴族的遺言相続主義」の弱体化・解体論が、「小農創設」政策と不可分に結びついて展開したことに、注目したく思うのである。かくて前章までの考察を前提として、私は、このような帰結に対し、次のようにいうことができると考えている。

第一に、このような帰結は、経済過程における「ハイ・ファーミング」の終焉と不可分であり、またそのことによって、現実政策のレヴェルでも、小農経営の創設が実際上必要とされるということになる。まさしく小農（自己）経営を排除しつつ進行した産業革命期と決定的に異なり、イギリス資本主義は、「農民層分解」を終了させたその時点から、大土地所有を桎梏とするに至るのである。

「貴族的遺言相続主義」への以上の反映は、しかし決して直接的なものではない。さしあたり一八八二年「継承財産設定地法」についていえば、それは、アーノルドやルフェヴルらがのべたように、彼らによる「貴族的遺言相続主義」弱体化・解体論の提案とはほど遠い内容のものである。けれども、それは、「貴族的遺言相続主義」の論理を完全に逆転していることは否定できないのである。

第二に、右の点に関し次のことを前提としよう。土地所有とは、資本制生産様式における外在的所与であり、「封建的」なものであるにもかかわらず、それは資本制地代の推転を通ずることにより資本主義的関係を創出していくための、「恒常的基礎」である。このような土地所有に含まれる経済的内容について、すべて法的レヴェルから一義的な説明を加えることは、不可能であろう。さらにいえば、土地所有のこのような特殊的に封建的な存在形態は、近代的所有権法のレヴェルでは消去され、私的所有権であるがゆえに資本所有と同様に、国家法の下に保護されるべきであるという、普遍的・国家的サンクションを土地所有が獲得している関係は、それほど容易に克服されえないのである。

土地所有のこのような資本制生産様式との特殊な関係のゆえに、土地所有の私的独占を担保ないしは維持していくことのため、たんに法的レヴェルにおけるその正当化にとどまらず、さらに別個なイデオロギー的正当化の契機が必然的に現象してくることになるであろう。

そのことの解明のために、より立ち入って産業資本家と土地貴族の一定の同盟関係と、それの「貴族的遺言相続主義」への反映形態を分析した結果、私のえた一定の結論は次のようである。すなわち産業資本家のイデオロギーの表明の機会に、「貴族的遺言相続主義」を私的所有権の「自由」の帰結として論理的に正当化する時期が、疑いもなく存在したこと(マカロック)である。けれどもそれはまた、第二次農業革命を推進するさいの、産業資本家のイデオロギーの表明を意味するものである。すなわち、貴族的大土地所有の存在が、「自由競争」の原理に合致すると説明すると同時に、土地貴族への政治権力の集中をもたらすかかる大土地所有の形成を自らの利害の追求のために承認しようとするマカロックの所論は、土地貴族と産業資本家とが「財産権と自由」を共通利害として形成したところの同盟関係に、その実際上の根拠をおくものであった。したがってまた、彼による「貴族的遺言相続主義」擁護論は、このような同盟関係の前提が喪失するならば、破綻する性格のものにほかならなかったといえるであろう。

以上のべたように法的に近代的所有権一般の論理構造に包摂され、資本制生産様式にとっての外在的制約原因としてのその特殊の意義を、さらに政治的イデオロギーによって消去される土地所有とは、歴史具体的には貴族的大土地所有を意味していた。したがって第三に、土地所有の矛盾の現象形態もすぐれて具体的なものとならざるをえないことになる。すなわち当面の段階においては、土地貴族への政治権力の集中というレヴェルで、その矛盾が資本の側から容認しやすいものとされるのみならず、土地所有への攻撃は、直接的に土地貴族による政治権力の独占に対するそれへと連動していく必然性が示されていくのである。したがって土地所有への攻撃が、私的所有一般に対するそれとは異なる形態において行なわれる(ヘンリー・ジョージ)帰結も当然に導かれていくことになった。

最後に、「貴族的遺言相続主義」自体についていえば、それは、資本所有とは本質的に性格を異にする土地所有が、資本制生産様式のもとに、自己を増殖するさいのパラドキシカルな論理を包摂しているように考えられる。すでにのべたように、「貴族的遺言相続主義」が私的所有権一般の論理を否定することによって、私的所有の社会的生産関係における変動を規制し、かくて所有権秩序の安定を保つことにつかえたということに何よりも注目しておくことにしたい。すなわち、「貴族的遺言相続主義」において所与の前提とされるところの被設定者からの「処分権能」の剝奪は、私的所有権の属性としての「交換の自由」に背理するものであるにもかかわらず、土地所有の私的独占と集中を担保する限りでは、資本主義的諸関係の推進に不可欠の役割を果したと考えることができるのであって、本来それと矛盾する性格のものではなかったように思われることである。それゆえに、「貴族的遺言相続主義」に支配される、土地所有権のかかる特殊的な構成は、土地独占・集中の経済過程の反映であり、その限りでそれはまた、近代的所有権法の論理構造の基底を支えていくことになったといえるのではなかろうか。

私が一八八二年法の論理構造を、以下に考察しようと試みるのも、以上のゆえである。すなわち、八二年法における、このようなパラドキシカルな「貴族的遺言相続主義」の論理の逆転は、全くそのことのゆえに貴族的大土地所有の解体を準備していくという側面に私は注意したいと思うのである。このようにして、大土地所有・大借地経営の照応関係に不可分に結合しながら存続・維持されてきた土地所有権の特有の法律構成が、ようやく資本による規定性を受けとることになるということを、以下における私の分析にさいしての論証の最大の課題とすることにしたい。

（1）　椎名重明「農業不況と農業恐慌」（『土地制度史学』五一号、一九七一年）（同『近代的土地所有――その歴史と理論』（東大出版会、一九七三年）に所収）は、イギリスの「農業大不況」の実証的研究から、この長期にわたる不況期は、イギリス農業構造の変化の過程であったと整理している。

(2) ケアードの一八八六年 Royal Commission on Depression of Trade における証言(cited in Lord Ernle, English Farming Past and Present, 1912, new ed., p. 381)。

(3) 以上の論点について最近の研究として注目されるものについては二八四頁注(1)でのべたが、なお、ハイ・ファーミングそれ自体の研究には、椎名氏の一連の労作がある。前掲書『農業構造』はその確立過程の分析であり、その延長線上の研究として、「イギリス農業革命と借地権の近代化」(高橋幸八郎編『産業革命の研究』(岩波書店、一九六五年)所収)、前掲論文「土地所有の危機」のほか「ハイ・ファーミングと土地改良資金の調達」(立正大学『経済学季報』一六巻二号、一九六六年)(いずれも同『近代的土地所有』所収)がある。

(4) この点については、Orwin, op. cit., pp. 125 et seq. 邦訳書一五二頁以下参照。

(5) 椎名、前掲書『近代的土地所有』四・五章、米川、前掲論文「土地問題」等参照。椎名—米川論争は、私のみるところではこの時期のイギリス農業の生産力の評価にかかわっているように思われるが、いずれにせよ「大不況」は資本制農業の内包する矛盾の集約的帰結であり、だとすればその考察は、経済過程分析にまで及ばなければならないように思われる。

(6) Final Report of the Royal Commissions on Agriculture, 1882, I.U.P.'s ed., Agriculture, vol. 18, p. 24.

(7) Ibid., p. 29.

(8) 椎名、前掲書『近代的土地所有』二四五頁以下。

(9) Trevelyan, op. cit., vol. 4, p. 151; Halévy, op. cit., vol. 4, p. 458.

(10) Orwin, op. cit., pp. 102 et seq. 邦訳書一二二頁以下。

(11) Minutes of Evidence taken before Her Majesty's Commissioners on Agriculture, 1882, vol. III, paragraph 58637-58639, I.U.P.'s ed., Agriculture, vol. 18, p. 10. なお本書からの引用は、括弧内の和数字でパラグラフ・頁数を示す。

(12) 「テナント・ライト」(Tenant-rights)は、差額地代の第二形態的なものを意味し、地主によっても借地農によっても改良投資が行なわれるかの「ハイ・ファーミング」に特有に生じ、借地農交替のさい残存作物が、いずれに帰属するかという形で争われている。これらにつき詳細は、椎名、前掲書『近代的土地所有』六五—七七頁参照。

(13) entails と「継承財産設定行為」は、実のところ混同されるばかりか、両者の区別は判然としない。さきの「ロック・キング法案」論議で、ホープは次のようにいう。「この国のより小さな財産権は、ヨーマンにより単純不動産権において(in fee

simple)保有されている。弛く、限嗣不動産権(entail)とよばれているものに相当するものは、少ない場合でしかない。イギリスの言葉でこの entail という言葉ほど濫用されているものはないので、私は、弛くといったのである。スコットランドには entail は存在する。しかしこの国の法に通じている者は、ほんの少数の大家族、例えば Marlborough, Wellington, Nelson, Shrewbury, Abergavenny, Pembroke, そしてあと二つか三つの各家を除いて、entail に該当するものは、たとえ語の厳格な意味においてでなくとも、存在しないことを知っているのである。われわれが普通に entails といっているものは、実際には『継承財産設定行為』をいっているのである」(Hansard, op. cit., 3rd S., vol. 197, Col. 1832 (1869. 7. 14. Commons))。

(14) Arnold, A., The Lords as Landlords, in Moon, W., ed., Subjects of the Day Advertiser, Feb. 1891, A new and enlarged ed., pp. 57, 64 etc. 本書は椎名氏の御好意で参照できた。

(15) Ibid., p. 55.

(16) 委員長「『制限所有権』(limited ownership)の問題は、登記の問題に必ずしも固有の問題ではないのでないか……」。アーノルド「それは最も重要な問題である。それは実際全問題の核心に行きつく。私は、『生涯間保有権』(life tenancy)の廃止によって必ずしも『権原の強制登記』(compulsory registration of title)が実現するということにならないと委員長がのべるのであると理解する。しかしそうではない。私の、権原の調査期間を二〇年に制限するという制度は、……生涯間保有権が存在することをやめない限り実現困難である。しかもそれは絶対に不可能である。制限所有権および生涯間保有権とともに、権原の登記の制度が並存することは可能と思うが、〔しかし〕残余権として権原を有する者の諸権利を保護するための機構が必要となり、権原の調査期間を二〇年に制限することは不可能となるのである」。

(17) 野村稔「不動産登記制度におけるイギリス法と日本法」(『早稲田法学会誌』二一巻、一九七〇年)は、この「遅れ」にもかかわらず、近代法原理に適合していたのであるとするが、だとすれば、一九世紀後半における一連の不動産法の改革と、土地登記制度を、より広い視野からみる必要があると思う。

(18) Holdsworth, W. S., The Reform of the Land Law, A Historical Retrospect, L.Q.R., 1926, vol. 42, p. 176. なお Maitland, op. cit., Real Property, pp. 165 et seq. 参照。

(19) 一八七八—七九年の「土地に対する権原の単純化およびその移転を促進することについての庶民院委員会」(Commitee of the House of Commons as to simplify the Title to Land and facilitate the Transfer Thereof)によれば「タイトルの登記」と

「土地譲渡捺印証書(deeds)の登記」の差異は次のように説明されている。「諸権原の登記は、『不動産権移転捺印証書』(assurances)の登記に優先して『権原の概要記載書』(abstract)が直ちに与えられることにある。というのは前者〔タイトルの登記〕は、当該財産の以前の取引の純粋の結果(the net result of former dealings)を、予定されている譲受人もしくは譲渡抵当権者に提示するのがその目的であるに対し、後者〔『不動産権移転捺印証書』の登記〕は、取引そのものを譲受人もしくは譲渡抵当権者の前におき、それを彼の調査するものにまかせるからである」と(Parliamentary Papers, 1878–1879, vol. xi, p. ix, cited in Holdsworth, op. cit., Land Law, L.Q.R., p. 173)。なお野村、前掲論文、とくに一三一頁以下参照。

(20) Lord St. Leonard's Speech (1859. 2. 22. House of Lords), in Hansard, op. cit., 3rd S., vol. 152, Col. 683.

(21) De Villiers, op. cit., p. 37.

(22) Ibid., p. 32.

(23) 椎名、前掲書『近代的土地所有』六五頁以下に簡潔な説明が行なわれている。

(24) 同右、二四六頁参照。

(25) 前述一四六頁以下参照。

(26) Coke, E., The First Part of the Institutes of the Laws of England, or a Commentary upon Littleton, 1628, 162, b.

(27) 若干の点につき、前述一五〇頁以下参照。

(28) Coke, op. cit., 1st Institutes, 162. b. なお Pollock, op. cit., p. 146 は、「自救的動産差押」は、マナー領主の地方統治の不可欠の手段であったこと、また、領主のテナントへのこの動産執行権は、領主がテナントのため家畜(live stock of the farm)を備えていたことからくるものであったこと、さらにこの「差押権」が「自由土地保有権者」にも行使されたことなど、を指摘している。

(29) Hansard, op. cit., 3rd S., vol. 266, Cols. 1875–1876.

(30) Pollock, op. cit., p. 149. 一八八三年「農業用保有地法」(46 & 47 Vict., c. 61)により、地主の差押権は、滞納地代の一年間の範囲でしか認められなくなり(それまでは六年)、また差押物件が、国家法により特定された。また借地契約書のなかに立入(差押のための)権制限を書きこむことを許した。なお詳細は、水本、前掲書『基礎理論』一三一頁以下参照。

(31) Hansard, op. cit., 3rd S., vol. 266, Cols. 1877–1884.

(32)　この要領のよい説明は、Jenks, M. A., Modern Land Law, 1899, pp 404 et seq. 参照。なおブロドリックによれば、小土地所有者はほとんど、その土地を売却のため受託者に遺贈し、かつ、その取得金(proceeds)をその子供の間で分割すべき旨指令するようにしているという(Brodrick, op. cit., English Landlords, p. 98)。

(33)　Jenks, M. A., op. cit., pp. 404-405. この準則の主たる意義につきメートランドののべるところによれば、例えばAとBに分与するため土地を受託者に渡し、その取得金によって分与を行なうとしても、もし受託者がただちにこの土地の売却を行なわずにいる間Aが死亡した場合、土地であるゆえ、物的財産権であるとされ、Aの物的財産権についての人格代表者にいくことになり、遺贈者の意思に反することになるので、このような準則が確立されたということである(Maitland, op. cit., Real Property, pp. 181-182)。そしてまた同時に彼は、この準則が本来的に物的財産権に関する無遺言相続法の回避という意図を有していたと指摘し、かかる法の廃棄があればこのような準則も不要である、とすることに注意されたい。

(34)　ただしメートランドは、この「自由党改革論」を攻撃し、人的財産権についても、限嗣相続を許すものであり、「指定権能」の運用によっては「物的財産権の法の暗黒状態を深刻化せしめる」ものと批判する(Maitland, op. cit., Real Property, pp. 184-185)。

(35)　Mill, J. S., Principles of Political Economy, 9th ed. 1886, vol. 1, Book II, pp. 279-281. なお内田、前掲論文「相続法」三五二頁以下の訳を参照した。

(36)　Ibid., pp. 284-287.

(37)　Ibid., pp. 313 et seq.

(38)　cited in Whittacker, T. P., The Ownership, Tenure and Taxation of Land, 1914, p. xxi. なおその他の同協会の綱領については、米川、前掲論文「土地問題」三頁参照。

(39)　Ibid., p. xxi.

(40)　Ibid., pp. xxi-xxii. 米川、前掲論文「土地問題」四、一九頁参照。

(41)　George, op. cit., pp. 256-257. なおジョージによれば地主の「既得権」には何らの補償がなされる要なし、とされることもとよりである。「英語国民」はこのようなサクソンの衣を脱ぎすてねばならず、地主に対する反対がかくも広汎であることと合衆国における奴隷解放に対すると同じである、と呼びかけるジョージの主張は、地主階級の孤立化をはかることもまた容易に望めることであるとするものでもある。
(42)　Ibid., p. 259.
(43)　Fay, C. R., The Corn Laws and Social England, 1932, p. 145.
(44)　George, op. cit., p. 228.
(45)　Fay, op. cit., p. 155.
(46)　George, op. cit., pp. 287–288. ミルおよびジョージの思想がリカードの地代論に基づくとすれば、かかる差額地代論に依拠する「土地国有化論」がのちにフェビアン的社会主義の基礎となることも、このジョージの論述から推測可能であろう。

2　一八八二年「継承財産設定地法」

「貴族的遺言相続主義」における「遺言の自由」の機能を、所有権の自由からの帰結ではないことを明らかにし、その弱体化・解体を説く論者の意図は、さきの「ルフェヴル法案」に集約的に表現されている。すなわちそれは、動産所有を範型とする相続法の論理に適合的に、その法技術的構成、すなわち「継承財産設定行為」の慣行を修正しようと意図するものである。

「貴族的遺言相続主義」の本来の建前が、土地の有機的一体性確保のための相続財産の交換可能性否定にあるとするかかる論者の論拠は、「継承財産設定行為」において設定者と被設定者間に目的財産の散逸防止の「合意」が形成され、かくてこの特殊な承継形式を通じ、目的財産に対する「現有の」支配を獲得する「現有の生涯間保有権者」の「処分権能」が剝奪されることに、そのいわゆる所有権の自由の否定の態様を認めることができるとすることに求められた。したがってまた「貴族的遺言相続主義」擁護論、なかんずくさきのケアンズ卿演説にみられるそれが、土地に対する特殊な承継形式を意識的にその視野から除外して、所有権の属性としての交換の自由を唱道し、かかる論理形式を無媒介的に「遺言の自由」の支配的原理として措定するのとは決定的に異なり、その弱体化・解体論は、一定の近代的な所有権の観念を措定することを通じて逆に、かかる「遺言の自由」の現実の機能がこれに背理する理由を、鮮明ならしめたものといえる。それゆえ総じて擁護論の陣営においては、右「継承財産設定行為」における被設定者からの「処分権能」の剝奪は、所有権の自由の帰結としての「遺言の自由」からもたらされたものとされて、一定の合理化がはかられていくことになろう。これに対して、弱体化・解体論によれば、かかる「遺言の自由」は、近代的所有権の観念から導き出されるものでなく、逆にその否定を意味するものとされ、かくて擁護論による「貴族的遺言相続主義」の合理化が、決定的に否定されていくことになるのである。

擁護論が、「遺言の自由」についての右の反論にかかわらず、なおこれを全面的に唱道し、それが所有権の自由から帰結するものであるという論理を構成するためには、土地に対する特殊な承継形式から導かれる「処分権能」剝奪を、所有権の「処分の自由」を伴わないところの「自由」からの帰結として合理化する論理過程を必要とすることになり、ケアンズ卿に言及したさいのべたような論理矛盾は、その克服をいっそう困難にされることになろう。実際、すでに言及したように、「貴族的遺言相続主義」は、土地という富の社会的存在形態および何よりも、その独占・集中の演じる特殊な意義を重要視することにより、被設定者の「自由意思」を設定者の「遺言の自由」の行使において否定するというパラドキシカルな論理過程を、その法技術的構成において不可分に予定するものといえるのであり、こうしてまたそこでは、近代的所有権の原理的構成と異なる特殊な所有権の論理的構成が、世代毎に固定的に、反覆・継続されることにならざるをえない。

「貴族的遺言相続主義」弱体化・解体論の提言が、かつての「ロック・キング法案」の場合と質的に異なり、高度の実現可能性を付与されるのは、法理論的には右のような理由からするものといえる。ジョセフ・ケイをはじめ多くの論者が、「貴族的遺言相続主義」における「遺言の自由」を、所有権の自由からの帰結でないとすることを通じ、世代毎に固定された承継形式の反覆・継続が行なわれることにより現実化されたその特殊な所有権の論理構成を、一定の近代的所有権の観念に適合的に転換しようと意図していたことが、この関係でとりわけ注目されなければならない。イギリスにおける「遺言の自由」の近代的意義を問う立場から、「遺言の自由」と家族的制約（家族構成員への相続分保障）の「調和」を説くさきのウンガーの見解は、このような特殊な機能を担う「遺言の自由」につき必ずしも十分な考慮を払うものといえない。しかしながら、「貴族的遺言相続主義」における家族的制約は、大土地所有散逸防止のために、これに家産的拘束の行なわれることとの表現を意味し、したがってそれはまた、右のような「遺言の自由」の内容として不可分に予定されるものである。換言すれば、家産的拘束は、「貴族的遺言相続主義」における「遺言の自由」の内容それ自体を意味し、これを否定するところの「遺言の自由」は、この場合には本来的に予定されないことになる。

これまでの論述と合せ以上の点を重要視することにより、「貴族的遺言相続主義」擁護論と弱体化・解体論の対立点を再構成すれば、それは、(1)「貴族的遺言相続主義」における「遺言の自由」、(2)「貴族的遺言相続主義」における家産的拘束、の二点に集約されるのみならず、その存続もしくは廃棄をめぐって抗争される過程において、近代的所有権の観念の対蹠的差異が、ほぼ全面的に明らかになってくるといえる。さらにまた、「貴族的遺言相続主義」をめぐるかかる抗争は、結局のところ貴族的大土地所有の経済的強制を、維持・存続すべきかの政策論争に規定されるものといえるが、前述のようにかかる論争の経緯は、すぐれて資本主義的な矛盾の発現（大不況）を契機としたものであり、総じてその政策論争なるものも、かかる矛盾の資本主義的「克服」をめぐる政治的支配者間の内部的対立であるものにすぎないのである。それゆえに、両陣営の間には、当初より一定の妥協の結節点が予定されることになるが、その具体的内容は後述することにする。

「貴族的遺言相続主義」擁護論と、弱体化・解体論とが、総じてその法技術的構成の特殊性を、前者がただ「遺言の自由」といった抽象的規範命題によりこれを合理化し、後者が逆に、一定の近代的所有権の概念構成を通じ、かかる「遺言の自由」の否定を導いていったとすれば、私はかかる法技術的構成の具体的内容を提示しておく必要がある。この点に関しては、一八八二年「継承財産設定地法」前における「継承財産設定行為」につき、精緻な研究を行なったスクルトンが、次のように書いていることが参考になる。やや冗長になるが、これまで私が考察した「継承財産設定行為」の概観を正確に補足するものでもあると思われるので、左に引用することにする。

「本世紀〔一九世紀〕前半における、土地の通常の『継承財産設定行為』は、非常に単純な例をとれば、……Aの結婚にさいし、土地が彼にその生涯について設定される。その時には未出生の彼の長男Bに対する『限嗣残余権』(remainder in tail)、および先順位の法則(in order of seniority)での彼の他の息子たちに対する『承継的な限嗣残余権』(successive remainders in tail)と、ともにである。そしてBの『未確定的残余権』は、『未確定的残余権』を保護するための複数受託者(trustees)の方法により保護された。Aが全く息子を有さなかった場合、その場合において、彼が『世襲不動産権』(an estate in fee)について有するのは、土地についての生涯の権利(a life interest)のみである。もし彼に息子たちが生まれても、彼が彼自身で、その息子たちの権利(interests)を打ち破ることのできるような譲渡をなすことはできないであろう。なぜならば、彼は土地についての彼自身の生涯の権利(interest)を処理することしかできなかったから。Bもまた、彼の父が限嗣設定(entail)を廃除することについて彼に加わるようその父親を説得することができなければ、彼がその父親の死亡のさい、当該不動産を相続するまでは、土地についての彼自身の権利(interest)すなわち、Ｂの法定相続人が存命中である限りにおいて『下級の単純不動産権』(a base fee)として知られる土地についての不動産権を、譲渡することができるにすぎないのである。すなわち彼は、Ａの土地における生涯の権利(a life interest)に影響をおよぼすことも彼の次男以下の弟たちの『残余権における限嗣不動産権』(estates tail in remainder)を廃除することも、できなかったのである。

この結果、土地は、『限嗣保有権者』が現有しかつ二一歳に達するまでは、彼のみによる完全な譲渡から守られた。しかも『現有の限嗣保有権者』(tenant-in-tail in possession)たるＢが、成年に達しても、彼は、『生涯間保有権者』たるＡに加わり、不動産を譲渡しもしくは再設定することの予定される地位におかれたのである。すなわち長男が成年に達しようとするさい、またしばしばその結婚の機会に、その父親からの固定した『年額手当』(annual allowance)と交換に、彼が土地の『再設定』、すなわち、『限嗣不動産権』を『生涯間不動産権』に転換し、また、彼の未出生の長男に『残余権における限嗣不動産権』および彼の他の〔未出生の〕息子たちに、『承継的な限嗣不動産権』を与えるという土地の『再設定』に加わるように、との提案が、通常父から彼に対してなされるのであった[1]」と。

右の説明からも、このようにして創造される所有権の構成は、最低一世代前、最高は無限の世代前における「継承財産設定行為」の設定者の「遺言の自由」ないし「生前処分の自由」の行使から帰結することになり、こうしてまたかかる所有権構成は、後の世代に承継され、かくて相続財産の生前ないし遺言処分による散逸が、阻止されることになることを、知ることができる。

「貴族的遺言相続主義」の近代的意義を問う、その弱体化・解体論者は、ジョセフ・ケイの場合に最も明確に、このような所有権構成それ自体を排斥している。「ルフェヴル法案」は、未出生の子に対する「限嗣設定」を禁止し、

「継承財産設定行為」が論理的に予定しない「処分の自由」を、世代毎の被相続人の「指定権能」によって実現しようと意図するものであることは、すでにみたとおりである。

一八八二年「継承財産設定地法」(The Settled Land Act, 1882 ; 45 & 46 Vict., c. 38)の制定過程は、さしあたり右のような「貴族的遺言相続主義」擁護論と、弱体化・解体論の対立に規定されているといえる。同法の帰結する必然性と、同法の本質をつく議論としては、次のマクノートン卿(Lord Macnaughton)の言に注目するにとどめる。マクノートンは次のようにいう。

「一八八二年法は、『設定地』(settled land)に関するそれ以前のあらゆる立法と異なっている。それは異なる線上に進行しており、かつ異なる目的をもっている。……弱まる何らの兆候もみられなかった農業不況の時期に、『継承財産設定行為』に対する人民の反対の声が起こったのである。問題は、『厳格継承財産設定行為』がある場合には確かに生みだしたごとき過誤から、土地を『継承財産設定行為』に引き入れるという権能を全く廃棄せずして、『設定地』をいかにしたら救うことができるか、ということに所在したのである」と。(2)

八二年法の政策的意義をとくかかる見解は、同時に、それによって意図された「改革」の方向およびその本質的限界を明らかにしているものといえる。同法が「異例の早さ」で貴族院を通過したことに、その政策的意義の現われを認めることができるとすれば、(3)私は同法のより内容的な分析に立ち入って、その地主的「改革」としての表現のみならず、「貴族的遺言相続主義」弱体化・解体論のそれへの包摂可能性およびその理由を解明するための前提を提示することにしたいと考える。

八二年法は、第一に、「継承財産設定行為」にみられるところの被設定者からの「処分権能」の剝奪を、同法による「救済」の主要な内容としているものといえる。同法における「現有の生涯間保有権者」(a tenant for life in possession)への「処分権能」付与が、その具体的な表現である。

(1) Scrutton, T. E., Land in Fetters, 1886, pp. 134-135. なおこの説明には「寡婦」に対する用意の説明や、設定方法における信託の活用がかならずしも十分に示されていないが、その点については、Underhill, op. cit., p. 675 の説明が分りやすい。

(2) in Lord Henry Bruce and others v. The Marquess of Ailesbury and G. B. Laurence, [1892] A.C. 364-365.

(3) さきのアーサー・アーノルドは、庶民院で、同法案を攻撃し、「設定地を増加させ、改革を阻害するもの」と非難した。多分に感情的反発であるが、後にもみるとおり一側面はついている。なお本法案が「異例の早さ」で「貴族院」を通過したことは、ファウラー議員の発言にみられる(Hansard, op. cit., 3rd S., vol. 270, Cols. 349-358)。

一　定義規定

中心的条項は、以下のようである。すなわち「ある継承財産設定証書[1](settlement)のもとで、受益的に(beneficially)継承財産設定地(settled land)につきその生涯、現有(possession)の権利を有する者は、本法の諸目的のためのかかる土地の、生涯間保有権者、および、かかる継承財産設定証書のもとでの、生涯間保有権者である」(同法、第二条五項)。この場合、「継承財産設定行為」は、それを現実化せしめる「証書」を通じて把握される。すなわち「相続(succession)のために、いかなる者であれ、その者に限定され、もしくは、その者のために、信託される場合には」、「土地における不動産権、もしくは、権利(interests)がいかなるもので」あっても、このような「限定」もしくは「信託」を行なう「捺印証書」「遺言書」、その他の「証書」(instrument)は、a settlement として把握されるのである(第二条一項)。

次に、「継承財産設定地」(settled land)(以下「設定地」と略称する)についての定義である。その点では、「設定地」が、右のような settlement の対象地を意味するとする包括的規定に注目してよい(第二条三項)。すなわち、権利者間の内部的関係において、「単純不動産権」(the fee simple)「エクイティ上の受戻権」(the equity of redemption)「謄本保有権」「定期または数人の生涯間不動産権」(the estate for a term of years or lives)のいずれが設定されていても、これらが「設定され」さえすればその設定行為の対象地は、すべて「設定地」として把握されることが、同条項の意味するところである[2]。

「生涯間保有権者」すなわち、同法において「設定地」についての「制定法上の権能」(statutory powers)(後述)が絶対的に帰属するものとされる者は、広汎な事例を予想して、複雑な補足規定により、その範囲を拡大されている。さきの抽象的定義規定では、このことが明らかにされないので、ここに若干言及しておこう。

第五八条一項、すなわち、「彼らの各々の不動産権もしくは権利(interest)が、現有のもの(in possession)である場合」という規定から、さきの「生涯間保有権者」に関する抽象的定義は、「現有の生涯間保有権者」と具体化される。この場合、「現有の」(in possession)という定義は、「残余権」ないし「復帰権」(reversion)との区別において用いられるものであり、後見人による possession もこれに含まれることに妨げはない(したがって未成年者でも「現有」しうるということである)。土地からの地代または収益(profit)取得権であっても、possession として把握される(第二条一〇項)[3]。

詳細に論じる必要はないが、「現有の生涯間保有権者」として把握される者で、特に注意を要するのは、第一に、「未確定的限定」(executory limitation)(「遺贈将来権」)に関する規定からそのように把握される者であろう。すでに若干言及したように、かかる『遺贈将来権』の設定は、土地の有機的一体性確保を「継承財産設定行為」により、直系承継的にはかる場合に比して、より長期的に大土地所有の永続を保障する。象徴的にそれを「未確定的残余権」と「遺贈将来権」の差異として前述したが、ここでなお立ち入って分析してみよう。

このことにつき、一八八二年「不動産権移転法」(The Conveyancing Act, 1882; 45 & 46 Vict., c. 39) 第一〇条を重視しなければならない。

同条は、「未確定的限定」(executory limitation) がその継続の時間的範囲の如何にかかわらず、その者に直系卑属が欠缺するさいに他の者にかかる「限定」がなされるように設定されているときには、その場合の「未確定的限定」は、右のような直系卑属が成年に達した場合には効力を有さなくなるものとした。このような条項の意味するところは、実質的に例えば次のごとくである。すなわち「Aに単純不動産権を、また同様にしてCおよびD……に単純不動産権を遺贈する」という場合には、同法前では、そのような「限定」のなされる土地の売却についてはABCD……全権利者間の同意を必要とすることになる。また「継承財産設定行為」はこのようにして直系的承継のほか傍系的承継の要素を導入されることになる。同条の効果は、右のような場合、Aの直系卑属の誰かが成年に達していさえすれば、その者への単純不動産権の遺贈は確定するゆえ、当該土地の売却もAが単独でなしうる、とする点に現われる。これは内容的には、直系承継的な――すなわちAに生涯、残余権をその長男Bに限嗣的に……の場合――「継承財産設定行為」における限嗣設定が、右Bの成年に達した時点で廃除しうることになるという一般原理の表明にほかならない。(4)

右のことを前提としつつ第五八条二項は、「彼らの各々の不動産権もしくは権利が現有のものである場合」に次の者、すなわち「彼の直系卑属の欠缺するさい、もしくは他のいかなる事件のさいでも、そのさいになされるところの未確定的限定、贈与もしくは処分を伴う単純不動産権の保有権者」は、本法にいう「生涯間保有権者」であるとする。

例えば、単純不動産権がAの信託のために絶対的に遺贈されるが、Aが未成年である間は、遺言者の妻に彼の未成年間の扶養のため遺贈され、かつ、Aが未成年で死亡する場合には妻に生涯その信託のために遺贈され、妻の死後は他の者の信託のために遺贈されるという場合に、未成年のAは本条の効果により「生涯間保有権者」とされる。すなわち、Aはその未成年中の「未確定的限定」にかかわらず本法の「生涯間保有権者」として把握される。(5)

第二に、「現有の生涯間保有権者」に、「たんに地代〔支払い〕における賃借権に基づき保有するのでない、その生涯で終了しうる数年間定期賃借権保有者」(A tenant for years determinable on life, not holding merely under a lease at rent)が掲げられている(第五八条一項四号)。

「定期賃借権」の分出——例えば「Aに九〇年間の定期賃借権を、もし彼がそれだけ生き長らえるならば」という形態——は、「継承財産設定行為」の古い形態においては、限嗣設定の廃除をそれだけ困難にするものとして、かなりの程度行なわれていたようである。(6) この規定は、それらの者についても、「現有の生涯間保有権者」として把握し、後述の「制定法上の権能」を与えようとするものである。なお前述のように、(7) この「定期賃借権」の設定は、次三男への、金銭による「分与産」支払いと同様のものとして、彼らへの相続分保障を行なう機能を果たしていたことを、指摘しておく。

第三に、「彼自身の生涯もしくは他者の生涯の保有権者、もしくは生涯で終了しうる数年間の賃借権保有者」であって、いずれの場合にもその生涯の一定の時点に、その不動産権が終了すべきものとされている者も、「生涯間保有権者」として把握される(第五八条一項六号前段)。

その結果、寡婦が「継承財産設定行為」で、物的財産権の収入を、その寡婦である間(during widowhood)、「彼女自身の信託および利益のため、また、その子供の扶養および教育のため、受領する権能あり」とされる場合、彼女は「生涯間保有権者」として把握される。(8)

さらに第四には、未成年者および有夫女に対する規定に注意する必要がある。八二年法は、未成年者に対する成年者と異なる特別の扱いを認めていない(第五九条)。ただ、「継承財産設定行為の受託者」(trustees of the settlement)によるその「生涯間保有権者」の「権能」の行使を認め、このような受託者が欠缺する場合、「高等法院」により、その指名が行なわれるということを、規定していることが注意されてよい(第六〇条)。

他方、有夫女については、原則として「生涯間保有権者」と構成されないことになる(第六一条一項)。「もし彼女が有夫女でなかったとしたら本法……に基づく生涯間保有権者の権能を有したであろう場合」すなわち、その「特有財産」(separate property)についてのみ、彼女を「生涯間保有権者」として把握する(同二項)ことにしているにすぎない。さらに「継承財産設定行為における期限前処分禁止(restraint upon anticipation)は、本法に基づく権能についての彼女による行使を妨げないものとする」のである(同六項)。なお詳細は、同じく一八八二年に制定された「有夫女財産法」(Married Women's Property Act, 1882; 45 & 46 Vict., c. 75)についての別個の研究に譲る。(9)

最後に、同法によってその範囲を拡大される「現有の生涯間保有権者」と、土地を売却すべきものとして設定する「売却のための信託」による継承財産設定行為(settlements by way of trusts for sale)の「受託者」との、いわば「利益抵触条項」に注意する必要がある。八二年法の最大の欠陥を、その第六三条に求める論者は、同条が、次のようにその一項で規定していることに注目している。

「いかなる捺印証書・遺言書……に基づいてであれ、何人かにその生涯、または他の限定期間その者の利益のため……当該土地・不動産権、もしくは権利の売却をするための、ならびに当該売却より生ずる金銭を充当もしくは処分するための、信託もしくは指令に制約された、それらの土地・不動産権、もしくは権利は、……『設定地』とみなされるべきものとし、……売却までの当分の間、前記の土地・不動産権もしくは権利の収入に受益的に(beneficially)権利を有する者……は、それの『生涯間保有権者』とみなされるものとする。……」。

これは、さきにのべたように「人的継承財産設定行為」と称せられる、土地の「売却のための信託」に関する規定であるが、一九世紀に隆盛をみたこのような「継承財産設定」は、論者によれば、「限嗣設定」を中核とする「厳格継承財産設定行為」と同様の機能を演じる側面と、逆に、その本条の建前を維持する側面との、二重的性格を有していたものとされている。前者は、次のような場合である。すなわち「受託者」が、土地の市場価格が上昇するまでの間、売却を延期し、第一順位の被設定者(たとえば「Aにその生涯、残余権を彼の子供に平等割合で」(for A for life with remainder to his children in equal share)という場合のA)に、売却による金銭価値のかわりに、当該土地自体の享受を許し、さらに、かかる場合の売却についても、受託者は単独でなしえず、Aの同意を要するとする旨の文言が、このような「設定行為」の証書に挿入される場合である。いずれも当時においてかなりの程度行なわれていたとされている。したがってこのような「売却のための信託」は、土地の市場価格が低落している限り、「厳格継承財産設定行為」とほとんど同様の機能を営みつつ、世代毎に反復・継続されることにならざるをえないことになろう。実際、こうして、「売却のための信託」の本来の建前に反し、土地は売却されず、「生涯間保有権者」のもとに拘束されていくことになったのである。

右第六三条は、このような傾向を是認し、第一順位の「被設定者」に、売却されるべき土地が慣行的に帰属する点につき、干渉を加えず、かかる者を「生涯間保有権者」として把握しようとしたものであるといえよう。しかしながら、「生涯間保有権者」の「権能」は、後述のように売却を行なわない「自由」をも含むものといえる。こうしてまた売却権能を委ねられる「受託者」との衝突は、ある場合には必然的になる[10]。もっともこのような建前は、後に修正されているが[11]、右のことからも、八二年法の「厳格継承財産設定行為」に対する「穏健な」、あるいはそれゆえの「地主的改革」としての意義を、認めることができよう[12]。

（1）　以下にみるように、この場合の settlement は、一定の証書を意味しているので、このように訳出した。

（2）　Wolstenholme's Conveyancing and Settled Land Acts, 9th ed., by Cherry, B. L., & Russell, A. E., 1905, p. 320. なおウルステンホームは、ケアンズ卿とともに、同法の作成者である(De Villiers, op. cit., p. 52)。なお「エクイティ上の受戻権」およびその「設定」が可能であることについては、「総括」注(3)で言及する。

（3）　Wolstenholm, op. cit., p. 417. したがってまた「定期賃借権」であっても、possession として把握される。すなわち「生涯間保有権者」として「現有」することについて、賃借権の物的財産権と同様の構成がなされることになる(ibid., p. 315)。

（4）　Ibid., p. 162.

（5）　なお一八八二年「不動産権移転法」のほか、本条により「生涯間保有権者」として把握される者についての定義規定の結果、前述二八九頁以下のホプキンズ事件における「遺贈将来権」設定の場合(遺言者の息子たちＡＢＣＤ……にその者たちが、成年に達するさい「単純不動産権」が遺贈されるという場合)については、かかる未確定的条件が成就されるまでの間、法定相続人たる者が本条により「生涯間保有権者」として把握されることになろう(ibid., p. 418)。

（6）　Ibid., p. 420. なお前述一五七頁以下参照。

（7）　前述四〇六頁注(16)参照。

（8）　Wolstenholme, op. cit., p. 420.

（9）　浅見公子「イギリスにおける妻の財産法上の地位 ㈠」(『北大法学論集』一二巻三号、一九六二年)、四九九頁以下、坂本圭右「夫婦別産制の現代的意義とその機能」(『中京法学』一巻一号、一九六六年)、二二六頁以下など参照。

（10）　Hargreaves, A. D., An Introduction to the Principles of Land Law, 1st ed. 1936, 4th ed. 1963, pp. 122-123.

（11）　すなわち一八八四年「継承財産設定地法」(Settled Land Act, 1884; 47 & 48 Vict., c. 18) の第六、七条で、高等法院の命令により、「生涯間保有権者」として把握される、これらの者の「権能」行使が規制されるに至る。なおいうまでもなく、最終的には一九二五年の一連の「財産権法」の改革が、このような建前を否定しているが、本稿では省略する。

（12）　さきのルフェヴルは、このような「売却のための信託」を「通常の結婚継承財産設定行為」(the ordinary marriage settlement) とよんでいるように思われる(六四一五三・一二三六頁以下)。

二　「権能」規定

右のような「現有の生涯間保有権者」または「生涯間保有権者」の「一般的権能」(general powers)は、売却、「『設定地』およびその一部の土地の他の土地との交換」(an exchange of the settled land, or any part thereof, for other land)、分割(partition)である(第三条)。さらに定期賃借権の設定(第四条等)[(1)]、譲渡抵当権の設定(第一八条等)のほか、「信託元本金の投資またはその他への充当」(investment or other application of capital trust money)(第二一条等)、すなわち例えば「改良」への投資がある。そのそれぞれについては、詳述しないが、私の論述に関連する部分については、後述する。

ここで重要なのは、「生涯間保有権者」の右のような「権能」の行使形態である。第五三条が、そのことに関する中心規定であるが、同条は、次のように規定する。

「『生涯間保有権者』は、本法に基づくいかなる権能の行使においても、当該『継承財産設定証書』に基づき権利を有するあらゆる当事者の利益(interests)に考慮を払うものとし、彼によるその行使に関して、これらの者のための受託者の地位にあり、かつ、そのような義務および責任を有すると、みなされるものとする」。

このいわば「権利調整条項」は、八二年法の性格を、本質的に明らかにするものと思われる。やや立ち入って、さきの「生涯間保有権者」の「権能」行使についてみれば、彼は、「設定地」を「売却」「交換」「分割」しうるが、「売却はすべて、合理的に(reasonably)獲得しうる最高の価格で」なされなければならないとし、「交換および分割はすべて」交換される土地、分割されるべき土地の状態をよく考慮し、やはり「最高価格」を獲得するようになされなければならないとする(第四条一・二項)のである。こうすることによって、同法が、他の権利者からの介入の余地を存続させていることが注目される。

以上は、右「権利調整条項」が、「生涯間保有権者」の「権能」の行使のレヴェルで、発現する場合である。なおこのような論理のより抽象化された発現は、八二年法のもう一つの骨子であるところの「元本金」(capital money)にみられる。

「元本金」とは、「生涯間保有権者」の以上のような「権能」行使より結果した、金銭(「設定地」の売却、譲渡抵当設定などから譲受けた資金)を意味するが(第二条九項)、八二年法の起草に、ケアンズ卿を輔佐して参画したウルステンホーム卿によれば、これについて次のような説明がなされている。

「売却その他より生じた『元本金』は、『生涯間保有権者』の選択で受託者もしくは裁判所(高等法院)のいずれかに支払われる。……けれども、これら受託者もしくは裁判所のいずれも、売却の態様……について発言することはなく、彼らは、売却が結果した後に行動を開始し、本法に従ってその金銭が使用されるまでの間、売却による取得金の『寄託者』(depositaries)としての目的で行動するのみである」(2)。

ウルステンホームの説明にみられるように、第三二条一項は、「生涯間保有権者の選択で、……『元本金』は、『継承財産設定行為の受託者』、もしくは裁判所に、支払われるものとする」と規定し、この場合において「受託者」は、単独もしくは裁判所の指令に基づき、元本金を一定の目的のために「投資し、もしくは、充当する」のであるとしている。ただし、「受託者による投資もしくは充当は、生涯間保有権者の指令に従ってなされ」、このような「生涯間保有権者」が存在しない場合には、「受託者の判断(discretion)」のみによって、行なわれる(第二二条二項)とされる。

右の複雑な構成を整理すれば、「投資・充当」の具体的内容は、「生涯間保有権者」が決定し、「受託者」が、実際の「投資・充当」にあたるという関係が現われているものと理解できる。なお「投資」には「政府債」(Government securities)やその他の債券への投資がある。(3) また、これまでふれてきた「土地負担」(incumbrances)、地租負担の解除、(4) そしてより重要なのは「改良」(improvement)への投資、改良費の支払いなど、である(第二一条)。

さらに、第二二条五項前段は、「本法に基づき生じる『元本金』が、未投資もしくは未充当である間は、……処分、移転(transaction)および伝譲(devolution)のあらゆる目的について、土地と考えられるものとする」と規定している。すなわち、具体的には、同条同項後段の規定するように、投資・充当がなされるまでは、「設定地」売却等終了後であっても、当該金銭は、「もしそれらの処分がなされなかったら、『継承財産設定証書』に基づき保有されかつ継承されたであろうような土地」と観念されなければならない、と規定するのである。

またこのような「元本金」が、土地取得等に投資されると、次のような関係が生じる。

「譲受(purchase)により、もしくは、交換において、もしくは、分割のさいに、取得された土地は、……当該『継承財産設定証書』に制約されるものとする」(第二四条一項)。

なお、ウルステンホームの説明によれば、特殊な事例、すなわちウェリントン家、ネルソン家など、国会によりある家系に限嗣設定された土地等は、売却されても、限嗣設定は廃除されることなく、その取得金に対して存続する。それについての規定(第五八条一項一号、第二四条二項参照)の紹介も必要であるが、ここでは以上の言及にとどめる。(5)

以上「権利調整条項」、「権能」行使形態、および「権能」が行使された後の「元本金」に関する規定の分析から明らかにしうることは、一応のところ「生涯間保有権者」の、設定地についての「処分の自由」の実現ということになろう。しかしながら、この「処分の自由」の帰結である「元本金」についていえば、それを他の土地購入に投資し、その土地を「継承財産設定行為」の対象とすることもまた、「生涯間保有権者」の選択に委ねられているのである。(6)

ただし、ここには、「継承財産設定行為」における「生涯間保有権者」の把握における、論理の逆転が、看取されうる。すなわち、彼は、「設定行為」の受益者的地位にありながら、八二年法により、さきの「権能」行使のための「受託者」的地位に転換せしめられ、その結果、「設定行為」によって彼にそのような処分権能が委ねられているか否かにかかわらず、さきの「権利調整条項」に従って、以上の「制定法上の権能」の行使が行なわれうることになる。すなわち、「設定地」は、その全部もしくは一部が売却・交換・分割されうるものとされ、しかもまたこれを現実化させるために、「生涯間保有権者」に対する一身専属的な権利が、(7)国家法によって、付与されることになったとの総括を行なうことができる。

(1) 建築用定期賃借権(building lease)については九九年まで、鉱山採掘用定期賃借権(mining lease)は六〇年まで、その他の場合は、二一年までである(第六条)。

(2) Wolstenholme, op. cit., p. 216.

(3) この点については一八九三年の「受託者法」(Trustees Act, 1893; 56 & 57 Vict., c. 53)の第一章が、「信託を創設する証書」(instrument creating trust)により明文で禁止されていない限り、受託者がなすことのできる「投資」内容を、詳細に規定している。

(4) 第五条は「土地負担」をその権利者と「生涯間保有権者」の合意により、他の「設定地」に転嫁しうる旨を定めている。

(5) Wolstenholme, op. cit., pp. 373, 417–418. なお前述四三六頁注(13)参照。

(6) ショウ・ルフェヴルは、この規定に失望を示している(Lefevre, S., Agrarian Tenures, p. 43, cited in De Villiers, op. cit., p. 63)。

(7) 第五一条は、以上の「生涯間保有権者」の「権能」を「設定行為」で「禁止もしくは制約し他の者に付与する」ことはできないとし、そのような「禁止・制約・付与」文言は、無効であるとする。

三　「世襲相続財産」部分と「権利調整条項」

以上の一般原則の例外として、「貴族的遺言相続主義」において慣習的に、家産部分と観念されていた相続財産部分についての規定に、注意しなければならない。すなわち第一五条は、次のように規定する。

「本法においていかに規定しているかにかかわらず、『設定地』上の『主邸宅』(the principal mansion house)およびその『付属地』(demesnes)および通常主邸宅とともに占有される他の土地は、『継承財産設定行為の受託者』の同意もしくは裁判所〔大法官部〕の命令なくして、売却されもしくは定期賃貸されないものとする」。

また第三七条は、いわゆる「法定相続動産」(heirlooms)についての規定であるが、同条は、動産(personal chattels)が、土地とともに限嗣相続人に伝譲される(devolve)よう信託において設定されているとき、「生涯間保有権者」は裁判所の命令なくして売却または譲渡しえないとする。[1]

貴族の家産的財産として慣習的に観念される根幹的部分が、右にのべたように、「生涯間保有権者」の「処分の自由」からひとまず除外される結果を重視する必要があろう。八二年法の限界は、この意味で、貴族財産の一体性確保――それに対する家産的制約――の維持について、とりわけ顕著に現われている。[2]

しかしながら、立法者が、かかる相続財産の散逸を防止するための最終的拠点を裁判所に求めたその意図に反して、事態は進行していくことになった。ホールズワースが、八二年法の右の規定にかかわらず、貴族的大土地所有の崩壊が必然的であったことに「驚き」を示しているように、[3]一八九二年のある事件では、裁判所が貴族的大土地所有の崩壊を、「ドライな事実」として承認せざるをえないとする判決を行なっている。このことについてやや詳細に言及しよう。

一八八五年七月付のある「継承財産設定行為」が、本件で争われた。すなわち二一歳に達したエールズベリ侯は、八二年法でいう「現有の生涯間保有権者」としての地位を獲得し、一定の「権能」を行使したのである。この「継承財産設定行為」には、同侯の未出生の子に対する男子限嗣相続の「残余権」と、ヘンリー、ロバート、フレデリック、チャールズ、の四人の叔父のそれぞれの生涯、および彼らの子供たちへの承継的な男子限嗣相続の「残余権」が伴い、かつ究極の「残余権」が同侯自身に設定されるというものであった。

設定地は、サヴァナク(Savernake)の所領であり、その四万エーカーのうち七七〇〇エーカーは、八二年法第一五条が特殊な規定を設けた「主邸宅」の「敷地」およびその「付属地」たるものであった。他は耕作地であったが、全体からの収入は、負債、夫婦合有不動産権(寡婦産)(jointures)や譲渡抵当の利子などへの支払い分を控除すると、九〇〇〇ポンドほどであり、地代は低落気味であった。侯の「生涯間権」についても譲渡抵当が設定されていたが、侯はすでにその「受戻権」(equity of redemption)を失っている。(4) あまつさえ、「主邸宅」および「付属地」の維持に多大の出費が重なっていた。

そこで一八九一年、侯は、アイヴァー卿なる者と契約を締結、一八八二年および一八九〇年「継承財産設定地法」(The Settled Land Act, 1890 ; 53 & 54 Vict., c. 69)に基づいて、この設定地の売却と、譲渡抵当設定の手続きを開始した。

こうして侯は、サヴァナクの全所領の「単純不動産権」をアイヴァー卿に七五万ポンドで売り、その代金(purchase-money)のうち五〇万ポンドについては買主に対して五年間、年四分の利子で譲渡抵当を設定してその支払いを確保するという契約を締結した。ところでこの全所領の売却は、さきにのべたように「世襲相続財産」部分、すなわち「主邸宅」およびその「付属地」の売却も含むものであるので、八二年法第一五条(後の九〇年法第一〇条)の規制を受けることになる。

すなわち九〇年法第一〇条は、八二年法第一条の廃止条項であるが(同法第一〇条一項)、その二項は次のようである。

「一八八二年法に含まれるいかなる規定にかかわらず『設定地』上の『主邸宅』およびそれとともに通常占有される『遊園』(pleasure grounds)および『狩猟地』(park)および土地は、『継承財産設定行為の受託者』の同意もしくは裁判所の命令なくして、『生涯間保有権者』により売却され、交換され、もしくは定期賃貸されないものとする」。三項は、「通常家屋が『農場』(farm house)として占有され」る場合または当該家屋および右「付属地」の敷地が二五エーカーを越えない場合は、その家屋は、「主邸宅」として本条の適用を受けないとしている。

「継承財産設定行為」の受託者の同意はえられなかった。また侯の「推定法定相続人」(heir-presumptive)のヘンリー叔父およびロバート、フレデリック両叔父は、右の契約に反対し、サヴァナクの所領はエールズベリ家が一六七五年以来維持してきた唯一の由緒ある所領であり、「付属地」、なかんずくサヴァナクの森林は手放してはならないとした。証拠審理によれば、七五万ポンドは適正な価格であり、また、「主邸宅」およびその「付属地」も含めなければ、かかる価格ではとても売ることは望めない旨、証明されている。

「貴族院」ではホールズベリ卿(Lord Halsbury, L. C.)およびマクノートン卿がそれぞれ注目すべき判決を行なっている。ホールズベリ卿によれば、問題は、エールズベリ侯にこのまま所領が売却されず保たれても、それは、彼による土地改良、補修もされないままに、それが「存続させられる」ことを意味するにすぎないということにあり、裁判所は、この「ドライな事実」を判断しなければならないのであるとした。さらにさきの「利益調整条項」にかかわらず、当事者の一方が反対していること、受託者が反対していること等の「主観的要素」は、裁判所の独自の判断を拘束するものではないとする。そして、ホールズベリ卿は、判断の基礎を、一八八二年および一八九〇年の「設定地法」の目的解釈のみに求めるべきものとし、「解釈」の前提である事実関係は、まさに貴族的大土地所有が維持しえなくなっているさきの「ドライな事実」そのものであるとしている。すなわち、さらに次のようにのべるのである。

「今や国会制定法それ自体に、前文……の方法で、当該制定法の意味および政策が何であるかを示すものが含まれることはない。しかし、『生涯間保有権者』が、『継承財産設定証書』の文言により、彼の権能が、その生涯を越えてはならないとしたにもかかわらず、売却するための権能が与えられたことから、私は、土地を『継承財産設定行為』の拘束から解放するということこそが、同法の意図するところであるとみることができるのだ。……しかも歴史的に、土地の農耕およびその他の有用な占有という目的に対して、『継承財産設定行為の法』が及ぼした影響について、いかなる反対がなされたのであるか、人のよく知るところでもある」(5)。

マクノートン卿の判決については、さきに、八二年法の制定目的に言及するさいにも、若干言及したところである(6)。すなわちマクノートン判決も、右のホールズベリ判決と同様である。さらに彼は、「受託者は、『継承財産設定証書』に基づき、権利を有するあらゆる者の利益、および、設定者の希望に、注意を集中することは、自然であり、そのことについて彼は責められるべきではない」が、裁判所には、このような立場以上の「何か﹅が﹅期待されているのである」としている。

右の特殊な事例から、八二年法それ自体の性格を規定するのは一面的であろう。それにもかかわらず貴族院判決が言及した「ドライな事実」とは、貴族的大土地所有の基礎を構成する「継承財産設定行為」からの土地一般﹅の解放という現実を指していることは疑いない。八二年法は、本質的に地主的「改革」路線に規定され、それゆえ同法の骨子とされた「生涯間保有権者」への売却権能の付与にしても、すでにみたように、「貴族的遺言相続主義」の建前からする制約を伴うものとならざるをえなかった。けれども、同法は、「ドライな事実」と表現されたような経済過程における貴族的大土地所有の解体傾向という現実の歴史的過程を、よ﹅り﹅促進していくという機能を果たしていくことになったであろう。八二年法はその限定的な性格にもかかわらず、「貴族的遺言相続主義」弱体化・解体論の企図に支柱を与えたといわれる。その理由は、売却の権能の法認を頂点として、これら論者のいう「土地の商品化」の命題に一定の適合的な構成を、同法が示したためであったろう。そしてまた、このような同法の現実の機能が、これら論者による「土地国有化論」の唱道と、その運動に媒介されて導かれていく側面を重要視したい。私はすでに、この「土地国有化論」が、貴族的大土地所有を資本の規定性に服さしめるための主張にほかならなかったこと、したがって「土地の商品化」ないしは「自由なる土地」といった彼らの命題とこれとは、決して矛盾する性格のものではなかったことを考察した。したがって結論的にいえば、この「土地国有化論」は、土地の私有制の廃棄を目的としたものではなく、貴族的大土地所有を総体として、彼らすなわち産業資本家の階級的利害に従属させようとする企図から導かれたものにすぎないと考えられよう。逆にこのことによって彼らの「土地国有化論」はすぐれて階級的な性格をもつことになる。私は以下この点について論じていくことにしたい。

(1) 命令をえれば、売却・譲渡しうるが、取得金は「元本金」に繰り入れられる。

(2) この点ハーシェル卿の発言(Hansard, op. cit., 3rd S., vol. 313, Col. 1769)参照。また De Villiers, op. cit., p. 63; Pollock, op. cit., p. 192 参照。

(3) Holdsworth, W. S., A Neglect Aspect of the Relations between Economic and Legal History, Ec. Hist Rev., vol. 1, 1927-1928, pp. 114 et seq.

(4) なお八二年法第一八条は、「設定地」が謄本保有権である場合などの解放(enfranchisement)費、「設定地」を他の土地と交換したさいに、土地の同等性(equality)を維持するために支出された費用、等の捻出のため、設定地の全部または一部に譲渡抵当権を設定しうる旨を定めている。そしてそのようにして調達された金銭は、本法において生じる「元本金」(capital money)とされる旨を規定する。この場合、譲渡抵当権設定は、「継承財産設定行為」の目的物である「単純不動産権」、もしくは他の不動産権、またはエクイティ上の権利(interest)の「不動産権移転」(conveyance)をすること、あるいは、「設定地」に対する賃借権を設定すること、によるごとくである。九〇年法第一一条は、「設定地」の全部または一部の「土地負担」(incumbrance)

の解除のための譲渡抵当設定による、「生涯間保有権者」の金銭調達の権能を規定し、かつこの場合の金銭を同様に「元本金」として把握する旨を規定している。

（5）　Bruce v. Ailesbury, [1892] A.C. 360-361.

（6）　前述四四五頁参照。

3　貴族的大土地所有の「崩壊」

土地貴族を中核とする大地主層が、自らの改良投資により、膨大な資本を有する大借地農を吸収し、こうして「ハイ・ファーミング」と特徴づけられるところの資本制農業経営の優位がもたらされていったと考えられるが、「大不況」を境に、かかる大土地所有・大借地経営の照応関係はしだいに桎梏化し、国家政策レヴェルでも「小農創設」政策の導入が不可避となると考えられる。一九世紀末葉のこのような展開過程は、「立法が土地を市場から隔離する傾向をどの程度もたらしたか否かにかかわらず、それが小土地保有の創設のために望ましいものではなかったこと……は疑いない」とする結論を導いていくことになる。すなわち「極めて最近までの立法の目的」を、「所領の処分阻止」と規定し、それにより「小土地保有は、大土地所有に吸収されてきた」と報告する、ジョセフ・チェムバレン（Joseph Chamberlain）を委員長とする一八八四年から九四年の「小土地保有に関する庶民院特別委員会」（Select Committee on Small Holdings）[1]は、まさしく右のようにのべ、「小農創設」の政策貫徹を阻害するものは、大土地所有の維持・存続を立法によりはかる最近までの国家政策、と規定するのである[2]。

右に示される国家政策の転換点は、一八九五年の総選挙対策のための保守党による「小農創設」立法、すなわち一八九二年「小土地保有法」(Small Holdings Act, 1892 ; 55 & 56, Vict., c. 31)の導入に、表現される。右委員会勧告に基づき成立した同法は、「いかなる州であれ、その議会(Council)がその州において小土地保有の需要が存在するとの意見を有する場合には、……州議会は、当該保有地(the holdings)を購入することを望み、かつ、自らそれを耕作する者のために、本法の諸規定の制約内で小土地保有を用意する目的で、適当なる土地を取得することができる」(第一条一項)と規定するが、かかる小土地保有取得のために、州議会に強制収用権を付与するものではない(第三条)。自由党の「小農創設」政策の旗手、さきのルフェヴルは、この点について次のように批判する。

「私の強い信念は、この目的〔小土地保有者創設〕のために適当であるようないかなる土地も、合意によって購入せよということである。それゆえに本法案に強制権限(compulsory powers)を加えることによって、実効性を付与する必要があろう。……ある教区の全部の土地が一人の地主に帰属するとし〔これが一般的であると彼はいう〕、州議会が、その地主に売却するよう説得することができないとすると、小土地保有を獲得しようと望む労働者は、州の他の場所でそのような土地を得るようにとの説得を受けることになる。これは彼にとり一体満足なものといえるだろうか(3)」と。

一八八二年「継承財産設定地法」と右九二年「小土地保有法」との一定の論理的連関関係は、そのいずれもが貴族的大土地所有を強力的に解体することを志向していないことに、求められると考えられる。八二年法は、すでにのべたように、貴族的大土地所有を基礎づけるところの「貴族的遺言相続主義」を解体せず、「生涯間保有権者」に対して一定の「処分権能」を付与したものにすぎない。それにもかかわらず、それが地主の側から、画期的「改革」を伴うものと説かれたのは、次の理由による。すなわち「貴族的遺言相続主義」における法技術的構成において、目的財産に対する現在的諸権利――「残余権」もまた、その将来の実現を阻むような行為を阻止することができるという意味で現在的権利である(4)――の拘束が行なわれてきたことにつき、「生涯間保有権者」に対して売却を頂点とする処分権能を付与することを通じて、それからの解放の道を与えたことに、八二年法の積極的意義が認められるとされたからである。このことはさきにのべた「元本金」、すなわち「生涯間保有権者」の売却等の処分行為によって生じた金銭についての特殊な構成についても、いわれるべきである。すなわち、それが、改良投資もしくは債務充当などにあてられないでいる間は、「それから当該金銭が生じた土地」のごとく扱われ、「もしそれが処分されなければ、当該『継承財産設定証書』に基づき保有され、移転されたであろうように」、かかる「継承財産設定行為」の権利者に承継されるものとされるのである。このような承継方式による限り、土地にかかわり現実的には金銭が、かかる「継承財産設定行為」の目的物とされることになろう。

しかもなおすでにのべたように、投資・充当は「生涯間保有権者」の決定するところであり、改良投資に関していえば、「継承財産設定行為」の受託者もしくは裁判所に対する「改良実施計画書」(a scheme for the execution of the improvement)提出の義務が、彼に対して加えられているにすぎない(八二年法、第二二条五項、第二六条一項参照)。

以上の結果、土地の有機的一体性確保を本来の建前として、これに適合的に構成されたところの所有権の論理的構成は、「処分の自由」を原則的なものとする形式に転換せしめられ、「元本金」につき右にのべたように、「生涯間保有権者」の選択の結果である限りでは、「土地」とみなされるところの金銭が、かかる「継承財産設定行為」の目的物とされることになる。そこに示される相続財産の価値的把握は、さきの「貴族的遺言相続主義」弱体化・解体論者の主張に、その限りで整合するものであったであろう。

それにもかかわらず「貴族的遺言相続主義」弱体化・解体論者の主張が、右の八二年法の定立にもかかわらず、なお現実的展望を与えられないのは、「貴族的遺言相続主義」それ自体を否定せず、したがってまたその限りで貴族的大土地所有の維持・存続をはかる、同法の基本的な枠組みからの論理的帰結と説くことが可能である。究極的に「土地国有化論」を説き、それとは矛盾しないものとして貴族的大土地所有の商品化を標榜することにより、「小農創設」政策を推進するという彼らの主張が、こうして八二年法の右の論理と矛盾してくる側面を、さしあたり重要視する必要がある。

さきの「小土地保有特別委員会」は、八二年法が「小農創設」政策に適合的なものであるか否かをめぐる論争を、右のような脈絡の下に必然化しているといえる。「貴族的遺言相続主義」擁護の論陣からは、オックスフォード・エクスター・カレッジ教授ドルゥース(Samuel Benjamin Large Druce)が、『設定地法』の下で、主邸宅およびその周辺地といったごくわずかの例外を除きあらゆる土地は、今や容易に売られるようになったのであり、私の考えでは『設定地』の売却を停止させるような法は存在しないのである」と説き(七四三三・四一二頁)[5]、八二年法により土地の「自由取引」(free trade)の前提が、完全に定立されたものとする。

このような見解に対しては、「三エーカーと一頭の牡牛」運動の主導者、すなわち農業労働者に対する土地分配の特別立法運動を主導するジェシ・コリングズ(Jesse Collings)が、八二年法による地主の自発的売却のための法制上の誘因は、そのいわばヨーマンリー復活の彼の運動にとって好ましいとしながらも、かかる自発的売却のみに、その運動実現の期待を委ねることができないとしている(七八〇一七八二・九四頁)。すぐれて直截に、八二年法の低い評価を行なうのは、さきのアーノルドである。彼は、八二年法が、「生涯間保有権者」の「意思」を通じての「継承財産設定行為」の存続の余地を残していることに抗議し、こうして大土地所有の浪費階級たる土地貴族への集中と、「より収益ある方法での小農の土地経営」とは、本来的に両立しえないものであり、後者を選択するのであれば、「貴族的遺言相続主義」の全き廃止を行なわなければならないと説く。さらに八二年法により、土地貴族が自発的に土地売却を行なうことを通じ、「小農創設」に適合的な地片が市場に登場するということは、「聞いたことがない」とし、売却された土地は、他の「設定行為の対象地」とされたにすぎないと断言する(一九七―二一四・五二―五三頁)。

以上いずれも羅列的に提示したにとどまるが、最近の椎名氏の研究に従えば、「農業大不況」を契機とするイギリスの資本制農業の衰退一般、および何よりも大土地所有に照応する借地経営それ自体の廃止は予定されず、自作農増大現象も、統計的事実に反すると総括されている。[6] 八二年法にもかかわらず、それはフランスにおける「均分割制」の相続法面への導入を意味していない(アーノルド、四一一・六六―六七頁)。さらにまた、八二年法は、小農保有をもたらすに適合的な小地片、すなわち購入しやすい(handy)量の土地部分の供給を土地貴族に強要するものともいえないのである。そのためには「貴族的遺言相続主義」の廃棄が必要と、右「委員会」でファイフェ(Fyffe)[7]が示唆したように(六〇四四・三五三頁参照)、大土地所有と大借地経営の照応関係が依然として維持されるというさきの帰結は、以上の八二年法の論理からすれば当然のものといえる。

それならば一歩進んで、「貴族的遺言相続主義」弱体化・解体論者の主張する「土地国有論」または、これを究極の論拠として展開されるところの彼らの「小農創設」の意図なるものは、その政策実現の前提として、貴族的大土地所有の解体を真に志向するものであるといえるであろうか。すでに結論的に示したように、私たちは、彼らが、一般的に標榜する「小農創設」政策の前提として、前述のように「貴族的遺言相続主義」の弊害が説かれ、かかる弊害除去の一環としての土地の商品化に、彼らの政策の展開基軸が求められていたことに再び注目しなければならない。バーミンガム小土地保有協会常任顧問ドッド(John Theodore Dodd)が、このような基調を最も明快に繰り返しているといえる。

「然り。私は、国有化を一貫して考え続けているといえるであろう。けれども同時に私は、人々が望めば彼らが

〔土地を〕購入することのできるような、より劣位の改革をも志向せねばならぬ。私は唯一国有化の可能性だけに頼ることで、『継承財産設定地法』の変更をも、長子相続制の廃棄をも、遅らせてはならないであろう。同時に私は、直接に国有化に反するような機構を創設するために〔『設定地』改良に関する一連の立法による措置を指す〕多額の公共の金銭を費消してはならないであろう」と(五七三五・三三六頁)。

このような見解は、さきのコリングズにも支配的である。彼は、一八九二年「小土地保有法」が、一九〇二年末まで、イングランド・ウェールズを通じ、わずか八州の州議会によって運用されたにすぎず、その結果、全体で五六九エーカーほどの土地が、小土地保有地のために取得されたにすぎないという結果を承認しながらも、[8]次のようにいう。すなわちさきのヘンリー・ジョージやアルフレッド・ウォーレス(Wallace, A. R.)らの「土地国有化」論の主張を、「現在『継承財産設定行為』にのしかかっているところの問題の解決を遅らせる主張にすぎない」とし、また土地と結合する利害が、「継承財産設定行為」・年金・譲渡抵当(利子)というように、広汎であるがゆえに、土地の有償譲渡を通じかかる利害を漸次的に消滅させるのでなければ、大きな社会不安を招くと警告するのである。[9]

さきの九二年「小土地保有法」が、ルフェヴルら「自由党」の反論を生んだのは、ルフェヴルがのべたように同法が、多く土地貴族の支配下にある州議会に「小農創設」の執行権限を委ね、しかもかかる執行主体に土地取得の強制力を付与していないことに原因したものであった。しかしながらかかる反対論は、いうまでもなく農民への土地の無償分配を要求するものではなく、逆に彼らへの有償による土地分配を唱道することにより、私有に基礎づけられるところの彼らの「強烈な」土地への執着力に、「大不況」期以降のイギリス農業の展開基軸を求めるものにすぎないといえる。したがって、私は次のように結論することができる。すなわち、「貴族的遺言相続主義」弱体化・解体論者は、八二年「継承財産設定地法」に対しては最も明瞭に、かつ一致してその「地主的」改革としての本質をつくが、かかる批判から構想されるところの彼らの「小農創設」政策なるものは、それ自体また「大不況」を契機とするところの土地所有のみならず私有制一般の「危機」回避の政策的手段の一環にすぎず、それゆえに資本と土地所有の矛盾・対抗の関係は、一定の妥協点を見出さざるをえないことになる。このことはより本質的に、イギリスの農業における資本主義の特殊な確立形態、すなわち大借地経営の確立のために土地所有の集中が必要とされ、それゆえにまた、貴族的大土地所有と対置し、かつこれを廃棄すべきとする、農民革命の条件が、小農からのほぼ完全な土地収奪による彼らの消滅のゆえに、成熟しうべくもなかったことに原因するものといえる。

総じて以上のゆえに、弱体化・解体論者の「土地国有化」論の、すぐれてブルジョア的性格に注目しなければならない。彼らは、貴族的大土地所有の資本制農業にとっての桎梏化を標榜しながらも、客観的には自らの要求である土地の商品化に、貴族的大土地所有も従わせることを志向するにすぎない。そしてこのような論理的関係は、その「小農創設」の意図に反映され、「土地国有化」とはたかだか、貴族的大土地所有の商品化を通じしだいに進行するであろうとされる、土地所有の拡散という一般的傾向を、指すにすぎないものに限局されていくのである。八二年法の考察の結果、その「画期的」意義は何よりも、貴族的大土地所有の崩壊傾向にそれが、適合することに求められると論じたが、そうであるとすれば、そのことは、「貴族的遺言相続主義」弱体化・解体論の、右の本質的意義に矛盾しないものになるといわざるをえない。それゆえに、「貴族的遺言相続主義」維持・存続を通じ、法形式上もイギリス所有権法は、物的財産権、人的財産権に関する法の峻別の基本的枠組みを、なお決定的に否定されないことになる。[10] 八二年法を含む一九世紀における財産法諸改革が、何ゆえにかかる峻別の建前を、否定することができなかったかといった点について、右のような認識が最も重要視されなければならないように考える。

（１）　同委員会「報告書」は、委員長チェムバレンの「報告案」(draft report)（一八九〇年四月二一日）に示されるとおり、「所有権の神秘」(the magic of ownership)こそ現在の農業の生産性を高めるものであり、それゆえ「小農創設」が必要とする論者と、依然として大資本投下によるべきであるとする論者の両論の妥協の産物であるが、みられるようにさきの八二年「リッチモンド委員会」と「小農創設」についての結論を決定的に異にしている(see Report from the Select Committee on Small Holdings, Proceeding of Committee, I.U.P.'s ed., Agriculture, vol. 20, pp. xix–xxi)。

(2) 一八九〇年六月一三日、同委員会「報告書」八頁(I.U.P.'s ed., ibid., p. 628)。

(3) Hansard, op. cit., 4th S., vol. 2, Col. 1373 (1892. 3. 21. Commons).

(4) この点については、望月、前掲論文「謄本保有権(一)」六頁注4参照。

(5) Minutes of Evidence taken before the Select Committee on Small Holdings, I.U.P.'s ed., Agriculture, vol. 20. なお本書からの引用は、括弧内の和数字でパラグラフ・頁数を示す。

(6) 椎名、前掲論文「農業不況」一七頁以下、同、前掲書『近代的土地所有』二五二頁以下参照。

(7) Charles Alan Fyffe は、オックスフォード・ユニヴァシティ・カレッジの所領主計(estates bursar)である。

(8) Collings, J., Land Reform, 1906, pp. 212–213.

(9) Ibid., pp. 278–279.

(10) メートランドが、一九世紀の土地法の全改革が、不動産法と動産法の峻別にふれなかったのは、いずれも「長子相続制」の廃棄を意図しなかったからであると説くのも、この点で興味深い。彼はまた次のようにもいう。「法定相続人の友たる者によって、その存在がわれわれの現在の社会秩序の維持に必要である……と真剣に主張されるのであれば、われわれは、彼がその中心であるという法制度が改正によってより耐えやすきものとならないものであろうか考えねばならない。しかしそのような主張は何らなされたためしがない。逆に、長子相続制の代弁者は、無遺言で死亡する地主は少ないという事実を強調するのがお好きである。全くいないだろう――これがそのお好みの答弁である。然り、弊害は大したものではない、とわれわれは答えてやろう。われわれがわれわれの法律学全体を無秩序にしているのは法定相続人のためなのだと」(Maitland, op. cit., Real Property, p. 193)。

総括

私の以上の研究は、水本氏における、土地商品化の側面での土地所有に対する資本の規定性を反映した典型的法形態を、イギリス近代所有権法から析出しようとされた分析とは、相対的には独自の方法仮設を検証したものである。すなわち私は、水本氏と同様にイギリス資本主義の先進的展開という事実を承認すると同時に、特殊イギリス的な資本制生産様式の推転過程をも重要視し、用益権・所有権の対抗関係という抽象的法レヴェル、もしくは権利範疇レヴェルには直接的には表現されないところの、土地独占・集中過程の分析の通路として、それの最も特徴的表現である貴族的大土地所有およびこれを維持・補完する「貴族的遺言相続主義」分析を行なうことを主眼とした。

土地の独占・集中は、これまでの分析で示したとおり、イギリスにおける資本制生産様式の推転過程における特殊イギリス的な現象であり、ここでは直接対象としなかった市民革命以降における「囲い込みの自由」の推進過程は、これを表象するものといえる。ただし私は、「囲い込みの自由」を推進する法律上の諸制度、とりわけ、市民革命以降において決定的に推進される自由土地保有権優位と、謄本保有権消滅過程そのものを媒介するところの「囲い込み法」を、直接には分析対象とせず、従来の土地の商品化レヴェルでの分析に欠落していたと思われるところの、土地所有の私的独占の特有の意義に着目し、その保障のために機能したその特殊な承継形式の考察を意図したのである。すなわち「囲い込みの自由」展開により集積された土地の一括・単独相続を担保する遺言もしくは継承財産設定の慣行が、イギリスにおける資本の原始的蓄積の本格的かつ最終的な展開過程において体制的に推進されたことについての分析が、これである。

このような視角から私は、市民革命期における自由土地保有権の私的所有権化の意義を重要視して考察をすすめた。自由土地保有権の「期間的」構成要素――「単純不動産権」「限嗣不動産権」「生涯間不動産権」――について付言すれば、これはそのような構成のゆえに、不動産法と動産法の峻別にその基本的支柱を見出す「貴族的遺言相続主義」の法技術的構成、すなわち「継承財産設定行為」に適合的なものであるとすることができよう。(1) こうして、市民革命以降、そして「大不況」を契機として「物的財産＝不動産」に関する相続準則が、財産相続法一般の原理に包摂される起点が形成されるに至るまで、「貴族的遺言相続主義」の拡大・普遍化に規定されながら自由土地保有権は、土地に対する私的所有権の法形式として、優越していくことになる。この点は、イギリス土地所有権法に無視しえない特有の構造がもたらされた原因として、少しく強調されてよいことがらと考える。

以上の点の論証にあたり、次のことを前提とした。すなわち、自由土地保有権の優位・普遍化は、そのまま「囲い込みの自由」の過程において、謄本保有権の消滅が導かれることの表現を意味することである。(2) こうしてほかならぬ自由土地保有権の私的所有権化を推進したところの自由土地保有権と定期賃借権の不可分一体の関係が推転されることを通じ、「囲い込みの自由」の展開が、法的レヴェルで担保されることになるが、そこからは必然的に、大土地所有・大借地経営の照応関係として表現される特殊イギリス的な農業の資本主義化の過程が導かれていくことになる。

右のような前提的考察に基づいて、土地独占・集中の意義を、前述のように集積された土地所有の拡散防止を担保する諸法律制度、(3) すなわちその総称としての私のいわゆる「貴族的遺言相続主義」分析を通ずることにより考察した結果、土地所有の独占・集中過程それ自体を積極的に推進する上に、さきの自由土地保有権の私的所有権化と同様に、これと整合的な「貴族的遺言相続主義」の法技術的構成、すなわち「継承財産設定行為」の果たす重要な意義が明らかにされることになった。かかる考察の意義として示されるものは、第一に、土地所有の不平等のみならず、その不平等相続＝一括単独相続をも市民革命の諸成果であるとし、これを「法の支配」の名目において擁護するイデオローグの所論に端的・直截に予定されたところの、貴族的大土地所有と「貴族的遺言相続主義」の不可分一体の関係、である。第二に、土地所有と政治権力の土地貴族への集中のみならず、かかる政治権力の担い手の限定的形成を担保するものとして、「貴族的遺言相続主義」を擁護・推奨するイデオロギーが、一定の意義において産業資本家のイデオローグに承継される点である。これらの過程を私は、産業資本家と土地貴族の同盟関係の形成・推進・終熄の三つの観点から論じたが、かかる分析視角の導入は、政治形態の前近代的形態にかかわらず、貴族的大土地所有が、市民革命において確定された諸関係の推進のゆえに、拡大・普遍化されたことを論証するために必要とされたからであるのみならず、かかる土地所有形態が、地代に媒介される諸関係を通じ、その経済的内容において近代的土地所有たりえていく、政治的・社会的背景を示したかったからでもある。

こうした私の研究視角が、従来の研究に何ほどかの新たな観点をつけ加えるものであるとすれば、それは何よりも、イギリス資本主義の先進性・典型性を承認することを通じ、「市民法」の原理的構成をイギリス法に求める所論への、私なりの一定の批判的視角にあるといえよう。以上の分析は、かかる批判的視角から、資本制生産様式の展開が、土地所有の独占・集中を通じて推転されるイギリスの特殊性分析を行なったものであるが、土地所有権が資本制地代取得の名義にほかならないものに転換されるまでのその「近代化」過程分析を通じ構築された水本仮設への真の批判は、たんに土地所有権範疇にとどまらぬ私の今後の研究によって補足されなければならないであろう。

それにもかかわらず私は、従来の近代的土地所有権論にしばしばみられる以下のような所論には、行論に示した限りの疑問を残さざるをえない。すなわち資本と土地所有の矛盾・対立関係の資本制的解決形態、換言すれば、資本制地代成立を契機とする前者の後者に対する規定性（両者の対立が前提とされながら、土地所有が資本所有に擬制される関係）を、法的レヴェルに画一的に見出そうとする見解である。私は、本来資本にとっての外在的制約原因である土地所有の経済的内容が、資本制的に適合的な形態に変化せしめられる過程それ自体においてかかる規定性が、不断に形成されるものにほかならないと想定しているのであって、したがってこのように歴史具体的な過程を辿って形成される「近代的土地所有権」の範疇は、論者のいうように必ずしも画一的な構成を示すようには考えない。逆に、商品所有権としての土地所有権を確立する市民革命と、それを基軸に展開されるその後の資本制生産様式の推進過程における土地所有の特殊な意義が重要視されなければならず、このようにして「近代的土地所有権」の実体とともに、それについての真に総合的かつ「歴史的」な比較研究が可能となるように考えているが、そうした提案についてはすでに本書の「序論」において強調したので、ここでは繰り返さないことにしたい(4)。

（1）　自由土地保有権の典型を、「権利の承継・相続」という観点から構成される「単純不動産権」に求めれば、それは「エステイトの法理」の妥当する、権利の時間的平面における分出・配列をなしうる内容を有するものといえる。それゆえにそれはまた「継承財産設定行為」に整合的なものといえるが、このことから封建土地法の論理体系を規定した「エステイトの法理」の優位が帰結していくことになる。他方、「テニュアの理論」は、謄本保有権における領主所有の枠組みを残した市民革命の延長で、自由土地保有権と謄本保有権を峻別する限りで、維持・存続をはかられることになる。封建土地法からの一定の連続性をこのようにみる限りでも、自由土地保有権の私的所有権化と、これを媒介する定期賃借権との、相互不可分の関係が、重要な点で以上の総過程に関連し、イギリス近代所有権法の特殊な論理構造を形成していくことを、知ることができよう。

（2）　望月礼二郎氏のすぐれた研究、「謄本保有権の近代化——イギリス土地所有権法近代化の一断面」とくに㈡（『社会科学研究』一一巻二号、一九五九年）の結論部、とくに「補説」八九頁以下）では、望月氏のいわゆる「謄本保有権の近代化」にもかかわらず、謄本保有権一般についていえば、絶対王制期後の歴史過程では、その消滅は必然的であったことが承認されている。ただ望月氏が、謄本保有権における商品所有権としての指標（何よりもその「私的性質」の強化）を分析された意義は大きい。ただし私は、市民革命期において、謄本保有権が権利として承認される「マナー慣習」について、そのコモン・ロウ化という形態でこれが存続せしめられ、こうして自由土地保有権との権利内容の絶対的差異のゆえに、その消滅は必然的なものとされたと理解する。すなわち、謄本保有権はこうして私的所有権化されないことにより、その「近代化」を、その消滅によって実現したとみることができるのである。

(3)「貴族的遺言相続主義」に基づく土地の有機的一体性確保が、信用面から担保される側面を代表するものは、譲渡抵当諸法、なかんずく、市民革命以降急速に発展した「エクイティ上の受戻権」であるといえる。このことにつき本論で示したが、左に若干の説明を補足しておくことにする。第一に市民革命以降大法官府裁判所により急速に発展せられた「受戻権」は、equity of redemption(エクイティ上の受戻権)とされる。すなわち債務支払い期日を経過した後、譲渡抵当設定者(mortgagor)が元本および利息を支払っても、設定不動産の回復をなしえないという不合理、および、譲渡抵当権者(mortgagee)側も、債務支払い期日経過以降は、債務者に対し「計算義務」を負うという不合理をともに救済するとの立場から、設定者に対する通知の後、大法官府裁判所から元本および利息の支払い命令をうることを抵当権者に許すこととし、それに従わない場合は、抵当権設定者の「受戻権の喪失」(foreclosure of equity of redemption)が生じる、とされるのである。ところで、このような手続きはさらに改良され、譲渡抵当権設定時の契約書に、抵当権者の特別の権能、すなわち通知の後、債務もしくはその利息の延滞分の支払いがなされぬとき、彼がその不動産の売却をなし、支払いにあてるという権能の挿入が行なわれることが通常となる。そしてまた、こうした慣習により、通常の場合には、抵当権設定者は、利息分の支払いの遅延のない限り、その不動産をそのまま占有し続けることをうる、という結果になる(Pollock, op. cit., pp. 134-135)。

第二に、重要なのは、それにもかかわらずコモン・ロウ上の占有権(legal right to possession)は、譲渡抵当権者にあるとされることから、現実の占有者たる抵当権設定者の、設定不動産に対する使用・収益の権能が問題となることである。この点についてはさしあたり二つのことに言及するにとどめよう。第一に、右の「エクイティ上の受戻権」自体について「継承財産設定行為」の対象とされえたことであり(一九二五年「財産権法」(Law of Property Act)第一三〇条一項が、それを明文で示す以前にも、である)、次いで第二に、譲渡抵当設定者の賃借権の設定権能についても、賃借人たる tenant は彼の賃貸人たる landlord の権能を否定しえず、landlord も tenant の賃借権の有効性を否定しえないという禁反言(estoppel)の法理に基づいて許容されたことである。すなわち後者の場合、賃貸借関係はその当事者間では有効であるが、譲渡抵当設定者たる landlord は、ただ彼の現実の占有(actual possession)を失っていないことに基づき、賃借させているにすぎないということ、および右の法理の適用の結果、賃借人の権利は、equity of redemption における権利(interest)が彼に授与される(confer)関係で保護されることになる、と考えられた(しかし、一九二三年の「農業用保有地法」(Agricultural Holdings Act)第一五条は、農業賃借人(agricultural tenant)については、改良費等の補償を求める権利を認めている)(Hanbury, H. G. & Wallok, C. H. M., The Law of Mortgage, 1938, pp. 113 et seq., 121 et seq.)。

(4) この点についての比較的最近の見解は、甲斐道太郎「近代的土地所有権の比較法的考察——イギリスとフランスを中心として」(『比較法学』四巻二号、一九六七年)、および、稲本洋之助「『プロセスとしての近代(化)』論の問題性——甲斐道太郎教授の若干の指摘と関連して」(同五巻一・二号、一九六八年)に見出される。

判 例 索 引 (年代順, 括弧内は年次)

Kent and Other Inhabitants of Abbots Ripton v. Seyntjohn(1543–44) 139

Wimbish v. Tailbois(1550), 1 Plowden 38, 75 Eng. Rep. 63 217, 218

Tyrrell's Case(1557) 102

Slocomb v. Hawkins(1588), Cro. Jac. 318, 1 Brownl. 148, 80 Eng. Rep. 145 157, 158

Chudleigh's Case(1595), 1 Co. Rep. 113 b, 76 Eng. Rep.(K.B.) 261 117

Bate's Case (1606), 2 St. Tr. 371 215, 216

Sambach v. Dalston(1634), Tothill, 188 95

Staley v. Leigh(1732), 24 Eng. Rep. 917 183

Hopkins *alias* Dare v. Hopkins(1738), 26 Eng. Rep. 365 **289–292**, 297, 452

Roe on the Demise of Bree v. Lees (1777), 96 Eng. Rep.(K.B.) 691 294

Cadell v. Palmer(1833) 183

Bruce v. Ailesbury〔1892〕A.C. 356 445, 446, **457–460**, 462

索　　　　引

1　索引は事項・原語・人名・制定法・判例の五つに区分して付した．

2　事項索引は可能な限り小項目主義としたが，読者の便宜を考え，重要と思われる事項については大項目主義を採用し，それにより本書における著者の主張が体系的につかめるようにつとめた．例えば「近代的土地所有権」「遺言の自由」等についての索引によって本書を今一度読み返していただければ幸いである．

3　語の配列は，事項索引については五十音順によったが，大項目主義を一部採用した項目については，2に示した方針に従い若干の工夫をこらした．したがってこの場合の細目のならべ方は，必ずしも五十音順ではない．

4　事項のうち若干の用語については原語のまま残して原語索引とした．

5　人名索引は本書に登場する主要な人物のほか，わが国における学説の存在状況も，論者名を検索することによってつかめるように考慮して作成した．

6　本書の事項索引の作成等にあたっては，J・ベイカー著，小山貞夫訳『イングランド法制史概説』(創文社，1975年)および内田力蔵著『イギリスにおける遺言と相続』(日本評論社，1954年)の邦訳例を参照させていただいた．若干，訳語の点で差異があるが，今後「統一」に努力するつもりである．

事 項 索 引

ア

イ

ウ

エ

オ

カ

キ

ク

450, 457
現有の生涯間保有権者(1882年法における)の一般的権能(general powers) 453
権利調整条項(1882年法における) 454
権利令状(writ of right) 132

コ

公共善(*salus populi*) 215, 216, 237, **251-253**, 256
後見権(wardship) 80, 89, 92, 151, 218
後見裁判所(the Court of Wards and Liveries) 97, 194, 219
後見地引渡令状(*ouster le main*) 194
後見料(custody and wardship) 122
公国(Herzogtum, *principauté*) 70
鉱山採掘用定期賃借権(mining lease) 456
耕地付随特別設定入会権 (appurtenances) 170
公的諸自由(public liberties)(マカロック) 350
行動綱領(チャーティストの) 341
高度に中央集権化されたフューダリズム 75, 76, 87
合有保有財産権(joint tenancy) 90
小枝による保有者(tenant *per le verge*) 118
国王裁判所 70, 119, 217
国王「至上権」(sovereign power) 181
国王大権(royal prerogatives) 178, 179, 181, 197, 217, 223
国王大権裁判所 216
国王代理裁判所(Court of Delegates) 337
国王評議会(枢密院)(privy council)の黄金時代 200
国王への金銭債務(crown debts) 374
黒死病の流行(1348年) 106
国民協議会(Conventional Parliament) 245, 304, 310
国民軍(national *militia*) 65, 67
(最高の)国会裁判所 206, 215, 216, 218
　クックの～の観念 216
国会主権 224
　～の確立 214
国会の記録書(records of parliament) 214
古典的グルントヘルシャフト 55, 56, 57, 60, 61
　～細胞論 55, 59, 61, 62
コモンウェルス
　絶対王制期における～の観念 210, 211
　～における財産権のバランス(ハリントン) 223
コモン・ロウ裁判所
　絶対王権と～ 210, 216
　～改革論 329-331
コモン・ロウの相続法理(the common law doctrine of inheritance) 111, 122, 275, 373
小屋(cottage) 415
小屋住農(cotter) 84, 205, 322
固有の重商主義(政策) **249-253**, 261
古来の自由および特権(ancient freedom and privileges) 247
混合(的な)統治構造(mixed constitution) 333
混合統治(mixed government) 247

サ

最近親(nexts of kindred) 356

シ

ス

代襲相続人(legal representative) 356
代置(substitution) 104, 105
タイトルの概要記載書(abstract) 421
→権原の概要記載書
大不況 409, 410, 413, 414, 415, 417, 432
大法官府裁判所(Court of Chancery) 91, 219
他者の生涯間保有の不動産権(estate for other lives, estates *pur autre vie*) 378
楯金(scutage) 80, 108
単純捺印契約による金銭債務(simple contract debt) 337, 373
単純な土地返還令状(a simple *praecipe quod reddat*) 132
単純不動産権(the fee simple) **361-365**, 382, 447, 473
～の承継準則(コモン・ロウの相続法理) 275
単純封土権(fee simple) 71, 73, 79, 111, 115, 118, 121, 146
～の発生(史)(成立過程・成立史) 71, **76-79**, **144-146**
「単独判事による巡回裁判」制度(*nisi prius*) 330

チ

治安判事 37, 68, 109, 129, 201, 209, 300, 331, 337
地代収取権 424
地代負担(rent charge) 73, 146, 147, 149, 366
地代奉仕(rent service) 73, 146, 147, 149
地方の自律性(オートノミー) 36
チャーティズム 339
～の最後の「遺産」 343
中産的生産者層の両極分解 191, 226
中世国家における租税(観念) 217
中世的「自由」
～の観念 200
～の形式 199
～の世界 198, 210
中世的世界 205
中世的世界観 199
忠誠の誓(fealty) 106
中世封建国家における「自由」 199
長期議会 214
長子相続(制)(primogeniture) 27, 39, 75, 332, 354, 402, 403
～の廃棄論(アーノルド) 418
～の慣習 354
～の法 354, 403, 407
直営地(demesne) 117
直属騎士奉仕保有者 121, 122, 124
直属鋤奉仕(保有者) 120, 121, 124
直系卑属限嗣封土権回復令状(formedon in the descender) 119
賃借権の物権化構造 40, 43

ツ

通常の結婚継承財産設定行為(the ordinary marriage settlement) 452
通常の不動産権移転捺印証書(an ordinary dead of conveyance) 351

テ

ディガーズ 187, 192, 226, 229, 230, 238, 239, 242
定期賃借権(期間権)(lease for years, term of years) 73, **150-160**, 406, 449
～の安定(14 世紀末) 159
～の遺贈の自由 151, 182
～の強化 152

土地と自由(Land and Liberty)　432
土地(の)商品化(free trade in land)
　61, 85, 88, 92, 103, 332, 333, 351, 420, 422, 461, 466, 470
　16 世紀の〜　19
土地の売買および譲渡に関しての権原の登記に関する委員(会)(the Commissioners on Registration of Title with reference to Sale and Purchase of Land)　421
土地負担(incumbrances)　455, 461
土地負担つき不動産権(estates which are encumbered)　417
土地返還下知令状(*praecipe quod reddat*)　150, 162
土地保有態様改革協会　430
「特権」および「諸自由」(privileges and liberties)　215
特権都市市民(burgess)　65, 207
トーリー　188

ナ

捺印契約訴訟(a writ of covenant)　143
ナポレオン法典　273
馴合不動産権回復による不動産権譲渡(馴合不動産権回復・譲渡訴訟)
　116, 334, **361–369**, 370

ニ

「21 年間ないし 3 人の生涯間」の賃借権設定　158
二重ユース(the double use, the use upon a use)　94, 95, 101, 102, 291
ニュー・モデル・アーミー　232
任意における保有者(tenant at will)
　137, 138

ネ

年額手当(annual allowance)　444
年金(annuity)　127, 366

ノ

農業綱領(ディガーズ)　239
農業大不況　466
農業の状態の調査のための庶民院特別委員会の報告書(1833 年)　323
農業利益の三分割(three-fold division of agricultural interest)　28
農耕のための賃借権(husbandry lease)
　73, 117, 152
「農地法」(の提唱)(ハリントン)
　222, 225, 227, 319
農奴(隷農)(villein)　70
　〜的保有権　119
　〜的保有態様(tenures in villenage)
　126, 131
　〜の逃亡　127
　〜身分の解放(manumission and enfranchisement)　127, 129, 131
能動ユース(active use)　94, 95
　→受動ユース
農民的土地所有(フランスにおける)
　22
農民的土地所有(レヴェラーズ)　259
残された価値(unexhausted value)補償
　423
ノルマン・コンクェスト(説)　203, 205, 210, 222, 230, 231, 241
　ウィンスタンリの〜　234
　レヴェラーズの〜　234

ハ

売却金(the produce)　380
売却の権能(power of sale)　368
ハイ・ファーミング(資本制的高度集

約農業)　282, 284, 410, 413, 424, 433, 462
発生ユース(springing uses)　100
罰則付召喚令状(writ of *subpoena*)　91, 99
パトニィ(Putney)の(司令官)会議　232, 235
バラ戦争(1455-71年)　196
パーラメンタリ・マーカンティリズム　249
パーラメント　197, 200, 201, 209
　～とコモン・ロウ裁判所の協働　214
　～の自然的発展　189
　～の代表(代表機関的)観念(性格)　206, 222, 236
　～の三つの構成部分　207
　「法の発見」機構としての～　216
判決および債務支払い誓約つき金銭債務(judgements and recognizances)　374
反穀物法連盟(Anti-Corn Law League)　339
反ジャコバン精神　323

ヒ

東インド会社　293
引渡なき売買契約および代金債務履行(bargain and sale)　92, 93, 183
人および市民の権利宣言(1789年)　312, 317
百戸邑(hundred)　64
百戸邑裁判所(hundred court)　64, 65
ピューリタン革命期の王党派の土地没収　179
平等選挙綱領(レヴェラーズ)　234, 237
平等選挙制(レヴェラーズ)　233

フ

夫婦合有不動産権(jointure)　292, 293, 366, 385, 458
賦役金納化(Commutation)　155
付加関税(impositions)　216
復授封(subfeudation)　72, 74, **104-105**, 114
　1290年前の～　107
復授封・復分割(subfeudation or subdivision)　72, 104-105, 144, 146
(封建的土地保有の)付随条件(feudal incidents of feudal tenures)　90, 218
付属地(demesnes)　457, 458
復帰権(reversion)　80, 113, 114, 447
物的財産権(real property)　26, 27, 358
　～についての遺言書作成手続き　380
　遺産における～　374, 375
不動産権(estate)
　「所有権」の概念と～　32
　～移転(conveyance)　184, 217, 358
　～移転捺印証書(assurances)　438
　～移転捺印証書の授受による権利関係の調査　422
不動産占有回復令状(writ of entry)　133
不動産復帰(権)(escheat)　89, 107, 114, 122, 147
　～と復帰権(reversion)　114
不動産(法定)相続(inheritance)　27, 122
不動産法と動産法の峻別(的構成)(物的財産権・人的財産権に関する法の峻別)　27, 275, 283, 468, 471
部分不動産権(particular estate)　113, 114, 116, 389

原　語　索　引（アルファベット順）

人名索引（五十音順）

ヒ

フ

ヘ

ル

レ

ロ

ワ

制定法索引

年代順．括弧内は年次．なお制定法の年代表示については，参照できうる限り Halsbury's Statutes of England, 3rd ed. によった．

クラレンドン法(1164)(Constitutions of Clarendon, 1164)　70, 79
ノーサムプトン法(1176)(Assize of Northampton, 1176)　77, 145
マートン法(1236)(Statute of Merton, 1236; Commons Act, 1236)　163, 165
グロスター法(1278)(Statute of Gloucester; 6 Edw. 1, c. 8)　68, 133, (c. 11) 151, 152
死手法(1279)(Statute of Mortmain, 1279)　74, 75, 91
ウェストミンスター第2法律(1285)(Statute of Westminster II; Commons Act, 1285)　163
条件付贈与法(*De Donis* 法)(1285)(Statute of Westminster II; 13 Edw. 1, c. 1, *De Donis Conditionalibus*)　70–73, **111–114**, 146
Quia Emptores 法(1290)(Statute of Westminster III; 18 Edw. 1, c. 1)　68, 69, 71–75, 86, **103–109**, 125, 144, 146, 147, 182
1361年法(34 Edw. 3, c. 1)　109
1377年法(1 Ric. 2, c. 6)　127, 128
1388年法(12 Ric. 2, c. 3)　129
「さまざまな軽罪を処罰する権限を星室裁判所に付与するための国会制定法(1487)」(3 Hen. 7, c. 1)　140
ユース法(1535)(Statute of Uses, 1535; 27 Hen. 8, c. 10)　33, **88–98**, 108, 120, 217–219, 275, 291
登録法(1535)(Statute of Enrolments, 1535; 27 Hen. 8, c. 16)　92, 98, 219
遺言法(1540)(Statute of Wills, 1540; 32 Hen. 8, c. 1)　92, 97, 120, 121, 158, 181, 182, 219, 274, 275, 378, 379, 382
限嗣封土権者に対して農地を享有すべき賃借人に関する法律(1540)(32 Hen. 8, c. 28)　156
共同地および荒蕪地の改良に関する国会制定法(1550)(3 & 4 Edw. 6, c. 3)　163, 164
権利の請願(1627)(Petition of Right, 1627; 3 Car. 1, c. 1)　181, 197, 229
会期3年期限法(1640)(Triennial Act, 1640; 16 Car. 1, c. 1)　230
星室裁判所廃止のための国会制定法(1640)(16 Car. 1, c. 10)　229
高等宗務官裁判所廃止法(1640)(16 Car. 1, c. 11)　230
船舶税の違法性宣言法(1640)(16 Car. 1, c. 14)　229
没収不動産売却のための国会制定法(1651)　286
騎士土地保有態様等廃止法(1660)(Tenures Abolition Act; 12 Car. 2, c. 24)　101, 105, 106, 108, 125, 178, 181, 183, 194, 274
1661年法(13 Car. 2, stat. 1, c. 1)　246, 248
営業を奨励するための国会制定法(1663)(15 Car. 2, c. 7)　250

遺産分割法(1670)(22 & 23 Car. 2, c. 10)　**355–358**, 393
詐欺法(1677)(Statute of Frauds, 1677; 29 Car. 2, c. 3)　295, 298, 378, 379, 388
権利の章典(1688)(Bill of Rights, 1688; 1 Will. & Q. Mary, c. 2)　304, 312
王位継承法(1700)(Act of Settlement, 1700; 12 & 13 Will. 3, c. 2)　304
1773年(開放耕地, 荒蕪地改良)法(13 Geo. 3, c. 81)　171
ギルバート法(1782)(Relief of the Poor Act, 1782; 22 Geo. 3, c. 83)　42
1827年法(7 & 8 Geo. 4, c. 30)　322
物的財産権出訴期限法(1833)(Real Property Limitation Act, 1833; 3 & 4 Will. 4, c. 27)　371
馴合不動産権回復, 譲渡訴訟等廃止法(1833)(3 & 4 Will. 4, c. 74)　**361–369**
遺産管理法(1833)(Administration of Estates Act, 1833; 3 & 4 Will. 4, c. 104)　374
寡婦権法(1833)(Dower Act, 1833; 3 & 4 Will. 4, c. 105)　371, 372, 384–387
相続(財産)法(1833)(Inheritance Act, 1833; 3 & 4 Will. 4, c. 106)　371–373
救貧修正法(1834)(Poor Law Amendment Act, 1834; 4 & 5 Will. 4, c. 76)　323, 326
遺言法(1837)(Wills Act, 1837; 1 Vict., c. 26)　**375–384**
謄本保有権法(1841)(Copyhold Act, 1841; 4 & 5 Vict., c. 35)　388
県裁判所法(1846)(County Courts Act, 1846; 9 & 10 Vict., c. 95)　68
物的財産権負担法(1854)(Real Estate Charges Act, 1854)　374
財産権法修正法(1859)(Law of Property Amendment Act, 1859; 22 & 23 Vict., c. 35)　388, 389
最高裁判所法(1873–75)　387, 394
農業用保有地法(1875)(Agricultural Holdings Act, 1875; 38 & 39 Vict., c. 92)　423
継承財産設定地法(1882)(Settled Land Act, 1882; 45 & 46 Vict., c. 38)　283, 407, 419, 433, **440–463**
不動産権移転法(1882)(Conveyancing Act, 1882; 45 & 46 Vict., c. 39)　448
有夫女財産法(1882)(Married Women's Property Act, 1882; 45 & 46 Vict., c. 75)　450
農業用保有地法(1883)(Agricultural Holdings Act, 1883; 46 & 47 Vict., c. 61)　424, 438
継承財産設定地法(1884)(Settled Land Act, 1884; 47 & 48 Vict., c. 18)　452
小土地保有法(1892)(Small Holdings Act, 1892; 55 & 56 Vict., c. 31)　463, 467
受託者法(1893)(Trustees Act, 1893; 56 & 57 Vict., c. 53)　456
財政法(1894)(Finance Act, 1894; 57 & 58 Vict., c. 30)　391
土地移転法(1897)(Land Transfer Act, 1897; 60 & 61 Vict., c. 65)　357, 375
財産権法(1922)(Law of Property Act, 1922; 12 & 13 Geo. 5, c. 16)　377
農業用保有地法(1923)(Agricultural Holdings Act, 1923)　475

財産権法延期法(1924)(15 & 16 Geo. 5, c. 4)　377
財産権法(1925)(Law of Property Act, 1925 ; 15 & 16 Geo. 5, c. 20)　474
相続財産(家族用意)法(1938)(Inheritance(Family Provision) Act, 1938; 1 & 2 Geo. 6, c. 45)　115

■岩波オンデマンドブックス■

イギリス土地所有権法研究

1980年4月23日　第1刷発行
2015年2月10日　オンデマンド版発行

著　者　戒能通厚《かいのうみちあつ》

発行者　岡本　厚

発行所　株式会社　岩波書店
〒101-8002 東京都千代田区一ツ橋2-5-5
電話案内 03-5210-4000
http://www.iwanami.co.jp/

印刷／製本・法令印刷

© Michiatsu Kaino 2015
ISBN 978-4-00-730170-4　　Printed in Japan